研究生教学用书

商法专题研究

Monographic Studies on Commercial Law

顾功耘　沈贵明　主编

北京大学出版社
PEKING UNIVERSITY PRESS

图书在版编目(CIP)数据

商法专题研究/顾功耘,沈贵明主编. —北京:北京大学出版社,2009.2
(研究生教学用书)
ISBN 978 - 7 - 301 - 14901 - 0

Ⅰ.商… Ⅱ.①顾… ②沈… Ⅲ.商法 - 法的理论 - 中国 - 研究生 - 教材
Ⅳ.D923.991

中国版本图书馆 CIP 数据核字(2009)第 006527 号

书　　名:商法专题研究
著作责任者:顾功耘　沈贵明　主编
责 任 编 辑:黄　蔚　杨丽明　王业龙
标 准 书 号:ISBN 978 - 7 - 301 - 14901 - 0/D · 2237
出 版 发 行:北京大学出版社
地　　址:北京市海淀区成府路 205 号　100871
网　　址:http://www.pup.cn
电　　话:邮购部 62752015　发行部 62750672　编辑部 62752027
出版部 62754962
电 子 邮 箱:law@pup.pku.edu.cn
印　刷　者:北京飞达印刷有限责任公司
经　销　者:新华书店
730 毫米 ×980 毫米　16 开本　23.75 印张　465 千字
2009 年 2 月第 1 版　2009 年 2 月第 1 次印刷
定　　价:38.00 元

总　序

这是为研究生专门编写的一套教学用书。

研究生是否需要编写教学用书？研究生教学活动中采取教学用书的做法是否会束缚研究生的思维？是否会影响教师开展更加具有创造性的研究生教学与培养活动？研究生教学用书能够在多大程度上面对并且促进研究生培养质量的提高与研究生教育事业的发展？尽管这些问题尚有争议，但我们仍然选择了启动研究生培养改革项目。我们相信，随着研究生人数的扩张、专业学位的发展、研究生培养单位的增加，随着知识的膨胀与研究成果的不断更新以及因此导致的社会对于人才的需求标准的变化，越来越需要有一种能帮助教师与研究生及时对话、沟通信息渠道，同时为研究生展开思考与深入研究提供必要的指引的工具。

在编写过程中，我们形成了几点想法，希望与同行共享：

一、研究生教学用书依然具有教学用书的特点。

研究生教学用书应当是个什么样子呢？这可能是一个仁者见仁、智者见智的问题。有的学者理解，编写教科书，是一门学科里的学问臻于成熟、教学自成体系的显著标志，在某些时候，也是创建、恢复或移植学科体系的便捷方式。本科教材就给很多人这样的预期：教材是通说或定论的载体，是理论大厦的地基，是知识宝库的钥匙。我们认为，尽管研究生教育的知识深度有所不同，研究生培养仍需承载类似的任务，研究生教学用书仍应具有这种功能。有鉴于此，系列用书将充分正面肯定各个专业领域已有的研究成果，适当阐述该学科的基础理论知识体系。读者通过研读这些著作，有望对相关学科领域的研究成果特别是研究现状形成一个较为便捷、全面、系统、权威的把握。

二、研究生教学用书要充分体现研究生培养的特殊性，凸现研究生教育的特点与规律。

研究生培养不同于本科生，研究生教学用书也不同于本科生教材。通常的教材编写惯例与研究生的培养目标不甚兼容。有的院校坚持“百花齐放”，不统一使用研究生教材，有的慎重出版了具有特色的研究生教材。这些做法都值得我们借鉴。研究生教育素有专题、互动、讨论、指导与学生自主学习相结合等的经验，以更加个性化的方式与创新思想、创新知识、创新技能培养目标等为核心介绍相关问题的研究方法和理论成果，强调教学内容的创新价值和启发意义。

我们力图在内容、体例和使用方法等方面拥有自己的不同特色：更多是专题性的、启发性的、创新性的，注重反映法学不同学科教学科研的最新成果和发展方向；更多地反映方法论的价值与相关研究专题的核心内容，而不拘泥于体例统一，不强求观点一致，目的是启发或帮助研究生培养学习的方法和研究的激情，培养不懈钻研的精神气质和严谨周详的思维习惯；更多地引导研究生通过教学用书的使用拓展学习、研究与思考的空间，鼓励使用本教学用书的老师和学生及其他有兴趣的同行可以灵活使用此教材的各个章节：教师不必单纯以此教材作为教学的基础，学生也不能仅以此教材作为学习的主要内容。

华东政法大学是新中国创办的第一批高等政法院校，由原圣约翰大学、东吴大学等9所院校的法律系、政治系和社会系等合并组建成立。经过几代华政人的努力，华东政法大学现已发展为一所以法学学科为主，兼有经济、管理、金融、外语等专业的多科性院校，成为享誉海内外的"法学教育的东方明珠"。自1981年起创办研究生教育以来，目前已设有法学博士后科研流动站，拥有法学一级学科博士学位授予权。如果说可以把这套系列研究生教学用书大致看成是我们在研究生教育培养方面阶段性研究成果的汇总和多年研究经验的结晶的话，我们愿意与大家共同努力，进一步繁荣我国的法学研究生教育事业。

我们也希望研究生们能够踩在我们以本系列教材这种形式提供的这个肩膀上，将兢兢业业、勤勤恳恳，大胆反思、小心求证，竭力超越、求真务实的学术火炬代代相传、越烧越旺。如果说可以把这套系列教材形象地比喻为全体编者虽已经殚精竭虑、精挑细选但却仍然忐忑不安地播下的一粒粒种子的话，我们希望：在我们祖国法治春风的吹拂下，它们能够慢慢长成一株又一株嫩芽，将来还会茁壮成长、硕果累累……

是为序，并共勉。

何勤华

2007年1月20日

序

——改革开放三十年与中国商法的发展

改革开放三十年来,社会主义经济建设以及相应的法制建设都取得了举世瞩目的成就。经济建设向经济法制不断提出要求;经济法制建设推动了经济的持续发展。其中,商法对经济建设的作用功不可没。我国商法起步很晚,在官方正式的文件中使用商法概念仅是20世纪末的事,高校普遍开设商法课程也已经跨入了21世纪,但是,我国商法的发展,无论在理论还是在实践方面都取得了令世人惊叹的成就。

一、商事立法起步阶段

1979年《中外合资经营企业法》的颁布,标志着我国商事立法的起步。为适应引进外资、鼓励出口的经济形势,1986年《外资企业法》、1988年《中外合作经营企业法》又相继出台。1986年《民法通则》颁布,对企业法人与企业联营作出专门规定。同年,全国人大常委会经过激烈的争论通过了只适用于国有企业的《企业破产法(试行)》。另外,1981年、1985年和1987年相继颁布了《经济合同法》、《涉外经济合同法》和《技术合同法》,这成为当时保护当事人利益、维护交易秩序的重要法律依据。与商事立法相呼应的司法实践也开始起步,随着民商经济类纠纷不断增多,经济审判庭和专业审判组相继设立。但此时对于商法理论研究还是不毛之地,没有商法概念,更谈不上商法体系。人们对商法的理解仍然带有浓厚的意识形态色彩,比如20世纪80年代后期,学术界仍有人将商业法和商法看成是社会主义和资本主义立法的分野。在这一阶段,政府主导的经济实践是商事立法发展的唯一推手;商事立法在目标导向上是不明确的,在数量上是零星的,在内容上是分散的;商法被涵盖在民法之下,缺乏独立性。因此,可以说,起步阶段的商法发展具有探索性和对民法的附属性。

二、商事部门法快速发展

1992年,党的十四大确立了我国实行社会主义市场经济体制的目标,我国商法进入加速发展阶段。1992年至1998年的短短几年间,立法机关就通过了《海商法》、《公司法》、《票据法》、《保险法》、《商业银行法》、《合伙企业法》和

《证券法》等一系列重要的商事单行法。这一时期,三部合同法的并存已经不能够适应社会生活对法律调整的要求。对于统一市场交易规则,从法律规则中剔除反映计划经济体制本质特征和旧的民法理论的内容,与国际公约和国际惯例协调一致,兼顾经济效率和社会正义、兼顾交易安全和交易便捷,实现合同法的统一化、现代化,并尽可能增强可操作性等的呼声越来越高。1993 年 10 月,立法机关适时地将制定统一合同法提上立法日程,委托学者专家设计合同法立法方案,于 1995 年 1 月产生了由学者起草的建议草案,在此基础上经过修改,终于在 1999 年 3 月 15 日的第九届全国人民代表大会第二次全体会议上获得通过。商法框架逐渐建立,商法也逐渐成为人们所能接受的概念。1999 年通过的《深圳经济特区商事条例》首开我国形式商事立法实践之先河;同时,商法被教育部指定为高等学校法学专业 14 门核心课程之一,商法研究开始向正规化、规模化、纵深化方向发展,商法人才培养的力度加大,民商法、经济法研究生培养点的建立普遍受到重视。在这一阶段,经济转轨成为商事部门法快速发展的主要诱因;商事立法的目标导向明确;数量明显增加;内容逐渐集中;质量由粗放开始转向精细化。

三、商事部门法渐趋完善

这一阶段,商法进入了理性发展时期。商法理论研究与实践互动关系加强,具有前瞻性的商法理论在实质意义上开始对实践进行指引。这种互动促使我们对已有的商事立法作出反思。1994 年开始实施的《公司法》、1999 年开始实施的《证券法》在实践中暴露出越来越多的问题:公司设立门槛过高、公司治理结构不完善、中小股东权益不能得到有效保护,等等。经过多年的酝酿,2005 年全国人大常委会分别对《公司法》、《证券法》进行了大规模的修订。2006 年颁布、2007 年实施的《企业破产法》,标志着我国商法体系已经初步确立。《保险法》、《票据法》等的修订在进行中。相应的商法理论研究也焕发出勃勃生机,商法学成为当下的显学。目前我们可以统计到的关于商法的教材、著作有一百八十种之多,发表在公开刊物上的商法论文则有数千篇。近几年,大量译著也为我国商法研究提供了学习和借鉴的素材。越来越多的年轻学者对商法表现出了浓厚的兴趣,并积极投入到该领域的研究中。商法作为一门独立的法学学科,已经成为不争的事实。

四、未来十年:商法体系更趋完善

随着商法理论研究的深入和人们对商法与市场运行机制认识的深化,商事法制的建设将进一步走向完善。在商事部门立法方面,《投资基金法》、《期货法》、《金融控股公司法》、《融资租赁法》的立法将在未来的几年提上议事日程。

2008年,由中国法学会商法学研究会组织的《商事通则》立法调研已经启动;由上海市法学会商法学研究会主办的"商法的协调与统一"学术研讨会成功举办。在此期间,已有若干学者提出了《商事通则》立法建议稿。《商事通则》相对于商事部门法来说,可以起到统领、协调和拾遗补缺的作用。我们相信:如果这一行动确实符合经济发展的实际需要,就一定会修成正果。

上述对中国商法发展的简要回顾和展望,意在使学习商法的读者务必了解这一段奇特的历史。说它奇特,是因为在漫漫的历史长河中,我国商法起步很晚,时间极短,却进展迅速,成效突出。我国商法的产生迟于西方发达国家数百年,我们既不要为我国商法取得的一点成就而沾沾自喜,也不要为我国商法存在的一些不足而感愤不已。我们需要的是实实在在的学习,潜心研究,使商法真正成为调整市场运行机制和规范市场经济活动最精巧的工具。

本书为研究生读者而写。我们虽然已经给研究生开设商法课程达二十年之久,培养的研究生已经在各立法机关、行政机关和司法机关以及经济实务部门发挥着重要作用,但要写好一本研究生商法教材仍然深感困难。根据理论体系按部就班阐述,难以摆脱本科生教材编写的套路;不按体系结构安排,又会显得过于凌乱。目前本书只能定位为研究生学习参考书。我们将商法分成几大部分,每一部分选择了一个或几个专题。这些专题基本上是专家们认真研究的心得,现整理编辑予以出版:一方面,有助于研究生们对一些商法前沿、焦点和难点问题的理解;另一方面,有助于研究生们重点关注和学习专家的研究思路和研究方法。我们的看法是:研究生培养重在素质的培养,研究生读者在阅读本书的时候,务必事先具备理解商法本科教材的基本功,如是读后才能获益,才能提高研究和解决相关问题的能力。

我们将会继续跟踪专家们的研究成果,出版《商法专题研究》的续集,为研究生学习商法提供更加丰富的参考文献,也为我国商法的发展积累更加深厚的学术资源。

华东政法大学　顾功耘
2009年1月10日

目　　录

第一专题　总　　论

第二专题　公　司　法

第三专题 证券法、期货法

第四专题　票　据　法

第五专题　海　商　法

第六专题 银行法、信托法及其他

第一专题　总　　论

关于商法理论的几个基本问题

顾功耘

本文主要对商法理论的几个基本问题展开讨论。之所以选择讨论这样几个基本问题,是因为理解和掌握这几个问题对于学习商法意义重大,是研习商法的基础。这些问题主要包括商法是什么、商法的特征有哪些,以及如何把握贯穿在商法中的基本原则。

一、商法是构建市场运作机制之法

在即将跨入21世纪大门之时,我国商法的发展发生了令人欣喜的三件大事:一是1999年6月30日,深圳市人民代表大会常务委员会通过并公布了《深圳经济特区商事条例》,这为我国制定《商法通则》提供了一个很好的范本;二是根据教育部的要求,从1999年秋季开始,《商法》成为高等学校法学专业的一门核心课程,这为培养商法人才、吸引更多的学者开展对商法的研究提供了有利条件;三是1999年10月31日,全国人大常委会举办第十一次法制讲座,讲座的内容是中国商事法律制度,主讲人是清华大学法学院教授王保树先生,这不仅为国家层面的立法完善作了必要的准备,而且为在全社会普及商法知识起到了良好的示范作用。我国经历了几百年的摸索,终于认准了市场经济与法治结合的这条路,并将在这条路上继续规范地向前迈进;商法理念的传播与确立势必进一步推动我国依法治理经济活动、建立市场经济秩序的进程。

需要指出的是,商法在西方是个相当成熟的部门法,而在我国的近几个世纪还是个不为人们所认识的名词。这主要是因为我国长期处于封建社会,门户不开放,商业极不发达,百姓间的少量交易被严格控制在封建统治的强权政治之下。即使是与百姓生活密切相关的“盐”、“铁”交易,一般人也是不能插手的,只能由官方垄断经营。官方的一贯政策是重农轻商、重农抑商。西方列强打入中国后,虽然带入一些市场交易的方式方法,但他们并不是要中国富强,而是将此作为掠夺我国财富的手段。新中国建立以后,我国长期实行高度集权的计划经济体制,受苏联计划思想的影响,我们不搞商品、商品经济,甚至连这样的概念也不要。在这样的背景下,商法自然也就成为多余的东西。

我国经济落后有多种缘由，无疑，缺乏商法的传统也是其中的一个重要因素。长时期内，政府与社会的关系不是服务与被服务的关系，而是绝对服从关系、人身依附关系。作为官方的官员，他们可以直接经商，可以与商人结合起来经商，也可以暗地与商人勾结而取得利益。作为民间的商人，必须与官员保持密切的“合作关系”，稍有不慎即无立足之地。官商不分、官商勾结，成为一种很自然的社会现象。当西方的新兴商事组织——公司已经存在和发展了几百年时，我国还不知道什么是公司。改革开放初期，我们也想学着办公司，但我们所创办的公司，很快就成为扰乱经济秩序的组织，“三无公司”、“皮包公司”满天飞。在这种情况下，我们只能反复进行清理整顿。到了90年代中期，尽管我们实施了《公司法》，但《公司法》并不具有普遍的实施效力。直到今天，我国的政企不分问题仍未得到根本解决，商法的观念、商法的意识远未得到树立和弘扬。

我国的经济改革目标是建立社会主义市场经济体制。建立这样的体制首先需要构建市场运作的机制。笔者认为，构建市场机制要靠商法，要靠健全的商法体系。市场机制要解决市场主体进入的问题，要解决市场退出的问题，还要解决市场运转的效率问题、市场运作的安全问题等等。建立这样的机制，离开商法，离开商法的强制力推动，是不可想象的。我们中的一些同志，一讲到问题，就说是体制问题，认为只有解决体制才能解决所面临的问题。但体制问题又如何解决，就不得而知了。在这些人看来，法律是无能为力的。我们不能认为法律万能，但法律对现实社会与经济活动有反作用。体制可以决定法律，法律在一定条件下也可以促进体制的改革。在我们进行社会主义市场经济体制改革过程中，用法律推动市场机制的建立更是有效的选择。

市场机制的运转，首先要有规范的主体，这就需要有公司法；公司要有可靠的资金来源，这就需要有证券法；公司要开展交易活动，这就需要有合同法；公司履行合同进行结算，这就需要有票据法；结算不了，不能支付，这就需要有破产法；破产带来社会不稳定，这就需要有保险法。所有这些法律，就构成了商法的基本框架。面对纷繁复杂的市场，法律不能袖手旁观。这一套由商法提供给企业的规范进出市场的通道，给市场的运转提供了必要的保障，进而促进市场运作的安全和效率的提高。商法中的任何一部法，都是市场运行任一环节上的规则，缺少任一法律，市场运行就会受到阻碍。商法在实践中还会随着社会分工的细化而不断丰富自身的内容。如租赁、担保、管理等已逐一分离出来，它们会不断地要求商法适应这样的客观情势。商法的建立和完善，一定会为我国市场机制的建立和完善提供法律上的支撑。

在此，需要强调，全社会都要充分重视商法的宣传。在商界，要树立商法的精神，严守商法规范；在政界，要懂得如何摆正自己的位置，转变自身的职能，真正当好市场的“裁判”。商法绝不是可有可无的法律。没有商法，就没有市场及市场机制,就没有市场的秩序;没有商法,建立社会主义市场经济体制就是一句空话。

二、商法的特征

商法的特征是商法区别于商法以外的其他部门法的个性表现。商法学者们对此有多种意见。有的提出“四特征说”,包括营利性、技术性、公法性、国际性。[①] 有的提出“五特征说”,包括营利性、技术性、组织法与行为法的结合、变动较为频繁、国际性。[②] 有的则提出“七特征说”,包括同源性、兼容性、协调性、技术性、进步性、国际性和营利性。[③] 这些学者概括的特征之间有相同之处,也有不同之处,有的差异还很大。还有的学者在概括了一般特征后强调了一个特征。如徐学鹿教授提出:“现代商法不同于简单商品生产完善法的最本质的特征,是资本经营性”,“资本经营是现代商法的精髓。商法就是资本经营法。”[④]

通过对上述观点的比较和分析,我们认为,商法的特征应包括:

1. 规范的重点是商人的营利活动

商人从事商事交易活动的目的主要是营利,这一事实已为各国商法所确认。商人追求利益,是社会经济发展的重要动力,承认并保障商人追求利益是商品经济社会发展必然的要求。为了保证商人商事交易活动的正常开展,商法要求人们通过合法的途径取得商人资格,并在取得商人资格的基础上,按照一定的商法规范从事商事交易活动,以确保营利目标的实现。凡不依商法所进行的营利活动不受法律保护。需要指出的是,不少学者将商法的这一特征概括为“营利性”,这是不够准确的,法律本身不可能具有营利性。

2. 组织法规范与行为法规范相结合

商人或商事组织是商事交易的基础,商事交易是商人最基本的活动,组织与交易行为都是商法规制的内容。组织法解决市场主体的规范问题,即解决“市场进入”问题;行为法解决主体进入市场后的“游戏规则”问题。作为规制组织的法,要求商人组织体的健全,以保障交易的安全性;作为规制交易行为的法,要求商行为选择自由,简便快捷,以促进交易的达成。组织法与行为法的结合,实际也是严格性与灵活性的结合。正如德国商法学者德恩(Dahn)所说:“商法是一切法律中最为自由,同时又是最为严格的法律。”[⑤]

---

① 参见赵万一主编:《商法学》,中国法制出版社 1999 年版,第 14—18 页。

② 参见黎燕主编:《商法》,中央民族大学出版社 1999 年版,第 2—4 页。

③ 参见李玉泉、何绍军主编:《中国商事法》,武汉大学出版社 1995 年版,第 12—13 页。

④ 徐学鹿主编:《商法学》,中国财政经济出版社 1998 年版,第 7—8 页。

⑤ 转引自张国健:《商事法论》,台湾三民书局 1980 年版,第 24 页。

3. 规范的技术性

商法规范是关于市场机制运作的一整套制度规范,从市场主体的设立到撤销,从证券筹资到票据行为、破产行为、保险行为,从陆上交易到海商活动,这套规范相互衔接,缜密系统,可谓人类对经济活动最精巧的制度设计。商法规范又是相当实用且操作性很强的规范。无论从整体还是从个体考察,商法规范均贯穿着促进交易安全、效益、迅捷等重要原则,对商事组织的构成、商人各种交易行为的方式、方法及程序等均作出具体安排,如《公司法》中关于股东会的召集程序与决议方法,董事、监事的选举方法,商业账簿中的造具要求;《证券法》中的证券交易程序和清算规则;《票据法》中关于票据的签发、背书、承兑及追索;《海商法》中关于船舶碰撞、理算规则;《保险法》中的精算、理赔等,无不体现出很强的技术性特点。

4. 对经济生活的适应性

商法规范的对象是社会经济生活,而社会经济生活随着科学技术的进步在加速发生着变化。在现实发生改变的情况下,原有的商法规范往往不能继续适用,这就需要法律适应现实生活作出适当的修改和补充。如果固守原有的商法规范,不仅不能促进经济的发展,反而可能导致商事交易受阻、市场秩序混乱。比较各种法律,现实对商法的要求更高,因而其修改也更为频繁。以日本商法为例,自《日本商法典》施行以来,已经过近四十次修改或补充,是日本大型法律中修改、补充次数最多的法律。特别是在第二次世界大战以后,日本立法者大量吸收英美法主要是美国商法的立法成果,补充了许多新的商事法律制度。同时,又根据本国商事实践的发展,以革新精神,创立了许多新的商事法律制度。①《法国商法典》1807 年颁布时共有 648 条,目前该商法典绝大多数的条款已被废除或修改,继续有效的仅有 140 条,其中只有约 30 个条款保留了 1807 年的行文。商法典现存的条款涉及商人、商业会计、商品交易所、居间商、担保和行纪商、商行为证据、汇票和本票等,但现存条款对这些方面的规定大多很原则,有的仅有个别条款,已远不能适应实践的需要。大量的商事立法包括商法典已经涉及的立法,均未编入商法典。②

5. 含有公法化因素

前文已经论及,商法有商公法与商私法之分。但即使是商私法,其中仍有公法因素。如《证券法》中对证券发行与交易的监管的规定,《公司法》中对公司违法的行政处罚,对设立、变更登记的强行性规定等。鉴于社会经济生活的深刻变化,加之社会本位法律思想的影响,许多国家在商法领域逐渐改变了以往放任主

---

① 参见王书江、殷建平译:《日本商法典》,中国法制出版社 2000 年版,译者序,第 3 页。

② 参见金邦贵译:《法国商法典》,国际文化出版公司 1995 年版,"译者的话"。

义的态度，而采取了积极干预主义的政策。这种现象，学者们称为“商法公法化”。我国台湾地区学者李宜琛认为：“现代各国的商法虽以私法规定为中心，但为保障私法规定之实现，颇多属于公法性质的条款，几乎与行政法、刑法等有不可分离之关系，却已形成‘商事法之公法化’。”[①]现代商法虽带有公法色彩或含有公法因素，然而，其本质仍属私法，称“商法公法化”有言过其实之嫌。强调商法的私法性质，是要突出商人的法律地位，使其在商事交易中具有独立性、自主性和平等性。承认商法含有公法化因素，是要兼及现代社会经济生活的复杂性和风险性，对商事交易活动加以适当引导和监管，最终仍是为了维护交易者的利益。强调“商法公法化”，将会模糊商法与经济法的界限。

6. 规范的可借鉴性

这一特征是由世界各国经济发展的规律性、商事活动的类同性决定的。重视资源的市场配置，最大限度地调动商人在商事活动中的积极性，是任何明智的政府都会采取的基本政策。随着国际经济一体化进程的推进，国际贸易、国际投资活动日益频繁，商法中的技术规范也逾越了一国的界限，被国际交往双方或多方所采用。国际的分工和合作，随着新世纪的开始正在加速发展，任何国家和地区的商事活动，都不可能在封闭状态下进行。寻求国际经济优势的互补，遵守统一的商事规则，将成为不可阻挡的历史潮流。强调商法规范的可借鉴性，可以有力地推动国际经济的一体化。尽管国际社会已经订立了大量有关商事活动的公约，成立了一系列旨在推动“商法一体化”的国际商事组织，但现实中的商法规范，绝大多数仍属国内规范，体现了本国统治者的意志，说商法已经具有了国际性特征为时过早。商法的“世界统一性”或“国际性”是我们努力的一个目标。

三、商法的基本原则

由于学者采取的标准不同、分析问题的角度不同，对商法基本原则的表述出现较大差异。归纳起来主要有：(1)“二原则说”，即保障交易便捷原则和维护交易安全原则。[②] (2)“三原则说”，即保障交易简捷原则、维护交易安全原则和商事主体的法定与维持原则。[③] (3)“四原则说”，即强化商事组织原则、维持交易安全原则、促进交易迅捷原则和维护交易公平原则。[④] (4)“五原则说”，即市场准入严格法定原则、确认营利保护营利原则、促使交易简便迅捷原则、维护交

① 李宜琛：《民法总则》，台湾中正书局1997年版，第3—4页。

② 参见赵中孚主编：《商法总论》，中国人民大学出版社1999年版，第23页。

③ 参见黎燕主编：《商法》，中央民族大学出版社1999年版，第47—51页。

④ 参见覃有土主编：《商法学》，中国政法大学出版社1999年版，第8—14页。

易公平原则和保障交易安全原则。① 我们认为，商法基本原则应包括三项：维护市场正常运行原则，提高商事交易效益原则，保障商事交易安全原则。

（一）维护市场正常运行原则

商品经济发展到今天，要求实现高度组织化、市场化和法制化。建立市场经济体制、运用市场机制促进经济繁荣已经成为我们的选择。在这一过程中，市场体制如何建立以及这种体制如何运转，虽然不全是法律要解决的问题，但离开法律手段也是不可想象的。市场体制的建立和运转要靠一系列法律分工协调，其中，商法起着基础性作用。宪法指明了市场经济体制发展的总目标和方向，但不可能对市场构成的具体要素及其活动加以具体设计。民法提供了商品经济运行的最一般规则，但正如前文所指出的，简单商品经济与发达商品经济并存，不存在可同时调整简单商品经济与发达商品经济的法律原则和制度，发达商品经济需要有不同于简单商品经济运行的法律原则和制度。只能由商法担当此任。商法对市场主体及其形式、种类作出选择，实际上是在塑造市场的基本体制；商法对各市场主体的活动内容和程序加以设计，实际上就是在塑造市场运行的机制。这种选择和设计越精细、越合理，市场体制及其机制运行就越科学、越健全。商法完成了一定时期一定社会市场体制与机制的选择和设计后，就需要我们通过贯彻执行这种规范来维护市场的正常运行和健康发展。维护市场正常运行原则主要包括以下内容：

1. 市场准入

参与市场活动需要有“准入证”。凡进入市场的主体必须按照法定的条件，选择法定的形式，履行法定的手续。对主体进入市场作出规定并不是要把他们当成一个特殊的阶层来保护，而是出于现代市场运行对主体素质特殊要求的考虑。如对公司法定最低资本金的要求，这是公司从事营业活动最基本的条件。从事特殊行业的经营，不仅要求企业主体符合法定若干条件，还要求企业从业人员具备特殊的资格。

2. 商事分解

现代化商事经营专业分工越来越细，以便降低运作成本，提高运作效率。传统商法将商事行为分解为固有商（买卖商）、辅助商、第三种商、第四种商等。现代商法根据各种商事行为在市场上的功能进一步细分为：制造商、销售商、证券商、期货商、租赁商、信托商、担保商、保险商、广告商、代理商、咨询商以及其他各种服务商。随着人们生产经营活动的继续，这种市场分工还会进一步细化。分工越细，商事关系越来越多样化，商法也会让人觉得越来越复杂，但现实的各种

① 参见雷兴虎主编：《商法学教程》，中国政法大学出版社 1999 年版，第 19—25 页。

生产经营活动会越来越专业、越来越便于操作。

3．风险分散

现代市场客观存在着经营风险,为了使投资创办公司的人的风险降低到最低限度,法律确立了有限责任制度。创办公司的风险首先分散给众多的投资者;当投资者认股缴资后,风险集中由公司承受;当公司资产不足以承受风险(抵偿债务)时,风险由公司债权人承担。商法中还设置各种保险制度,当市场主体面临重大财产损失时,可以通过保险索赔恢复生产经营,或使人员得到妥善安排。另外,《海商法》中的共同海损制度、《证券法》中的风险基金制度等都是分散风险的制度。

4．市场退出

市场的正常运行不仅需要有规范的主体进入机制,而且还需要有不符合规范的主体或已经完成经营使命的主体,从市场顺畅地退出的机制。现代商法有股权(产权)转让的规定,有兼并收购的规定,有解散破产的规定,这些都是为商事主体(商人)退出市场提供的合法路径。值得强调的是,设立兼并、破产制度是市场竞争的客观要求,要竞争,就要实行优胜劣汰;劣不能汰,优的地位就难以巩固,社会资源就难以实现优化配置。

总而言之,商法对市场准入、商事分散、风险分散和市场退出进行全面规范,使市场主体符合一定标准,使市场活动形成良性的循环,从而维护整个市场正常运行。

(二)提高商事交易效益原则

商人从事商事交易要追求的最终目的是经济效益,即营利。经济效益的好坏、营利的多少取决于交易的简便和迅捷,取决于交易成本的降低和利润率的提高。为了反映这一要求,商法应当确认提高商事交易效率和效益的原则。该原则具体包括以下内容:

1．保护营利

商人追求营利的最大化,是天经地义的事。“天下熙熙,皆为利来;天下攘攘,皆为利往”,就是对商人趋利行为的真实写照。[①] 商法不仅认可商人的这种营利行为,而且为商人的营利提供法律上的保障。各种商人设立的目的是营利,商人开展的营业活动就是营利活动,投资者分红是实现营利,可以说商法的全部规范就是围绕着商人的营利行为设置的。商法保护营利是保护通过合法经营而取得的利润,非法经营或通过不合法的途径所获得的利益是不受商法保护的。商法保护营利,说到底,是维护人类生存和发展的基本条件。法律不保护营利,

---

① 参见雷兴虎:《略论我国商法的基本原则》,载《中外法学》1999年第4期。

人类的物质文明、精神文明的进步就缺少基本的动力，市场的繁荣、经济的发展都将成为空话。

2. 交易简便

前文已经论述，专业化分工越细，经营活动就越简便。商法为交易简便，除了强调意思自治以外，还设置了三种基本的手段提供选择。这三种手段是：交易方式定型、交易客体定型以及契约定型。交易方式的定型是指商法将交易的方式预先规定为若干类型，使任何商事主体无论何时交易都可以获得同样的效果。如批发与零售的划分，买卖商与投资商、服务商的划分，不同类型的交易有不同的操作规范与服务规范；再如，同一商品的销售有统一的标识和定价等。客体定型是指商法对交易客体的商品化与证券化。大宗实物商品的交易均有统一的包装和规格，不同的商品还有不同的质量标准。有些商品、资产不便流通，可以使之证券化再行流通。契约定型是指商法对交易双方达成的契约条文化和格式化。如保险单、运输单、提单、仓单以及其他格式合同，商法均规定了一定的内容和格式，使之定型化，便于使用或流通；再如，期货交易的客体就是特定商品的合约，它也是定型化的，除了价格随行就市，对其他条款当事人均不能变更。

3. 交易迅捷

现代市场交易信息传递快，交易的节奏也加快，市场机会瞬息万变，如果交易者不能迅速决策，必然坐失良机，影响营利。交易迅捷就是商法对市场交易节奏的反映。交易迅捷主要是指交易周期的缩短、交易次数的增多，以及交易行为所产生的请求权时效期间的缩短。一般情况下，交易迅捷与交易简便是联系在一起的，交易的定型化必定能提高交易的速度，简化交易的程序，从而使货币流转加快，效率和效益显著提高。但交易迅捷还取决于立法对时效的选择。商法采取短期时效主义的规定。短期时效最长 2 年，最短的仅有 1—2 个月。例如，公司股东对公司的诉讼，有关公司董事、监事的诉讼，其时效应当远远短于一般交易纠纷，以维护公司的正常经营秩序，稳定现实的经济关系。《票据法》中关于票据权利行使的规定，《保险法》中有关被保险人或者受益人对保险人请求给付保险金权利的规定，均有一定的时效要求。超过一定的期限，权利人即丧失请求权。我国《海商法》对短期时效还作了专章规定。

（三）保障商事交易安全原则

商事交易过程中，由于存在信息获取、自然灾害、人为破坏、交易者的道德风险、政府政策变化等众多不确定因素或风险因素，时常会导致商人的利益受损。在利用现代化交易手段的情况下，如交易所的电脑交易、网上购物与结算、金融衍生工具的运用等更增添了商人的系统风险。因此，现代商人在讲究交易灵活、迅捷的同时，还特别注重交易的安全。离开了交易的安全，一笔交易不仅会使商人眼前的营利遭受损失，甚至会导致商人组织的彻底清盘。商法保障交易安全就是要减少和消除商事交易活动的不安全因素，确保交易行为的法律效力和法律后果的可预见性。其内容主要包括：

1. 公示主义

所谓公示主义是指商人在依照商法规定从事商事交易时，应当公开交易中公众所应知的重要事项，以增强市场的透明度。在交易过程中，交易者往往需要事先获得有关相对人及其商品、服务的可靠信息，如了解交易对方的法律地位、资信能力、产品品质等，否则无法作出交易的正确判断。商法中有关公示或称信息披露的规定主要有：(1) 公司登记的公示，即公司的设立、变更、注销应向主管机关登记并公告；(2) 股份有限公司发行股票的招股说明书，上市公司的上市公告书以及年度报告、中期报告和临时报告等必须依法报告并公告，另需在公司的固定场所备置供公众查阅；(3) 企业募集债券的有关公告；(4) 公司合并、分立和宣告破产的公告；(5) 船舶登记的公告；(6) 公司不动产的抵押担保的登记及查询等等。通过一系列公示，交易各方可以平等地获取相关信息，从而有利于交易的达成。凡因公告中有虚假记载而致使交易对方遭受损失的，公示者必须承担赔偿责任。

2. 要式主义(或称强制主义)

要式主义是指国家通过公法手段对于商事关系施以强制性影响和控制。这是商法公法化的重要表现。如对公司章程条款的规定，公司账簿设置的规定，公告文件格式的规定，票据应记载事项的规定，海商、海事合同应记载事项的规定等均具有强制性。这些强制性规定既有便利交易的功效，也有提高交易安全度的功能，它可防止当事人因不熟悉专业或一方当事人的故意造成合约错漏，最终遭致损失。

3. 外观主义

所谓外观主义是指以交易当事人行为的外观为准认定其行为所产生的法律效果。英美法上则称为“禁止反言”。在法律行为中，内心意思和外观表示不相一致的情况时常发生。假如允许当事人以外观表示与真实意思不符而撤销商事行为，则显然不利于交易关系的稳固，从而造成交易的不安全性。民法中有表见代理的规定，商法则进一步贯彻了外观主义原则，如在票据法上表现为对票据行为的解释应遵循外观解释原则。因为票据属于文义证券，一切票据行为的意思表示都是通过证券上的记载反映出来的，因此，通过票据证券解释票据行为人的意思表示的内容时，只能就票据上记载的文字解释。商法中关于不实登记的责任，表见经理人或代表董事、自称股东的责任等都体现了外观主义的要求。

4. 严格责任

严格责任是指商法对商事交易的当事人规定了严格的义务和责任。如公司的行为多依赖于公司负责人，对负责人的责任，若不予以严格规定，势必妨碍商事交易的安全。我国《公司法》规定，董事、监事、高级管理人员执行公司职务时违反法律、行政法规或者公司章程的规定，给公司造成损失的，应当承担赔偿责任；董事、高级管理人员违反法律、行政法规或者公司章程的规定，损害股东利益的，股东可以向人民法院提起诉讼。再如，《保险法》规定，保险人对于由于不可预料或不可抗力事故所致的损失，均应负赔偿责任；《票据法》规定，汇票的出票人、承兑人、背书人及其他票据债务人对执票人均承担连带责任；《海商法》规定船舶所有人或承运人在发船前或发船时对船舶的适航性及其相应的设备负有担保责任等。

概括起来，要对商法内容予以准确地理解，首先要对上述三大基本原则（又可表述为十一项重要原则）有准确的理解。这些基本原则是区别于民法以及其他相关部门法最本质的东西。当然，这些原则与民法和其他相关部门法的基本原则也有一些联系和交叉。我们对商法基本原则的概括也不是一成不变的。随着市场交易方式和活动的发展变化，商法基本原则也会发生些微变化，但是，商法的基本精神是不会在短期内发生很大改变的。

第二专题　公　司　法

公司法强制性与任意性边界之厘定：一个法理分析框架*

罗培新

一、问题的提出

《中华人民共和国公司法》(以下称新《公司法》)已于2006年1月1日起全面实施。这部以鼓励投资、放松管制、强化责任等特色见长的法律,被专家学者誉为"21世纪最先进的公司法……它的许多制度和规则,包括在立法理念方面已经引领了21世纪公司法改革的世界潮流"①。的确,新《公司法》较之修订之前的旧《公司法》,可谓脱胎换骨:旧《公司法》共230条,本次修改中共删除46条,增加41条,修改的条款则多达137条,最后新《公司法》总计219条。无论是具体制度设计,还是抽象的立法理念,均经历了浴火重生的过程。

学者盛赞新《公司法》,一大缘由是这部新法秉承了公司自治之商事精神,处处虑及公司参与方之谈判空间,大大拓宽了任意性规范之适用范围。据笔者统计,"可以"、"由公司章程规定"、"依照公司章程的规定"、"全体股东约定……的除外"等任意性字眼,在新《公司法》中总共出现119处,而旧《公司法》中此类字眼仅出现75处。这些任意性规范,主要分布于公司利润分配、内部治理结构、公司对外担保权限的配置等规定中。一般认为,新《公司法》既然大幅增设任意性规范,其强制性规范的数量必定大量减少。然而恰恰相反,新《公司法》一方面力促公司自治,另一方面则大大强化了公司的责任机制,在公司设立登记、控股股东和高管人员的责任承担、公司人格滥用之避免、公司社会责任之承担、公司工会的组织建设等方面,设定了大量的强制性条款。据笔者统计,"应当"、"不得"、"必须"等强制性字眼,在新《公司法》中总共出现271处,旧《公司法》中则出现243处(新旧《公司法》规范类型统计,可参见表2-1)。

---

* 本文是国家社科基金课题《公司治理法律制度研究》(批准号06CFX013)的一项成果。

① 江平等:《纵论公司法的修改》,http://www.ccelaws.com/int/artpage/11/art_5491.htm,2006年6月6日访问。

表 2-1 新旧《公司法》规范类型统计表

		新《公司法》	旧《公司法》
任意性规范字句	“可以”	88 处	60 处
	“公司章程另有规定的除外”	3 处	0 处
	“公司章程规定的(职权等其他事项)”	10 处	5 处
	“由公司章程规定”	11 处	10 处
	“依照公司章程的规定”	5 处	0 处
	“全体股东约定……的除外”	1 处	0 处
	“经股东会或者股东大会同意,还可以”	1 处	0 处
强制性规范字句	“应当”	178 处	136 处
	“不得”	65 处	61 处
	“必须”	28 处	46 处

新旧《公司法》中任意性规范字句与强制性规范字句出现的频次,还可图示如下:

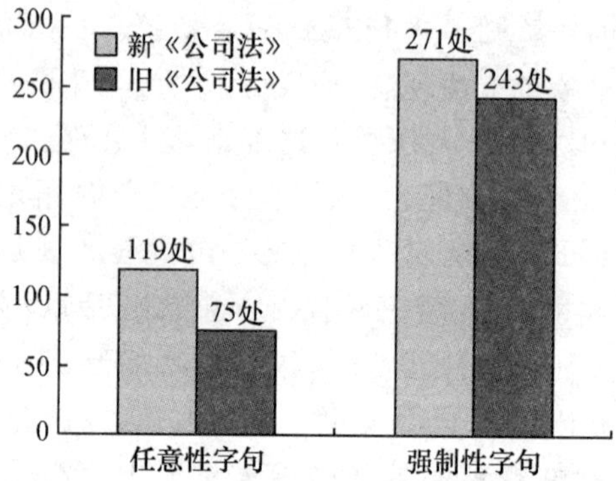

图 2-1

以上统计的法条,因带有言之凿凿的话语符号,其任意性抑或强制性一望可知。然而,新《公司法》还有许多法条,由于用语“暧昧”或者“含糊”,对其属性的判断面临重重困难。以下兹举三例:

> 例一:新《公司法》第 45 条规定,有限责任公司设董事会,其成员为 3 人至 13 人;第 109 条规定,股份有限公司设董事会,其成员为 5 人至 19 人。

以上规定,并未缀以“可以”、“由公司章程规定”、“依照公司章程的规定”、“全体股东约定……的除外”等任意性字眼,也未冠以“应当”、“不得”、“必须”等强制性字眼,这为判断该法条的属性制造了困难。江平教授在论及这一问题时谈到,有人认为既然没有"章程另有规定的除外",法条中的"为"字,就应当解释为强制性的。① 但将《公司法》对董事会成员人数的规定解释为强制性规范,其法理基础并不牢固。实践中存在以下情形:某公司(无论是有限责任公司还是股份有限公司)有 20 名股东,每名股东持股数额均为 5%,他们各推选一名董事进入董事会,则该公司的董事会成员就为 20 人,超过了新《公司法》关于董事会成员的限额规定。显然,如果新《公司法》的相关规定为强制性规范,则这种情形构成违法。然而,公司股权结构各异,各公司据此安排董事人选实属公司内部治理事务,将新《公司法》的这些限额规定理解为强制性要求,并不妥当。但如果将这些条款解释为任意性规范,则它们与其他带有明确的任意性规范字句的法条又存在什么区别?

> 例二:新《公司法》第 112 条规定,董事会会议应有过半数的董事出席方可举行。董事会作出决议,必须经全体董事的过半数通过。董事会决议的表决,实行一人一票。

在实践中,许多公司在章程中约定,如果董事会表决的结果是赞成与反对的票数相等,则董事长有权再投一票,以解决董事会议而不决的僵局问题。这一章程的约定是否违法?易言之,新《公司法》"董事会决议的表决,实行一人一票"中"实行"一词,是作"必须实行"解,还是应作"可以实行"解?

> 例三:新《公司法》第 104 条规定,股东出席股东大会会议,所持每一股份有一表决权。但是,公司持有的本公司股份没有表决权。

其中,应当如何认知"有一表决权"?是只能有一个表决权,还是可以有一个表决权,也可以有多个表决权?根据此条,公司能否发行表决权各不相同的双重或多重类别的股份?

新《公司法》中此类用语"暧昧"或者"含糊"的法条,计有九处之多,给公司实践带来了相当大的困惑。这些法条的属性应当作何理解?学者认为,这一问题在新《公司法》中并没有得到彻底的解决。② 事实上,在更宽泛的意义上,它揭示出的公司法领域根本性的法理命题是:公司法规则中,究竟哪些应为任意性规范,哪些应为强制性规范?对此是否存在一个更为抽象的法理判断标准?公司章程自治与公司法强制的界限应当如何厘定?

这已经成为一个世界性的难题,任何公司法理学说、任何国家的公司立法都无法回避。在公司法法理学说发展历史中,相关的理论纷争一直与各国的公司

---

① 然而,江平教授本人并不同意这种见解。参见江平等:《纵论公司法的修改》,http://www.ccelaws.com/int/artpage/11/art_5491.htm,2006 年 6 月 6 日访问。

② 江平教授持这种观点。

立法结伴而行。有人主张公司章程应全面取代公司法,有人则不遗余力地为公司法的强制性作辩护。

二、公司章程"选掉"公司法规则:国外的历史图景及我国新《公司法》的回应

1988年12月9日—10日,美国哥伦比亚大学法学院法律经济学研究中心举行了主题为"公司法中的合同自由"(contractual freedom in corporate law)的研讨会。美国公司法学界极富影响力的代表人物罗伯特·C.克拉克(Robert C. Clark)、弗兰克·H.伊斯特布鲁克(Frank H. Easterbrook)、丹尼尔·R.费舍(Daniel R. Fischel)、杰弗里·N.戈登(Jeffrey N. Gordon)、约翰·C.科菲(John C. Coffee)、梅尔文·阿伦·爱森伯格(Melvin Aron Eisenberg)[①]等,针对"公司法中合同自由的界限"这一在学术上饶有兴味、在实践中又极富意义的论题,展开了针锋相对的论战。

这一论战,缘于美国公司法律实践,进而引起公司法理论上的重大困惑。1985年,特拉华州最高法院审理Smith v. Van Gorkom一案[②]之后,业界认为该法院对信义义务的解释太过严苛。针对来自公司董事层的批评,特拉华州立法机关颁布了一项旨在减轻董事义务的法令,授权公司可以通过修改章程的方式,对因董事违反注意义务而导致的金钱损害赔偿责任,予以限制或者取消。[③]长期引领美国公司法变革之风的特拉华州的这一举动,旋即引发了减轻董事责任的风潮。连董事的法律责任都能通过合同而免除,公司法框架内的合同自由是否还存在边界?如果没有边界,公司法的强制性是否仍有存在的合理性?

在公司法理念演进的历史中,特拉华州的这项法令只是一个触发点。事实上,这场论战蓄势已久,而且在此之前已有多次交锋,但多呈零散之势。而1988年发生于哥伦比亚大学的这次集中研讨,无疑淋漓尽致地揭示了这一论题的丰富性和复杂性,也充分暴露了双方的优势和弱点。其中,"帝国主义"般的经济学"侵入"传统的公司法领地所引发的几乎是规律性的公司法学者的"防守和反击",以及法律经济学者在传统公司法学者毫不相让的诘问下的窘迫和反思,在给人以思想愉悦的同时,也带来了方法论上的启示:我们究竟应当如何认识公司法与公司章程的关系?公司章程能否或者能够在多大程度上"选掉"(opt out)公司法?

---

① 为规范起见,本文所有英语姓名的中译,均参照新华通讯社译名资料组编:《英语姓名译名手册》(第二次修订本),商务印书馆1996年版。

② See 488 A. 2d 858(Del. 1985).

③ See 65 Del. Laws 289 (1986) (codified principally at Del. Code Ann. tit. 8, §102(b)(7)).

事实上,这一论争一直没有停止过。从历史上看,一些激进的合同主义者[①]甚至主张,必须对公司法进行结构性调整,允许公司自行决定是否适用有关"内部人交易"、"信义义务"等一系列原属强制性的、铁板一块的规则。[②]

(一)章程"选掉"高管的信义义务

1985年Smith v. Van Gorkom一案曾经引发了通过章程"选掉"公司法进而达到减轻董事责任的风潮。当时,特拉华州的这项举动以及由此引发的潮流,与美国法律协会(American Law Institute,ALI)的公司治理报告相比,后者无疑要温和得多。美国法律协会完成的"公司治理原则"(Principles of Corporate Governance)第七节指出,允许股东在章程中约定,董事违反注意义务所引发的赔偿责任,应不超过该董事当年从公司获得的薪酬。有些学者走得更远。在1986年5月就"公司治理原则"进行审议期间,素有"公司法经济分析之旗手"美誉的伊斯特布鲁克法官甚至认为,应当允许股东通过投票修订公司章程,对董事违反忠实义务的法律责任加以豁免。这甚至令其拥护者也大为惊讶。[③] 因为注意义务只是要求高管人员审慎照管公司,而忠实义务则要求高管人员不能侵占、利用公司的财产和商业机会,将自身利益凌驾于公司利益之上,强调的是对偷盗行为的禁止。

特拉华州允许限制甚至免除董事注意义务的做法,是否于法有据?如果股东事先在章程中排除了董事的忠实义务,法律是否应判令章程的相关条款无效?对于这些问题,部分学者认为,当事人之间的合约安排优于法律制度。只要各方合意,就可以改变规则,甚至可以打破传统的关于董事、经理不得利用公司机会,在没有得到批准之前不得从事利益冲突交易的规定。[④]

然而,立法者和富有经验的法官对此并不完全认同。他们认为,一个理性的、信息充分的投资者绝不会轻易同意在公司章程中作出这些修改,特别是作出限制甚至是免除董事信义义务的决定。但"合同主义者"不顾这些反对意见,进一步主张,章程的这些修改,即使是对于理性而又无知的股东,也是利大于弊。如果认为受"强迫"、"误导"的股东不会同意这些修改,则纯粹是一项不合事实的假定。费舍和布拉德利甚至认为,股东放弃对违反信义义务的董事提起派生

---

① 论者将公司看做一项合同束(Nexus of Contracts)。See Jensen & Meckling, Theory of the Firm: Managerial Behavior, Agency Costs and Ownership Structure, 3 J. Fin. Econ. 305, 360 (1976)。后文对此有更详细的描述。

② See Carlton & Fischel, The Regulation of Insider Trading, 35 Stan. L. Rev. 857 (1983).

③ See Branson, Assault on Another Citadel: Attempts to Curtail the Fiduciary Standard of Loyalty Applicable to Corporate Directors, 57 Fordham Law Review 375, 378—800, 1988.

④ See Robert C. Clark, Contracts, Elites, and Traditions in the Making of Corporate Law, Columbia Law Review, pp. 1714—1715.

诉讼,只会增加股东的整体福利,因为市场足以构成对管理层不当行为的约束。同时,股东滥用诉权以及诉讼本身的成本,使得这项诉讼制度安排本身积弊尤深。他们主张,股东可以在章程中约定放弃派生诉讼,甚至主张公司法放弃这项规则,除非股东通过修改章程选入(opt into)这项诉讼制度。①

这似乎是一场没有结论的论争。而我国新《公司法》对此问题的回应也并不明晰:

其一,关于高管的信义义务。新《公司法》第148条规定,董事、监事、高级管理人员应当遵守法律、行政法规和公司章程,对公司负有忠实义务和勤勉义务。对此条可作两种解释:第一种,公司高管的信义义务,无论是忠实义务还是勤勉义务,都是强制性规则,不容股东通过章程"选掉"。第二种,公司高管"应当"遵守法律、行政法规与公司章程,这是强制性规则;高管对公司负有忠实义务和勤勉义务,则是补充性规则(任意性规则的一种,指如果章程未另作约定,该规则即适用,下文将作阐释),因为股东一旦通过章程免除高管对自己的义务,"遵守"章程的高管即可免责。这两种理解,哪一种更值得采纳?

其二,关于诉讼问责制度。新《公司法》第153条规定,董事、高级管理人员违反法律、行政法规或者公司章程的规定,损害股东利益的,股东可以向法院提起诉讼。此为股东的直接诉讼规则。新《公司法》第152条确立的则是股东的派生诉讼规则,它规定如果高管人员侵害公司利益,而公司机关受制于利益冲突而不提起诉讼,则满足一定持股比例的股东"有权为了公司的利益以自己的名义直接向法院提起诉讼"。从表面上看,新《公司法》此处的"可以"、"有权"显属任意性规则的常见语态,我们是否可以因此认定其为任意性规则,从而容许股东通过章程将其"选掉"?即如果股东在章程中约定放弃对高管人员的问责权利,则以后无论高管如何滥权营私,股东均不能兴师问罪于法院?这一问题并没有解决。

而无论在历史上还是在现实中,引发更多争议的问题是,能否通过章程排除公司法的股东投票规则?

(二)章程"选掉"公司法"一股一票"规则

公司法的一项经典命题是,股东的投票权(voting)必须与其剩余索取权(residue claim)相配比,即每一股份拥有一份投票权和一份分红权,如此才能避免因投票者无法获取投票的收益(分红)或者因投票权与分红权不相配比而随

---

① See Fichel & Bradley, The Role of Liability Rules and the Derivative Suit in Corporate Law: A Theoretical and Empirical Analysis, 71 Cornell L. Rev. 261, 277—283, 1986.

意投票所带来的道德风险。因而在公众公司中,一股一票是通行的法律规则。①

然而,在过去的几十年间,为阻止敌意收购,公众公司的管理层试图构建一套普通股双重结构规则:管理层持有的股份具有超级表决权,而其他股份的表决权则受到限制甚至被取消。在这种情况下,收购方必须买入在任管理层持有的股份,才能保证收购成功,而在任管理层的态度,就对收购成功与否起着决定性的作用。②

通常而言,这项计划是通过修改章程和换股完成的。举例而言,A公司的管理层劝诱股东修改章程,以发行一套新型普通股——超级普通股,原来的普通股则可称为一般普通股。根据该章程修正案的规定,超级普通股每股拥有10票表决权,但只拥有相当于原来普通股90%的分红权。同时,公司管理层宣布,一旦章程修正案获得通过,A公司所有的一般普通股股东,将获得一次性的将一般普通股转换成超级普通股的换股机会。

管理层提出该议案时,已经持有相当多的股份,这本身已使得收购该公司相当困难。而管理层提出的章程修正案,其通过本身已获得稳固的基础,这越发使得小股东面临两难选择:第一,如果管理层持有超级普通股,而其他股东为了保留全部分红权,不选择换股而仍然持有一般普通股,这样,管理层就有足够的力量防御敌意收购,甚至可对敌意收购行为刀枪不入。但在这种情况下,因为缺乏外部收购市场的监督,公司股份的价值有可能下降50%,股东利益最终仍将受损;第二,如果小股东不同意换股,情形又当如何?假设股东B意识到,公司丧失被敌意收购的可能性意味着股份价值的减损,B会换股吗?恐怕不会。因为他会想,管理层肯定会换股,而这已经使得收购相当困难。同时要协调其他股东一致行动也换股,以损失10%的红利为代价,换取公司被收购的已经很渺茫的可能性,从而使股票价值不至于下跌50%,这几乎不可能。因为首先股东散居各地,联络协调成本极其高昂;其次,股东都有搭便车心理,希望别人去换股而自己作“壁上观”,仍然持有一般普通股,这样既能享受全额红利,又保持了公司被收购的可能性。也就是说,作为一种理性的选择,B最终会拒不换股,这意味着A公司的“选掉投票权”计划将获成功。③ 当然,为简化起见,其他的一些复杂因素没有被纳入考虑范围,但这本身已足以展示“股东投票权”这一议题的复杂性和困难。

---

① 更细致的分析,详见〔美〕伊斯特布鲁克、〔美〕费希尔:《公司法的经济结构》,张建伟、罗培新译,北京大学出版社2005年版,第三章“投票权”。

② See Gordon, Ties that Bond: Dual Class Common Stock and the Problem of Shareholder Choice, 76 Calif. L. Rev. 3, 4 (1988).

③ See Robert C. Clark, Contracts, Elites, and Traditions in the Making of Corporate Law, 1709, Colum. L. Rev., 1989.

正是由于意识到推行多重类别的股份可能使小股东遭受剥削,有人强烈主张将“一股一票”设定为强制性规则。而与此主张同样强烈的是,相当多的学者仍然坚持应允许股东自由协商,排除一股一票规则的适用。[①] 争论归争论,目前的情况是,世界上大多数国家允许采取双重类别股份制度,即不同种类的股份,其拥有的表决权亦各不相同(参见表2-2)。

表2-2 部分国家公司样本的双重类别股份[②]

国家	公司数量	拥有双重类别股份的公司数量	拥有双重类别股份的公司百分比
澳大利亚	99	23	23.23
比利时	130	0	0.00
丹麦	210	70	33.33
芬兰	129	47	36.43
法国	607	16	2.64
德国	704	124	17.61
爱尔兰	69	16	23.19
意大利	208	86	41.35
挪威	155	20	12.90
葡萄牙	87	0	0.00
西班牙	632	1	0.16
瑞典	334	185	55.39
瑞士	214	109	50.93
英国	1953	467	23.91
总计	5531	1164	21.05

来源:Faccio 和 Lang(2002);Bennedsen 和 Nielsen(2002)。

我国新《公司法》在章程能否自由创设投票权规则方面,因公司类型不同而存在差异:其一,关于有限责任公司的股东表决权。新《公司法》第43条规定,股东会会议由股东按照出资比例行使表决权,但公司章程另有规定的除外。显然,该条规定为股东在章程中另行议定规则,从而排除一股一票之表决权规则的适用,留下了空间;其二,关于股份有限公司的表决权规则。新《公司法》第104条规定,股东出席股东大会会议,所持每一股份有一表决权。正如前文所述,此条规定由于用语的“暧昧”和“含糊”而属性不清,据此亦很难判断公司能否发行

① See Fischel, Organized Exchanges and the Regulation of Dual Class Comon Stock, 54 U. Chi. L. Rev. 119 (1987); Grossman & Hart, One Share-One Vote and the Market for Corporate Control, 20 J. Fin. Econ. 175 (1988); Seligman, Equal Protection in Shareholder Voting Rights: The One Common Share, One Vote Controversy, 54 Geo Wash. L. Rev. 687 (1986).

② See Luis Correia da Silva and Luc Renneboog, Dividend Policy and Corporate Governance, Oxford University Press, 2004, p. 19.

表决权重各异的双重类别股份。

如果说以上两项论争只是关涉公司法的部分制度，以下争辩则直指公司法基本属性与价值，它甚至对作为强制性规范出现的部分公司法规则的合理性构成了颠覆。

（三）章程彻底“选掉”公司法规则的适用

一些具有实用主义倾向的经济学家主张，公司法都应当是具有合同倾向的任意性规范。其推理过程如下：

其一，如果 A、B 双方选择一项规则调整他们之间的关系，那么他们一定非常清楚这项规则对他们是有利的，至少他们的处境不会因此而变糟。因而，将公司法设计成具有合同倾向的任意性规则（而不是强制性规范），允许 A、B 选择适用，这样将改善各方处境。

其二，当然，A、B 可能会误选规则而使原来的期望落空，或者事先对不利的情形估计不足，致使一方或双方利益受损。但就利益激励、信息充分程度以及个人偏好而言，除了发生系统性错误这些绝少的例外，A、B 双方无疑要优于其他的制度供给者，因为具体交易的相关信息，都属于“地方性知识”[①]，其他制度供给系统比当事人发生错误的可能性无疑要大得多。另外，就具体情形而言，政府处理信息的能力往往劣于私人。对合同关系的政府监管，也只有涉及第三方利益时才有意义。[②] 所以，他们认为，公司法在本质上是赋权性（enabling）的，不应当有任何强制性规则。

由此可见，在倡导公司自治方面，主张公司彻底自治的经济学与自由主义哲学观达成了一致。出于对自由价值的笃信不疑，自由主义哲学家认为，任何提升公司自治精神的制度安排，都值得称许；反之，任何阻挠公司自治的行为，都应当摒弃。公司自治本身就是理想，别的都不足为虑，因为公司参与者在千百次的自我选择过程中，会逐渐增强自身判断力。然而，这种几乎是以自由为精神愉悦的观点，无疑浪漫有余、思虑不足。正因为如此，公司法上的自由主义思潮，遭受到了有力的反击。

在众多主张公司法强制性的学者中，一些学者甚至建议，彻底摒弃公司法的

---

① 这里只是一种借喻。美国人类阐释学家吉尔兹认为，阐释中不可能重铸别人的精神世界或经历别人的经历，而只能通过构筑其世界和阐释现实时所用的概念和符号理解他们。〔美〕克利福德·吉尔兹：《地方性知识——阐释人类学论文集》，王海龙、张家瑄译，中央编译出版社 2000 年版。类似地，在具体的交易中，立法者很难真切地反映公司参与方自我约定的自实意图，并将其上升为普遍性的公司法规则。

② See Robert C. Clark, Contracts, Elites, and Traditions in the Making of Corporate Law, Columbia Law Review, Vol. 89, 1989, pp. 1714—1715.

合同主义视角;[①]有些学者则走得更远,建议与法经济学的研究架构彻底决裂。[②]另有些学者的观点则较为温和,认为应当对公司的合同自由予以一定的限制。如贝克(Bebchuk)在《限制公司法上的合同自由:对修改公司章程的合理约束》一文中指出,必须建立一套标准来决定是否可以"选掉"公司法规则,例如,调整董事自我交易和反收购行为的信义义务,就不能由公司选择。[③] 在 Irwin v. West End Development Co. 案[④]中,主审法官不无尖锐地指出,不能将公司章程解释为"为盗窃者提供的营业许可证"。科菲(Coffee)也认为,公司必须证明,在章程中"选掉"公司法规则不违反公共政策,而且必须在美国法律协会、美国律师协会等相关机构发布的范本文件中找到类似的条款。[⑤] 另外,吉尔森(Gilson)强调,公司在初次发行证券(IPO)时可以在章程中写入限制或者取消股东投票权的条款,但中途修改章程载入这一条款却是非法的。[⑥] 戈登(Gordon)则在《公司法的强制性结构》中重申,即使是遵循合同主义者的视角,市场本身的缺陷也足以使公司法中的强制性规则获得正当基础。[⑦]

在发掘公司法的自由与强制这一传统命题之前,重温一番自由主义大师哈耶克对自由主义的一段精辟论述,无疑具有启发性的意义。哈耶克认为,"恰恰是自由主义所带来的巨大经济成就,会给自由主义带来灾难……被视为自由主义最富有意义的成就是,人们可以无止境地改善自己处境的信念……(而这一信念)使得人们显然不大愿意满足于容忍尚存的、似乎不可忍受的和不必要的约束……其后果是,所实现的被看做一种保险的和不可丧失的占有物,是一劳永逸获得的。人们只是还对新的权利要求感兴趣,遵循旧的原则似乎妨碍了新的权利要求的迅速满足。"[⑧]在这里,哈耶克要表达的是,自由主义带给人们的美好感觉,常使人们走向恣意妄为而浑然不觉,仇视一切限制和禁锢,尽管后者将给他们带来福利。而最后的结果却是走到了自由主义的反面。

---

① E. g., Dallas, Two Models of Corporate Governance: Beyond Berle and Means, 22 U. Mich. J. L. Ref. 19 (1988); Bratton, A Critical Appraisal of the Nexus of Contracts Concept of the Corporate Firm, 74 Cornell L. Rev. (March 1989).

② See I. Macneil, The New Social Contract: An Inquiry into Modern Contractual Relations (1980); Macneil, Economic Analysis of Contractual Relations: Its Shortfalls and the Need for a "Rich Classificatory Apparatus", 75 Nw. U. L. Rev. 1018 (1981).

③ See Bebchuk, Limiting Contractual Freedom in Corporate Law: The Desirable Constraints on Charter Amendments, 102 Harv. L. Rev. 1820, 1823, 1851—1852 (1989).

④ See 35 N. J. 411, 173 A. 2d 246 (1961).

⑤ See Coffee, No Exit?: Opting Out, the Contractual Theory of the Corporation, and the Special Case of Remedies, 53 Brooklyn L. Rev. 919, 972 (1988).

⑥ See Gilson, Evaluating Dual Class Common Stock: The Relevance of Substitutes, 73 Va. L. Rev. 807, 821—822 (1987).

⑦ See Gordon, The Mandatory Structure of Corporate Law, 89 Colum. L. Rev. 1549 (1989).

⑧ 〔英〕F. 哈耶克:《通往奴役之路》,王明毅、冯兴元等译,中国社会科学出版社 1997 年版,第 6 页。

归根到底,以上论争揭示的命题是:第一,公司法是否具有存在的合理性?第二,如果有,公司法规则中自由与强制的界限应当如何发现?

三、标准合同机制和合同漏洞补充机制:公司法合理性的一个解说框架

以目前最具说服力的合同路径解说公司法,可以找到一个科斯定理的公司法版本。

(一)公司法的合同路径:科斯定理的公司法版本

按照新古典经济学的公司合同理论,公司乃"一系列合约的连结"①。这些合同既可能表现为文字和口头交流,也可以通过明示或默示的方式完成。而由于公司长期存续,公司合同是长期合同,与即时清结的合同相比,必然存在因当事方思虑不周或过于乐观而留下的诸多漏洞。②

在公司合同理论框架下,公司法实际上就是一个开放式的标准合同,它补充着公司合同的种种缺漏,同时也在不断地为公司合同所补充。公司合同补充着公司法,主要表现为公司参与方拟定公司合同,"筛选出"公司法,这可视为对这一标准合同的"补充";在具体公司合同经过千百次的市场考验,经过优胜劣汰的进化进程以后,立法者将其一体"继受",就可成为公司法规则了。在这一意义上,公司法可被视为合同法在公司领域的延伸,或者说是合同法的特殊形式。据此解释,公司中诸多意思自治的成员所形成的复杂关系是可以变更的,他们之间的关系往往是契约性的,而且是自愿的。

当然,从动态的角度看,公司法的这种契约性质并不是偶然形成的,而是在公司"为生存而斗争"的演进过程中适应性地出现的。从长期看,这种优胜劣汰的竞争压力可以推动多样化公司治理结构的形成,并且使契约式承诺和信托规则生长出来。因此,从这种意义上说,公司法条款应当是公司参与各方在协商成本足够低的情况下,必然会采纳的制度安排。也就是说,公司法应该有一个经济结构,并且如果充分缔约的成本很低,公司法就可以通过提供投资者自愿选择的规则而使股东财富有所增进。公司法规则也是在竞争中演进的,那些不利于人

---

① 这"一系列合约关系",包括同原材料或服务的卖方签订的供应合同,同向企业提供劳动力的个人签订的雇佣合同,同债券持有人、银行及其他资本供应方签订的借贷合同以及同企业产品的购买方签订的销售合同等。See Jensen & Meckling, Theory of the Firm: Managerial Behavior, Agency Costs and Ownership Structure, 3 J. Fin. Econ. 305, 360 (1976).

② 更详细的分析,可参见罗培新:《公司法的合同路径与公司法规则的正当性》,载《法学研究》2004年第2期。

们从有利可图的交易中通过竞争而获利的公司规则，将会在实践中被淘汰；而那些可以填补现存的合同漏洞且对利益分配不予置评的公司规则却往往安然无恙。

其实，这一公司法的契约分析进路，在本质上就是一个"科斯定理"的公司法版本：在零交易成本条件下，假如公司组织中的投资者、管理者和其他利益相关主体能够协商一致并且能够准确无误地履行他们之间协议，公司法的规则和运作就和他们所自愿达成的契约条款相类似。但是由于有关契约的谈判和履行总是要付出成本，且公司长期合同中当事人的约定必然存在漏洞，这时，对于那些公司参与者来说，公司法就能够为他们之间的关系提供一套他们可以一体遵循的规则及实施机制。

公司法应该是开放式合同，在这种合同形式下，公司参与各方在利益驱动下可以对公司法进行增删修改，在一定情况下公司参与各方甚至可以选择"退出"公司法规则，即公司法的品格应该被理解为适应性品格。适应性品格在现实中最重要的表现就是对技术和市场相对价格变化方面的灵活应变性——正所谓"势易时移，变法宜矣"。当投入公司的某种生产要素的相对价格发生变化时，公司法就应该对新的利益格局作出明智的适应性反应。

在另一位对法律经济学的发展作出重大贡献的经济学家冯·哈耶克那里，其毕生倡导的"自生自发秩序"理论框架，恰与此形成了强烈的呼应。哈耶克认为，自由的社会秩序是一种"合作的扩展秩序"，是"人之行动而非人之设计的结果"，而法律正属于这种秩序的组成部分，都是自然演化的结果，人类不可能理性地创造这些秩序，而只能去认知和发现。①

（二）公司法的价值和合理性的体现

在前述法律经济学的框架下，公司法的价值和合理性体现在以下两方面：

1. 公司法的标准合同机制

在经济生活中，存在着大量的交易合同模本。无论是购房、贷款，还是购买保险、接受邮政服务，我们都必须面对标准合同。这些标准合同的设计，都是由相关的政府部门完成的，如在我国，由建设部设计房屋销售合同的标准条款、由中国人民银行主持完成贷款合同的标准条款、由保监会完成保险合同的必备条款等。

这一制度的建立，奠基于以下理论预设：其一，标准合同有利于节约交易成本。如果成千上万的重复交易，都需要交易各方细为谈判，将产生昂贵的交易成

① 参见汪丁丁：《哈耶克"扩展秩序"思想初论》，www.china-reveiw.com.cn，2003年2月16日访问。

本。标准合同范本浓缩着人类不间断地试错和纠错的过程,考虑到了绝大多数参与主体都将面临的问题,并将最优的解决方案条款化,从而大大降低了交易成本;其二,由政府部门,而不是由合同的一方负责标准合同的设计,有利于平衡各方利益,使合同本身获得正当性。

对于由国家提供公司法标准条款的问题,一个难以逃避的诘问是,为什么律师事务所、投资银行或其他中介服务机构,尽管因为不属合同的一方而具有"公正"的外观,却不能事实上也没有提供公司合同的范本?

从理论上说,尽管投资银行、律师事务所和其他市场中介服务机构也可能事先事无巨细地考虑一切情形,详细设计一切解决方案,并通过对合同条款的反复试错而最终取得最优方案,但由于公司运营形态各异,要设计这些能够适应绝大多数公司的标准范本,将产生大量的成本。另外,最根本的是,标准合同范本作为一种公共产品,具有明显的"第三方效应",没有哪个提供方能够获取提供产品服务的全部收益,因为它极易为市场免费复制,而且,对这些产品进行市场估价也相当不易。这种种情形,都使得权利外溢,其结果是没有哪一方愿意为此付出努力。

而在这方面,国家和政府具有绝对的优势。它能够通过法院系统对成千上万案件的审理,将公司合同中碰到的问题及其解决途径转化成公共产品,向公司参与各方提供。这样,公司法中提供的一整套规则,如投票规则(新《公司法》第43条、第104条)、派生诉讼持股数量最低限度规则(新《公司法》第152条)、会议议事规则(新《公司法》第42条、第103条)等,由于是成千上万次"试错"而总结的成果,能够满足绝大多数参与方的要求,有效降低了协商成本,使他们能够将协商的焦点集中于特定的事项。

另外,很重要的一点是,政府提供公共产品,可以国家强制力为后盾将其一体推行,使得遵循相同规则的公司及其产品(如公司发行的股票、债券等)具有极大的可比性,有利于市场的形成。这是私人机构等无法比拟的。

公司法的这种"标准合同"品格,也回应着哈耶克的"自生自发秩序"观:"法律不是凯恩斯主义式的人类自负的理性心智'创造'……法律乃是经由法官或法学家和行动者不断做出的发现和否定而发展起来的。"[①]

2. 公司法的合同漏洞补充机制

除了具有交易合同的模本作用外,公司法还发挥着对公司运作的拾遗补缺功能。举一个通俗的例子,在使用 word 程序工作时,电脑预设的行间距通常是单倍行距。我们当然可以根据个人偏好而另行设置,但如果我们没有另行设置,文档将被自动设置为单倍行距。在以下几方面,公司法也发挥着类似的漏洞填

① 转引自邓正来:《哈耶克法律哲学的研究》,法律出版社2002年版,第207页。

充作用:

其一,就特定的事项而言,公司参与各方尽管事先尽可能地考虑周详,但由于长期合同所固有的信息难以周全等原因,难免挂一漏万。举例而言,涉及投票委托书的种种细节问题,如委托他人投票后,股东后来又愿意自行投票,前述委托是否自动撤销等情形,在立约时可能并未进入股东的视野。而委托他人投票面临的种种道德风险问题,实际上也无法全部依靠合同法规则解决。为此,各国公司法一般禁止设定不可撤销的投票委托,从而给予股东"反悔"的机会,有效解决了这一问题。

其二,公司参与方为促成合同,对一些远期的、可能引发争议的偶然事件往往避而不谈,以免破坏交易达成的良好前景,这就产生了长期合同的漏洞。如关于股东提案权、股东和董事会的职权分工方面,因为事涉大小股东间的利益分配,细谈可能导致公司无法成立,为避免这种结果,股东宁可临事再议。公司法通过"信义义务"规则赋予法院极其灵活的"临事裁判"机制,法院会考虑如果事先不存在交易成本,当事各方将会选择何种合同条款。如此就较好地发挥了拾遗补缺功能,填补了公司参与方的合意空白。

其三,长期合同固有的不确定性,将使公司参与方陷于认识错误。由于相当多的意外情况只有在公司运作过程中才会发生,股东无法确切评估公司合同的每一条款可能使自身面临的风险。举例而言,股东可能无法想象通过章程将一定比例的董事选举权配置给在任董事,将会留下巨大的监控空白;更无法预料到在一定情况下免除董事的信义义务,最终反而成为董事"不忠实"的催化剂。在这种情况下,公司法通过强制性的"信义义务"规定,缓解了公司参与方"预见不足"的众多弊病。

股东参与各方常有的认识错误还包括忽视债权人、雇员的利益。故而,任由其自由协商而造就的公司合同,可能存在大量的债权人、雇员利益保护方面的疏漏,最终致使公司合同难以为继。而公司法能够有效弥补这些漏洞。

总而言之,公司法补充而不是替代了当事方的协商。也正是从这个意义上说,公司法是一项开放式的标准合同。它将公司历史演进中沉淀下来的市场智慧转化为公共产品,提供给公司参与方,同时在适用性方面保持着限度,允许公司参与方在一定条件下另订规则。就此而言,公司法的存在获得了合理性。

以上解说,大体上阐释了公司法规则存在的合理性。而更进一步的问题是,在公司法领域,究竟应如何界定强制性规则与任意性规则的边界?这是公司法领域亟待解决的基础问题。我国公司法学者认为,对于公司法中强制性规范和任意性规范的划分,必须有一个更为抽象的法理学划分标准。① 这一标准的发现,是否正如1988年美国哥伦比亚大学法学院那场著名的"公司法中的合同自由"论战之后许多学者所提出的,公司法规则是自治还是强制应当这样判断:如果我们在理论上能够证明需要强制的话,那么公司法规则就应当是强制性规范,否则就应当为自治性规范。笔者假定这一立论成立,接下来试图从公司法规则的类型这一静态角度,以及公司章程"选掉"公司法规则这一动态视角,探寻公司法中强制性规范与任意性规范的边界。

四、公司法强制性与任意性边界之厘定:一个理论分析框架

根据不同的标准,公司法规则可作不同的划分;而不同的公司法规则,其强制性与任意性属性亦各不相同。

(一)公司法规则类型不同,其强制性与任意性亦存在差异

梅尔文·阿伦·爱森伯格教授对公司法规范的分类有着独到的见解。尽管这些观点遭到了猛烈的批评,②笔者仍然认为,这种分类方法以细致的公司结构分析作为支撑,比许多学者大而化之的所谓公司法"公法"与"私法"之争,更具说服力。以该分类标准为基础,公司法规则的强制性与任意性应当厘定如下:

1. 结构性与分配性规则宜为任意性规范,而信义义务规则为强制性规范

就规范对象而言,公司法规则大体可分为以下三类:第一,结构性规则(structural rules),主要规范公司权力在不同机关的分配以及各机关行使这些权力的要件,以形成运作有序的公司治理架构,如我国新《公司法》第45条、第109条分别关于有限公司和股份公司董事会成员人数的规定,以及第112条关于董事会表决规则的规定等。这类规则因为只涉及公司内部的权力分配,宜为任意性规范。第二,分配性规则(distributional rules),规定公司财产在股东间的分配方式,如我国新《公司法》第35条、第167条分别关于有限公司和股份公司利润分配的规定等。此类规则亦因不涉及第三方利益,而应为任意性规范。第三,信义义务规则(fiduciary rules),规范董事和控股股东的义务。如我国新《公司法》第148条、第149条规定公司高管人员必须承担勤勉义务和忠实义务等。这类

① 江平教授、赵旭东教授、陈甦教授等均对此问题极为关注。参见江平等:《纵论公司法的修改》,http://www.ccelaws.com/int/artpage/11/art_5491.htm,2006年6月6日访问。

② See Melvin Aron Eiesnberg, The Structure of Corporation Law, Columbia Law Review, Vol. 89, 1989, pp. 1461—1529. 对其的批评集中见于 Fred S. Mcchesney, Economic, Law, and Science in The Corporate Field: A Critique of Eisenberg, Columbia Law Review, Vol. 89, 1989, pp. 1530—1549.

规则对因公司长期合同的不完备性而使股东合意面临的诸多漏洞起着拾遗补缺的功用,故应当为强制性规范。

2. 赋权性与补充性规则为任意性规则,其他规则为强制性规则

就规范对象而言,公司法规则大体还可分为以下三类:第一,赋权性规则(enabling rules),其授权公司参与各方通过章程约定而自由设定规则,这些规则当然具有法律效力。我国新《公司法》大大增加了此类规则,但凡包含"可以"、"由公司章程规定"、"依照公司章程的规定"、"经股东会或者股东大会同意,还可以……"等词句的法条,一般情况下属于赋权性规则。这些字眼在新《公司法》中总共出现115处。第二,补充性规则(supplementary rules),即除非公司参与各方另有约定,这些规则当然地具有效力,又称为"缺省的"或"推定适用"的规范。如法国《商事公司法》第100条第2款规定:"公司章程没有规定更高的多数的,董事会的决定以获得出席或由他人代理的董事的多数票通过"。此条即为典型的补充性规则。我国新《公司法》中包含"公司章程另有规定的除外"、"全体股东约定……的除外"词句的规则为补充性规则,计有4条。第三,强制性规则(mandatory rules),不允许公司参与各方以任何方式加以修正。英国《1985年公司法》第352条第1款规定,"每家公司都必须保存其股东的注册记录",并且该法还就有关注册记录的格式和一些事项规定了一系列强制性义务。我国新《公司法》在股东出资、高管义务、债权人保护等方面设定了大量的强制性规则,"不得"、"应当"、"必须"这些标识性的字眼总共出现271处。

(二)章程的制定与修改,能够排除的公司法规则的范围亦各不相同

对于公司章程与公司法的关系,通常的解说是,公司章程是公司内部自治规章,不得违背公司法的规定。正如一些学者所说,"国家基于社会利益的考虑为克服市场缺陷和痼疾而实行的宏观调控……使公司法中存在着体现国家干预的强制性规范……显然,公司章程作为自治性规范,不能与公司法的这些强制性规定相抵触"①。但基于"社会利益"而进行"国家干预"的宏大解说,并不足以为公司法的强制性提供正当基础。公司法的法理研究需要的是细致的分析,而不是"大词"学说。本文接下来将描述并讨论,在章程制定和修改的不同阶段约定"选掉"公司法,有着怎样的正当性基础。

1. 初始章程与后续章程修改,在"选掉"公司法的正当性方面存在差别

在公司成立之初,发起人先起草章程,然后才可能向社会募集股份。如果章

① 吴弘、李霖:《我国公司章程的实践问题与法理分析》,载顾功耘主编:《市场秩序与公司法之完善》,人民法院出版社2000年版,第230页。事实上,许多学者,特别是经济法学者都持这种观点,还一度引发了公司法属于经济法还是民商法的争论,最后似乎经济法和民商法都有把公司法纳入自己"法域"的倾向。笔者以为,这种论争,对于公司法本身的制度设计,恐怕助益不多。

程条款对投资者不利,他们就会用脚投票,股票发行价格将直线下挫,甚至无人问津。当然,这只是理论上的情形,因信息不对称或投资者的漠然心理,实际情况可能有所变化,但发起人对这种可能性的担忧,将使其不敢轻易在章程中引入对投资者明显不利的条款。所以,在公司成立之初,市场机制的作用发挥得比较充分,公司参与方通过权衡和博弈、自主议定章程条款,最终将达成最优选择。这时法律的介入很可能不太适宜,因为正如合同主义者所主张的,就各个具体的公司事务而言,立法者显然不如公司参与方了解这些“地方性知识”,也缺乏相应的激励机制为他们达成最优安排。

那么在这方面,公司法应如何定位?笔者认为,公司法应当主要提供赋权性、补充性的规则,即当公司参与各方没有细为商定章程条款时(事实上,由于长期合同固有的局限性,章程对公司事务的规定也不可能毫无遗漏、包揽无余),公司法规则就“潜入”该合约之中。当然,立法者必须细为考量理性的当事方在充分协商的基础上会达成什么安排,这样才能使公司法的“标准合同机制”发挥得更加充分。同时应当注意的是,尽管赋予了初始章程极大的合约自由,公司发起人一般也不会在章程中“选掉”太多的公司法规则,因为这种“无法无天”的状态给潜在的投资者带来的担忧,将使募集股份面临巨大的困难。

而公司在经营过程中修改章程,公司参与方的合意就远不够充分,产生了股东被盘剥的可能。为简化分析,以下通过举例予以比较说明。

某公司章程包含“选掉”某公司法规则的A条款,一些投资者认为,因为A条款的存在,该公司每股值95元;如果没有A条款,则该公司每股值100元。在这种情况下,如果该公司股票发行价不高于95元,这些投资者还是愿意购买的,否则他们就可能拂袖而去。因为投资者在掏钱之前就看到了这些条款,如不满意,大可不买,所以,我们能够认为,这一条款本身并没有减损投资者的任何权益。但后续章程修改的情形则大不相同。因为投资者已经投入资本,即使章程的修改不利于投资者,但投资者受制于辨识和反应能力,不可能马上作出反应。一段时间后,他们即便不看好股票后期的市场表现,也不可能撤销交易,只能寻求在二级市场上“用脚投票”,但往往这时股价已经相应回落,投资者仍难逃章程不利修改所带来的消极影响。

抽象地说,当初始章程中载有“选掉”公司法规则的条款时,投资者如不满意,可以拒绝掏钱购买股票,其利益并未因此受损。因而,从逻辑上说,投资者一旦购买了股票,就视为默认接受了这一条款。但后续章程修改“选掉”公司法则不同,面对这一变化,投资者可以用脚投票却没有这样做,并不表明投资者接受了这一条款,而是因为他可能因此遭受巨大的损失。

从投资者角度而言,情况已如上述;从公司管理层(他们往往负责章程的制定)的角度,又当作何分析?仍延续前述例子,初始章程如果载有不利于股东利益的条款，使得原本值 100 元的股票，在股东眼里跌至每股 95 元，他们就只可能在不高于 95 元的价位出价，甚至只愿出 91 元、92 元。这样，管理层就必须承受至少每股 5 元的价格损失。这种股票折价发行的压力，使得管理层不敢轻易在初始章程中上下其手，以免募股失败。但章程的后续修改情形则大不相同，个中原因正如前面所述，管理层因为不必承担全部的风险成本，他们极可能将章程导向不利于股东的修改（后文将作更详细的分析）。

总之，尽管因为修改章程必须经过股东大会同意，在理论上必须承认章程修改是股东合意的结果，但只需多数股东同意的章程修改，与标准的、合意充分的契约行为并不相同。故而，必须承认初始章程与后续的章程修改在“选掉”公司法规则的正当性方面存在分野。

2. 初始章程约定可以通过章程修改“选掉”公司法规则的分析

公司在长期经营过程中，随着市场环境的变化，必须对其内部的治理规则进行相应的调整。这时，要求股东一致同意方可进行相应的调整，无疑极不现实，特别是在公众公司中，股东往往散居各地，要一体召集，一体同意，无疑将引发巨额成本，还必然招致大量的机会主义行为（例如，小股东以不同意相要挟以谋求额外利益），最终使公司陷入僵局。各国公司法对此问题的解决方法是，董事会提出章程修改议案，由股东会以多数票（一般要求绝对多数，如 2/3 以上）通过。它可以被认为是合约的默认条款而成为公司合同的一部分。

“选掉”公司法的自由派主张，在公司的初始章程中，应当允许股东“选掉”公司法关于修改章程的规定，而自行确立一套修改章程的规则。如果这项主张能够成立，可以预见的是，一些公司将会把不同于公司法规定的有关章程修改的规则导入公司，并通过后续的章程修改“选掉”公司法。

笔者认为，公司初始章程是体现了股东效益最大化（否则投资者可以拒绝成为股东）的制度安排，应当得到法律的支持，那么对于后期通过章程修改“选掉”公司法的行为，法律是否也应当一体认可？这一问题可以分为以下两方面。

其一，如果公司的初始章程规定，公司可以通过修改章程而排除一切相应的公司法规则的适用，则法律能否认可这一初始章程条款的效力？这一问题也许只存在于理论上，因为初始章程的这一规定，无疑使公司参与方特别是那些远离公司经营的小股东，产生巨大的不安全感，从而最终放弃加入公司。

其二，初始章程可一一列举可以通过章程修改而排除公司法适用的事项，如关于董事的信义义务可以通过修改章程而豁免等。但事实上这一设想根本无法实现，因为即便是在订立初始章程时，股东各方的合意也并不完全充分，而必须依靠公司法发挥规则补充作用，何况他们面对的是公司长期经营过程中必然要经历的复杂多变的商业环境。所以，初始章程不可能毫无遗漏地将章程修改所面临的情形都一一规定，这样就产生了许多解释上的问题。例如，当公司章程并没有明确规定股东可以通过修改章程而排除有关"董事的利益冲突交易"的公司法规则的适用时,法律是否认为初始章程没有授权这种修改?抑或是由于公司初始章程并没有禁止,因而允许这种修改?公司法作为一项补充性规则,必须对这一问题作出解释。

我们先来区分已经设立的公司和将来要设立的公司,它们对此将作何反应。

(1) 已经设立的公司。假设公司有权在初始章程中规定,可以通过后续的章程修改排除公司法的适用,那么由于大量的公司已经成立在先,而且在它们成立的时候,内幕交易、自我交易等方面的公司法规则对它们还是强制适用,它们既不可通过初始章程也不可通过后续章程的修改排除这方面规则的适用。因此,它们成立伊始,自然也不可能想到要在初始章程中规定何种公司法规则可以通过后续的章程修改加以排除。

这样就产生了一个无法回避的难题:如果现在允许公司初始章程规定可以通过后续的章程修改以"选掉"公司法,则如何理解这些已经成立的公司的初始章程?它们对此未作约定,是表明股东授权还是禁止在后续的章程修改中排除一定的公司法规则的适用?如果意在禁止"选掉"相应的公司法规则,则意味着即使初始章程规定可以"选掉"公司法的任何条款,在后续章程修改中再行"选掉"公司法也应当受到限制。一个比较合理的解释是,公司初始章程没有规定可通过后续章程的修改"选掉"公司法,这一沉默本身意味着公司参与方认同或者满足于当时的公司法安排。值得注意的是,在世界范围内,这类公司构成了现有公司的主体。相反,如果其意味着授权公司这么做,那么,问题是:公司参与方在信息充分、完全理性的情况下,是否将作出这种选择?这就无异于探讨新设立公司的问题。

(2) 新设立的公司。在理解前述问题时,一个合理的视角仍然是假设信息充分、理性的公司参与方,在面临此种选择时会在公司初始章程中作出何种规定。在探讨这一问题之前,必须明确两个前提:第一,公司面临的商业环境复杂多变,适用于一种情形的最优化安排,在另一种情形下可能未必会收到最佳效果;第二,正因为如此,"选掉公司法"在某种情况下有利于股东,在另一种情形下却可能对股东构成损害。所以,从这一角度出发,是否"选掉公司法",必须权衡具体情形下的成本和收益。只有预期收益超过成本,"选掉公司法"的安排才应当得到认可。

3. 通过后续章程修改以"选掉"公司法的弊病分析

通过修改章程以"选掉公司法"可能会面临意想不到的问题。前文已述及,市场压力大体上可以防止公司在初始章程中导入不利于股东的条款,但后续的章程修改则不同。从世界各国通行的章程修改程序看,章程修改由董事会提出议案,最后经股东多数同意。这里存在两个问题:其一,董事会提出的议案是否可能有损股东利益？其二，即使董事会提出的议案有损股东利益，是否可能获得股东的多数通过？

实际上，这两种可能性都极大。

其一，由于信息不对称，股东存在着极大的认知困难。即使那些认为股东信息充分的学者，也不否认在相当多的情况下，参与投票的股东事实上并不知道董事会所提议案是否有利于股东。当然，如果事关大体，且鉴别成本极低，股东还是能够分清良莠。举例而言，如果公司董事会提出章程修改议案，以使管理层能够以极低的价格购买公司的资产，股东通常都会拒绝。但在绝大多数情况下，章程修改议案对于股东的利益得失，需要足够的调查和分析才能判定，甚至根本无法识别。集体行动中固有的搭便车(free-rider)问题，使得股东经常对此持着理性的冷漠(rational apathy)。即便知情的大股东可以向中小股东传达，但如果要大股东承担信息传递成本，他们往往知难而退；而且，即使股东可以共同承担成本，但许多小股东对获知、理解信息根本不感兴趣，这也使得大股东不愿向中小股东通报信息。

其二，股价反映章程修改具有滞后性。不考虑信息传递成本的纯粹市场派观点认为，如果公司修改章程的议案不利于股东，公司股价就会应声而落，则敏感的股东意识到这一问题后，将投票反对这一议案，该议案就不可能顺利通过。这显然是一个非常理想化的解释，无论在理论上还是在现实中，它都得不到有力的支持。

股票市场固然对信息极为敏感，但股价是对公司不断变化和发展的“信息流”的反应，它同时还反映了公司的长期经营、公司所处的行业，甚至是国家乃至世界区域经济的变化，故而很难将市场对章程修改一项的反应单独列出并加以细致考察。另外，由于股价对章程修改的反应可能是逐渐发生的，并不必然体现为某一天或某几天的股价行情，这一考察显然更为困难。

进而言之，这种解释也与逻辑不符。如果说章程修改的消息将使股价回落，股东觉得权利受损，马上投票反对，修改议案终未获得通过，那么，其结果只能是股价不会回落，因为股东预期公司章程的修改不可能获得通过。在逻辑上，只有市场预见到章程修改的议案将会通过，股价才会回落。这一推理也获得了经验支持。在美国，近年来，目标公司纷纷通过修改章程进行反收购，股价随之回落，但最终基本上该议案都获得了通过。①

上文的分析表明，对于许多实际上不利于股东的议案，股东其实无从鉴别。问题在于，在不辨良莠的情况下，股东为什么倾向于投票赞成呢？这与投票心理

---

① See Jarrell & Poulsen, Shark Repellents and Stock Prices: The Effects of Anti-takeover Amendments Since 1980, 19 J. Fin. Econ. 127, 141—154 (1997).

有关。股东只有非常清楚议案对其不利时,才会坚决投票反对,否则,因为管理层和股东在相当程度上保持着利益的一致,股东担心投票反对,引入其他变数后,反而对自身不利,因而一般最终都会赞成管理层的议案。

最后,还必须指出的是,即使股东意识到了修改章程的议案对其不利,可能还会被"胁迫同意"。[①] 公司管理层为使议案获得股东通过,往往无所不用其极,例如,他们可将某项股东期待的议案作为糖饵,将它与其他议案"打包出售",或者提出另一项更加不受股东欢迎的议案,出于"两害相权取其轻"的考虑,股东极可能委曲求全,整体接受章程修改的议案。

总之,本部分的分析表明,公司在初始章程(成立章程)中写入"选掉"公司法规则的条款,具有相当强的正当性;而公司通过后续的章程修改"选掉"公司法规则,其正当性基础则非常孱弱。

五、结　　论

从根本上说,要在"任意性"与"强制性"之间对公司法的整体属性作出选择,无疑极其困难,抑或根本无从选择。正如在描述装了半杯水的杯子时,我们可以称它是半满的,也可以称它是半空的。将这一简单事例,运用于分析任意性规范与强制性规范交错混杂的公司法,无疑相当贴切。另外,公司法规则的强制性与任意性,事实上并不存在非此即彼、泾渭分明的分野。上述理论梳理和逻辑推演,只是试图为公司法中强制性规范和任意性规范的划分提供一个更为抽象的法理分析框架。

总体而言,在厘定公司法强制性与任意性之边界时,可以考虑遵循以下标准:

其一,区分结构性规则、分配性规则和信义规则。结构性规则与分配性规则以公司治理的权力配置和内部利润分配为调整对象,一般应以任意性规范(赋权性规范和补充性规范)为主;而信义义务规则是针对公司长期合同的不完备性而提供的合同漏洞补充机制,关涉债权人、股东和公司利益的长期保护,应设定为强制性规范。

其二,区分闭锁公司和公众公司。闭锁公司(即我国新《公司法》规定的有限责任公司)股权相对集中,所有权与控制权主体同一,股东与经理人员意志重叠,各方合意相对充分,故而公司法宜给闭锁公司留下更为充分的合意空间。我国新《公司法》也体现了这一点,有限公司的赋权性规则和补充性规则要多于股

① See Jeffrey Gordon, Ties that Bond: Dual Class Common Stock and the Problem of Shareholder Choice, 76 Calif. L. Rev. 3, 39—60 (1988).

份公司。

综上可以认为,调整闭锁公司的分配性规则和结构性规则,应以赋权性和补充性为主,而信义义务规则,则应以强制性为主;调整公众公司的分配性规则和一般的结构性规则,应以赋权性和补充性为主,而核心的结构性规则和信义义务规则,则应以强制性为主。下表可以对上述观点作一直观描述:

表 2-3 闭锁公司和公众公司的公司法规则分类表

<table>
<tr><td>按调整对象
按规则的表现形式</td><td>分配性规则</td><td>结构性规则</td><td>信义义务规则</td></tr>
<tr><td>闭锁公司</td><td colspan="2">赋权性、补充性为主</td><td>强制性为主</td></tr>
<tr><td>公众公司</td><td>赋权性、补充性为主</td><td colspan="2">核心的结构性规则与信义义务规则应以强制性为主</td></tr>
</table>

其三,区分初始章程与后续章程修改。与公司法的任意性与强制性区分相关的另一个问题是,股东通过章程“选掉”公司法的自由度应当如何把握。根据前述分析,受制于市场压力(潜在的投资者可能拒绝为于己不利的初始章程“埋单”),公司内部人不敢在章程中引入明显不利于股东的“选掉”公司法的条款,但公司后续的章程修改则大为不同。由于股东已经“深陷”公司,在信息不对称、冷漠、搭便车心理等诸多制约下,章程修改事实上在很大程度上由控股股东和公司管理层所决定,小股东已经“出局”。所以,相对于初始章程比较宽泛的自由度,通过后续的章程修改以“选掉”公司法的自由,应受到更多限制。举例而言,在反收购事件中,管理层与控股股东共谋通过修改章程引入的反收购措施如引发争议,则对其正当性的举证责任,应更多地由控股股东和管理层承担。

综合前述三点,初始章程和后续的章程修改“选掉”公司法规则的自由度,可以通过下表加以区分:

表 2-4 初始章程和后续的章程修改“选掉”公司法规则的自由度

	结构性规则	分配性规则	信义规则
初始章程	允许修改	允许修改	不允许变更
后续章程修改	一般不允许变更	一般不允许变更	不允许变更
	赋权性规则	补充性规则	强制性规则
初始章程	允许创造	允许补充	不允许变更
后续章程修改	一般不允许变更	一般不允许变更	不允许变更

根据以上分析框架,针对本文提出的问题可以作如下回应:

第一,对于新《公司法》规则任意性或强制性属性之判断,并不能简单地依赖“不得”、“必须”、“应当”等强制性规范字句,或者“可以”、“由公司章程规定”、“依照公司章程的规定”等任意性规范字句,而应从根本上选择一种更为抽象的法理判断标准,才能发现并纠正立法偏颇或错谬之处,为公司立法之完善赢得先机。举例而言,新《公司法》第152条、第153条规定了股东对公司高管的诉讼问责制度,使用的是“股东可以”、“股东有权”这些显属任意性规则的常见语态。但显然,如果因此认定其为任意性规则,股东可以通过章程约定而使高管免受诉讼问责,则显然不妥。诉讼问责是对高管的一项长期监督机制,它与信义义务规则一道,分别构成了不完备的公司长期合同的动态和静态之漏洞补充,不宜由章程“选掉”,故其应为强制性规则。

第二,对于新《公司法》规则中由于使用“由”、“有”、“为”、“实行”等字眼而使其任意性或强制性属性不明的法条,更应遵循前述法理判断标准,以正确理解该法条的性质。析言之,新《公司法》第45条、第109条分别规定了有限公司和股份公司董事会的成员人数,尽管存在最低限额和最高限额的规定,由于该法条属于结构性规则,仍应当为任意性规范。实践中,公司章程约定董事人数低于公司法规定的最低限额或者高于公司法规定的最高限额,一般应认定有效。同样,对于新《公司法》第112条规定的“董事会决议的表决,实行一人一票”,也宜认定为属于补充性规则,即如果没有另外约定,则董事会表决实行一人一票,而如果公司在初始章程中约定,在特殊情况下董事长有权多投一票,应认定为有效。

第三,新《公司法》第104条规定“股东出席股东大会会议,所持每一股份有一表决权”。就立法本意而言,如此表述系以目前我国公众公司普通股的标准设计为基础,即每股发行价格和条件均相同[①],但它并不禁止在不同次发行中,采取不同的发行价格和条件,换言之,新《公司法》并不禁止公司发行表决权各不相同的双重或多重类别股份。故其中“有一表决权”,亦不应作强制性规范理解,宜理解为“所持每一同类别的股份享有一表决权”。

总体而言,公司法的适应性品格要求其对技术和市场保持敏感,对于多元利益主体格局之变迁作出明智的调适,这使其任意性与强制性规则的界限游移不定。一个显见的例子是,1986年美国特拉华州修改其公司法,允许股东“选出”公司法关于董事注意义务的规范,以解决高管担忧行事过多导致责任上身从而创新动力不足的问题。我国新《公司法》的诸多规则,亦应在适应市场的动态均衡中,努力寻求任意性与强制性之间的妥当平衡,唯此方能保持公司法的实质正当性。

① 新《公司法》第127条规定,同次发行的同种类股票,每股的发行条件和价格应当相同。

公司法中的缺省性规则研究

伍　坚

在公司法理论中，虽然对于哪些问题应由强制性公司法规则规制尚存争论，但是，对于涉及公司治理的许多事项应以一种非强制性方式受到规制是没有争议的。本文将对公司法中的缺省性规则展开初步研究，相关分析主要围绕缺省性规则的价值和设计方法进行。

伯纳德·S.布莱克（Bernard S. Black）教授认为，关于公司法性质的争论并没有太大的意义，因为大多数甚至所有公司法都是无关紧要的，其没有阻止公司（包括经理人和投资者一起）创设他们想要的任何治理规则。布莱克进一步认为，公司法中的缺省性规则也是不重要的，[①]但是，大多数美国公司法学者并不认同这种看法。不过，对于缺省性规则究竟有何价值，学者们却是各抒己见。

一、缺省性规则的价值

（一）缺省性规则降低了交易成本

1. 缺省性规则相比强制性规则成本更低

强制性规则的存在虽有必要性，但也可能阻止当事人采用满足自身特别需要并增进共同福利的安排。[②] 此时，最为理想的解决方案应当是由立法机构迅速调整法律以满足当事人利益。但在事实上，立法机构在调整给公司当事人造成困难的强制性规则时常常行动迟缓，导致有关问题长时间得不到解决。柴芬斯就指出："公司法事务经常并不是属于需要高度优先解决的问题，因为它们本质上倾向于非政治性并且不大可能与政府感觉需要立刻解决的危机有关。因此，即使进行公司法改革的官员完全确信强制规则需要调整，将它们列在立法日

---

① See Black, Is Corporate Law Trivial?: A Political and Economic Analysis, 84 Northwestern University Law Review, 544—560(1990).

② See Larry E. Ribstein, The Mandatory Nature of the ALI Code, 61 George Washington Law Review, 1008—1009(1993).

程之中会是件富有挑战性的工作。”①

立法调整的迟缓突出了缺省性公司法规则的意义。为了规避强制性规则的适用，当事人必须花费时间和精力构造他们的交易。假设这一安排是有效率的，且不会给第三方造成不利的影响，从社会的角度看，所花费的时间和精力就被浪费了。而当规则是推定适用时，选择排除其适用的成本并不高昂，随之就会节省交易成本。②

此外，当一项法律的范围不确定时，公司参与者在确定该规则对他们事务的作用时可能会遇到麻烦。他们会支付法律费用以努力明确有关事项，或者在不确定他们的行动法律上是否有效的情况下就继续进行。如果规则是推定适用的，他们就会有另外一个选择，即排除适用。此时，他们可以作出自己的安排并对其法律地位充满信心。但是，强制适用规则并不具备这种选择，结果就是各方除了忍受不确定性外别无选择。③

2. 缺省性规则减少了公司合同的订立成本

根据经济分析法学理论，合同可以分为完备合同和不完备合同。完备合同以新古典经济学理论奉行的完全竞争的市场条件假设为前提。在完全竞争的市场环境中，合同条款的影响与作用不存在外部性；每一合同当事人都拥有对其选择的对象与结果的完全信息，并可以据此写明相应的合同条款；市场上存在足够多的交易者而没有垄断；合同运作过程中的交易成本为零。如满足以上四项假设，当事人之间的合同就是完备的，其可以严格履行而不是有选择地履行。④

但在实际生活中，上述假设条件不可能完全得到满足，因此合同是不完备的。对于造成合同不完备的原因，西方学者各有看法。例如，施瓦茨认为契约的不完全性大致由四个方面的原因所致：第一，语句模棱两可或不清晰有时可能造成契约的模棱两可或不清晰；第二，由于契约方的疏忽未就有关的事宜订立相应条款；第三，当事人订立一项特别条款解决某一特定事宜的成本超出了这么做的收益；第四，信息不对称。⑤ 威廉姆森则认为，造成契约不完备的主要原因是人的有限理性。个体拥有有限的认知能力，而现实世界具有很强的随机性、不确定性，即使在理想状况下，个体也不能预计到所有的偶然事件。而对所预见到的偶然事件，由于语言和事物之间的对立，也很难用恰当的条款对各种情况发生时当事人的权利义务作出适当安排；而且，即使有了相应的条款规定，由于信息不对

---

① 〔加〕布莱恩 · R. 柴芬斯：《公司法：理论、结构与运作》，林华伟、魏旻译，法律出版社 2001 年版，第 251 页。

② 同上书，第 281 页。

③ 同上。

④ 参见贾敬华：《不完备合同的经济分析》，人民出版社 2006 年版，第 84—86 页。

⑤ 转引自〔瑞〕拉斯 · 沃因、〔瑞〕汉斯 · 韦坎德编：《契约经济学》，李风圣主译，经济科学出版社 1999 年版，第 102 页。

称的存在,契约的不完备仍然无法完全避免。[①]

无疑,造成合同不完备的上述原因在公司环境中也是存在的。首先,有限理性导致的认知局限,使得初始章程的拟定者不可能预见将来所有可能发生的偶然事件并作出相应的安排。有学者认为:“考虑到人们远见和认识的局限性,任何精确描述多数股东义务和责任的尝试,都可能使少数股东受到一些忽略了的盘剥形式的攻击,而同时通过束缚管理层的手脚严重削弱企业的效率。”[②]公司合同的长期性关系更是加剧了当事人的认知缺陷。正如美国亚利桑那大学 Dennis S. Karjala 教授所言,“股东在订约的时候,他们或许不可能就受到压迫时或其他任何时刻享有的特定权利进行协商,股东关系的长期性使得引发权利的特定时刻是不可预见的”[③]。其次,即使一些问题在初始章程采用时就能被预见,从交易成本的角度考虑,针对每一个问题列出一项安排也可能是成本高昂的。因此,公司合同就像所有其他类型的合同一样,不可避免地存在着不完备性。

缺省性公司法规则能够弥补上述两方面的缺陷:一方面,针对当事人倾向于忽略的那些偶然事件,缺省性规则提供了标准形式的规定,有助于引起当事人的特别注意,并在当事人采用特殊规定之前持续适用;另一方面,“缺省性公司法规则是一套现成可用的条款,因此公司当事人可以节省缔约成本。诸如表决规则、法定人数的确立等许多条款,基本上所有人都将会采用。公司法和司法解释向公司免费提供这些条款,使得当事人能够关注他们交易中的特定问题”[④]。

3. 缺省性规则减少了公司章程的修改成本

耶鲁大学亨利·汉斯曼(Hansmann)教授指出,在公司的长期存续过程中,经常修改章程以适应发生在公司和周围环境中的变化的成本是很高的,而且章程修改机制的固有缺陷也会带来诸多问题。但如果企业章程由法律规定,立法机关或者法院为了适应变化只能改变法律。因此,当事人通过接受公司法的法定缺省,就将修改章程的任务委托给了政府,由此减少了随着时间推移修改章程的成本。[⑤]

---

① See Oliver Williamson, Markets and Hierarchies: Analysis and Antitrust Implications, Free Press, 21—26(1975).

② Hetherington & Dooley, Illiquidity and Exploitation: A Proposed Statutory Solution to the Remaining Close Corporation Problem, 63 Virginia Law Review, 37(1977).

③ Dennis S. Karjala, An Analysis of Close Corporation Legislation In The United States, 21 Arizona State Law Journal, 693(1989).

④ Frank H. Easterbrook & Daniel R. Fischel, The Economic Structure of Corporate Law, Harvard University Press, 1991, p. 34.

⑤ See Henry Hansmann, Corporation and Contract, 8 American Law and Economics Review, 1(2006).

(二) 缺省性规则促进了信息分享

斯坦福大学伊恩·艾瑞斯(Ian Ayres)教授反对从减少交易成本的角度认识缺省性公司法规则的意义,他认为,现成可用的规则减少了缔约成本只能为公司法提供极其无力的根据,基本上所有公司都选择在设立章程中明确规定首选的表决规则,这表明现成规则对公开交易公司的交易成本几乎没有影响。[①] 他为缺省性公司法规则确立了其他原理,主张许多缺省性规则是作为信息强制的"惩罚性缺省"而发挥作用的,其能够导致当事人之间有效率的信息分享。

艾瑞斯认为,在交易过程中,一方当事人可能会故意隐匿重要信息,以达成本来或许不会达成的交易或取得更好的交易条件。此种行为虽对一方当事人有利,却损害了他方利益乃至社会整体效益。为抑制此种机会主义行为,缺省性规则的制订应从促使当事人充分披露信息着眼,以鼓励信息在当事人之间的分享,进而达成有效率的交易。具体而言,缺省性规则通过向交易中更为知情的一方当事人施加压力,迫使当事人要么接受这一缺省性规则的适用,要么向他方当事人披露将有助于达成公平有效的替代条款的相关信息。例如,当公司资本不足时允许"揭开公司面纱"的缺省性规则是一项"信息强制"规则,因为它迫使资本不足的公司的所有者通知债权人资本不足的事实以获得有限责任的保护,债权人则可退出交易或为增加的风险要求更高的回报。[②]

(三) 缺省性规则促进了网络外部性效应

根据经济学理论,网络外部性(network externality)存在于一些产品市场中,其来源主要有二:其一,产品的广泛使用对该产品的效用能够产生直接影响。例如,电话在只有一个用户时是没有价值的,随着用户的增加,对每一个体而言电话的价值就越高。其二,通过促进配套产品和服务的发展并减少其成本,产品的广泛使用对产品的效用具有间接影响。例如,随着更多的人购买与 IBM 兼容的个人电脑,更多的软件和配套设备将被生产出来,服务将更为高效,每一电脑因此将更具价值。在上述例子中,每一用户都为其他用户创造了利益,这一利益被称为"网络利益",而利益的创造即被称为"网络外部性"。[③]

美国纽约大学法学院克劳斯纳(Kalusner)教授将网络外部性的分析引入公

---

① See Ian Ayres, Making a Difference:The Contractual Contributions of Easterbrook and Fischel, 59 University of Chicago Law Review, 1397(1992).

② Ibid., 1397—1398(1992).

③ See Michael Klausner, Corporations, Corporate Law, and Networks of Contracts, 81 Virginia Law Review, 772—773(1995). 关于网络利益和网络外部性概念的区分, See Larry E. Ribstein & Bruce H. Kobayashi, Choice of Form and Network Externalities, 43 William & Mary Law Review, 110(2001)。

司法中，指出公司合同条款的使用具有以下五种网络外部性：①

第一，司法解释上的网络外部性(interpretive network externalities)。合同条款的内容有时不够具体、明确，这给条款的适用带来了不确定性，常需借助司法系统的判决和解释方能缓和。条款的使用越普遍，司法机关未来作出相应判决、解释的频率就越高。

第二，普遍运用上的网络外部性(common practice network externalities)。实践中对于特定合同条款的普遍运用，有时也可产生类似司法解释的网络效应。因为使用者越多，出现一致的实务习惯或守则的可能性就越高，条款的不确定性也会因此降低。

第三，法律服务上的网络外部性(legal service network externalities)。合同条款的拟定、审查和谈判常常需要相当大的成本。合同条款使用得越普遍，法律界人士对这些条款就越熟悉，相关成本就会降低，法律服务的品质和速度也可随之增加。

第四，公司筹资上的网络外部性(marketing network externalities)。当公司发行证券筹资时，如果合同条款为业界所熟悉，潜在投资者就可较为容易地分析、评估合同内容。相反，如果公司提出的合同条款相当特别，纵然立意良善，也可能引起投资者的诸多猜测，相互间的沟通成本以及最终的证券发行成本将大大增加。

第五，学习效应(learning effects)。特定合同条款在社会中长期普遍运用后，累积的学习效应会使社会对该条款更为熟悉，社会成员也就相对不愿使用其他不熟悉的合同条款。

在上述分析的基础上，克劳纳斯进一步指出，缺省性规则的意义不仅在于它减少了交易成本，在存在网络外部性的情况下，缺省性规则的吸引力还体现在它促进了网络的形成。一项缺省性条款可以成为合同网络形式据以构建的“焦点”(focal point)，因为其已为大众所熟知，并且得到了立法机关或法院的许可。因此，恰当的缺省性规则能够促进社会最优的合同条款的形成，并增加社会福利。尽管采用私人起草的标准形式或许也可产生网络外部性，但公司法中的缺省性规则在此方面更具优势。

二、缺省性规则的设计方法

既然缺省性规则是重要的，立法者在设计缺省性规则时就必须相当谨慎，不

① See Michael Klausner, Corporations, Corporate Law, and Networks of Contracts, 81 Virginia Law Review, 774—789, 828—829(1995).

能因为缺省性规则可由当事人排除适用而随意为之。那么，应当运用何种方法来设计缺省性规则呢？

（一）假设交易方法

根据包括伊斯特布鲁克和费舍在内的许多合同自由主义者的观点，公司法中的缺省性规则应当根据假设交易方法(hypothetical bargains approach)制订。这一方法要求，当立法机构和法院需要在两种或更多的可能安排中作出选择以规制一个特定问题时，他们应当考虑，如果当事人信息完全且交易成本为零，他们最有可能选择何种安排？依据假设交易方法，多数当事人将会选择的条款应当被制订为缺省性规则，[①]该规则也被称为“多数主义者”(majoritarian)规则。

无疑，如果法律规则与尽可能多的当事人的偏好一致，将使当事人的交易成本最小化，因为在此种情况下，需要排除缺省性规则的适用以满足自身特殊需要的当事人最少。因此从本质上说，假设交易方法与公司法促进效率的价值取向一致。此外，假设交易方法还具有道德上的吸引力，通过要求立法者或法院考虑当事人在理想状态下可能采取何种安排，这一方法高度承认并维护了私人自治。

（二）可推翻的缺省方法

这一方法由卢西恩·布丘克(Bebchuk)和哈佛大学学者哈姆达尼(Assaf Hamdani)在《公司法演变的最优缺省》一文中提出。[②] 他们认为，在选择缺省性公司法规则时，假设交易方法不应被全盘接受，因为其没有注意到一些公开公司排除缺省性规则适用的机制中存在着特殊性。为此类公司设计缺省性规则，应适用“可推翻的缺省方法”(reversible defaults approach)。

布丘克和哈姆达尼将公司区分为两种类型：在缺省性规则采用后将上市的公司(将来 IPO 公司)；在缺省性规则采用时已经是公开交易的公司(现存公司)。他们指出，将来 IPO 公司排除缺省性规则适用的机制不同于现有公司排除适用的机制，因此，对两类公司来说最优的缺省性安排是不同的。

在 IPO 阶段，由于章程条款可被市场准确定价，发起人倾向于采用最有效率的条款。如果法定的缺省性规则被证明无效率，将来 IPO 公司非常可能将其排除。因此，如果一项缺省性规则仅适用于将来 IPO 公司，应用假设交易方法并选择最可能有效率的安排将是令人满意的。

---

① See Frank H. Easterbrook & Daniel Fischel, The Economic Structure of Corporate Law, Harvard University Press, 1991, p. 15.

② 以下关于布丘克和哈姆达尼观点的介绍，系笔者编译自其文章 Lucian Arye Bebchuk & Assaf Hamdani, Optimal Defaults for Corporate Law Evolution, 96 Northwestern University Law Review, 489—519 (2002)。

而在现存公司中,无效率的缺省性规则常常难以被排除适用。在美国,章程修改需要股东批准,但提议章程修改的权力掌握在董事会手中,董事会事实上拥有了对章程修改的一票否决权,这一否决权产生了管理层支持的和讨厌的安排之间的不对称。如果管理层讨厌无效率的缺省性规则,则其很可能会被推翻,因为管理层此时乐于发起一项章程修改,而股东也将支持更有效率的安排;与此相反,如果管理层支持无效率的缺省性规则,则其或许会持续存在,因为管理层通常不会发起一项章程修改来排除有利于他们的缺省性规则。当然,这并不是说一项管理层讨厌的章程修改将永远不会通过。当问题对股东充分重要时,并且,如果股东能够对管理层施加充分的压力,此种压力将促使管理层同意提议一项对自己不利的章程修改。但不可否认,推翻一项管理层支持的缺省性安排存在障碍,即使这一安排是无效率的并且将其替换的交易成本很小。

在布丘克和哈姆达尼看来,正是管理层支持的和讨厌的缺省性规则可推翻性之间存在不对称,使得可推翻的缺省方法有必要存在。该方法的主要内容是:针对公司章程没有涉及的新问题,如果公共官员不能确定何种安排是最有效率的,通常应选择对管理层更具限制性的安排作为缺省性规则。如果这一安排被证明是无效率的,所失去也会很少,因为股东和管理层将会支持排除这一无效规则的章程修改。遵循此种方法将使尽可能多的当事人获得他们想要的规则。

上述分析针对的是通过章程修改排除缺省性规则的适用的情形。在美国,一些缺省性规则还可以通过对细则的修改被推翻,与章程修改不同,细则修改可由股东发起且不需要董事会批准。

可以预测,当缺省性规则规制的问题对股东足够重要时,即使存在集体行动问题,股东也将发起细则修改以选出不想要的安排。此时,管理层支持和讨厌的安排之间的不对称基本上不复存在,采用假设交易方法将是合适的。如果被选择的缺省性规则被证明价值减少,股东也能够轻易将其推翻。

但是在某些情形下,集体行动问题也会阻止股东发起细则修改。因此,允许通过细则修改排除缺省性规则也不会完全消除管理层支持的和讨厌的安排的可推翻性之间的不对称。一项管理层支持而股东讨厌的缺省性安排尽管无效率,或许仍会因为股东的行动而持续下去。考虑到这一点,可推翻的缺省方法仍有存在的必要。

(三)对上述方法的简短评价

总体上看,上述两种方法发挥作用的领域不尽相同,各具优势。交易方法的吸引力在于能够最大限度减少交易成本,从而满足人们对于效率的追求。但是,如果根据假设交易方法制订的缺省性规则有利于管理层,在管理层对章程修改具有实质权力的情况下,即使该规则损害了股东的利益,通过章程修改将其排除适用也会遇到阻碍。因此,当缺省性规则规制事项和管理层利益相关时,可推翻的缺省方法就有了用武之地。

不过,可推翻的缺省方法也有其局限性:其一,适用范围有限。这一方法仅适用于章程中没有涉及的事项,如果章程对某一事项已经作出了安排,也就是已经排除了缺省性规则的适用,即使根据该方法重新设计缺省性规则,也不会发生实质变化。例如,假设安排 A 是缺省性规则,一些企业基于自身需要在章程中采用了安排 B,随着商业环境的变化,曾经有效率的安排 B 后来变得无效率了。此时,仅仅将法定缺省性规则变为安排 C,即使其优于安排 B 也没有太大意义。其二,增加交易成本。假设立法者有足够证据认为绝大多数公司偏好有利于管理层的安排,而只有少数公司偏好另一种不利于管理层的安排,根据可推翻的缺省方法,立法者应当选择不利于管理层的安排作为缺省性规则。而此时,仅仅为了少数公司的利益,大多数公司将不得不承担排除缺省性规则适用的成本。

那么,我国公司法上缺省性规则的设计是否可以采用上述方法呢?表面上看,在我国因股东也可提议章程修改,管理层并不具有章程修改的实质权力,这似乎意味着可推翻的缺省方法没有必要存在。笔者对此持有不同的看法。由于股东信息不足和集体行动、搭便车等问题,即使缺省性规则对股东不利,可能也没有股东站出来提议修改章程。此外,我国公司的股份结构较为集中,股东和管理层之间的利益冲突较少,较多的是小股东和大股东之间的利益冲突。由于大股东在章程修改中具有实质影响,当相关事项涉及大小股东之间的权力和利益分配时,如果对大股东有利的缺省性规则是无效率的安排,可以预见这一缺省性规则将很难通过章程修改被排除适用。此时,借鉴可推翻的缺省方法还是有一定意义的,其在一定程度上可以加强对大股东的制约。而当相关事项不涉及股东之间以及股东和管理层之间的利益冲突时,根据假设交易方法制订缺省性规则就是合适的。

三、新《公司法》缺省性规则的设计得失

(一)新《公司法》明定的缺省性规则

新《公司法》秉承私法自治的精神,将公司法中的一些强制性规则转变为缺省性规则,这些缺省性规则主要涉及以下事项:

第一,利润分配和公司增资时的出资认缴。《公司法》第 35 条规定,股东按照实缴的出资比例分取红利;公司新增资本时,股东有权优先按照实缴的出资比例认缴出资。但是,全体股东约定不按照出资比例分取红利或者不按照出资比例优先认缴出资的除外。依据通常理解,"全体股东约定"当然包括全体股东通

过章程这一书面文件的约定。另外,《公司法》第 167 条也规定:公司弥补亏损和提取公积金后所余税后利润,股份有限公司按照股东持有的股份比例分配,但股份有限公司章程规定不按持股比例分配的除外。

第二,有限责任公司股东表决权的行使。《公司法》第 43 条规定,股东会会议由股东按照出资比例行使表决权;但是,公司章程另有规定的除外。

第三,有限责任公司的股份转让。《公司法》第 72 条规定,有限责任公司的股东之间可以相互转让其全部或者部分股权。股东向股东以外的人转让股权,应当经其他股东过半数同意。股东应就其股权转让事项书面通知其他股东征求同意,其他股东自接到书面通知之日起满 30 日未答复的,视为同意转让。其他股东半数以上不同意转让的,不同意的股东应当购买该转让的股权;不购买的,视为同意转让。经股东同意转让的股权,在同等条件下,其他股东有优先购买权。两个以上股东主张行使优先购买权的,协商确定各自的购买比例;协商不成的,按照转让时各自的出资比例行使优先购买权。公司章程对股权转让另有规定的,从其规定。

第四,有限责任公司的股东资格继承。《公司法》第 76 条规定,自然人股东死亡后,其合法继承人可以继承股东资格;但是,公司章程另有规定的除外。

第五,有限责任公司的经理职权。《公司法》第 50 条第 1 款列举了经理的八项职权,同时在第 2 款明确,公司章程对经理职权另有规定的,从其规定。

值得注意的是,新《公司法》中还隐藏着一项重要的缺省性规则,第 106 条规定:"股东大会选举董事、监事,可以依照公司章程的规定或者股东大会的决议,实行累积投票制。"既然累积投票制属于赋权性规则,可以认定,和累积投票制相对的直接投票制是一种缺省性规则。

在这些缺省性规则中,前 5 项规则基本不涉及股东和管理层之间以及大小股东之间的利益冲突,因此对这些规则的设计只需适用假设交易方法。至于董事、监事选举时的投票规则,因其直接涉及大小股东之间的权力分配和制衡,因此,这一缺省性规则的设计应当借鉴可推翻的缺省方法。那么,上述缺省性规则的设计是否符合这两种方法的要求呢?

(二)股份外部转让规则

众所周知,有限责任公司股东之间具有高度的信赖和合作关系,如果股东可以不受限制地将股份转让给第三人,这种和谐关系可能就会遭到破坏。基于这一考虑,各国公司法大多承认对股份外部转让的限制。

不过,有限责任公司毕竟本质上为资合公司,而且股东之间具有更大的合意空间,因此,是否限制转让以及采取何种限制措施,实不宜由法律作强制性规定。在美国、英国、德国和日本,股份可以自由转让是缺省性规则,股份转让限制则为赋权性规则。例如,《德国有限责任公司法》第 15 条规定,股份可以自由转让,公司合同可以为股份转让规定其他条件,尤其是可以规定股份转让需要得到公司的同意。[①] 与此形成对比的是,在我国和法国的公司立法中,股份转让限制是缺省性规则。

上述两种立法模式何者为宜?笔者认为,依据假设交易方法,将股份转让限制设置为缺省性规则是一种较为可取的做法,“转让限制在非公众持股公司中经常被使用的事实说明在理想条件下,这种企业的投资者会要求对股份转让进行比现行法律更广泛的管理”[②]。如果将股份可自由转让设置为缺省性规则,许多公司将不得不在章程中拟定转让限制条款,一个麻烦的问题也就随之出现:“非公众持股公司的大多数投资者对转让限制持有矛盾心态。一方面,这些措施有助于控制外人进入公司和管理控制权的更替;另一方面,那些想要离开公司的人会希望能以简单的方式收回他们的投资,而不希望有什么对转让的限制使事情复杂化”[③]。可以想象,要在众多可能的限制措施中选出最符合当事人需要的措施的确颇有难度,即使可以也将面临很高的缔约成本。相反,立法者精心设计的缺省性规则可以减少当事人的缔约成本。

即便如此,我国《公司法》对这一缺省性规则的设计存在根本缺陷,适用这一规则甚至可能会加大当事人的交易成本,因而不能被认为是当事人在理想条件下将会选择的安排,仍有进一步改进的必要。

1. 股份外部转让限制的比较法考察

在英美法系国家,股份转让限制主要出现在公司章程或细则当中。当股东决定转让股份时,最主要的限制有三种:第一拒绝权(right of first refusal)、第一选择权(first option at fixed price)和同意制度(consent)。第一拒绝权可以为公司和股东享有,根据此种安排,如果股东希望将自己的股份出售给第三人,他必须按照第三人的购买价格和条件首先向公司和股东提供股票购买权。公司和股东对是否购买享有选择权。如果公司和股东拒绝在契约规定的时间内购买该股东的股份,则该股东可以将股份售予第三人。第一选择权与第一拒绝权类似,不同之处在于股份的购买价格由产生该种选择权的协议,而非第三人的出价决定。同意制度是指股份转让必须得到董事会或者其他股东的同意。[④]

在大陆法系,股份转让的限制措施则通常由公司法直接规定,主要有转让同

---

① 参见〔德〕托马斯·莱塞尔、〔德〕吕迪格·法伊尔:《德国资合公司法》,高旭军等译,法律出版社 2005 年版,第 493 页。

② 〔加〕布莱恩·R. 柴芬斯:《公司法:理论、结构与运作》,林华伟、魏旻译,法律出版社 2001 年版,第 310 页。

③ 同上书,第 311 页。

④ See Steven L. Emanuel, Corporations, Citic Publishing House, 2003, pp. 150—151.

意和优先购买权两大制度。

(1) 转让同意制度

该制度也被称为“同意条款”,指股份的外部转让须征得公司或其他股东的同意,其核心内容包括以下三点:同意权的归属、同意的表决方式和同意期限。

第一,同意权的归属。在此问题上存在着股东同意模式和公司同意模式之分。股东同意模式的典型代表是我国台湾地区“公司法”,其第111条第1项规定,股东非得其他股东过半数同意,不得以其出资之全部或一部分,转让他人。日本、韩国和法国采取的则是公司同意模式,如《韩国商法》第556条第1款规定,有限公司社员只有依第585条规定的社员大会的决议(即变更章程的特别决议),方可将其持有的全部或一部分转让给他人。①

第二,同意的表决机制。台湾地区“公司法”由于采取股东同意模式,相应实行人头多数决;而在公司同意模式下,同意权主要归属于股东会。股东会对此作出决议时,日本规定实行资本多数决;②法国规定实行人头和资本双重多数决,要求决议通过须经全体股东的过半数及持有3/4以上股份者的同意。③

第三,同意期限。为避免公司或股东对股份转让请求迟迟不予表态以致损害转让股东的利益,一些国家还对同意期限有所要求,逾期则视为同意转让。如《法国商事公司法》第45条第2款规定,公司拥有一名以上股东的,转让计划应通知公司和每位股东。公司在最后一次收到通知起3个月内未作出决定的,视为同意转让。④

(2) 优先购买权制度

我国台湾地区实行这一制度,其“公司法”第111条第2项规定:“前项转让,不同意之股东有优先受让权。”根据台湾经济主管部门和一些学者的解释,有关反对股东的优先受让权,以股份转让已经其他全体股东的过半数同意为前提,如果股份转让未获通过,反对股东自无此优先权。⑤

在转让同意制度下,若多数股东同意转让,股份的外部转让就不再受限,而少数反对股东的意思将无从体现,优先购买权制度正是为了保护其利益而设。

2. 股份转让自由的保障

股份转让自由是现代公司法的一项基本原则,有限公司的本质属性仍为资合性公司,对股份转让的限制不能不合理地剥夺股东自由转让股份的权利。从

---

① 参见吴日焕译:《韩国商法》,中国政法大学出版社1999年版,第150页。

② 参见崔延花译:《日本公司法典》,中国政法大学2005年版,第60—61、146页。

③ 参见〔法〕伊夫·居荣:《法国商法》(第1卷),罗结珍、赵海峰译,法律出版社2004年版,第558—559页。

④ 参见金邦贵译:《法国商法典》,中国法制出版社2000年版,第106页。

⑤ 转引自王文宇:《公司法论》,中国政法大学出版社2004年版,第511页。

另一角度说，限制股份外部转让固然是为了维持股东之间的特殊关系，但在很多情况下，股东选择退出公司常常是因为此种关系已经不复存在。由于选择退出的股东多处弱势地位，如果大股东通过拒绝同意就能够将小股东“锁定”在公司中，无疑加剧了小股东的困境。有鉴于此，在必要限制的基础上，应当为股份外部转让提供相应的保障制度。

很多国家的公司法同时采取两种保障措施：强制购买和指定受让人。前者是指在股份转让没获同意时，公司或者股东必须购买拟转让的股份；后者是指公司或者股东可以指定受让人购买股份。例如，根据《日本公司法典》第 140 条，如果公司不同意股份转让，须回购相关股份，或指定收购人收购股份。[①]《法国商事公司法》第 45 条也有类似规定，“公司拒绝同意转让的，股东必须在自拒绝之日起 3 个月的期限内……购买或让人购买这些股份。在征得出让股东同意的情况下，公司可以决定，在相同的期限内……重新买回这些股份”。[②]

总的来看，日本和法国公司法关于股份外部转让的规则体系，由转让同意制度和强制购买（指定受让人）制度组合而成，这也是大陆法系公司立法的主流模式。这一模式兼顾对股份外部转让的限制和保障，较好地协调了两种不同的利益需求。其缺陷则在于，只需经过股东会的同意即可向外转让股份，少数反对股东的意思无从体现。而台湾地区“公司法”构建的股份外部转让规则体系由转让同意制度和优先购买权制度组合而成，只规定了股份转让的限制措施，即如果股份转让未得到其他全体股东过半数同意，股东将无法退出公司。应当说，这一规定对有限公司的人合性作了极力张扬，不足之处在于对转让股东的利益不够重视。

3. 对我国《公司法》第 72 条的评价

(1) 对原《公司法》相关规定的改进以及尚存在的缺陷

《公司法》第 72 条第 2 款沿袭了原《公司法》确立的基本框架，其所构建的股份外部转让规则体系，仍旧由转让同意、强制购买和优先购买权三项制度组合而成。在此体系下，第 72 条第 2 款对原有规定的一些明显缺陷作了改进：

第一，对转让同意制度的改进。原《公司法》第 35 条第 2 款借鉴台湾地区“公司法”，将同意权赋予股东。但根据该法第 38 条，对有限责任公司股东向股东以外的人转让出资作出决议是股东会行使的职权之一，这又属于公司同意模式。这一双重赋权的现象可谓我国公司法独有。由于同意权的归属主体不清，同意的表决机制到底是人头多数决、资本多数决还是双重多数决也就难以确定。需要指出的是，长期以来很多学者忽略了原《公司法》双重赋权这一根本问题，

---

① 参见崔延花译：《日本公司法典》，中国政法大学 2005 年版，第 61 页。
② 参见金邦贵译：《法国商法典》，中国法制出版社 2000 年版，第 106 页。

而是在公司同意模式这一自我假设的前提下，主张第35条和第41条规定的两种表决方式产生了冲突，进而探讨股东会应采用何种决议方式。[①] 这种理解显然没有把握问题的关键。此外，原《公司法》在此问题上的另一缺陷，是没有规定同意期限。

新《公司法》第72条第2款对上述缺陷作了弥补。其将同意权单一赋予股东。根据新《公司法》，股东会不再享有“对股东向股东以外的人转让出资作出决议”的职权。由此，股份对外转让只需股东同意，表决机制上是人头多数决。此外，明确规定了30日的同意期间，以避免股东久拖不决。

第二，对强制购买制度的改进。对于何时将会引发股东的强制购买义务，原《公司法》的规定太过简单，导致人们理解不一。例如，一种观点认为，不论股份转让是否经全体股东过半数同意，反对股东均应承担购买义务。[②] 也有观点认为，只有全体股东过半数同意股份转让，才引发反对股东的强制购买义务，否则股份不能对外转让。[③] 从这些观点出发必然可得出以下结论：在全体股东过半数同意的情况下，将同时产生反对股东的购买义务和其他股东的优先购买权。这明显不合理。还有一种观点则认为，股东承担此义务的前提是股份转让未获全体股东过半数同意。[④] 这一认识更为科学，也为新《公司法》第72条第2款所明确。

虽然有所改进，但如果维持现行规则体系不变，第72条第2款仍有进一步完善的必要。首先，应当规定反对股东的购买价格。反对股东购买股份的价格根据股份评估价格确定，还是像优先购买权一样，根据转让股东和第三方达成的交易价格确定？这一问题如果不能明确势必引发争议。其次，应当规定反对股东的购买期限。实践中，很可能出现半数以上股东不同意转让，但又不能或不愿再拿出资金购买股份的情况。为使法律关系尽早稳定下来，应当对反对股东购买的期限有所要求，否则转让股东和第三人的利益将受不利影响。再次，对优先购买权行使主体的界定过于宽泛。从字义理解，“其他股东”并不仅指反对股东，也就是说，即使是同意转让的股东嗣后也能主张优先购买权，这似乎没有必要。从当事人的内心意思判断，如果股东对股份转让表示同意，即表明他愿意接受新的加入者，愿意和其共同经营公司。可以说，同意反映出来的股东意思和优先购买权希望实现的目的正好相反，同意即意味着对优先购买权的放弃。如果

---

① 参见王欣新、赵芬萍：《三论有限责任公司股权转让中的法律问题》，载《人民法院报》2003年5月9日；钱卫清：《公司诉讼——公司司法救济方式新论》，人民法院出版社2004年版，第175页。

② 参见赵志钢：《公司治理法律问题研究》，中国检察出版社2005年版，第347—348页。

③ 参见吴建中：《有限公司股权转让探析》，载《山东大学学报》（哲学社会科学版）2000年第5期。

④ 参见甘培忠、吴韬：《有限公司股权转让探析——兼论我国〈公司法〉相关制度之完善》，载《南京大学学报》2005年第1期。

也允许同意转让的股东行使优先购买权，有违诚实信用的原则。最后，还应当明确优先购买权的行使期限。

(2) 一项失败的缺省性规则

必须指出，即使弥补了上述缺陷，第72条第2款也是一项失败的缺省性规则，原因在于该款对原《公司法》确立的股份外部转让规则体系的全盘继受。

原《公司法》确立的股份外部转让规则体系，由转让同意、强制购买和优先购买权三项具体制度组合而成，显然，此种立法模式兼收并蓄了法国、日本和我国台湾地区两种立法模式的核心内容。在这一规则体系下，如果股份转让未获其他股东过半数同意，为给股东提供退出的机会，反对股东必须购买该股份；如果股份转让获得其他股东过半数同意，则为保障少数反对股东的利益，赋予其优先购买权。初看起来，我国的这一模式似乎更能维持有限公司封闭性和股份自由转让之间的利益平衡，比其他两种立法模式显得更为精巧。

然而细细思量便可发现，分属两种立法模式的三项制度拼凑在一起，使得"其他股东过半数同意"这一规定失去了存在价值。在法国、日本，经过公司同意，股份即可对外转让；在我国台湾地区，未经其他全体股东过半数同意，股份不可对外转让。无论如何，转让同意制度都有着实质效力。而在我国，情况发生了根本变化。在存在反对股东的情况下，不论股份转让是否经其他股东过半数同意，都存在两种结果：要么股份由反对股东购买；要么转让给第三人。是否过半数同意只会影响股东的购买名义，即存在行使优先购买权或履行强制购买义务的区别。但不论是优先购买权还是强制购买义务，仍以股东有购买意愿和购买能力为前提，权利可以放弃，义务也可不履行，这一名义上的区别并不会带来实际结果的不同。因此，在现行股份外部转让的规则体系中，"其他股东过半数同意"的规定可有可无，制度设计的不合理性显而易见。

更为重要的是，在这样一套规则体系下，如果其他股东故意为难转让股东，转让股东要想退出将不得不经历全部三个阶段，最长的等待时间将是30天(同意答复时间)+×天(反对股东购买时间)+×天(优先购买权行使期限)。无疑，这不会是大多数当事人想要的安排。

笔者以为，仅需采用优先购买权一项制度，便足以产生和现行规定完全相同的法律效果(见表2-5)。《公司法》第72条第2款其实可以修改为："股东向股东以外的人转让股权，在同等条件下，其他股东有优先购买权。股东应就其股权转让事项书面通知其他股东，其他股东自接到书面通知之日起满三十日未要求行使优先购买权的，视为放弃优先购买权。两个以上股东主张行使优先购买权的，协商确定各自的购买比例；协商不成的，按照转让时各自的出资比例行使优先购买权。"相对于无比繁琐的现行规定，单纯一项优先购买权制度在表述上更为简洁明了，更易为当事人理解；操作程序上也大为简化，因而交易成本也可大大降低,如此,股份转让法律关系可在最短的时间内确定下来。

表 2-5　现行规定和建议规定效果之比较

其他股东的态度	根据现行规定的结果	根据建议规定的结果
全部同意	转让给第三人	转让给第三人
过半数同意,其余不同意	转让给第三人(股东弃权) 转让给股东(股东行权)	转让给第三人(股东弃权) 转让给股东(股东行权)
未过半数同意(包括其他股东全部不同意)	转让给第三人(股东不购买) 转让给股东(股东购买)	转让给第三人(股东弃权) 转让给股东(股东行权)

(三) 股东表决规则

在公司法上,股东表决规则主要有两种:一股一表决权和一人一表决权。《公司法》第 43 条将股东按照出资比例行使表决权设置为缺省性规则,从比较法的角度观察,这一立法模式符合世界公司立法的主流。如《韩国商法典》575 条也规定,各社员,对每一份出资持有一个表决权。但是,关于表决权数,章程可以另行规定。[①] 我国台湾地区"公司法"第 102 条采取了后一种立法模式,"每一股东不问出资多寡,均有一表决权。但得以章程订定按出资多寡比例分配表决权。"

上述两种立法模式孰优孰劣?笔者试运用假设交易方法对此作一简短分析。

在确定理想条件下各方会交易什么时,在一般水平上考虑真实的交易是合理的。[②] 尽管缺乏翔实的经验数据作为证据,笔者仍可断言,在公司实务当中,绝大多数有限责任公司采取的是一股一表决权规则。

股东表决规则的历史演变也可说明这一点。在公司制度发展早期,普通法要求公司遵循按人表决(per capita voting)规则。在这一规则之下,所有股东均有同等的表决权,而不管其投资份额。对于实行这一规则的原因,学者们有很多解释,最常见的说法是认为法院将公司类比为合伙,而后者实行按人表决规则。

随着公司制定法的颁布,股东被要求按照持股比例行使表决权,但当股东持股超过一定比例时,公司制定法为其规定了减少的表决权。[③] 这一方法允许股东基于股份投资对公司活动实施更大的控制,但仍然保留着普通法一人一表决权这一古老规则的痕迹。在 19 世纪中期以前,许多学者认为这些法律是公司民

---

① 参见吴日焕译:《韩国商法》,中国政法大学出版社 1999 年版,第 154 页。

② 参见〔加〕布莱恩·R. 柴芬斯:《公司法:理论、结构与运作》,林华伟、魏旻译,法律出版社 2001 年版,第 295 页。

③ 例如,法律可能规定股东所持每一股份有一表决权,但当股东持股超过十股时,每增加五股才多一表决权。

主的一种形式，但在接下来的十年中，美国各州纷纷抛弃这一做法。理由很简单，如果没有一股一表决权的规则，投资者将不愿投入大量资本，因为他们不能得到与投资相当的对公司的控制权，公司将在筹资方面就会面临困难。[①] 因此，在19世纪60年代以后，越来越多的公司改变了他们的表决结构以反映投资者的需要。最终，一股一表决权规则至迟于1903年被广泛接受，当时的州公司法通常将一股一表决权原则设置为缺省性规则。[②]

除了抑制股东大量投资这一消极后果以外，一人一表决权规则还有另一重大缺陷，对此，伊斯特布鲁克和费舍已作了深刻的分析。他们指出，在一项表决权与表决者在公司中的权益不成比例的制度中，表决者将缺乏作出最优选择的动力，因为源于这些决定的收益或损失，将不会完全内部化由表决者承担。因此，除了一股一表决权之外的任何表决规则，将无谓增加公司的代理成本。[③]

至此，本文关于股东表决规则的结论已经相当明了：一股一表决权相比一人一表决权更具经济合理性，历史发展和实证数据都应能证明大多数股东偏好这一规则，因此，将该规则确定为缺省性规则是合适的。

（四）董事选举时的投票规则——以累积投票制为中心的考察

1. 累积投票制在各国公司法中的定位

累积投票制（cumulative voting），是指股东大会选举董事或监事时，每一股份拥有与应选董事或监事人数相同的表决权，股东拥有的表决权可以集中使用。相对直接投票制，累积投票制使得小股东有较高的机会当选公司董事，这能够加强小股东对公司事务的参与和了解。甚至在公司股份结构复杂或者大股东计算失误等特殊情形下，小股东也有可能取得董事会中的多数席位进而控制公司。

通常认为，累积投票制起源于英国政治学家穆勒（John Stuart Mill）对"比例代表"制度的鼓吹，但在董事选举中的适用则首见于美国伊利诺伊州1870年宪法，美国各州随后纷纷在宪法或公司法中规定强制性的累积投票制。与此同时，许可性（permissive）累积投票制度也开始在一些州出现，这一制度又可分为两类：一为选出式，即累积投票制是缺省性规则；一为选入式，即累积投票制为赋权性规则。到1945年，共有22个州采用强制性累积投票制，另有15个州采用许可性累积投票制。但20世纪50年代以后，累积投票制在美国开始走下坡路。

---

① See Timothy K. O'Neil, Comment, Rule 19c-4: The SEC Goes Too Far in Adopting a One Share, One Vote Rule, 83 Northwestern University Law Review, 1062—1063 (1989).

② 例如，纽约州1909年普通公司法赋予股东一股一表决权，公司设立章程有其他规定的除外。See Douglas C. Ashton, Revisiting Dual-Class Stock, 68 Saint John's Law Review, 891 (1994).

③ See Frank H. Easterbrook & Daniel R. Fischel, Voting in Corporate Law, 26 Journal of Law and Economics, 405—409 (1983).

美国《示范公司法》有关累积投票制的规定也反映了这一点。该法1950年的序言表示,累积投票制在任何情况下都应该保留,不应由发起人决定是否采用;1959年该法删除了强制性累积投票制,只保留了许可性累积投票制;1984年该法明确累积投票制为赋权性规则。

在世界范围内,累积投票制在各国公司法中大多属于任意性规则,例如:

1950年《日本商法典》规定,即使公司章程规定董事选举不采用累积投票制,但若持股占公司已发行股份总数1/4以上的股东提出请求,公司必须采用累积投票制。据此判断,累积投票制应为强制性规则。但在1974年,累积投票制被改为缺省性规则,"以两人以上董事的选任为目的召集股东大会时,除章程另有规定外,股东可对公司要求依累积投票进行"。2005年6月29日通过的《日本公司法》第342条继续沿用这一规定。

1998年修订的《韩国商法》第382条之2规定,持有已发行股份总数3%以上的股东可以要求公司董事的选举应以累积投票制进行,但公司章程另有规定者除外。在性质上,这一规定与日本类似,属于缺省性规则。2004年的一篇报道表明,90%以上的韩国公司已通过章程排除累积投票制,导致该规定形同虚设。鉴于任意性累积投票制的缺陷,以布莱克为首的专家组在2000年为韩国司法部提出的法制改革建议中强调,应将现行规定修改为强制性规则。① 但这一建议并未被韩国司法部接纳。

我国台湾地区"公司法"自1966年开始采取强制性累积投票制。2001年,对其进行了全面修正,累积投票制也从强制性规则转变为缺省性规则,"股东会选任董事时,除公司章程另有规定外,每一股份有与应选出董事人数相同之选举权……"。

2. 从"强制"到"任意"的原因考察

累积投票制为何从强制性规则趋向任意性规则?理论上认为主要有以下四项原因:

第一,在公司合同理论的影响下,各国公司立法理念纷纷转变为"放松管制"和"促进自治",公司法中强制性规则的比重大幅降低,以促进公司治理的灵活性和适应性。正如我国台湾"公司法"第198条修正理由所说:"董事之选任方式,系属公司内部自治事项……增列'除公司章程另有规定外',俾为弹性处理。"②

第二,累积投票制的功能尚存疑问。对于累积投票制的运作效果,理论上观

---

① See Bernard S. Black, Barry Metzger, Timothy O'Brien & Young Moo Shin, Corporate Governance in Korea at the Millennium: Enhancing International Competitiveness-Final Report and Legal Reform Recommendations, 26 Journal of Corporation Law, 565(2001).

② 邵庆平:《规范形态与公司治理模式的建构》(上),载《政大法学评论》2005年第6期。

点不一。总体而言,该制度在保障少数股东权益、完善公司治理方面的作用广受肯定,美国的实证研究也表明,当公司宣布不再采用累积投票制时,公司股价将会下跌。[①] 但也有很多人指出,累积投票制的一个重大缺陷是将董事的选任寄托于股东之间的博弈,由此产生的董事更可能成为部分股东而非全部股东的利益代言人,董事会内部可能因此派系林立,公司管理效率也会受到影响。此外,公开公司由于股东人数众多,小股东很难团结一致推出共同候选人,累积投票制的采用除了增加成本外,对选举结果常常没有任何影响。

理论上的诸多争议至少表明累积投票制并非必然有利,立法者因此倾向于认为,是否采用累积投票制,由股东自己权衡利弊后作出决定似乎比通过强制性规则一体推行更为适宜。

第三,公司设立竞争的影响。戈登认为,累积投票制在 20 世纪 50 年代以后的式微与公司收购的盛行有密切关系。对于意图争夺公司控制权的公司掠夺者(corporate raider)来说,累积投票制对他们的行动非常有利,只需掌握一定比例的股份或委托书,他们就可在董事会中取得一定席位甚至获得选举胜利。因此,公司管理层对累积投票制的厌恶之心不难想象。如果立法者不废除强制性的累积投票制,公司管理层就有可能在其他州重新设立以规避其适用。由是观之,强制性累积投票制的衰落在一定程度上可谓美国各州立法者对公司管理层要求的一种积极回应。[②]

第四,存在较为完备的替代性制度。布莱克和克拉克曼就指出,累积投票制在美国的衰落并不表示这一制度弊大于利,而是因为美国公司大量聘用独立董事的做法可在相当程度上取代累积投票制的功能,美国经济并未因此受到明显不利的影响。[③] 这一解释具有一定的说服力,由于美国的公司治理机制比较系统和完善,即使累积投票制转为任意性规则,立法者也不用过分担心会出现太多的问题。

3. 对我国《公司法》第 106 条的检讨

我国《公司法》第 106 条将直接投票制设置为缺省性规则,而将累积投票制设置为赋权性规则。应当说,这一规定符合世界范围内累积投票制从强制性规则向任意性规则转变的立法潮流。

---

① See Sanjai Bhagat & James A. Brickley, Cumulative Voting: The Value of Minority Shareholder Voting Rights, 27 Journal of Law and Economics, 339—342(1984).

② 到 1992 年,美国仅剩 6 个州(亚利桑那、肯塔基、内布拉斯加、北达科他、南达科他、西弗吉尼亚)采用强制性累积投票制,其他 44 个州(包括哥伦比亚特区)则采用许可性累积投票制。See Jeffrey N. Gordon, Institution as Relational Investors: A New Look at Cumulative Voting, 94 Columbia Law Review, 154—156(1994).

③ See Bernard S. Black & Reinier Kraakman, A Self-Enforcing Model of Corporate Law, 109 Harvard Law Review, 1948(1996).

前述比较法视角的分析已然表明，强制性累积投票制在今天已相当罕见，这为第106条提供了表面合理性。第106条的实质合理性在于，累积投票制极易破坏董事会内部团结从而影响公司经营效率，且其在公开公司中实施成本巨大却可能收效甚微，这些事实至少表明：在确定累积投票制的成本小于其收益之前，任何实行强制性累积投票制的主张都欠缺正当性基础。

另一方面，基于可推翻的缺省方法，笔者也认为将直接投票制确定为缺省性规则不妥当。即使这一规则对大多数公司而言是无效率的，因其对大股东有利，通过章程修改排除这一规则的适用还是可能会很困难。

实证数据也显示了这一点。笔者查阅了《公司法》施行后首次公开发行上市公司的章程发现，截至2007年3月16日，在89家首次公开发行上市公司样本中（沪市18家，深市71家），[①]9家公司的章程没有涉及这一问题；41家公司的章程基本照搬《公司法》现行规定，通常的表述是"股东大会就选举董事进行表决时，根据本章程的规定或者股东大会的决议，可以实行累积投票制"；39家公司的章程规定董事选举时实行累积投票制，占样本总数的43.8%。值得注意的是，在18家沪市上市公司中，8家公司的章程没有涉及这一问题，5家公司章程规定"可以"采取这一制度，只有5家公司的章程明确采用这一制度，比例仅为27.8%，这和《公司法》的立法倾向似乎有所反差。[②]

笔者认为，虽然我国绝大多数上市公司已经完成了股权分置，但股份结构较为集中、"一股独大"这一现象在短期内仍不可能实质改变。既然如此，累积投票制作为一种对大股东相对不利的制度，至少在现阶段，大力推行仍可说利大于弊，理由主要有二：

一方面，累积投票制的替代性制度在我国尚未发育成熟。例如，我国推行独立董事制度的时间只有短短6年，许多问题尚待解决，而且，股东诉讼机制和包括经理人市场、公司控制权市场等在内的市场约束机制在我国尚显薄弱。在这种背景下，累积投票制度显然为保护中小股东利益提供了一条新的路径。无疑，公司法应以增进效率作为最高的价值取向，而累积投票制可能影响公司经营的效率，但这并不意味着公司法的制度安排可以完全忽视交易安全。在实践中，大股东利用其对董事会的控制权肆意妄为的事例屡见不鲜，如果必要的交易安全都不能得到保障，经营效率最终也将难以实现。

另一方面，累积投票制有利于推动公司收购市场的发展。由于各种原因，我国的公司控制权市场一直未能获得大的发展，目前，相关政府部门对公司收购持

---

① 资料来源：http://www.sse.com.cn；http://www.cninfo.com.cn，2007年3月16日访问。

② 由于《公司法》仅针对股份有限公司规定累积投票制，似可推测立法者的构想是，股份公司因较多涉及公众投资者利益，相对有限责任公司更有实施这一制度的必要。依此类推，沪市上市公司在股本规模等方面远非深市中小企业板上市公司可比，似更应采取这一制度。

有积极鼓励的态度。累积投票制的存在增强了潜在的公司收购者的行动激励，持有一定比例股份的收购者纵使不能控制董事会，也能取得少数席位。由此，收购者可以充分了解公司的相关信息，建立其进一步获取公司控制权的滩头阵地。①

相对而言，缺省性规则比赋权性规则具有更为强大的价值指引作用，更有利于累积投票制被普遍接受。退一步说，即使缺省性的累积投票制被证明是无效率的，由于其不受大股东欢迎，将其排除适用也不会面临实质障碍。

有人认为，即使将累积投票制确定为缺省性规则，大股东在章程草案中也可轻易将其排除，或基于持股优势通过修改章程轻易将其排除，结果似无区别。但在笔者看来，缺省性规则相比于赋权性规则具有更为强大的价值指引作用。可以预测，在一个效率日增的证券市场上，一些公司将会排除这一制度，但他们可能也将因此受到负面评价；一些公司将会采用这一制度，因为他们有向市场展示更高的公司治理水准以获得更多投资的激励。这样一种缺省性规则，就像艾瑞斯教授主张的一样，将促进当事人间的信息分享。大股东或管理层若欲排除这一制度，必须在初始章程中载明或在以后提出章程修改提案，这种行为本身就向公司股东与投资大众发布了特定信号，投资大众可以决定是否买进公司股票，股东可以决定是否继续持有股票以及是否批准章程修改。因此，将累积投票制确定为缺省性规则是有必要的。

因此，笔者认为，累积投票制应为缺省性规则。在初始章程阶段，该制度可被排除适用，但应以醒目方式提醒投资者注意；在章程修改阶段，鉴于章程修改固有的局限性，应对排除累积投票制适用的自由予以限制。《公司法》可采取两种方案：其一，明确规定不允许通过章程修改排除这一制度；其二，在2/3表决权同意的基础上，排除大股东及其关联方的表决权。

上述分析仅针对公开公司而言。在闭锁公司，因股东合意基础较为充分，股东通常可以通过公司章程和股东协议进行自我保护，因此在初始章程阶段是否采用累积投票制可由股东自行决定。而一旦采用该项制度，同样不应允许通过章程修改排除该制度的适用。

---

① See Charles M. Williams, Cumulative Voting, 33 Harvard Business Review, 112(1955).

公司设立基本制度若干问题研究

沈贵明

一、公司设立的基本程序

（一）两大法系国家的公司设立程序的基本法律规定

在大陆法系国家，公司设立制度通常较为严格。《德国股份公司法》规定了严格的公司设立程序制度。按照该法规定，在德国，设立股份公司通常要经过如下基本程序：第一，章程的确认。设立公司必须先起草章程，由出资认缴股份的一人或数人确认，并以作成公证书的方式确认。第二，认购股份。发起人认购公司股份，其认购行为必须经过公证，并载入公司设立证书。第三，设立公司机构。由发起人选任首届监事会人员和首任决算审查人员，然后由监事会任命首任董事会成员。第四，提出设立报告。发起人应当对设立的经过提出书面报告，说明对实物出资或实物接收是否合适所依据的主要情况；说明董事会或监事会认缴股份的情况及其所接受的特别利益等。第五，进行设立审查。董事会和监事会的成员应当对设立的经过进行审查。如果董事会或监事会的成员有发起人，或涉及董事会和监事会成员个人利益，则由注册法院指定人员进行审查。第六，向注册法院申请注册。在设立审查结束后，由全体发起人、董事会及监事会的成员共同向法院申报商业登记注册。第七，注册法院的审查。注册法院对公司设立和申报进行形式和实质审查。第八，注册与公告。注册法院对符合法律规定设立的公司予以注册。注册内容包括公司的商号和住所、经营对象、股本数额、确认章程的日期、董事会的成员及其享有的代表权等。公司的注册必须依法进行公告。

《日本公司法》虽然经过改革，与《德国股份公司法》的规定相比相对宽松，但仍较为严格。按照《日本公司法》的规定，设立股份公司一般要经过如下程序：第一，制作章程。设立股份公司，发起人必须制作章程，并在章程上签名或记名盖章。发起人制作的章程必须经公证人的认证生效。经公证人认证的章程，在公司成立前不得变更。第二，出资。第三，如涉及以非现金出资、成立后公司受让财产转让、发起人报酬以及公司设立费用的，应当向法院申请检查员选任。

第四,选任设立时公司董事、监事、会计参与等负责人,股份公司设置董事会的,还必须从董事中选定公司设立的代表董事。第五,设立时对董事进行调查。第六,办理登记后公司成立。

与大陆法系国家公司设立程序较为严格、繁琐不同,英美法系国家公司的设立程序较为宽松、简便。

英国公司法中有关公司设立的法定程序,主要就是注册登记。设立公司的发起人在公司章程上签署自己的姓名或名称,然后按照公司法的规定,向登记机关提交公司章程、注册申请书及其他规定的文件和守规声明。登记官确信申请人的申请符合公司法规定的,应当予以登记注册。

在美国,"组建公司的程序实际上非常简单,许多程序(尽管不是全部)可以由一个合格的法律秘书来完成"①。一般来说,只要按照州法的规定,向州务卿提交公司章程(有的州称设立公司证书或许可证)等文件,经州务卿审查认为没有不符合法律规定要求的情况,即应当予以注册备案。② 除非公司章程特别规定了较晚生效之日期,该公司从其公司章程注册备案之日起成立。

(二)两大法系国家公司设立程序立法规范之分析

比较两大法系国家公司的设立程序的立法规定,可以明显地看出,在大陆法系国家,公司设立的程序要比英美法系国家公司设立的程序严格得多,繁琐得多。

两大法系国家有关公司设立程序中都必须进行的基本程序是注册登记,这一公司设立环节无法减略。尽管公司设立的注册登记机关不同,在大陆法系国家多为法院,在英美法系国家多为行政机关,但实质上都是只有在国家机关的审查认可后,公司方能成立。这一立法的共同之处表明了公司的一个基本法律特性:公司是依法设立的,换言之,公司的法律人格是法律所赋予的。

两大法系国家在公司设立程序上立法的主要区别,在于对公司资本形成的要求不同。在大陆法系国家,公司法要求发起人必须要有真实的出资,要求公司的资本足额到位。为达到这个要求,德国公司立法在公司设立程序的制度设计中,不仅对发起人出资和认股人认缴股份金额作了严格的操作规范,而且还设计了公司资本形成情况的报告制度、资本的催缴制度,以及以公司资本是否实际到位为主要内容的设立审查制度。日本公司立法虽然稍微简便一些,但为了公司资本的真实性和足额到位,也对公司资本的形成规定了较为严格的审查制度。

---

① 〔美〕罗伯特·W.汉密尔顿:《公司法概要》,李存捧译,中国社会科学出版社1999年版,第26页。

② 在美国的公司设立登记制度中,由注册批准改为注册备案;登记官员由实质性的权力审查改为了责任审查。

与此相反，在英美法系国家，对公司资本的形成就不像大陆法系国家那么严格，所以就没有大陆法系国家公司法中有关公司设立审查制度中那些繁琐的程序，由此突出了注册登记的程序。可见，两大法系对公司资本的不同态度，导致了两大法系国家公司设立程序宽严繁简的不同。

两大法系对公司资本的态度的不同所导致公司设立程序上的差别，与两大法系国家对公司的法学理念的不同有关。

在大陆法系国家，公司财产制度在整个公司法律制度体系中具有特别重要的意义。

首先，公司的财产与公司的法律人格相关联。这一关联性，在公司的法人格理论学说中有明显的反映。众所周知，在大陆法系国家，有关法人理论大致可分为拟制说、否认说和实在说三类。拟制说以德国法学家萨维尼(Savigny)为代表，认为"法人是为了完成法律上的目的，是作为财产权的主体由国家拟制出来的个人"[①]。否认说可分为三个流派：其一，目的财产说，以布林兹(Brinz)为代表，认为法人的实质是为一定目的而存在的财产集合；其二，受益人主体说，以耶林(Jhering)为代表，认为法人的权利由受益的自然人享有，法人的义务由受益的自然人承受；管理人主体说，以赫鲁达(Holder)、宾达(Binder)为代表，认为法人的财产属于该财产的管理者，实现管理法人财产的自然人就是法人本体。实在说主要有两个流派：其一，有机体说，以基尔克(Gierke)为代表，认为法人作为一种团体，与自然的有机体个人一样，是以个人作为其组成部分的社会有机体。组织体说以米旭(Michoud)、撒莱斯(Saleilles)等人为代表，认为法人是一种由法律创造的抽象的实在体。无论是有机体还是组织体，作为实体存在的法律主体以独立的财产存在为基础，并独立承担责任。法人财产的存在是法人实体的基本属性之一。可见，无论对公司法律人格持何种观点，实际上都认为公司法律人格是与公司的财产相关联的，各种学说只是从不同的角度分析了公司财产对公司主体资格的重要性。在大部分大陆法系学者看来，法人人格"以拥有财产为绝对要件"，独立财产是法人人格的根本性要素。[②] 如果公司没有独立的财产，公司的独立人格就没有存在的根基。也正是因为这个道理，当公司的"全部财产价值总额不足以抵偿其所负的全部债务额"，导致公司资不抵债，[③]实际上已没有属于自己的财产时，即构成了公司法人破产的原因，[④]要进入破产程序，使公司的法律人格归于消灭。

---

① 转引自〔日〕末永敏和：《现代日本公司法》，金洪玉译，人民法院出版社2000年版，第4—18页。

② 参见江平主编：《法人制度论》，中国政法大学出版社1994年版，第13、32页。

③ 参见邹海林：《破产程序——破产法实体制度比较研究》，法律出版社1995年版，第61页。

④ 资不抵债是德国、日本等大陆法系国家公司破产的法定原因之一。参见《德国破产法》第19条第1项；《日本破产法》第16条第1款。

其次,公司财产被认为对债权人的保护具有特殊作用。由于公司法人独立主体资格理念下设计的股东有限责任最大限度地保障了股东的投资利益,而这种保障方式,在一定意义上是以牺牲债权人的利益为代价的,因此,在保护股东投资利益的同时如何尽可能保护债权人的交易利益,成了公司立法不得不面对的一个问题。立法者在公司法人格理念的基础上,构建了严格的法定资本制度,以期将公司资本的财产作为对债权人交易风险的担保。① 虽然随着社会经济和公司法律制度的发展,有关公司资本制度的一些具体规定有所变化,但是,公司资本对公司债权人保护功能的理念在公司制度中仍具有重要意义,这就使得立法在进行公司设立制度设计时,对公司资本财产形成的保障程序仍予以相当重视,从而将公司的设立程序设计得相对严格而复杂。

英美法系国家的公司立法对公司的资本制度相对宽松,公司设立程序也相应简捷,这源于英美法系国家独特的公司法律理念。首先,在英美法系国家,法律对公司法人资格的认可,主要是由于法律政策的选择,"独立的法人格是一个有效率的规则"②。英美法系的公司法理念反映出其对公司财产的形成要求与大陆法系国家的要求基点不同,前者基于公司的运作所需要,后者则基于公司主体的成立所必备。其次,在英美法系国家法学家看来,公司的财产运作基于股东对公司财产的信托合同,当事人之间的信用具有特别重要的意义。再次,在英美法系国家的公司法理论中,公司的法律特性主要是股东的有限责任、股东利益的自由转让、公司的法人格、集中管理。③ 对公司的这种认知理念表明,英美法系国家公司法理论侧重于对公司内部关系的把握,进而引导公司立法以股东与公司之间的关系调整为主线,而不同于大陆法系国家公司法在规范公司内部关系的同时,还试图通过资本制度的设计实现对债权人利益保护的目的。在英美法系国家的公司法律制度中,对债权人救济的目标,主要通过其他途径,如有关信息的披露、公司法人格否认制度等措施加以实现。

(三)我国公司设立程序

按照我国公司法的相关规定,股份有限公司设立的程序主要是:先由发起人签订设立协议,然后制订章程;发起人出资,募集设立的还需募集资本;由验资机构进行验资;设立公司组织机构;募集设立的须召开创立大会;办理注册登记手续。这一程序规范,较之大陆法系国家的规定而言相对简便,主要没有以资本检查为主要内容的复核程序;较之英美法系国家则相对繁琐,主要是设有对公司资

---

① 参见王泰铨:《欧洲公司法导论》,载《台大法学论丛》第25卷第1期,第289页。

② 〔英〕保罗·戴维斯:《英国公司法精要》,樊云慧译,法律出版社2007年版,第38页。

③ 参见〔美〕罗伯特·C.克拉克:《公司法则》,胡平等译,中国工商出版社1999年版,第2页;〔英〕保罗·戴维斯:《英国公司法精要》,樊云慧译,法律出版社2007年版,第10页。

本的要求及验资程序。

可见,我国公司法有关公司设立的规定,具有大陆法系国家公司法的一般理念,但设立程序并不完全相同。这主要是由于在我国公司立法进程中,一方面受我国企业制度发展的影响,没有对股东出资的审核制度的历史,另一方面受公司立法中两大法系的综合性影响。众所周知,起源于20世纪70年代末的改革开放主导下的我国企业改革是我国公司立法的历史基础,而这一基础的形成,在相当大的程度上受到了来自两大法系公司法理论及公司立法技术的影响。

虽然我国公司法有关公司设立程序的规范有自己的特色,但是,如果将公司设立程序的规范与公司法的整体规范结合起来考察,我国公司法的有关公司设立的理念尚有进一步深化的空间。

二、公司章程

(一)公司章程特性分析

公司章程是关于公司组织与活动最基本准则的法律文件。章程的内容涉及公司组织存续和经营管理最重要的事项。章程是公司必备的法律文件。各国公司法不仅规定章程是公司成立时必备的要件,而且还对章程的基本内容、章程的制订以及章程的效力都有要求和规定。章程经登记注册后受法律保护。

大陆法系法学家大多认为,章程是公司社团的自治法则。我国学者也普遍持这种观点,并将公司的章程与合同作了如下区分:第一,两者的效力范围不同。合同的效力仅及于签约的各方当事人,而章程对参与制订章程的发起人和股东以及之后加入公司的股东均有效力。第二,两者制订与修改程序不同。合同的制订与修改经当事人各方一致同意即可,而章程的制订与修改则须由法定机构依一定人数表决通过后,经登记方可生效。第三,两者生效的时间不同。合同一经当事人签字、盖章即可生效,而章程则须登记注册才能生效。第四,两者的作用不同。合同只在当事人之间产生作用,不必对外公开,具有封闭性。而章程不仅是公司内部的行为准则,而且还对社会具有公示作用,它将公司的基本状况公之于众,以便他人了解公司的信用状况。①

英美法系法学家普遍认为,"公司的章程是公司与其成员之间的一种协议,也是公司成员与成员之间的一种协议"②。英美法系之所以强调章程的合同性质,除了与英美法系的历史、法律文化有着深刻的内在联系外,公司法本身所固

① 参见徐燕:《公司法原理》,法律出版社1997年版,第152—153页。
② 参见胡果威:《美国公司法》,法律出版社1999年版,第50页。

有的“私法”属性是一个更为重要的原因。

随着社会和公司的与时俱进，人们对公司和公司法属性的认识也不断深化，“保护投资者理论”、“公司发展不确定性理论”、“公共产品理论”、“方便章程改进理念”、“防止机会主义行为理论”等理念都从不同的侧面，[①]揭示了公司合同理论的缺陷，透视了公司及其章程的本质。其实，关于公司章程的性质问题远非如此简单。虽然，公司内部成员相互结合在一起，有合意的因素，但是却不能简单地将公司关系视同于合同关系。公司所涵盖的内部关系是十分复杂的，这是任何一个最为复杂的合同关系也远远不能企及的。公司内部关系的多元性、多层次性以及公司组织体的稳定性交织在一起组成的公司关系，显然不同于通常只有两方当事人之间合意的合同关系。章程与合同的区别，实质上只是公司关系与合同关系的区别在形式上的一种反映。

公司章程具有自制性、自律性和公示性三个基本特性。

自制性是指公司章程由发起人按照公司法的要求自行制订。公司章程内容，不能由其他任何机关、任何个人以任何方式强加于发起人。

自律性是指公司章程内容对公司内部有约束力。公司章程是调整股东、公司以及公司机关相互之间关系的基本规范，是公司内部成员和机构行为的基本准则，被称为“公司内部宪章”。

公示性是指公司章程的内容要向社会公开。公司章程是公司法律人格的书面表现形式。章程的公示，是公司法律人格的基本要素向社会的展示。章程的公示，不仅向社会表明公司人格的存在，为公司行为表明人格依据；同时也向社会明示其信用基础，为他人与公司的交易提供信用信息。

（二）公司章程的内容比较

现代公司组织将个人意志与社会意志融于一体，这使得公司立法对公司章程必须予以充分地兼顾。英美法系和大陆法系对公司章程具体规范形式虽然不同，但却殊途同归，都反映了公司法兼顾个人意志和社会意志的立法精神。

1. 英美法系国家公司章程的内容

在英美法系国家，章程性的文件由两部分构成：

其一，需要对外公示的章程性文件。在英国称为组织章程（memorandum of association），在美国称为公司章程（articles of incorporation），它们的称呼不同，但功能是一样的，主要是确定公司地位和权限。英国公司组织章程的主要内容是：(1) 公司名称，公司的名称要与公司的责任形式相符，如公司责任受其股份或保

---

① 参见汤欣：《论公司法与合同自由》，载梁慧星主编：《民商法论丛》，金桥文化出版（香港）有限公司2000年版，第288—295页。

证所限制，其名称就必须有“有限”字样；(2) 公司的注册地，从而确定公司的籍贯；(3) 公司的目的，规定公司的权限范围；(4) 股东的责任，与公司名称所反映的责任形式相一致；(5) 资本总额及分股后每股的固定金额；(6) 股东的签名。① 根据《美国示范公司法》的规定，美国公司章程的主要内容是：(1) 公司名称；(2) 公司存续期限，它可以是永久性的；(3) 公司的宗旨，它可以笼统地概括为“为了任何合法商业目的”；(4) 公司被授权发行的股份数额，包括这些股份的权利和优先权方面的信息；(5) 公司注册办事处的地址以及该注册办事处的注册代理人的姓名；(6) 董事人数及初始董事会成员的姓名、住址；(7) 每位创办人的姓名和住址。②

其二，不对外公示的章程性文件。在英国称为组织条例(articles of association)，在美国称为章程细则(bylaw)，这是公司内部的规章，可依股东会特别决议随时修改。英国公司组织条例的内容主要包括股票的发行、各类股份的权利、股金的催缴、股权证书的发放、股东会制度、董事的任免及其职责和待遇、股息和储备、财务与审核等。组织条例应当采用印刷形式，还必须由每个认股人签名并至少有一个证人证明其签名。组织条例的内容不得与公司法和组织章程相矛盾，并应与组织章程一并呈交注册登记机关备案。设立公司可以自行拟定组织条例，也可以采用公司法所附表格 A 的样本作为公司的组织条例。可以不向注册登记机关呈交组织条例的股份有限公司，如果确实没有呈交，公司法所附表格 A 的内容便自动成为该公司的组织条例。在美国，公司章程细则被视为公司成员与成员之间的一种协议，不必向州务长官呈交备案。其内容是一套关于公司内部管理事务的规则，主要包括初始董事的姓名和地址、公司经营的目的和业务、董事会和股东会的权限、股票的种类与面值等。③ 章程细则由股东会或董事会修改。

2. 大陆法系国家中的公司章程内容

在大陆法系国家，公司立法一般将章程的内容分类规定。

第一类，绝对必要记载事项。这是公司章程必须记载的法定事项，缺少任何一项，章程将归无效。公司法将事关公司根本性问题的重大事项列为章程的绝对必要记载事项，是为了确保公司法律人格要素的完整和公司存续基础的坚实，这对公司自身的发展以及经济生活的安全交易都是极为必要的。由于绝对必要记载事项具有法定强制性，因此其内容范围应当适度，给发起人自主制订章程以

---

① 参见〔英〕R. E. G. 佩林斯、〔英〕A. 杰弗里斯：《英国公司法》，《公司法》翻译小组译，上海翻译出版公司 1984 年版，第 40 页。

② 参见〔美〕罗伯特·W. 汉密尔顿：《公司法概要》，李存捧译，中国社会科学出版社 1999 版，第 30 页。

③ 参见毛亚敏：《公司法比较研究》，中国法制出版社 2001 年版，第 84 页。

足够的空间。

绝对必要记载事项的具体内容因公司的组织形式不同而有所不同。如在日本,股份公司章程绝对必要记载事项的内容是:(1) 目的;(2) 商号;(3) 总公司所在地;(4) 设立时出资财产的价额或其最低额;(5) 发起人的姓名或名称及住所。除此之外,根据股份公司的具体组织形式不同,还要记载股东是无限责任股东或有限责任股东的不同情况以及股东的出资标的情况。

第二类,相对必要记载事项。这是由法律列举,由制订者依公司具体情况自行决定是否记载的事项,不在章程中记载的,不影响公司章程的效力。

公司法对相对必要记载事项的规定,对发起人不具有强制意义,只起提示作用。发起人在制订公司章程时,可予以选择,如果记载于章程,则其发生法律效力;如果不予以记载,则其不发生法律效力。如按照《日本公司法》的规定,设立股份公司,如有下列事项内容,不在章程中记载的不产生法律效力:(1) 以金钱以外财产出资的股东姓名或名称、该财产及其价额和对其分配的设立时发行股份数;(2) 股份公司成立后约定受让财产及其价额和转让人的姓名或名称;(3) 因股份公司的成立,发起人所接受的报酬及其他特别利益和该发起人的姓名或名称;(4) 股份负担的有关设立的费用(章程认证手续费及其他法务省令规定的没有给股份公司造成损害之虞的除外)。

第三类,任意记载事项。这是法律不予以规定,完全由发起人根据公司的具体情况决定记载的事项。

3. 我国有关公司章程内容的法律规定

我国《公司法》对公司章程既没有像英美法系国家那样分为公示和不公示两类区别对待,也没有像大陆法系国家那样分为三个层次对不同事项作不同的要求,而是列举了相关事项后,统一要求公司"应当载明"。

按照《公司法》第 25 条,有限责任公司章程应当载明下列事项:(1) 公司名称和住所;(2) 公司经营范围;(3) 公司注册资本;(4) 股东的姓名或者名称;(5) 股东的出资方式、出资额和出资时间;(6) 公司的机构及其产生办法、职权、议事规则;(7) 公司法定代表人;(8) 股东会会议认为需要规定的其他事项。

《公司法》第 82 条规定,股份有限公司章程应当载明下列事项:(1) 公司名称和住所;(2) 公司经营范围;(3) 公司设立方式;(4) 公司股份总数、每股金额和注册资本;(5) 发起人的姓名或者名称、认购的股份数、出资方式和出资时间;(6) 董事会的组成、职权和议事规则;(7) 公司法定代表人;(8) 监事会的组成、职权和议事规则;(9) 公司利润分配办法;(10) 公司的解散事由与清算办法;(11) 公司的通知和公告办法;(12) 股东大会会议认为需要规定的其他事项。

我国《公司法》对有限责任公司和股份有限公司章程内容的规定几乎没有差别,而且也未对之进行分类规定。这种立法规定是否科学,十分值得研究。

在适用《公司法》有关章程规定的时候,应注意以下几个问题:第一,《公司法》所列举的事项,总体上应视为绝对必要记载事项,一项也不可减少;第二,《公司法》没有规定的,只要不违背法律,发起人有权根据具体情况予以增添;第三,制订公司章程具体事项内容时,可依公司性质不同灵活掌握。

(三) 公司章程的制订与生效

1. 公司章程的制订

"公司的章程包含着两层意义:其一是章程的实质性意义,是有关公司组织及运行的基本规则;其二是章程的形式性意义,是以书面方式记载公司的基本规则。"①制订公司章程,实际上就是制订拟设立公司的组织及运行的基本规则,并将这些符合公司法要求的规则以书面形式记载下来。

制订公司章程,通常先要制作章程草案。章程草案,可以委托律师或专业人士制作,也可以由全体股东或发起人共同制作,或者推选部分股东或发起人制作。章程草案的制作十分重要,因为它实际上是未来公司基本规则的基础,所以在实践中,更多是由律师或专业人士受托制作。需要注意的是,在我国现实生活中,由登记主管机关制作的类似于"范示合同"的公司章程范本,被视为制订公司章程的模板,有些设立公司的发起人基本上就是以此作为公司章程。这种现象是不应当提倡的。因为公司章程应当充分考虑到设立公司的具体情况以及发起人的合意,否则,基于公司章程建立起来的公司将丧失其应有的特色。

制作公司章程草案后,全体股东或发起人应当对其进行全面认真地分析和商讨,并形成正式的章程文本。设立有限责任公司的,全体股东应当在正式的章程文本上签名或盖章;设立股份有限公司的,应当在正式的章程文本上记载发起人的姓名或名称;以募集设立方式设立股份有限公司的,还应当在应募集的股份募集足后召开的创立大会上通过由发起人制订的公司章程。

2. 公司章程的生效

公司章程何时生效?我国《公司法》对此没有明确规定,学术界也未形成统一认识,主要有如下观点:

其一,主张公司章程在公司成立时生效。理由主要是,"公司章程不同于合同,它是社团法人的内部规章,在该法人未成立之前,不具有权利能力,因而其章程也就不会产生法律效力"②。另外,还有学者主张公司章程应当自公司获得核准登记注册起生效,此主张与公司成立时生效的主张实质上是一样的。

其二,主张公司章程经全体股东签字或在创立大会通过时生效,此主张与

① 〔日〕末永敏和:《现代日本公司法》,金洪玉译,人民法院出版社 2000 年版,第 39 页。
② 徐燕:《公司法原理》,法律出版社 1997 年版,第 157 页。

"公司章程自股东签字时生效"的主张实质上一致,只是因为公司的性质和设立的方式不同而在表述上有所不同罢了。该主张的理由主要是,"公司章程的生效时间取决于章程的效力范围"[①],其实质是章程是相关主体的合意,并因此而具有效力。"股东或者发起人在公司章程上签字、盖章,或者认股人在创立大会上对公司章程表示同意,就表明股东愿意接受公司章程的约束,章程自此时对其发生效力,自无疑问。"至于受公司章程约束的公司管理者(如董事、经理和高级管理人员),事实上,他们"对公司章程的认同往往发生在公司成立之前"。对未参加创立大会或者在创立大会上持反对意见者来说,如果他们愿意继续保持其股东地位,就应被"认为其自动接受公司章程对其性效力",否则"就只能退出公司"。这种团体性规则同样适用于后来的加入者。[②]

其三,主张依章程内容效力对象的不同而区别对待。此主张认为,"章程中调整发起设立公司的投资者之间关系的内容,相当于公司设立协议,可以适用合同法的一般规则,自签字盖章时生效。发起设立公司的投资者均自章程成立时受其约束。章程中调整尚未成立的公司,尚未产生的董事、监事、经理以及未来可能加入公司的其他股东的那些内容,则自公司成立时生效。"[③]

上述各种观点有值得商榷之处,但从中我们可以看到,越来越多的学者认识到,公司章程在公司成立时生效的观点难以适应实践的需要,也与《公司法》的有关规定不尽吻合。例如,章程中有关股东或者发起人出资要求方面的规定,不仅是股东或者发起人获得向公司出资资格的依据(未在章程中记载的其他任何人均无资格向公司出资),而且也是股东或者发起人应当履行出资义务的根据,更是股东或者发起人设立公司的法律根据。如果公司章程在公司设立时才生效,那么公司法对章程的相关规定就失去了应有的意义,股东或者发起人设立公司的行为也就缺失了法理基础。

国外公司立法大都规定公司章程经公证或登记生效。如《德国股份公司法》第 23 条(1)规定,"章程必须通过公证书确定"。德国《有限责任公司法》第 2 条也规定公司合同经公证成立。[④]《日本公司法》第 30 条规定,"章程未经公证人的认证,不生效",已经"公证人认证的章程在股份公司成立前不得进行变更"。《韩国商法》第 292 条有与《日本公司法》相同内容的规定。英美法系国家更是如此,发起人的主要工作就是制订公司章程,经注册生效后,公司的设立再

① 施天涛:《公司法论》,法律出版社 2005 年版,第 154 页。

② 同上书,第 154—155 页。

③ 赵旭东主编:《公司法学》,高等教育出版社 2003 年版,第 167 页;范健、蒋大兴:《公司法论》,南京大学出版社 1997 年版,第 238 页;冯果:《公司法要论》,武汉大学出版社 2003 年版,第 53 页。

④ 《德国有限责任公司法》中将公司章程称作"公司合同",但该"公司合同"确实起着公司章程的作用。

按照生效的公司章程的规定进行。可见,有关章程生效的问题,是与公司设立制度密切相关的。国外的公司章程生效的立法规定以及与之相适应的公司设立制度,非常值得我国公司立法借鉴。

3. 公司章程的效力对象

我国《公司法》第 11 条规定,“公司章程对公司、股东、董事、监事、高级管理人员具有约束力”。根据此规定,公司章程的效力对象是公司、股东、董事、监事和高级管理人员。[①] 这表明,公司章程不仅仅是公司的组织规则,也不仅仅是股东之间的合意,而且也是董事、监事和高级管理人员的行为准则。公司章程的效力对象范围具有公司内部的限定性特征。既然公司章程具有此特征,“也就是说,公司章程不能对抗善意第三人”[②]。但这似乎与公司章程的公开性特征相矛盾。

三、公司设立中的资本

(一) 公司资本的法学概念

在经济学的一般意义上,资本“用来表示一般的资本品”,是一种“生产要素”,“既是一种投入,同时又是经济社会中的一种产出,它包括实物资本(厂房、机器设备和库存)和金融资本(货币、股票、债券)等不同的形态”[③]。可见,在经济学上,资本主要被视为一种能够增值的财产价值要素。就此意义而言,公司资本就是指公司的全部投资财产,包括公司负债投入的“借入资本”。[④] 但是,公司法上的资本概念不同于上述资本的含义。

各国公司立法都对公司资本有专门规定,由此形成了具有特定意义的公司资本概念。一般来说,在公司法上,公司资本是指由公司章程确定的,由股东出资形成的公司自有资产。由于公司资本实际上由股东投入的股本形成,所以公司资本也称总股本。公司资本是公司登记注册的必要事项,经登记注册后成为公司的注册资本。

公司资本不同于公司资产、公司净资产。公司资产是指公司实际拥有的各种价值形态的财产总和,包括流动资产、固定资产、无形资产和递延资产等,既可以来源于包括公司资本在内的全部自有资产,也可以来源于公司的负债。公司

---

① 按照《公司法》第 11 条,公司章程对设立中公司的发起人不具有效力,此合理性值得研究。

② 施天涛:《公司法论》,法律出版社 2005 年版,第 156 页。

③ 〔美〕保罗·A.萨缪尔森、〔美〕威廉·D.诺德豪斯:《经济学》(上册),高鸿业等译,中国发展出版社 1992 年版,第 88 页。

④ 参见〔美〕理查德·A.波斯纳:《法律的经济分析》(下册),蒋兆康译,中国大百科全书出版社 1997 年版,第 520 页。

资产反映了公司的投资规模和可以用于经营的资产数额。在公司资产中扣除公司所负的全部债务即为公司的净资产。净资产是指在公司资产中所有权属于公司的全部资产,包括公司资本(股本)、公积金和未分配的利润等,它反映了公司的资产质量和公司的真正实力。在公司正常经营的情况下,其净资产应当大于公司股本,如果净资产少于股本,则表明公司经营出现了亏损;如果净资产为零或负值,则表明公司资不抵债。

(二) 公司资本形成的制度模式

公司资本制度一般包括资本的形成、维系、变更和公司解散时的清算分配等方面的具体制度,其中最重要的是公司资本的形成制度。在传统公司法中,与资本确定原则在资本三原则中的核心地位相适应,公司资本的形成制度在整个公司资本制度中也居于核心地位,因为只有公司资本形成,才能谈得上公司资本的各种意义,而公司资本的形成制度,是其他各具体的资本制度的基础。

由于经济基础、社会文化、法律制度等各方面的差异以及历史的变迁,各国公司立法对公司资本形成的不同规制,分为几种截然不同的制度模式。

1. 法定资本制模式

法定资本制也称确定资本制,是指在设立公司时,发起人必须按照章程中所确定的资本数额足额认缴后,才能使公司成立的一种资本制度。法定资本制度的基本特征是:其一,公司资本数额必须记载于公司章程;其二,在公司设立时,发起人发行或者要筹集的资本数额应当与公司章程记载的资本数额一致;其三,发起人或认购人认购公司发行的全部股份,出资人认缴公司筹集的全部资本。法定资本制度的实质是,要求公司章程记载的资本数额要与其实有资本的价值数额一致,以保证公司资本的真实性和可靠性。因此,在公司成立后,公司若要变更资本就必须按照法律和章程规定的程序先变更公司章程,在公司实有资本作出相应改变后,再办理变更登记手续。

法定资本制由法国首创,后一度为德国等大陆法系国家普遍采用。大陆法系公司法之所以普遍接受法定资本制,是因为法定资本制度所遵循的法律逻辑理念和法律规范的周密性,与大陆法系的成文法律文化和法官“只是忠实地和不折不扣地适用法律”①的司法制度要求相吻合。

在理论上,法定资本制与公司独立法人人格的财产理论是相吻合的。法人人格“以拥有财产为绝对要件”,独立财产是法人人格的根本性要素。② 公司资本的足额到位,恰恰为公司法律人格的确立奠定了坚实的基础。同时,法定资本

---

① 〔德〕罗伯特·霍恩等:《德国民商法导论》,楚建译,中国大百科全书出版社1996年版,第12页。

② 参见江平主编:《法人制度论》,中国政法大学出版社1994年版,第13、32页。

制保证了公司资本的真实可靠,有利于防止公司设立中的欺诈行为和投机行为,使公司自设立时就有充足经营活动资本和良好信用的资本基础,有利于保护债权人的利益和市场经济交易安全。

但是,法定资本制要求公司在设立时股东认缴的出资全部到位,这不利于公司的及时设立,容易造成公司资本的闲置。法定资本制对公司设立时严格的认缴出资要求,成立后繁琐的资本变更程序,是与现代资本市场灵活多变的要求不相一致的。另外,在法定资本制下,公司账面的净资产往往不能正确反映公司清偿债务的能力,这就不仅不利于保护债权人的利益,而且还容易误导债权人,加大债权人的经营风险。正是由于法定资本制度的这些弊端,原本采取法定资本制的大陆法系国家纷纷改弦更张,严格的、传统意义上的法定制在绝大多数市场经济国家已不复存在。[①]

2. 授权资本制模式

授权资本制是指在设立公司时,公司资本数额应当在章程中载明并登记注册,但不要求发起人足额发行,对未发行的公司资本授权给董事会适时决定发行的一种资本制度。

与法定资本制相比,在授权资本制下,发起人只发行其中一部分资本即可设立公司,使公司的设立变得方便快捷,成本降低。未发行的资本由公司董事会根据公司经营发展状况的需要随时发行,使公司资本的增加避免了修改章程的繁琐程序,适应了市场经济对公司高效率运作的要求。但是,授权资本制容易诱发公司设立中的欺诈和投机行为;不确定的实收资本削弱了公司对债权人的信用基础。"尽管授权资本制存在明显的缺陷,但至今仍在英美法系国家得到普遍奉行。究其原因,与其独特的司法制度和文化传统不无关系。"[②]

授权资本制对公司资本的发行和募集采取了十分灵活的做法,发起人不必在公司成立时发行募集全部公司资本,这就使授权资本制度有了一些特有的概念:授权资本[③]、发行资本、实收资本、实缴资本和催缴资本等。

授权资本是指公司依章程有权发行的全部资本。授权资本由章程设定,并在登记机关注册载明,故也称核准资本或注册资本。授权资本是名义上的资本,它只是表明公司可以发行的资本总额,不要求设立时全部募足。

发行资本是指公司实际发行的、由股东认购的资本。一般来说,发行资本都小于授权资本。当股东认购的资本可以分期缴纳时,认购资本就会小于实缴资

---

① 参见冯果:《公司法要论》,武汉大学出版社 2003 年版,第 93 页。

② 同上书,第 95 页。

③ 授权资本制之所以冠以"授权资本"之名,是因为在中世纪英国的特许主义时期,公司股份资本的发行基于国家的授权。进入准则主义时代后,受国家对公司赋予特定权能的授权思想的影响,传统的"授权资本"一词被沿用下来。参见雷兴虎主编:《公司法新论》,中国法制出版社 2001 年版,第 92 页。

本,发行资本就会小于实收资本。

公司实收资本是公司向股东实际收取的资本。实缴资本是股东向公司实际缴纳的资本。实收资本和实缴资本只是从不同的角度对同一种资本概念的两种表述。

催缴资本是指股东已认购但未缴纳的资本。公司对股东已认购而未缴纳的资本,应当及时催缴。

在法定资本制中,由于发起人必须将章程确定的资本全部募集到位,所以,注册资本和发行资本以及实收资本是一致的,不存在催缴资本。

3. 折中资本制模式

由于法定资本制与授权资本制各有利弊,到20世纪30年代,德国率先改变了股份公司法定资本制的立法原则,随后世界上许多国家纷纷对公司资本制度进行修正,采取了既不同于法定资本制,也不同于授权资本制的新资本制度。在公司法学理论中,这种新型的资本制度通常被称为折中资本制。

其实,介于法定资本制与授权资本制之间的折中资本制,并不是一种固定的资本制度模式。各国公司立法从本国的实际情况出发,在设计公司资本制度的具体规范时,采用了不同的立法技术和方式。从总体上看,各种不同的具体折中资本制的立法方式可分为两类,即认可资本制和折中授权资本制。

(1) 认可资本制,指公司在设立时仍需按章程确定的资本数额予以全部募集到位才能成立,但认可章程授权董事会在一定的时间和一定的公司资本比例内发行新股以增加公司资本的一种制度。如德国《股份公司法》在第一编第六部分第三节设专节规定,对章程授权董事会发行新股增加的资本视为"授权资本",并予以认可。按该节规定,公司章程可以授权董事会在公司成立后5年内发行新股,股东会也可以经代表公司资本3/4以上的股份的股东同意修改章程,授权董事会在此之后的5年发行新股,但经授权的董事会发行新股的数额不得超过原有公司资本数额的一半,并应获得监事会同意。丹麦《公司法》第9条、第37条和法国《商事公司法》第75条、第180条都有类似的规定。

(2) 折衷授权资本制,指公司资本授权董事会分批发行,但在公司设立时发行并实收的资本必须达到一定的数额或达到注册资本数额的一定比例。如我国台湾地区"公司法"第156条第2项规定,"股份总额得分次发行。但第一次应发行之股份,不得少于公司发行股份总数的1/4"。荷兰《公司法》也有类似的规定。折中资本制避免了法定资本制和授权资本制的弊端,发扬了两者的长处,已成为现代公司资本制度的发展趋势。2005年《日本公司法》将自1950年以来施行的法定资本制改为授权资本制,公司章程绝对必要记载事项中相应内容改为"设立时出资的财产价额或其最低限额",并且在有关股东会权限中有了授权董事会募集股份的规定。这恐怕不仅仅体现了日本公司立法的美国化,或许还提醒人们应当注意到，授权资本制的灵活性和务实性，在现代快速发展纷繁复杂的经济生活中具有更大的价值含量。

（三）大陆法系国家公司资本的立法原则分析

1. 传统公司法中资本立法原则的形成

公司资本的立法原则是指在公司法中有关资本的形成、运用以及与资本相关的公司事务的立法政策。公司资本制度对公司的经营发展、股东的预期投资利益、公司债权人的交易风险以及社会资本市场的繁荣兴旺都具有基础性的影响。各国公司立法无不重视公司资本的立法原则。随着社会经济的日益发展和公司法学研究的不断深入，公司资本的立法原则也随之进化。

在大陆法系国家的公司立法中，公司资本的立法原则被浓缩为资本确定原则、资本维持原则和资本不变原则，即著名的"资本三原则"。资本确定原则是要求公司资本由章程确定并且必须由股东交纳切实到位后才能经登记注册成立的一项资本原则。按此原则，公司在设立时发起人必须将章程确定的资本足额实收到位，否则公司就不能成立。资本确定原则的宗旨在于确保公司成立时的资本真实可靠。这一原则是法定资本制度的核心。资本维持原则也称资本充实原则，是指公司在存续期间财产应当保持与资本相当的一项资本原则。这一原则的实质内容是要求在公司所拥有的全部实有财产中，属于公司所有的财产价值数额应与公司资本即注册资本的数额相当。如果说资本确定原则主要是对发起人出资的信用要求，那么资本维持原则主要是对经营者使公司财产保值的信用要求。资本不变原则是指公司资本一经章程确定和登记注册，非经法定程序不得变更的一项资本原则。这一原则的基本目的是要尽可能地维系公司资本的稳定性。如果说资本维持原则是对公司实际拥有的自有财产的要求，那么资本不变原则是对公司章程确定的经过注册的资本的要求。

资本三原则的核心是确保公司资本的真实性、可靠性和稳定性，使公司拥有的属于自己的实有资产与其公示的注册资本相当，以真实反映公司的资本信用。显然，资本三原则是一种旨在防止债权人与公司交易风险扩大的立法政策。

在公司制度形成初期，公司资本的意义主要在于公司经营的需要和股东投资预期的实现，虽然在这一时期公司资本的维系对公司和股东都具有重要意义，但是，由于公司对债务不承担独立责任，而由股东承担无限连带责任，对债权人与公司交易风险的防范并不为公司立法所重视，在公司资本的立法中政策中也就"不存在原则的生存空间"。[①] 随着股东有限原则在公司法中的确立，公司完全独立的法律人格制度不断完善，股东的投资利益得到了空前的保护，资本市场

---

① 参见范健、蒋大兴：《公司法论》（上卷），南京大学出版社 1997 年版，第 335 页。

迅速发展，但是，与此同时，债权人的交易风险也随之急剧加大，经济社会秩序稳定面临巨大压力。在债权人的利益乃至整个社会蒙受了多次严重的损失，有了惨痛的教训之后，资本三原则理论得以产生并逐步发展起来。

资本三原则始于大陆法系国家的股份有限公司制度，其理论逻辑思路为：

其一，股份有限公司为典型的资合公司，公司资本是公司的信用基础，因为公司的注册资本向社会公示了其最低的资本数额，实际上是向社会展示了承担债务责任的基本资产能力，由此起到了资本的信用担保作用。所以，确保公司资本的真实与稳定，既是公司存续的基础，也是公司保持其对外信用之必要。

其二，资本三原则有利于维系股东与公司债权人之间的利益平衡。在股份有限公司中，当公司盈利时，股东能够获得投资回报，确保其投资预期利益；而当公司亏损时，股东则凭借其承担有限责任的法律屏障，阻挡公司债权人向其追诉偿债。由此可见，股东有限责任制度极大地维护了公司投资者股东的利益，却将投资者可能存在的投资风险在一定程度上转嫁到了债权人的身上。如果公司资本虚设或得不到有效维持，就会扩大公司债权人的交易风险，导致公司法在股东与债权人利益协调机制上的失衡。

公司资本三原则确保公司资本真实性和可靠性的目的就是防止公司债权人交易风险的扩大，建立起公司法中股东与债权人之间的利益平衡机制。或许是资本三原则维系公司独立基本的完整性与法人制度的法人独立财产和独立责任本质相同的原因，也或许是因为人们对资本三原则功效的无限期待，资本三原则的适用从股份有限公司延伸到了其他组织形式的有限责任公司，并对英美法系国家的公司立法也产生了一定的影响。①

2. 资本三原则的局限

在物质资本是最重要的生产要素的传统产业经济时期，资本三原则的逻辑基础相对稳固，但是，随着资本理性投资功能的增强和担保功能的削弱，资本三原则的原有功能和地位逐步产生变化；随着时代的变迁，资本三原则的逻辑基础也发生了不小的变化，②局限性日益显露出来。

其一，资本三原则不能起到对公司债权人的担保功能，不能有效防止公司债权人交易风险的扩大。虽然，资本三原则铸造了真实的设立时的公司资本，但它对公司债权人来说仍可能是不可靠的，因为有限的公司设立时的资本数额，并不能限制公司经营的交易规模，更不能确保公司经营避免亏损。其实，对公司债权人来说，公司资本只是保障公司资本形成因而具有一定的信用基础意义，但对公司债权人交易风险的控制显得十分苍白无力。难怪有学者尖锐地指出，“从实

① 参见范健、蒋大兴：《公司法论》（上卷），南京大学出版社 1997 年版，第 335 页。

② 参见冯果：《公司法要论》，武汉大学出版社 2003 年版，第 93 页。

际的清偿能力而言,公司资本几乎是没有任何法律意义的参数,以资本为信心所构筑的整个公司信用体系,根本不可能胜任对债权人利益和社会交易安全保护的使命。”①

其二,资本三原则不能适应公司实际经营活动对资本动态变化的要求。“资本三原则所建构之形式而静态性之资本势必与公司实质而动态之资本产生相当大之落差”②。这种静态的资本原则,不仅对公司债权人意义不大,因为公司债权人更关心的是公司实质上的偿债能力;而且对必须进行日常经营活动的公司来说也没有太大的意义,因为公司的实际资产价值总是在不断变动着的,公司实际资产的形态也总是不断地变化着。可以想象,当公司经营繁荣,实际资产迅速增值时,要求公司恪守公司资本不变原则,要经过严格的程序才能进行资本变更,这对公司来说无疑是一种束缚。这种过于苛刻的原则只会加大公司不必要的成本支出。

其三,资本三原则不利于促进股东对公司的投资。按照资本三原则的要求,一方面,设立公司时,公司章程确定的资本数额要全部到位后公司才能成立,加之公司最低资本数额的要求,这就抬高了股东投资设立公司的门槛;另一方面,在公司成立后,必须经公司章程的特别变更程序才能增加公司资本,这在一定程序上对股东的投资设了障碍,不利于公司及时扩充资本以追求更大规模的效益,虽然这种障碍的设置初衷是为了体现最广大投资者的意志。③ 在资本三原则的环境中,要追求较大规模的效益而又要避免公司章程或注册资本变更严格程序带来的麻烦,投资者就必须在设立时加大资本投入,提高资本数额,但这不仅会加大投资者的投资风险,更重要的是这种方式会导致公司资本的闲置浪费,因为公司刚设立时的业务量通常是十分有限的。而如果为了避免公司设立时的资本闲置和浪费,投资者以较小的资本投入设立公司,而后再逐步扩股增加资本,就会遭遇公司资本变更的严格程序所带来的麻烦,甚至有可能扩股不成。其实,无论投资者如何选择都是无奈的,因为资本三原则并没有留给投资者更多的空间体现自己意志。譬如投资者以较少的投入设立公司,而后再用公司经营利润转增资本以求公司规模效益的设想,在资本三原则的制度环境中是很难展开的。虽然资本三原则力图为公司设立奠定最坚固的资本基础,但是,它却限制了投资者的意志,或许有许多尚佳的投资创意因此而泯灭;它加大了投资的难度,使更多的资金难以顺畅地流进公司成为社会扩大再产生的资本;它可能使公司设立时过多的投入造成出资财产的闲置,也可能使公司成立后的扩资导致投资成本

① 赵旭东等:《公司资本制度改革研究》,法律出版社 2004 年版,第 7 页。

② 王文宇:《公司法论》,中国政法大学出版社 2004 版,第 209—210 页。

③ 之所以是体现“最广大投资者的意志”,源于公司章程的变更一般须经 2/3 以上表决权通过,在我国,《公司法》规定公司资本变更也是特别表决程序。

的增加。

其四，资本三原则不能适应知识经济发展的要求。资本三原则是在传统的产业经济时期相对简单的生产要素的背景下形成的公司资本制度的立法原则。在这种经济社会环境中，资本三原则维系着真实、稳定的公司资本制度模式，有其存在的客观基础和可行性。但是，随着时代的变迁，公司资产的无形状态越来越多和生产要素越来越复杂化，动摇了资本三原则的这种"客观基础"。特别是在当今的知识经济时代，作为公司资本财产形态之一的知识产权本身就具有"无价"特性，一方面，其价值可能高得难以估量，另一方面，其价值又极不稳定，可能因某情况的变化而急剧变化。如某一商标品牌极高的价值可能因假冒产品的猛烈冲击而大打折扣，某种技术秘密的巨额价值可能因秘密泄露而变得一文不值。面对"当今社会的竞争就是人才的竞争、科技的竞争"的知识经济时代，资本三原则的不适应性日益凸现。有学者尖锐地指出，资本三原则不符合交易自由原则，不符合交易效率要求，难以实现交易完全目的。①

3. 公司资本立法原则的价值取向

对传统公司立法中的资本三原则局限性的反思使我们认识到，公司资本的立法原则，不能只局限于对投资者股东与公司债权人之间利益平衡的设计，而必须从公司组织的全面运作需要、经济效率的提高、经济社会秩序的优化等更广泛的角度和更深刻的层面考量其价值取向。

(1) 确立公平的价值观

在公司资本制度中追求公平的价值观念，就是要用社会公认的正义的价值标准构建合理的资本制度。公平理念是法律的精髓，是法律制度永恒的价值理念，也应当成为公司资本立法原则的本质内涵要素之一。确立公平的价值观念，能使我们在更高的层次上把握公司资本制度的变化和走势，设计出更科学合理、更有生命力的公司资本制度。

传统的资本三原则理论显然注意到了股东有限责任制度的利弊，它有效地防止了投资者的投资风险，但实际上是将投资者的风险转嫁到了公司债权人的身上。即旨在防止公司债权人交易风险扩大的资本三原则似乎在一定程度上体现了公平的价值观，因而在一段时期为人们所推崇，但其本身更多追求的是对债权人利益的保护，而这种保护是以限制投资者的自由意志为代价的。这样，确立资本三原则的初衷所蕴含的公平的价值理念在变为具体的资本制度的过程中流失了，"在这种制度设计中，完全剥夺了投资者和企业的自主权利"②。

在资本立法原则中确立公平的价值观，首先要承认相关主体的平等地位。

① 参见施天涛:《公司法论》，法律出版社 2005 年版，第 203—204 页。

② 同上书，第 203 页。

宪法赋予公民的平等主体的资格,不应当在公司法的资本制度中遭到破坏。在现代社会中,主体的地位平等性是现代文明的重要标志,也是衡量一个社会文明程度的基本指标,更是构建和谐社会的重要基础。在市场经济体系中,主体的平等性是保障市场价值规律机制充分发挥作用的基本要件。所以,在资本立法原则中,无论以什么理由否定或忽视相关主体的平等地位,都与现代文明社会的本质要求相违背,与市场价值规律的要求不相吻合。其次,要尊重主体的意志自由。在资本制度中,对主体意志自由的尊重,主要体现为保障投资者享有充分的投资权利,至少包括对投资组织形式、投资方式和投资数额有更多的选择余地。尊重投资主体意志自由,对投资者来说,能使投资者充分行使其享有的财产权利;对公司来说,能使公司设立的基础更为牢靠;对社会来说,能使社会更多的闲散资金财产更顺畅地流入公司,成为社会扩大再产生的资本。尊重投资主体意志自由,并不意味着对公司相对行为人意志的轻视,因为公司相对行为人有完全独立的意志对其交易主体进行选择。尊重所有相关主体的意志自由,是构建科学合理的公司设立制度和优良的投资机制的必要条件,也有利于促进市场交易秩序的健康发展。

在资本立法原则中确认公平的价值观,往往具体表现为对相关利益的平衡协调。值得注意的是,应以公平的价值观平衡协调相关主体的利益,不能以局部利益关系的平衡协调替代整体利益关系的平衡协调,例如不仅要考虑到投资者与债权人之间的利益平衡,还要注意到投资主体之间、投资主体与公司之间、投资主体与经营者之间等多方面的利益平衡;不能以牺牲一方主体利益为代价保护另一方主体利益,尽管这种利益平衡可能有其前提原因,但其平衡目的就难实现了,因为其实质仍是不平衡;不能以只重视具体利益平衡协调的直观结果而忽视对利益平衡机制的构建,因为直观结果往往是肤浅的,效用也是有限的、短暂的,而一种机制的建立,其原理往往是深刻的,效用也会更广泛、更持久。

(2) 确认效率价值观

简而言之,“效率”是投入的成本与获取收益的比率。所谓效率价值观,就是以更可能小的成本投资获取更可能大的收益为标准对特定的社会现象进行评判的理念。在资本立法原则中确认效率价值观,其目的就是要通过立法,构建具有科学效率机制的公司资本制度。

无论对公司本质属性如何认识,公司立法都不能否认“效率”对公司的重要意义。保证公司高效率的运营,对股东、公司以及公司的债权人都是有利的,同样也是经济社会所冀望的。“一个有效率的社会,就是能够以同样投入取得比别的社会更多的有用产品,创造出更多财富的社会,亦即自然、社会和人文资源优化(价值最大化)的社会。”[①]毫无疑问,公司的高效运作是形成这样一种社会必不可少的条件。

传统的公司资本三原则,虽然有力图防止债权人与公司交易风险的扩大以求平衡股东与债权人之间利益关系的美好愿望,但其结果却不如人愿。主要原因之一就是,资本三原则只注重公司资本静态价值真实的形式意义,而忽视了公司运作动态效率的实质效果。难免有学者认为,这种静态的公司资本“不过是公司资产演变的一个起点,是一段历史,是一种观念和象征,是一个静止的符号或数字”[②]。在这种情况下,传统的公司资本三原则不仅难以有效防止债权人与公司交易风险的扩大,而且还在一定程度上束缚了公司高效运作和持续发展机制的形成。有学者指出,资本的本质是增值而不是担保。担保功能可以不通过资本这条途径而实现,尚未转化为资本的一般责任乃至他人的财产与信用都可用来担保债务,但增值功能却只有通过资本这一形式才能实现。所以,如果公司资本制度将资本的重心放在担保而不是增值上,则完全有可能束缚资本自由展开的空间,对社会财产的创造、交易安全而言最终也是一大伤害。[③]

社会发展之需要和传统资本三原则之弊端都表明,构建现代化公司资本制度,必须确认效率价值观,力求形成资本运作的高效机制。

首先,确认效率价值观,要充分尊重股东对公司的投资预期。在一定意义上,公司是股东运用资产追求更大投资利益的方式。股东的投资预期利益,既是资本市场的源泉,也是公司得以创设、发展的原动力。有西方经济历史学家研究证明,“有效率的经济组织的发展导致了西方的崛起。而有效率的组织的核心是确立某种制度安排和财产权利,为把个体的经济努力转化为能使个人收益率接近于社会收益率的行为提供激励。”[④]就法律而言,正如合同法的价值在合同当事人的合同交易预期利益实现的满足中得以彰显,公司法的价值也会在股东投资预期利益实现的喜悦中得以体现。虽然公司法的价值目标并不完全集中在股东利益上,但是股东利益是公司法的基本作用对象这一点毋庸置疑。尊重股东的投资预期,就应当相信股东的理性投资意识和自我调控的投资能力,既不能将宏观投资调控失误的责任归咎于投资者的盲目投资行为,摒弃计划经济体制下行政调控的社会化大生产的投资理念;也不能简单地以社会责任和债权人利益保护为理由扼制股东的投资愿望,而要树立在更高层次上把握投资运用的效率结果及其相关利益平衡协调的观念。尊重股东的投资预期,就应当努力为股

---

① 张文显:《法学基本范畴研究》,中国政法大学出版社 1993 年版,第 273 页。

② 赵旭东:《从资本信用到资产信用》,载《法学研究》2003 年第 5 期;薄燕娜:《股东出资形式法律制度研究》,法律出版社 2005 年版,第 29 页。

③ 参见左传卫:《股东出资法律问题研究》,中国法制出版社 2004 年版,第 228 页。

④ 同上书,第 25 页。

东投资营造宽松的投资环境，提供方便的投资机会，并为降低投资成本创造条件。

其次，确认效率价值观，还必须充分注意到社会进步、科技发展、信息资源和人才作用等多种因素对公司资本制度和公司经营管理的影响。社会的进步标志着人们素质提升、信用观念增强，科技的发展提供了包含更多知识含量和更高价值含量的无形资产，信息流通几乎能造就一个市场，特定的技术人才和管理人才或许是一个公司兴衰成败的关键和制胜的法宝，这些多方面的因素对传统资本三原则提出了挑战，促使公司立法确认效率价值观对资本制度构建的重要性。毫无疑问，将极具市场价值的科技、信息和人才资源排斥在公司资本的法律规则之外，不仅会遏制公司的发展，更严重的还可能遭受被信息和知识经济社会淘汰的厄运。将这些非传统高价值含量的资产请进公司资本殿堂的重要立法原则路径，就是以效率的价值观，修正、完善公司资本制度。而社会文明的不断进步发展，恰恰为此提供了必要的信用支持。

笔者主张将效率价值观作为资本立法原则的价值取向，旨在使公司立法通过资本制度的设计构建资本运作的高效机制，以修正传统资本制度模式下机械死板的公司资本制度。从对股东投资的资格规定，到对股东投资意志的尊重；从股东出资的方式，到股东出资的形式；从公司资本结构的构造，到股份类别的设计；从公司股份的发行，到发行人和认股人的认购缴纳；从公司资本的章程记载，到登记机关的核准注册；从公司资本的形成，到公司资本的变更；等等，凡此种种问题都需要综合考虑，以力图效率机制的构造。虽然在这方面要研究解决的问题还很多，要走路还很长，但是，将效率作为资本立法的价值取向是正确的，也是科学的，唯其如此，才能引领公司资本制度的改革向正确的方向发展。

（3）确认安全价值观

对法律而言，安全价值的重要意义不言而喻，没有人身安全和财产安全作为基础，一切权利和利益都免谈。正是在这个意义层面，安全被视为最重要的立法价值观。这一点在传统的公司资本三原则中得到了体现。资本三原则的核心内容是确保公司资本的真实可靠，以保障公司作为独立主体从事交易活动的安全。这一立法观念所体现的价值取向是应当得到肯定的，但其体现的安全观念覆盖面太窄了。

公司资本立法原则所确认的安全价值观应当充分注意到相关各方主体的利益，而不只是某一方主体的利益安全。因股东的有限责任而偏重于对公司债权人交易安全的考虑尚可理解，但不能因此忽略对股东投资安全的考虑。有人认为，股东的投资安全是公司运作管理制度安全的任务而非资本制度的重点，但这一理由是难以令人信服的。无论是公司的资本制度还是公司的运作管理制度，都应当对相应主体利益的安全系数作全面考虑，而不应当有所取舍或扬此抑彼。

当然，在公司资本制度的构建中，应当同等重视公司相对人的交易安全系数，以及股东的出资安全程度。这里既有公司资本真实性的问题，也有股东股份价值充实、出资的财产足额计算的问题，还有各相关主体权利行使的安全问题。可见，在公司资本制度的立法设计中，确认安全价值观并不能只考虑公司资本的“真实、可靠”，实质上，这是一个必须全面考虑的秩序安排，是一个完整的制度体系设计。

以安全价值观考虑公司资本的秩序安排和制度体系设计，不能只停留在一般的“利益不受损害的”安全观念上，而应当结合效率理念思考安全价值更丰富的内涵。有效率的运作机制是最安全的利益机制。明白这一点，对公司制度以及公司的资本制度极为重要。仔细思量，致力于确保公司债权人交易安全而打造资本的“真实、可靠、稳定”的三原则信用神话之所以破灭，或多或少就是因为没有注意到效率层面的安全价值。

四、公司设立登记

无论是大陆法系国家还是英美法系国家，都无一例外地要求设立公司必须办理登记注册手续。这一法律现象表明，公司的成立依赖于国家法律的认可。国家通过登记注册制度，确认公司的法律主体资格，并以此为公司的成立提供法律凭证。

（一）登记注册的主管

在世界范围内，公司设立的登记注册主管主要分为两类，一类是法院主管，另一类是行政机关主管。[①]

大陆法系国家多采用法院为公司登记注册主管机关的立法模式，如法国、意大利、德国、日本、韩国等。这种模式与公司法的商法属性有关。11 世纪，随着欧洲地中海沿岸商业贸易的发展，商人们有了自己的商业行会。最初的商业注册是由行会主管的。后来，在城市中普遍建立了专门为商人服务的商人法院。[②]由这一专门法院认可的商人主体，自然是商事活动保护和规范的对象。商人法院的司法审判活动对商法的发展具有积极的作用，也对大陆法系国家公司制度的发展产生了重大影响。可见，在大陆法系国家由法院主管公司的注册，具有其特定的历史渊源。不过，20 世纪 90 年代，在德国曾发生将法院主管公司注册改

---

① 在个别国家，以协会为登记注册的主管机关，如荷兰的登记注册机关是商会。从理论上讲，公司的登记涉及国家主权问题，公司主体资格的取得是一国法律制度的基本内容，因此，世界上绝大多数国家不采用以商会等不能代表国家职权的机构作为主管的立法模式。

② 参见任先行、周林彬：《比较商法导论》，北京大学出版社 1999 年版，第 151 页。

革为行会主管的争论，主张由行会主管注册的理由主要是回归历史、“苗条国家”和行会的性质及专业的能力。[①] 为此有人认为，公司注册应当向公共服务性迈进。不过，这一认识目前并未被立法者接受，现在大陆法系国家中，除了荷兰保持了最初的行会主管公司注册外，并未见大陆法系国家对此有改革之动向。其实，公司的注册主管，与法律对公司性质的认知度有关。法院对公司注册的主管，从一个侧面反映出大陆法系国家对公司组织体的确定性的理念。

英美法系国家多采用行政机关主管的立法模式。如英国的主管机关为政府贸易工业部下属的公司注册署；美国是各州的州务卿办公室，由州务卿具体负责；澳大利亚是联邦财政部属下的证券与投资委员会；新西兰是国家经济发展部属下的公司注册署。英美法系国家公司注册采用行政机关主管，与英国公司法中股东有限责任制度的确立有关。随着海外贸易的发展和殖民主义的海外扩张，特许公司不断涌现，如东印度公司就是英国女王特许设立的股东承担有限责任的股份联合性公司。但是，由于股东有限责任是一种特权，只有少数投资者在特定情况下才能组建这类公司。后来，由于工业革命推动下的经济发展、自由放任的经济思想的影响，以及社会上政治平等的强烈要求，1844 年英国颁布了《合股公司法》，该法将合股公司与合伙企业加以区别，并以自由注册作为设立法人公司的方式。[②] 该法不仅不再将设立股东承担有限责任的公司组织形式作为一种具有特权性质的财产运作方式，而且将注册作为公司设立的基本方式。为适应这一公司设立设计的需要，英国政府专门设立了负责公司注册的机构。由此形成了政府主管公司注册事务的制度模式，并影响到其他英美法系国家，甚至某些大陆法系国家。公司注册的国家行政主管，体现了英美法系国家公司法中公司的独立人格是国家拟制的，是一种立法的政策选择的理念。

（二）注册申请的审查

对设立公司注册申请的审查，是公司注册制度的基本内容。但是，各国对注册审查的立法态度却不尽一致，注册机关的相关权力也不完全相同。

在大陆法系国家，注册机关往往要求进行实质审查，并赋予注册主管机关决定是否予以许可注册申请的控制权。这种现象在德国最为典型。对于德国的公司注册，法院不仅要从形式上审查公司的设立是否遵循了法律规定的要求，而且还要对章程是否符合实体法的规定进行实质审查。当注册法院认为，公司设立报告或董事会和监事会成员的审查报告不正确或不完整或不符合法律规定，实

---

① 参见〔德〕罗尔夫·施托贝尔：《商事登记簿与行会》，卜元石译，载范健主编：《中德商法研究》，法律出版社 1999 年版，第 44—64 页。

② 参见虞政平：《股东有限责任——现代公司法律之基石》，法律出版社 2001 年版，第四章“股东有限责任的立法形成及扩展”。

物出资或实物的价值和公司付出的对价之间有明显差距，就有权拒绝公司的注册申请。[①] 虽然1998年6月22日颁布的《商法改革法》对注册法院的相关权力有所限制，但从总体上看，注册法院对公司设立注册的控制实质上没有改变。[②] 日本和法国对公司注册的审查没有德国那么严格，但都属此类，且注册法院对注册与否具有控制权。实际上，对公司注册申请的审查，只是注册主管机关对公司设立的允许或批准程序。这一程序一方面反映了国家对公司组建的制度控制，另一方面，它与严格而繁琐的公司设立程序制度相呼应。

英美法系国家的公司设立注册审查，较之大陆法系国家要宽松得多。例如在美国，对公司注册申请采用备案制，只要申请符合法律规定要求，负责公司注册的州务卿就应当予以注册备案，而法律对公司设立的要求相当宽松。在英国，虽然没有采用注册备案制，但规定登记官确信公司法"关于登记的规定已被遵守的，应当予以登记注册"[③]。英美法系国家公司法中的这种注册审查制度，与其公司设立制度相适应，同时反映出立法者在经济自由主义影响下的对公司设立的宽容态度。

（三）公司注册的效力与公司的成立

在美国，除非公司章程特别规定了较晚的生效日期，该公司从其公司章程注册备案之日起即开始存在。注册备案的实施，可作为发起人满足公司成立所有先决条件的结论性证据。[④]

按照《英国公司法》的规定，公司登记自公司设立之日产生如下效力：章程的签署者与其他不时可能成为公司成员的人共同组成法人团体，该法人团体以公司法人注册证书记载的名称命名；该法人团体能够行使依法成立的公司的所有职能；公司的地位和公司的注册地由登记注册的申请书载明，或与此相关联；当公司有股份资本时，公司章程的签署人成为资本和原始股权声明所载明的股份持有人；声明中列举的拟担任公司下列职位的人：(a)董事；或(b)公司秘书或联合秘书，应视为经任命正式担任相关职务。

在德国，公司只有经注册而存在。只有经过注册公司才能最终取得法律上的权利能力，发行股票；股东才可以转让股权。[⑤]

《日本公司法》规定，公司经注册登记而成立。[⑥] 履行出资义务的发起人成

---

① 参见《德国股份公司法》第38条。

② 参见〔德〕托马斯·莱塞尔、〔德〕吕迪格·法伊尔：《德国资合公司法》，高旭军、单晓光、刘晓海、方晓敏等译，法律出版社2005年版，第93页。

③ 2006年《英国公司法》第14条。

④ 参见《美国商业公司法（修正版示范本）》第2.03条。

⑤ 参见《德国股份法》第41条。

⑥ 参见《日本公司法》第49条、第579条。

为公司股东,其向公司转让的权利不得对抗成立后的公司。[1]

在法国,任何公司都必须在其总机构住所地的"商业与公司登记簿"上进行注册登记。"这是一项根本性手续","注册登记远不止是一种公告措施,它可以产生权利"[2]。公司注册登记将产生如下后果:[3]

公司经依法注册而成立,这是各国公司立法的一般规则。这一规则表明,公司注册的基本法律后果或效力就是公司成立,其内涵主要是公司获得法律人格,具有自己独立的财产,执行公司事务的执行者开始依法享有执行公司事务的资格等。与公司人格的确立相适应,有的国家的公司法还规定了公司注册对股东权利行使的效力,如《日本公司法》第 50 条规定,"履行出资义务的发起人成为公司股东,其向公司转让的权利不得对抗成立后的公司"。

值得注意的是,在美国,如果公司章程对章程的生效日期有特别规定,法律可以规定经注册后以章程规定的生效日期为公司的成立时间。[4] 这一规定赋予了发起人更多的自主权利,进一步体现了英美法系公司法尊重投资者意志的理念,强化了公司法的私权属性。

经过注册,公司取得法人资格,这不仅标志着股东(发起人或投资者)与公司关系的正式形成,而且还预示着股东(发起人或投资者)因具有独立主体资格公司的成立而与第三人发生关系上的变化。为了保障第三人的利益,大陆法系国家公司法一般都强调公司在注册后应当及时进行公告,并规定,未经注册的事项,不得对抗善意第三人。由于注册的事项对第三人及其他相关当事人会产生一定的法律后果,因此,大陆法系国家的公司法往往都对公司注册事项极为重视,慎重对待,逐一规定。[5] 这一注册公告制度,充分展示了大陆法系国家公司法对第三人利益的关照,与英美法系国家公司法对投资者自主意志的尊重形成显明的对比。

(四) 我国公司登记注册制度简析

我国公司设立注册中对公司资本严格的审查制度和主管机关对公司注册事务的控制权力,更多地表现出大陆法系的相关理念。但是,我国公司设立与注册的具体制度却不同于大陆法系公司法的相关规则和做法,具有自己的特色。

第一,公司注册的行政主管。虽然我国公司注册制度与大陆法系的相关理念有不少相同之处,但我国公司注册的工商行政管理局主管却与大陆法系国家

---

① 参见《日本公司法》第 50 条。

② 〔法〕伊失·居荣:《法国商法》,罗结珍、赵海峰译,法律出版社 2004 年版,第 155 页。

③ 同上书,第 157—158 页。

④ 参见《美国商业公司法(修正版示范本)》第 2.03 条。

⑤ 参见《德国股份法》第 39 条、第 40 条;《日本公司法》第 908 条、第 911—914 条。

法院主管不同。这主要是因为我国没有肥沃的商品经济土壤,缺乏发达的司法审判制度体系以及相应的商事司法制度理念,更无专门的商事法院,因此不可能像具有商法理念和司法制度保障的大陆法系国家那样自然形成法院主管公司注册的法律制度。尽管注册的司法主管颇有争议,却难在大陆法系国家获得全面改变,所以我国没有采用大陆法系国家普遍由法院主管公司注册的传统模式。但是,这并不意味着我国公司注册的行政主管与英美法系国家的模式相同,且具有英美法系国家公司法的相关理念。我国公司注册的行政主管与我国行政强势的社会发展历史有关,更与我国长期计划经济体制下的行政管理模式有关。我国公司注册的行政主管制度,在一定程度上展现的是过去行政管理经济体制下形成的思维方式,与英美法系国家公司注册行政主管的理念相距甚远。

第二,公司的资产由专门的验资机构验资核查。这与大陆法系国家对公司设立的财产状况自行核查与注册法院核查相结合的制度不同。有限责任公司股东缴纳出资后,必须经依法设立的验资机构验资并出具证明。股份有限公司发行股份的股款缴足后,必须经依法设立的验资机构验资并出具证明。这一验资制度,使得公司设立的整个程序呈现出对公司设立的实体性要求,但同时又使得我国公司注册机关不能像大陆法系国家的注册法院那样对公司注册申请进行实质性审查,否则验资机构的作用就会被取代。① 公司法规定的专门验资机构的验资制度,改变了注册机关对注册审查的职能属性。

第三,未强调对公司注册的公告。我国《公司法》未规定公司注册后应当及时公告,而是在第 6 条第 3 款规定,"公众可以向公司登记机关申请查询公司登记事项,公司登记机关应当提供查询服务"。显然,我国《公司法》将公司注册公告的义务转变为了公众的查询权利。按此规定,如果与公司交易的第三人需了解公司登记事项的内容,公司可以依此规定推定第三人应当知晓,进而承担相应的法律后果。我国《公司法》这一制度设计的合理性值得推敲。一般来说,公司注册对抗第三人的效力,应当以告知第三人为前提。② 在德国、日本等大陆法系国家公司设立的制度中,对公司实体性的设立程序的要求→对公司出资(股份认购)的规范→公司设立审核→法院的实质审查→注册→公告→注册事项对第三人的效力,形成了一个较为完整的法律逻辑体系。显然,我国公司设立制度体系是存在瑕疵的,对注册后公告制度的忽略,使注册事项对第三人效力的形成失去了必要的法理逻辑基础。

---

① 参见沈贵明:《公司法教程》,法律出版社 2006 年版,第 93 页。

② 在欧洲,根据《欧盟公司法》第一号指令,公司注册所载的文件和事项,应当在指定的全国性公报上公告相关信息才能产生公开的法律效力。也只有公告相关必要信息后,公司注册的事项才能对抗第三人,除非公司能够证明第三人知道相关信息。参见《欧盟公司法指令全译》,刘俊海译,法律出版社 2000 年版,第 10 页。

五、公司设立的撤销或无效

公司设立虽获得注册,但如在设立中或在程序上或在实体要件上存在瑕疵,该公司的设立是否有效?两大法系对此的立法处理区别甚大,我国公司立法对此制度性设计还留有缺口,需要借鉴两大法系立法经验加以弥补。

(一)大陆法系国家的立法规范

大陆法系国家公司法,对公司瑕疵设立原则上否认其效力,即通过公司设立无效或撤销制度否定公司设立效力。这一立法态度,反映出大陆法系国家对公司设立的立法价值取向侧重于对交易安全的维护。根据不同国家所采用的否定公司效力方式的不同,可分为三种模式:无效否认主义、撤销否认主义和区别否认主义。

从总体上看,宣告公司无效,是否认公司瑕疵设立效力的主要模式,即当公司设立存在法定瑕疵时,由利害关系人向法院提起公司设立无效诉讼,法院经审判宣布公司设立无效。这是否认瑕疵设立公司效力的主要方式,德国、法国、意大利、比利时以及丹麦、希腊、卢森堡、荷兰、西班牙、葡萄牙、奥地利等国均采用这一方式。2005 年前日本按不同的公司类型区别对待,股份有限公司的瑕疵设立适用无效制度,无限公司、两合公司和有限责任公司则区别不同情况分别适用无效制度和撤销制度。但在 2005 年《日本公司法》中,不再区分公司类型,统一规定,股份公司的股东、董事、监事、清算人等,和持份公司(包括合同公司、无限公司)的股东或清算人,可提起公司设立无效的诉讼。

在德国,公司注册是非常严肃的事情,这主要表现在两个方面:一是建立了公司设立过程中的审核制度,并对公司设立中存有缺陷的设立公司注册申请予以拒绝;二是公司一旦获准注册,法律就对其"提供较好的保护","股东不能再根据缺乏意愿而要求撤销注册"[①]。公司设立存在瑕疵的,应当予以补正。公司股东、董事和监事有权要求催告公司除去瑕疵,自催告之日起 3 个月没有补正的,催告权人可以提起诉讼,要求宣告公司无效。公司章程在股本数额或经营对象方面的内容有不符合法律规范要求的,可认定该章程无效。[②] 一旦章程无效,公司即失去了存在的法律基础,而必须进行清算解散。

有的国家用撤销公司的方式否认公司瑕疵设立的效力,不过这种方式通常

---

① 〔德〕托马斯·莱塞尔、〔德〕吕迪格·法伊尔:《德国资合公司法》,高旭军等译,法律出版社 2005 年版,第 97 页。

② 参见《德国股份法》第 275 条(1)。在有限责任公司中为合同的相同原因而要求宣告公司无效(《德国有限责任公司法》第 75 条)。

与宣告公司无效的方式结合在一起，并从公司的形态或瑕疵的原因两个方面分别适用瑕疵设立的公司无效或撤销公司。① 受日本立法的影响，韩国也是区别公司形态分别适用宣告公司无效和撤销公司制度，所不同的是，韩国法律将民事行为无效或撤销的法律规范运用于无限公司、两合公司和有限责任瑕疵设立的处理，对分别适用宣告公司无效和撤销的原因作了较为具体的规定。② 在韩国，章程的无效或设立登记的无效等与设立有关的客观瑕疵，适用宣告公司无效；而对无行为能力者未经法定代理人同意就以社员身份作出有关设立的意思表示、因过错欺诈、强迫作出设立的意思表示、社员明知将侵害自己的债权人而作出有关设立的意思表示，均适用撤销公司设立法规定；或者是按照不同的瑕疵原因区别瑕疵设立公司的无效或撤销。与韩国立法不同的是，我国澳门地区公司立法不是按照公司形态规定公司瑕疵设立的。按照《澳门商法典》第 191 条，《澳门民法典》关于法律行为无效及撤销的一般规则，经适当配合后，适用于公司的设立。这样，对公司瑕疵设立的处理，是按照瑕疵设立的原因不同，分别适用公司无效或撤销公司制度。宣告公司无效的原因是公司设立行为之意思表示未遵守特定方式、公司设立行为意思表示不真实、公司设立行为有重大过错、公司设立行为有违公共秩序或侵犯善良风俗或违反强行法的规定；而因设立人的重要错误、欺诈、非精神胁迫、设立人的意思表示是偶然无能力而为或有意利用他人的不利境况牟取暴利能力原因的，可适用撤销公司设立制度。

在大陆法系国家，对瑕疵设立宣告公司无效或撤销公司，否认其效力，均采用诉讼程序，这不仅是受商法历史上商事法院审判制度的影响，而且从本质上分析，更可能在于对公司设立效力的否认，在否决一个法律主体存在的可能性时，还涉及相关财产关系的变更及法律关系的确认，而对这些事务的处理，司法审判是最终的结论。

有必要提及的是，我国台湾地区对公司的瑕疵设立采用由登记主管机关撤销登记的否认方式。按照台湾地区公司法的规定，对公司的瑕疵设立，先由司法机关依法处理，然后由检察机关适用登记主管机关撤销或废止公司撤销登记。可撤销公司登记的瑕疵设立原因包括两类：其一是对于公司应收股款，股东并未实际缴纳而以申请文件表明收足，或股东虽缴纳却于登记后将股款发还股东，或任由股东收回；其二是伪造登记事项、变造文书。对前者，可追究公司负责人刑事责任，但对公司给予限期补正的机会；对后者，没有追究公司负责人刑事责任的规范，也没有赋予登记主管机关给予瑕疵设立的公司限期补正机会的权力。

---

① 有学者将这种方式称为瑕疵设立区别否认否认主义。参见蒋大兴：《两大法系公司瑕疵设立制度比较研究》，载王保树主编：《商事法论集》（第 5 集），法律出版社 2000 年版，第 199 页。

② 参见李哲松：《韩国公司法》，中国政法大学出版社 2000 年版，第 116—118 页。

这一制度设计是与其公司设立的登记注册制度相适应的。由于我国台湾地区的公司注册机关与其他大陆法系国家由法院主管不同，它由专门的国家行政机关主管，所以将决定公司瑕疵设立是否生效的决定权赋予了具有行政管理属性的登记主管机关，并以撤销公司注册证明的方式否认公司瑕疵设立的效力。

不同国家和地区对公司瑕疵设立的立法差别，反映了相关国家和地区立法者对瑕疵设立公司行为性质认识上的不同。如果认为设立瑕疵属于当事人的私权属性范畴，则可由利害关系人提起设立无效或撤销的民事诉讼，由法院依法审理裁决；如果认为设立瑕疵属于主要是影响公共利益的公权属性范畴，则应当由国家有关机关依职权撤销公司登记。

（二）英美法系公司立法规范

英美法系国家公司设立的程序相对于大陆法系国家要简单得多，但是，“无论公司设立的程序怎样简单，瑕疵设立仍是潜在的风险”[①]。英美法系国家公司立法对此处理的立法规则与大陆法系国家大不相同，没有对公司设立瑕疵无效或撤销作出明确规定。相反，许多英美法系国家的公司法却规定公司设立的注册具有“结论性证据”的效力。如在英国，公司注册一直被公司立法视为具有结论性证据的效力。1980 年的《英国公司法案》，更是将这一法律理念扩展至公司形式变化（如无限公司变更为公众公司）的重新注册制度之中。受英国公司立法的影响，美国的一些州[②]、加拿大、澳大利亚、我国香港地区等均采用这一公司立法规则。

英美法系国家之所以持公司注册具有“结论性证据效力”的观念，从原理上看，不仅仅是因为英美法系的法学家认为“注册证系《公司法》中有关注册的所有要求均已得到遵守的终局证据”[③]，而且还因为他们看到了如果对瑕疵设立效力作出否认，有可能产生不能令人满意的结果。正如英国法学家 Robert Drury 教授所言，“虽然公司设立无效宣告于外观上看似容易，但其所衍生之后果，却会使一个公司法人格因之自始不存在，导致原先外观上完全有效而营运状况良好的公司因而消失。更有甚者，会对条三人、股票持有人、公司员工等人造成毁

① 何美欢：《公众公司及其股权证券》（上册），北京大学出版社 1999 年版，第 45 页。

② 参见〔英〕丹尼斯·吉南：《公司法》，朱羿锟译，法律出版社 2005 年版，第 46 页。虽然，在美国可以发起撤销或废止公司成立或强制解散公司的诉讼程序，但是除此之外“州务卿对公司章程进行注册备案的事实，可作为发起人满足了注册成立所有先决条件的结论性证据”（参见 2002 年《商业公司法》2.03 条 b）；纽约州《公司法》§403 条也“将已经登记备案的注册证书作为结论性证据”（胡果：《美国公司法》，法律出版社 1999 年版，第 80 页）。不过，特拉华州的《公司法》则将公司设立的注册作为相关事宜的“初步证据”（《特拉华普通公司法》第 105 条）。

③ 〔英〕丹尼斯·吉南：《公司法》，朱羿锟译，法律出版社 2005 年版，第 46 页。

灭性影响。”[①]

然而，公司注册的“结论性论据”规则，并不意味着注册公司成立的效力一概不能予以否认。在英国，如果公司设立不合法或不符合道德，检察总长可提起复审，撤销注册官的注册；[②]如果公司以不法目的而设立，法院可依债权人、股东或贸易与工业部的申请解散公司。[③] 在美国，检察长对通过欺诈手段获准其章程的公司提起的司法解散请求，法院可裁决公司解散。在加拿大，如果公司注册证书有讹误，或设立人通过不实陈述骗取注册证书，都可能导致公司设立的注册证书“结论性证据”的效力被否定。[④] 此外，澳大利亚和我国香港地区公司立法亦有类似的规定和司法判例。

我国学者通常认为，在美国公司法律制度中，对公司设立瑕疵的处理方式可分为三种类型：[⑤]其一是对法律上公司瑕疵的处理。已经注册成为法律上的公司如果缺少“强制性”要求的内容（如公司名称），其设立的法律效力将不被认可；但如果法律上公司只是不符合程序的要求，则只是补正的问题，法律将会认可其设立的效力。[⑥] 其二是对纯系疏忽造成的注册手续不完全的公司，法庭将其作为“既成事实公司”看待，从而给予股东有限责任的保护。[⑦] 其三是对已被认作公司而进行交易的，采取禁止反悔否认的禁止反言公司措施。[⑧] 值得注意的是，现在，“由于立法上的一些改革，‘既成事实公司’这个理论已经使用得越来越少了。”[⑨]“有些州已经明确废除了禁止反言公司说。”[⑩]仅就“法律上公司”的瑕疵处理制度而言，与其他英美法系国家相关制度并无太大的区别。

如果公司制度中有关公司注册的“结论性”理念是为了稳定公司成立的既成法律关系，以有效保护相关主体的利益，那么，美国公司制度中对公司设立瑕

---

① Robert Drury, Nullity of Companies, European Company Law: A Comparative Approach, 1990, p.247. 转引自王泰铨：《欧洲事业法（一）——欧洲公司企业组织法》，五南图书出版公司1998年版，第80页。

② 英国高等法院在检察总长诉林蒂·圣克莱尔（个人服务）有限公司案中（[1981]2 Co Law 69）撤销了以从事娼妓为目的的该公司的注册。

③ 参见〔英〕丹尼斯·吉南：《公司法》（第十二版），朱羿锟译，法律出版社2005年版，第46页。

④ 参见蒋大兴：《两大法系公司瑕疵设立制度比较研究》，载王保树主编：《商事法论集》（第5集），法律出版社2000年版，第179页。

⑤ 参见蒋大兴：《两大法系公司瑕疵设立制度比较研究》，载王保树主编：《商事法论集》（第5集），法律出版社2000年版，第183—189页；沈四宝：《西方国家公司法原理》，法律出版社2006年版，第148—153页。

⑥ 参见胡果威：《美国公司法》，法律出版社1999年版，第152—153页。

⑦ 判断未完成注册而能够成为既成事实公司的标准有三：必须有一个允许成立公司的法律；必须具备“真诚地”或“貌似可取地”试图遵守该项法律的意图；必须有公司权力的实际行使者。参见〔美〕罗伯特·W.汉密尔顿：《公司法概要》，李存棒译，中国社会科学出版社1999年版，第79页。

⑧ 参见〔美〕罗伯特·W.汉密尔顿：《公司法概要》，李存棒译，中国社会科学出版社1999年版，第79页。

⑨ 沈四宝：《西方国家公司法原理》，法律出版社2006年版，第149页。

⑩ 苗壮：《美国公司法制度与判例》，法律出版社2007年版，第39页。

疵的灵活的处理措施，则更多体现出追求实质性公平原则理念和充分发挥有限责任制度对股东保护的特有功能。虽然“既成事实公司”和“禁止反言公司”司法措施涉及公司设立瑕疵处理，但是仔细分析便可看出，这些制度措施实际上要解决的是先公司行为的法律效力问题。严格而言，“既成事实公司”不应当属于法律意义瑕疵设立的范畴，因为法律并未对它有过允许成立的表示；①而禁止反言公司主要是为了防止交易双方恶意逃避合同义务。②

现在，“由于立法上的一些改革，‘既成事实公司’这个理论已经使用得越来越少了。”③如果从制度的角度看，从公平的角度出发，在司法实践中，为了保护善意投资人（股东）的利益，给予其有限责任的保护，认可“既成事实公司”，这实际上是将“未完成注册”作为“既成事实公司”成立的瑕疵。所以有学者将既成事实公司的司法实践方式，作为瑕疵设立个别承认的情形之一。④

（三）我国的立法分析

我国《公司法》没有对公司设立无效作出规定，只是对公司登记的撤销作了较为简单的规定。按照《公司法》第199条，“对提交虚假材料或者采取其他欺诈手段隐瞒重要事实的公司，处以5万元以上50万元以下的罚款；情节严重的，撤销公司登记或者吊销营业执照”。严格而论，《公司法》有关公司登记撤销的这一规定，与公司法学上公司设立无效和撤销原理的内涵要求相去甚远。依公司法学原理，公司的登记撤销只是登记机关对错误登记进行的使登记失效之处分行为，由主管机关为之；而公司设立无效与撤销则是为了维护相关权利人的利益，由国家审判机关对私权进行法律保护的一种公力救济措施。只有当国家审判机关通过诉讼程序宣告公司设立无效或撤销，依法使公司人格归于消灭时，登记机关才能撤销公司登记。所以公司设立无效与撤销是公司登记撤销的法定原因，而公司登记撤销是公司设立无效与撤销的程序性法律后果。显然，我国现行《公司法》在此方面的规定带有明显的计划经济体制下行政管理的色彩。选择较为合理的处理公司设立瑕疵的立法政策，建立健全公司设立无效或撤销制度，是我国社会主义市场经济体制发展和完善的必然要求。

---

① 如果从制度的角度来看，由于在司法实践中，从公平的角度出发，为了保护善意投资人（股东）的利益，给予其有限责任的保护认可“既成实事公司”，这实际上是将“未完成注册”作为“既成事实公司”成立的瑕疵。所以有学者将既成实事公司的司法实践方式，作为瑕疵设立个别承认的情形之一。

② 参见苗壮：《美国公司法 制度与判例》，法律出版社2007年版，第39页。

③ 沈四宝：《西方国家公司法原理》，法律出版社2006年版，第149页。

④ 参见蒋大兴：《两大法系公司瑕疵设立制度比较研究》，载王保树主编：《商事法论集》（第5集），法律出版社2000年版，第183—186页。

公司治理的制度分析

张忠野

一、公司治理的制度之理念解析

(一) 制度研究的状况

制度(institution)现象一直是多个社会学科研究的重点,制度理论(institutional theory)在某些学科领域已经比较完善甚至成为该学科领域的主流理论,比如法学领域中的制度法学理论、经济学领域中的制度经济学理论、政治学领域中的传统制度主义、新制度主义和理性选择制度主义理论等。

在法学尤其是法哲学领域,制度法学理论(institutional theory of law)方兴未艾。该理论由英国法学家尼尔·麦考密克和奥地利法学家奥塔·魏因贝格尔于20世纪60年代至80年代创立。制度法学超越了传统的法律实证主义和自然法理论,改变了西方法学流派的格局,推动了法理学研究的深入和扩展,在法理学的许多基本问题上都有创新和贡献,在法学认识的方法论和法的本体论方面的创新尤其引人注目。① 回顾法哲学史,能够给制度法学理论客观定位。法哲学的历史,可描述为规范主义与反规范主义②、自然法与法律实证主义③对峙和论争的历史。相对于两大主流法哲学学派,制度法学是新生的、在夹缝中求生存的理论。对于制度法学的理论价值,麦考密克与魏因贝格尔指出:"制度法理论的目标首先是给两个同样有效和相互补充的学科提供一个健全的本体论和认识论基础,这两个学科就是法律教义学和法律社会学。第二个目标是推进对法律结构的理解和寻找适合法学研究的方法。最终目标是要说明实践理性在法律和人类社会生活中的地位(及其局限性)。"④制度法学本体论基础是"制度性事实",方法论是"应然"与"实然"统一的认识方法,对制度法学家而言,"法律思

---

① 参见张文显:《二十世纪西方法哲学思潮研究》,法律出版社1996年版,第286页。

② 同上书,第289页。

③ 〔英〕麦考密克、〔奥〕魏因贝洛尔:《制度法论》,周叶谦译,中国政法大学出版社1994年版,第6页。

④ 同上书,第39页。

维与其说是分析性的,毋宁说是融合性的”[1],法律是“‘应然’”与‘实然’的制度性结合”[2]。单就方法论而言,制度法学家用统一的、整体的、系统的方法认识“什么是法”、“什么不是法”和“法是什么”,更符合法律在现代社会发展的客观实际。这种方法的本质既不是完全的唯物主义,也不是完全的唯心主义,而是试图在法学领域对二者进行整合,奉行中庸之道但结论并非是折中主义;制度法学的实践价值在于更关注规则背后的制度性事实,规则是法哲学所有流派首要关注的,其他法哲学流派往往以规则为始点,制度法学理论则以制度性事实为始点,再回到规则。

在经济学领域,制度经济学(institutional theory of law)理论如日中天。该理论分为旧制度经济学(the old institutionalism, OIE)和新制度经济学(the new institutionalism, NIE)。有人将制度经济学与微观经济学、宏观经济学相提并论,认为三者共同构成了当代经济学的完整体系,[3]尤其是以科斯和威廉姆森等为代表提倡的新制度经济学,正成为新自由主义经济学中富有吸引力且有助于使传统的经济和政治研究发生革命性变化的理论。也正因此,20 世纪 90 年代初,这一流派的两位代表人物科斯和诺斯相继获得诺贝尔经济学奖。旧制度经济学[4]指始于 19 世纪末 20 世纪初,并延续至今的美国制度主义传统,其代表人物有托斯坦·凡勃伦、维斯雷·米契尔、约翰·R. 康芒斯、克莱伦斯·阿里斯、阿兰·格罗锡、温代尔·戈登、马克·吐尔等。老制度经济学基本上可以划分为两个流派:一类以托斯坦·凡勃伦和克莱伦斯·阿里斯为代表,集中考察新技术对制度安排的影响,考察既定社会惯例和既得利益者阻碍这种变迁的方式;一类以约翰·R. 康芒斯、瓦伦·塞缪尔斯和阿兰·施密德等为代表,关注法律、产权和组织,它们的演变及其对法律和经济权力、经济交易和收入分配的影响。制度很大程度上被视为正式和非正式冲突解决过程的结果,成功的标准在于制度是否产生了解决冲突的“合理价值”或“切合实际的相互关系”。

新制度经济学术语出自奥立弗·威廉姆森语,也称“数理制度经济学”、“理论制度经济学”、“现代制度经济学”,指起始于 20 世纪 50 年代古典主义经济学、新古典主义以及奥地利经济学中制度主义因素再现和重要扩展的传统下的制度经济学。新制度经济学派致力于研究内生制度对经济绩效的影响,制度变迁、制度安排选择的原因,以及国家行为和意识形态在制度变迁中的作用等。新制度经济学基本上可以划分为以下几支:一支以阿尔钦、德姆塞茨和波斯纳等为

---

① 〔英〕麦考密克、〔奥〕魏因贝格尔:《制度法论》,周叶谦译,中国政法大学出版社 1994 年版,代译序第 8 页。

② 同上书,代译序第 1 页。

③ 参见〔冰〕思拉恩·埃格特森:《新制度经济学》,吴经邦等译,商务印书馆 1996 年版,序言。

④ “旧”并不意味没有生命力、垂死或过时,只是指持续地集中关注制度问题的较为悠久的传统。

代表,表现在有关产权和习惯法的研究中。二战后,经济学对人的行为的分析取得重大进展,现代经济分析仍然假定人是理性的,但已经用效用最大化取代利润最大化假定。理性被理解为人能根据自己所面对的约束作出反应的一系列欲望、期望与偏好的选择,而且所作出的选择宁愿更多而不是更少。[①] 产权学派接受个人效用最大化假设,在给定交易费用和信息费用不为零的前提下致力于产权、激励与经济行为的关系的研究。第二支以奥尔森、墨勒尔等为代表,关注公共选择过程,包括寻租过程及分配联盟(distributive coalition)活动的过程。第三支以科斯、简森、麦克林、威廉姆森等为代表,运用交易费用、代理理论考察组织。道格拉斯·诺斯的制度经济史则将这些支派结合起来。新制度经济学还包括以哈耶克、尼尔森、温特等为代表的奥地利学派和新熊彼特学派用"看不见的手"或演进术语解释各类制度发展的尝试。[②]

(二)对制度的解读

尽管制度作为常识性范畴或专业性范畴在日常生活或学术研究中使用频率很高,但对制度作出清晰的界定却是一件非常困难的事。康芒斯就曾指出,要给所谓"制度经济学"规定一个范围,颇有困难,因为"制度"这个名词的意义不确定。[③] 制度法学和制度经济学文献中虽然大量充斥着"制度"概念,但并没有给"制度"以确切定义。制度又分为内在制度和外在制度。内在制度被定义为社会中通过经验的渐进式反馈和调整演化而成的规则;外在制度则被定义为外在设计出来并靠政治行动由上面强加于社会的规则。[④] 制度还可以分为正式制度与非正式制度。正式制度是指通过有组织的机制生成和实施的制度,主要指由国家以正规方式提供、表现为法律的制度。与此相对,非正式制度是对正式制度拓展、细化和限制的社会公认的行为规则以及在次级团体内部实施的行为规则,包括价值信念、伦理规范、道德观念、风俗习惯、意识形态、次级团体的内部纪律等因素。因此,对制度的界定更加困难。事实上,以制度为主要研究对象的制度经济学家一般在十分宽泛的意义上使用这一概念。在这些经济学家们看来,只要不是经济性的、数量关系的因素,就是制度的因素。[⑤]

制度法学认为制度是具有稳定性、连续性、固定性和组织性的规范性规则体系。制度法学关于制度的认知可以概括如下:制度存在的领域是关系,制度存在

① See G. S. Becker, The Approach to Human Behavior, Chicago: University of Chicago Press, 1976.

② 参见〔英〕马尔科姆·卢瑟福:《经济学中的制度》,陈建波、郁仲莉译,中国社会科学出版社 1999 年版,第 4 页。

③ 参见〔美〕康芒斯:《制度经济学》,于树生译,商务印书馆 1962 年版,第 86 页。

④ 参见〔德〕柯武刚、〔德〕史漫飞:《制度经济学》,韩朝华译,商务印书馆 2000 年版,第 119 页。

⑤ 参见段晓锋:《非正式制度对中国经济制度变迁方式的影响》,经济科学出版社 1998 年版,第 5 页。

的前提是价值形态的多样性和不同价值的容忍与共生,制度的存在形式是社会制度化的规范性规则体系和(或)特殊制度的具体实例存在,制度的存在特征是稳定性、相对连续性、一定程度上的固定性和组织性,制度内含实践信息系统。

制度法学创始人麦考密克和魏因贝格尔认为:制度事实是作为人类实践活动或其结果的事实。魏因贝格尔认为:“制度事实——例如法律制度——是以一种特殊方式出现的复杂的事实:它们是有重要意义的规范的构成物,而且与此同时,它们作为社会现实的因素存在。只有当它们被理解为规范的精神构成物而且同时被认为是社会现实的组成部分时,他们才能得到承认。”[①]麦考密克认为:制度性事实是行为领域中的一种事实,这种事实的存在不仅取决于实际发生了什么或出现了什么事件,而且也取决于适用于这些行为或事件的规则。也就是说,只有按照规则或规范所规定的方式行为或出现,一定的具体行为或具体事件才能造就一定的事实;反之,这一事实便不具有它所应有的现实规定性。由此,制度性事实并不仅仅是一定的现存之物,而且还必须具有规则赋予它的意义或现实规定性。“所以,事实的存在仅仅是因为规则的存在才有意义,规则是制度的核心内容,故可称这种事实为制度性事实。”[②]

制度法学关于制度事实的认知可以概括如下:制度事实以规则和制度实例为存在条件,制度事实是由规则赋予其现实规定性的制度实例存在。麦考密克认为,法律工作者使用的制度的术语只能被理解为在复杂的成套的创制规则、结果规则和终止规则之间起组织和联系作用的术语。而且,正是主题的这种复杂性为这种术语的继续使用提示出一个有力的、实际的理由。尽管合同法或公司法可能不像人们目前解释的那样是一些非常简单的主题,但是,如果我们试图解释它们而不提到合同或作为法人的公司的存在(把这种存在视为创制事件的结果和一系列进一步的法律后果的条件,这些后果一直持续到一个终止事件的出现为止)的话,它们将是不可想象地更为复杂。制度的概念及其实例之存在的全部意义在于,它使我们能够在解释法律时达到两个可能相互冲突的目标:一方面,我们能够把法律材料的复杂实体分解为比较简单的一套套互相关联的规则;另一方面,我们能够以一种有组织的和普遍化的方式看待巨大的法律实体,而不是把它看成是一堆七零八乱的东西。

关于制度与规范的关系,麦考密克和魏因贝格尔都指出,制度的存在离不开规则。制度概念是用规则或通过规则表述的,规则的任何出现、发展或进化的过程都可能是制度的出现、发展或进化的过程。这要取决于有关的机构将规则的

---

① 〔英〕麦考密克、〔奥〕魏因贝格尔:《制度法论》,周叶谦译,中国政法大学出版社 1994 年版,第 136 页。

② 张文显:《二十世纪西方法哲学思潮研究》,法律出版社 1996 年版,第 311 页。

发展或进化加以概念化的方式。正是因为规则的存在,既定事件发生或既定行为的履行才会导致制度实例的存在。例如"世界杯"足球赛,也许在地球的各个角落都举行着足球比赛,但如果没有国际足联的规则(包括构成国际足联的规则、创办和组织世界杯赛的规则等),"世界杯"这个概念本身并不存在,存在的只是足球赛。制度概念的存在与既定的规范体系相关,并决定什么样的制度在该体系内可能存在。规范具有现实性:(1) 规范存在于人类意识领域中,在意识时里有义务的感觉这类东西,即某事应变为现实的意识。习惯、法律或其他规范体系的支持者感到它们是应被遵守的,于是人们有了对义务的认知。当然这种义务不一定为观察者所接受或期望。(2) 规范在人类行为中有诱发动机的功能。这种功能产生的方法很复杂,它是一个与人的存在密切相连的奇妙过程。规范意识包括行为模式图,个人在行动时往往遵守这些行为模式——部分是因为它们是被自愿接受的,部分由于人类社会中的模仿本能,部分则由于假如违反规范就会导致强制的威胁的结果,也有可能因为其他一些因素。(3) 在现实中,有效的规范对人的行为的影响并不仅表现在履行规范这一现象上,规范性规定对个人的行为和社会的结构还有着广泛的、间接的影响。人们在评估规范的全部影响时,不能仅仅根据遵守还是违反法律这样简单粗疏的尺度作判断。不是只有规定利率或者进口税和对市场进行调控这样的经济法规,才会产生出复杂的社会影响。无论在哪,人们都必须考虑规范的一系列复杂后果。(4) 在许多规范领域——也许最突出的是在法律领域——规范的实际存在是与政府、法院、立法机关等社会组织的存在紧密相连的。国家机器直接可观察到的运行和操作,对于认知规范的实际存在是重要的佐证。(5) 规范的社会现实性清楚地体现在符合或违反规范的行为将产生肯定性或否定性的社会后果这个事实中。社会(规范的创制者)对违反规范者作出的反应,既有由规范事先确立的后果,也有不为规范所规定的后果。这些没有明确规定的违反规范的后果,由于是分散的,乃是道德体系中最重要的制裁形式。①

制度经济学认为制度是规则或习惯。凡勃伦指出,"制度必须随环境的变化而变化,因为就其性质而言它就是对这类环境引发的刺激发生反应的一种习惯方式。而这些制度的发展也就是社会的发展。事实上,制度就是个人或社会对有关的某些关系或某些作用的一般思维习惯。"②康芒斯从组织的角度揭示了制度调整的必然性,"一个完善组织的显著特征,使它能够以不断变动的任务和不断变动的原则进行下去,而不依赖任何特殊的任务和原则。他能够适应环境,

① 转引自张文显:《二十世纪西方法哲学思潮研究》,法律出版社1996年版,第315—316页。
② 〔美〕凡勃伦:《有闲阶级论》,蔡受百译,商务印书馆1981年版,第139页。

变更它的任务或者变动它的原则,来适合各种人的不断变化或者相互矛盾的倾向。"[①]诺斯以市场交易为背景,认为:"制度是一个社会的游戏规则,更规范地说,他们是为决定人们的相互关系而人为设定的一些制约。制度构成了人们在政治、社会或经济方面发生交换的激励结构,制度变迁则决定了社会演进的方式。"[②]制约包括"正规约束"(例如规章和法律)和"非正规约束"(例如习惯、行为准则、伦理规范),以及这些约束的"实施特性"。诺斯在分析现成的规则时指出,规则并不意味着效率,市场经济的"规则的制定是为了私人福利而不是社会福利,或者至少对那些最有效的部分来说正是如此。因此,那些否定特许、限制进入或组织要素流动的规则显然是遍及各处的。"[③]舒尔茨把制度定义为"一种行为规则,这些规则涉及社会、政治及经济行为,或社会中个人遵循的一套行为规则。"[④]"制度是一个制度的集合,市场经济的制度结构中有:(1)减少交易成本的制度(如货币市场、期货市场);(2)影响生产要素的占有者之间风险分配的制度(合同、合作社、公司、保险);(3)把功能性的收入与个人收入联系起来的制度(财产,包括继承法、资历和其他一些劳动的权利);(4)构成公共商品和服务的生产及分配基础的制度(公路、机场、学校、农业试验站等)。"[⑤]

传统经济学一直用追求效用最大化的理性人的观点解释人的行为和动机,似乎一切都可以包容在效用最大化的理论框架中,从而忽略了规则等非意志因素对行为的影响。制度经济学克服了这样的观点,从更广泛的角度透视人的行为,关注规则、习惯等非意志因素对行为的影响,深入分析规则、习惯等因素对行为选择发挥的作用,这意味着制度经济学方法的通用性较强。规则是人有意识创制或发现的比法律外延更大的思想或行为方式表征。规则不同于习惯:遵循规则可能经过深思熟虑,而习惯行为的特点是未经详查;规则不一定自动适用,但通过重复应用,规则可成为习惯;破坏规则常比改变习惯容易,因为自己对习惯的认知常常是不完全的。然而,习惯和规则有相同的一般形式:都在塑造着行为。旧制度经济学认为,习惯在制度分析中十分重要。对人类行为本质而言,习惯和规则被视为人类行为所必需。人类行为受习惯支配的观点有心理学的支持。大量决策问题不能依赖于概率或其他最优化技术,而要依靠理性和规则解

① 〔美〕康芒斯:《制度经济学》(上),于树生译,商务印书馆 1994 年版,第 425 页。

② 〔美〕道格拉斯·C. 诺斯:《制度、制度变迁与经济绩效》,刘守英译,上海三联书店 1994 年版,第 3 页。

③ 同上书,第 65 页。

④ 〔美〕T. W. 舒尔茨:《制度与人的经济价值不断提高》,载〔美〕R. 科斯、A. 阿尔钦、D. 诺斯等:《财产权利与制度变迁——产权学派与新制度学派文集》,胡庄君等译,上海三联书店、上海人民出版社 1994 年版,第 253 页。

⑤ 参见〔美〕T. W. 舒尔茨:《论人力资本投资》,吴珠华等译,北京经济学院出版社 1992 年版,第 29—30 页。

决，即使是求有限最优的决策问题也有规则。有些决策问题有有限最优解，如线性规划和微分法是有严格规则的最优化方法。优化过程总是包含规则：计算和优化的规则。这就提出了第二个重要问题：规则从何而来？显然，最优解本身不能解释规则的来源。由于所有最优解内在地含有规则，因此，根据人的最优化行为解释所有的规则含有循环推理，显然是错误的。我们必须在最优解以外探寻原始规则的起源。也有凭直觉进行优化的人，但这些技巧也是融于同样形式的习惯，这些习惯的形成不能仅用最优解来解释。对习惯或规则的依赖限制了理性最优化的范围，因此，单以理性最优化不能完全解释人的行为和制度。在非最优化的决策情况下（如非确定性决策），习惯和规则的作用更加重要。在这些情况下，人只能依靠相对简单的步骤和决策规则。决策规则的展开也包含了习惯。甚至企业或个人优化时也依靠习惯，边际效用原理借助于习惯才能实现。制度经济学的原则是习惯本位，它的解释力优于理性选择。

笔者认为：制度是系统性规则体系。制度是系统，规则是其要素，结构是其框架，组织是其存在形式，稳定性、连续性、固定性是其存在特征，系统性、简约性、普适性、确定性是其价值目标，制度内含实践信息系统。

制度内生于环境并与其相统一。从事实判断角度看，制度具有稳定性、连续性、固定性特征。由于制度存在的形式是组织，在一定时空范围内，制度必然与动态性、随机性、任意性格格不入，固定性与稳定性固化了人的行为模式，提供了人类相互影响的基本框架；连续性抑制了人类交往中可能出现的机会主义行为，使人的行为具有了方向性和可预测性，协作和竞争的关系得以确定，从而实现秩序。

从价值判断角度看，制度应当具有系统性、简约性、普适性和确定性。系统性的价值在于自增强功能，作为要素的规则只有形成和谐的系统，发挥自增强功能才能创造秩序。现实中，具体制度目标的实现依靠的是相互支持的规则群而非单一的规则。简约性的价值在于便于遵守，制度必须为未来的环境提供可靠的指南，因此，制度应当简单，以便向人们传递准确无误的信息。符号和禁忌是最为简单明了的规则，因而也是实践中最为有效的规则。如果一个权威机构发布大量复杂的规则试图规范社会生活的方方面面，必然滋生随意性，其结果就是误导人们行为并造成社会无序。普适性的价值在于效率，穆勒认为市场经济的制度安排是决定劳动效率的关键，“劳动效率的高低，取决于劳动者在多大程度上得到其劳动成果；社会协议是否有利于调动劳动者积极性，要看能否使每个人的劳动报酬尽可能与其所作的贡献成正比例。所以只有利于一个阶级和某类人的法律或管理，由于会妨碍其他人追求幸福，会把劳动和劳动成果分离开来，因而是违背经济政策的基本原则的，会降低社会的总生产力”①。确定性的价值在

① 〔英〕约翰·穆勒：《政治经济学原理》（上），赵荣潜等译，商务印书馆1991年版，第137页。

于安全感,制度必须减少人际交往的复杂性,使得特定原因与结果间稳定的因果联系得以确立。有了制度,人们在交往中只需考虑特定因素就能准确地预知结果。经过制度的过滤,人际交往的不确定因素将大为减少,人的智力得以应付相互交往赖以进行的算计。

二、公司治理制度功能解析

(一)法律制度的功能

无序状态或不确定性是人类生存要克服的障碍之一,如果对其不加控制,生活将失去连续性、稳定性、可预测性和安全感。克服不确定性主要依靠规则和制度。规则和制度限定了未来行动的风险,增强了人们对未知的判断能力和信心。制度的价值在于其功能。制度的功能分为要素功能和系统功能,前者(规则功能)是建立规范、解决争端、社会控制,后者(几何增强功能或自增强功能)强大无比,其功能发挥需要制度本身充分系统化,当系统化不充分时,有效的办法是小规模的制度链接与匹配。提供规则、节约知识、降低费用、简化生活、形成结构和秩序,这些是制度的基本功能。诺思从经济绩效角度对制度的功能进行了总结:制度是为约束在谋求财富或本人效用最大化中的个人行为而生成的,财富或本人的效用最大化要利用的交易带来的增益是专门化的结果。专业化增益和专业化费用之间不断发展的紧张关系,不仅是经济史上结构和变革的基本原因,而且是现代政治经济绩效问题的核心。对自愿组织的规模和控制结构进行根本性变革,旨在获得专业化增益而不使连带的交易费用相应增加。① 制度的主要功能在于通过内部和外部两种强制力约束人的行为,防止交易中的机会主义行为,以减少交易后果的不确定性,帮助交易主体形成稳定的预期,从而减少交易费用。②

结构决定功能,结构是法律制度基本的、明显的组成部分;实体规则是另一部分。制度的结构是其两种要素中的骨架:它是持久的模型,体制性的架构,是将程序保持在轨道之内的坚硬的骨骼。组织由实质性规则及有关机构运作的规则组成。H. L. A. 哈特认为,法律制度的特点就在于这种双重规则。法律制度是"主要规则"和"次要规则"的结合。主要规则是行为举止规范,次要规则是关于这种规范的规范,即判断它们是否有效,如何实施等。③ 具有结构和规则要素的

---

① 参见〔美〕诺思:《经济史上的结构与变革》,厉以平译,商务印书馆 1992 年版,第 195、203 页。

② 参见林岗、刘元春:《诺斯与马克思:关于制度的起源和本质的两种解释的比较》,载《经济研究》2000 年第 6 期。

③ See H. L. A. Hart, The Concept of Law, Oxford University Press, 1961, pp. 91—92.

制度只是静态的存在，加上文化要素后，制度才具有了生命力。实际运作中的法律制度是一个结构、实体和文化相互作用的复杂有机体。要解释其一部分的背景和作用，必须调动制度中的许多组成部分。以离婚发生率和离婚现实情况为例。首先，这取决于法律规则。是否提起离婚取决于法院结构。附近没有法院，法院费用高昂或过于复杂的管辖权规定都会使想离婚者泄气。结构和实体是由社会势力在漫长的时间里慢慢刻画出来的具有持久性的特色。它们改变当前的要求，本身是其他社会要求的长期遗产。法律文化还会影响使用率，有些人还不懂得自己的权利或害怕使用这种权利。一般文化中的价值观也对使用率有很大影响，如亲属和邻居对离婚的看法、对孩子及孩子朋友的影响、宗教及道德顾虑等。这些价值观的总和长期对离婚法本身的状况和性质起决定作用。① 因此，作为制度存在形式的组织，其结构要具有匀称性、稳定性、整体性三个属性。匀称性是稳定性的前提，而具有匀称性、稳定性的结构才能发挥其整体性功效。

（二）公司治理制度的功能

公司治理的功能是配置权利、义务与责任。公司治理的首要功能是配置企业控制权。配置企业控制权是指公司治理是在既定资产所有权前提下安排的，所有权中的各种权利通过公司治理结构进行配置。治理结构的功能是使公司利害关系人为公司的绩效全身心投入，因此在治理结构中要体现其价值。公司不仅仅是“资本基本主义”，20世纪以来，在国家经济和政治生活中，物质资本的价值和重要性稳步下降，知识、技术等“精神力量”则在各方面超过物质资本的力量而呈上升趋势。随着经济增长对知识资本的依赖，以物质资本为基础的规模生产也随之转向以知识为基础的设计与创新。② 公司员工参与治理结构，其依据是人力资本所有权理论。该理论认为，随着经济增长越来越对技术以及技术创新的依赖，一个国家的经济发展主要取决于人力资本而非物质资本；与物质资本相比，现代社会中的人力资本的作用要重要得多。③ 在公司中，治理结构与代理人存在对立关系，治理结构的重要功能是克服代理人的道德风险。克服道德风险的有效制度优势是信息监控，即由拥有充分信息的专业人士对公司进行监控。德日模式因为缺乏美国模式所匹配的产权交易市场监控，授权银行为代表的机构股东进行监控。银行的监控基本符合优势信息监控：德国和日本的银行往往掌握着持股公司主要的支付结算账户和主要的外部融资渠道，一旦公司陷入困境，银行通常就在监督、重组或清理公司中起主导作用，从而强烈地刺激银

① 参见〔美〕弗里德曼：《法律制度》，李琼英、林欣译，中国政法大学出版社1994年版，第16页。
② 参见〔美〕达尔·尼夫主编：《知识经济》，樊春良等译，珠海出版社1998年版，第124—125页。
③ 参见聂德宗：《人力资本所有权的理论与实践探析》，载《人文杂志》1998年第5期。

行密切关注持股公司的经营活动。① 银行通常派遣中级职员(通常是财务专家)作为持股公司的监事、董事或审计人员,随时了解持股公司的财务信息;法律允许银行通过代理投票制度行使其他股东的投票权,既解决了搭便车问题,又节省了监督成本。

1. 通过制度安排配置公司资源

企业的资源总量即权利总量(包括股东股权——共益权与自益权、公司所有权,以及由此二权衍生的各种经营管理权、监督权等)、义务总量(公司利害关系人承担的各种义务)、利益总量(公司资产 = 负债 + 所有者权益)和信息总量(公司或与公司有关的所有信息)是一定的,治理结构以制度(合同)和规则(公司章程)将之分配并予以固定化为次级制度系统,即完成对公司资源的基本配置。公司在通过治理结构配置资源时总有其基本价值取向,而价值取向的形成往往与历史传统、文化、理念等因素有关,其结果是形成了不同的治理结构模式。我们在借鉴治理结构时应考虑两个问题:一是其本身是否系统化,是否有缺陷;二是其植根的环境(包括历史传统、文化观念、制度沿革、发展阶段等)。考察公司治理制度效率的标准应当是模式本身的系统化程度和模式与环境的契合程度。

2. 通过制度系统制衡公司利益相关者

公司利益相关者包括股东、员工、管理阶层(董事、监事和经理)、债权人。公司治理结构通过在股东大会、董事会、监事会和经理四个机关(治理结构系统下的子系统)配置不同的公司资源形成分权制衡关系,使得结构具有匀称性、稳定性,即通过界定权利的行使范围达到制衡的目的。

3. 激励与约束功能

公司治理结构激励与约束功能是公司资源在利益相关者之间分配后自然的衍生功能,该功能主要针对经理层。在所有者与经营者的委托—代理关系中,由于代理人"逆向选择"和道德风险问题的存在,因而应特别强调激励机制和约束机制。激励的本质是权利,激励的主要对象是经理人的经营潜能。激励包括物质激励和精神激励。前者包括工薪、奖金、福利、股票、期权、保险等形式;后者包括名誉、职位、企业文化、社会威望等。约束的本质是责任,约束的主要对象是经理人的道德危险。权利与义务是相对应的,对公司义务总量的配置属于约束机制。在公司内部,股东大会和董事会之间、董事会与经理人员之间、监事会与董事会和高层经理人员之间都是一种约束制衡关系。所有者对经营者也存在约束制衡关系,如对经理的聘任、解聘等;在公司外部,资本市场、股票市场、经理人市场等也大大制约着公司的经营者。

---

① 参见〔日〕青木昌彦等主编:《日本银行体制》,魏加宁译,中国发展出版社 1999 年版,第 27 页。

三、公司治理制度构建

公司治理制度之进化理性主义并不完全排斥制度构建的价值。在公司治理平衡结构中，分权制衡是平衡的基本要件，表决制度是权益冲突的集中表现，法律责任是控制平衡、维持制度存在的中枢。

（一）制度构建的基本原则——分权制衡

在长期的经济发展和社会发展中，适合的制度的中心作用之一是在不同社会集团之间建立权势平衡，并确保较下层次的集团拥有“杠杆”。只有权势得到扩散，才会出现基础广泛的持久经济发展。①

1．权利（力）需要制衡

对公司权利（力）进行制度性制衡是公司治理的核心。公司治理是所有者（股东）、经营者（董事、经理、监事）、员工等利害关系人之间有关公司权力配置和利益平衡的制度性安排。公司治理解决的是利益相关者之间的权力配置和利益平衡。现代公司是公司财产制度变迁和社会分工高度发达的产物，是物质资本和人力资本的集合，是寻求经济最大化的利益集团，经营规模的扩大使公司富可敌国，成为社会中非政府性权力的最大中心。② 公司权力通过公司中的权力机关作用于公司股东、债权人、职工和消费者等利益主体，甚至对一国的政治、经济和社会都有重要影响，“在各大机构中，股份公司是仅次于国家本身的机构。在国际事务中，公司能挑拨任何一个政府反对别的政府，并取得相当大的自主权。”③因此，通过法律对公司及公司机关的权力进行制约就成为必要，它不仅关系到公司管理效率的高低、管理费用的大小，而且影响公司经营的成败。公司法的首要目的就是试图架构一部“宪法”，以界定和限制公司的权力中枢——董事会和高级经营层的特权。④

权力是一个历史性概念，具有不同的含义。马克斯·韦伯认为，“权力是把一个人的意志强加于其他人的行为之上的能力”。法学家认为，权力是指“某一人通过做或不做某一给定的行为从而改变某种给定的法律关系的能力”。⑤ 权力作为一种主动的命令有别于作为被动请求的权利，权力与相对人的关系是

---

① 参见〔德〕柯武刚、〔德〕史漫飞：《制度经济学》，韩朝华译，商务印书馆2000年版，第147页。

② 〔英〕约瑟夫·库利舍尔：《欧洲近代经济史》，石军、周莲译，北京大学出版社1990年版，第333页。

③ Rodney Clark, The Japanese Company, Yale University Press, 1979, p.1.

④ See Nicholas Wolfson, The Modern Corporation, Fee Markets versus Regulation, The Free Press, 1984, p.3.

⑤ Black's law Dictionary, West Publishing Co., 1979, p.1130.

“我能够，你必须”。[①] 经济学家认为，在现代社会，组织已经成为最重要的权力来源，企业作为市场价格机制的功能替代物，本身是以自由和效率为核心理念设计的，其内部以类似于行政命令、指导的方式运行，以减少单个合同谈判、履行的成本，以长期性、继续性、团体性契约代替短期性、一时性、个别性契约，在融通资金、分散风险方面有着巨大的功效。随着经济的发展，大公司纷纷涌现，并逐渐成为权力的集装器。[②] 如果人们要行使某种权力，就必须借助组织。[③] 与公司这样的组织相比，个人显得微不足道，这种实力上的悬殊，使得对公司权力的限制变得非常必要。因为，权力很少以绝对的方式行使；权力必须受到限制，公司权力也不例外。

合法的权力可以通过正式的授予或委托而获得，也可以依据国家的法律、法令获得。现代公司主要是资合公司，其财产来源于股东的投入，股东的原始产权是公司机关权力的首要来源；同时，公司作为由股东投资组成的营利性法人，是一个独立的民事主体，享有法律赋予的一切权利(力)。现代公司由于资产巨大，雇员众多，在市场中居于支配地位，它可以决定产品的生产、销售、消费、技术的开发以及雇佣的条件。公司权力实际上影响到社会的各个方面——工作、教育、艺术、休闲、通讯、交通、娱乐等，它能够影响社区、城镇、地区甚至国家的经济条件和命运。[④] 因此，为了限制公司权力的不当行使，现代公司借鉴国家体制中权力分立和制衡原则，将公司的权力分为三大部分：股东会拥有决定公司一切重大事务的权力，并有权监督董事会和监事会；董事会是经营机关，其权力来源于股东会的授权或法律的直接规定，对股东会负责，经理依公司章程和董事会的授权执行公司决策，受董事会的监督；监事会拥有监督权，对董事会和经理人员的行为进行监督，其权力来源于法律的直接规定。这就是公司内部权力制衡机制，亦是公司治理所要解决的核心法律问题。

2. 股东会与董事会间权力制衡

股东会是公司最高权力机构，对公司内部高层经营管理人员和重大经营活动的监督表现在，它拥有选举和罢免董事和批准公司重大经营事务的权力、对玩忽职守未尽到受托责任的董事的起诉权、获得公司信息和查阅有关账目文件的知情权和监察权。理论上，股东会的监督是公司最高权力机关的监督，具有最高权威性和最大约束性，但股东会不是常设机关，随着公司规模的扩大和股份的逐步分散，股东参加股东会的积极性降低，股东会逐步空壳化已成为趋势。各国

① 参见沈宗灵：《西方法理学》，北京大学出版社1986年版，第150页。

② 参见〔美〕科斯：《企业、市场与法律》，陈郁、盛洪等译，上海人民出版社1991年版，第20—22页。

③ 参见〔美〕加尔布雷思：《权力的分析》，陶远华等译，河北人民出版社1988年版，第5、6页。

④ 参见〔英〕斯科特·R.鲍里：《现代公司与美国的政治思想——法律、权力与意识形态》，李存捧译，重庆出版社2001年版，第17页。

均在提升和加强董事会的地位，董事会及其指导下的经理逐渐成为公司的权力中心，权力机制的失衡最终侵蚀到公司的运作机制及其目标的实现，因此，公司治理中必须采取有效措施，落实股东权力，使股东权力得以方便、有效地行使，使股东会对董事会的监督制衡机制得以恢复。

为落实股东权力，经济合作与发展组织和各国政府所采取的措施主要是明晰股东会的决定事项范围，经济合作与发展组织制定的《公司治理原则》中规定：以下三个方面的公司重大变更，须经股东会决议：一是公司章程或其他类似文件的修改：二是增发股票：三是可能导致出售的特大交易。① 基本上，股东会享有批准公司章程的变更、董事的任免、公司的解散与合并、公司资产的重大变化，以及公司经营的重大方案等重大事项的权力。股东实体上权力的实现需程序权利保障。为了防止董事会及董事会成员滥用职权，必须在程序上强化股东会行使表决权和控制权的规定，使股东会真正发挥作用。程序强化主要体现为对股东大会召集制度、股东提案权制度、股东质询权制度以及股东制止权制度的完善，发达市场经济国家或者地区的公司法对此都有相应的法律规定。

股东会能否发挥对董事会的制衡作用，还取决于股东是否真正行使权力，例如参加股东会。因此，在技术层面，应为股东出席股东会行使表决权创造便利条件。股权的分散使单个股东对公司的影响力逐渐减弱，“搭便车”现象及出席股东会的成本过高等原因，使得股东不出席或不能出席股东会的情况极为普遍。代理出席是解决股东不能直接出席股东会的传统方法，但在代理出席过程中，如果经理利用其职位优势收集多数委托书，并以此合理地控制股东会，股东会对董事会及经理的监督制约关系就会被破坏。目前较为可行的方法就是通过现代信息手段为股东参加股东会创造条件，通过网络、可视电话、电子投票等多种方式让股东在足不出户的情况下直接参加股东会，以电子方式进行表决，既提高投票率，又节约会议成本。

股东对董事会权力的监督和制衡最终还需要通过诉权来实现，即通过司法救济途径达到股东对董事会有效制约的目的。发达国家在此方面积累了成功的经验，值得借鉴。

3. 董事会内部及对经理的权利制衡

(1) 董事会内部的权利(力)制衡

从各国的立法和实践看，董事会内部的制衡主要表现为优化董事会内部结构，发挥专门委员会的作用；增强独立董事的控制监督职能；构建董事的义务和责任，尤其是民事赔偿责任体系。

董事会的设置一般有两种模式：一种是单轨制，即公司的董事会为唯一的管

① 参见朱羿锟：《公司控制权配置论——制度和效率分析》，经济管理出版社 2001 年版，第 313 页。

理机构;另一种是双轨制,公司同时设立董事会和监事会共同管理公司业务。实行单轨制的国家,其公司治理强调董事会的决策和监督职能,实行双轨制国家的公司治理则强调董事会的执行决策职能。在单轨制国家,董事会成员包括执行董事和非执行董事(独立董事),执行董事主要承担公司决策职能,而非执行董事主要承担对经营者的选择、评价和监督职能。董事会中,执行董事与非执行董事人数要保持合理比例,非执行董事人数不能过低,以防止董事会被执行董事控制和操纵,这是促使董事会及其成员行为规范及权力制衡的需要。实行单轨制的国家如英美国家,由于没有设立专门的监督机关,所以法律要求上市公司必须设立独立董事,且独立董事的比例应占绝对多数,以便客观和独立地履行评价与监督职能,提高监控功能,降低代理成本。近年来,随着公司治理运动在全球的展开,实行双轨制的国家也纷纷借鉴独立董事制度以期改善公司治理结构。如实行双轨制的法国,其外部董事的比例占29%;日本的公司治理立法已明确要求引进外部董事;在我国,证监会于2001年8月发布了《关于在上市公司建立独立董事制度的指导意见》,计划在几年时间内强制性要求上市公司设立独立董事,以规范董事会的运作,弥补监事会监督力量的不足。对董事会内部结构的改革是寻求解决公司权力被内部人控制或被大股东变相控制导致权力失衡问题而选择的路径。为避免董事会的决策权集中在个人或少数人手中,保证董事会运行的质量,各国对董事会的权力再予以细分,下设若干个专门委员会,各自行使某一项权力,其中最主要的是提名委员会、报酬委员会和审计委员会。由于这三个委员会各自任务的特殊性,绝大多数国家均强调其独立性。英国要求报酬委员会全部由独立董事组成;法国要求报酬委员会中独立董事必须占多数;美国商业圆桌会议和澳大利亚投资经理协会则要求这三个委员会均由非执行董事组成,执行董事不得参与;在执行董事一统天下的日本公司,日本公司治理论坛最后报告也要求审计委员会由数个非执行董事组成。从实践看,大型公司的专门委员会往往独立性较高,如通用汽车公司有7个专门委员会,其中6个委员会全部由独立董事组成。[①]

一般而言,独立董事主要起咨询、顾问和监督作用,并不具体负责公司的日常业务管理。各国由于传统文化、所有权结构的不同,独立董事在不同背景下发挥着不同作用,但有一点是相同的,即对权力的监督制约。在盛行独立董事制度的英美法国家,由于股权分散化,公司内部人控制严重,设立独立董事的目的在于代表股东和社会利益,监督经营者的管理活动,制约经营者的权力,并且期望利用他的诚实和能力去审视公司的战略、计划和重大决策。要做到这一点,必须

---

① 参见朱羿锟:《公司控制权配置论——制度和效率分析》,经济管理出版社2001年版,第386—387页。

保证独立董事人员本身的独立性和客观性，即不得与执行董事和管理层有“利害关系”。独立董事独立性越强，越能客观地抑制董事会内部的分化，使董事会内部的对抗趋于平衡，进而对经营者形成有效的制约。事实上，在独立董事制度相当成熟的英美国家，监控是独立董事的主要职能，其在维护股东利益、防止内部人控制、提高董事会的运行质量方面发挥了相当大的作用。在欧洲大陆国家，由于股权较为集中，控股股东在公司中处于支配地位，为了制约控股股东的权力和影响，欧洲大陆国家设立独立董事，其目的在于平衡权力：将控股股东的影响力控制在一定的范围内，但不改变公司经营政策。欧洲大陆国家的独立董事，其适用范围仅限于上市公司，其作用也多限于评估控股股东与公司之间的利益冲突交易。如果控股股东与公司之间有交易，为判断其公平性和客观性，由董事会任命的独立董事应对该交易进行评估，并向董事会提交评估报告，该报告的结论公布于公司年度报告中。我国属大陆法系国家，董事会采双轨制运行模式，上市公司绝大多数是由原来的国有企业改制而发行上市的，股权结构较为集中。控股股东通过控制股东会、董事会操纵上市公司，并与上市公司进行大量的关联交易，损害上市公司和中小股东利益问题非常严重，而且控股股东通过占用上市公司的资金、资产或通过贷款担保等方式将控股股东的经营风险转嫁给上市公司的问题十分突出。2001 年 9 月，证监会发布《关于在上市公司建立独立董事制度的指导意见》，明确在上市公司中全面推行独立董事制度。但独立董事制度能否发挥作用仍有待于下列问题的改善：上市公司股权结构问题、独立董事产生的独立人格和权利义务问题，以及董事会与监事会的关系问题。

董事的义务和责任尤其是民事赔偿责任体系的构建对权力制衡的实现非常重要。董事在公司中享有广泛的权力，董事会的规范能否有效运作不仅取决于其构成和独立性，而且更依赖于董事会成员个人的行为及态度，尤其是董事是否尽到应尽的义务和责任。因此，世界各国在赋予董事以权力的同时，对现代公司董事执行职务提出了更为严厉的要求，无论是大陆法系国家还是普通法系国家，公司法的判例和成文法都对董事的忠实、注意义务及对违反忠实、注意义务应承担的法律责任作出了具体规定，形成较为完整的制度体系。

(2) 董事会对经理的权利(力)制衡

经理层的权力由董事会授予，并非独立的权力机关，本不应与董事会有重大权力冲突，但实践中经理层逐渐掌握了公司的主要管理权，董事会往往空壳化、形式化为经理手中的“橡皮图章”，因此，落实董事会对经理层的监督制衡机制是公司治理的重要环节。

董事会监督权虚化的原因在于：第一，经理兼任董事长，使得董事会受到经理的把持。据有关资料统计，在美国，有 76% 的公司董事会是总裁兼任董事长，英国也有1/3董事会中由总裁兼任董事长，在我国，总经理兼任董事长的则占44.1%。[①] 第二，经理把持着董事候选人的提名权，提名委员会形同虚设。在董事会实行单轨制的国家，如美国，一般在董事会下设有提名委员会，负责向董事会推荐董事候选人，但在实践中，由于经理把持董事会，对董事候选人的提名起着重要的甚至决定性的作用，提名委员会只不过是一种摆设而已。第三，董事对其工作投入的时间少，客观上难以进行有效的监督。如美国公司的董事每年为公司服务的时间总共不足2周；德国监事会主席每年平均工作时间为75—160小时，一般监事只有60个小时。众多兼职董事本身在公司之外，自己事务繁忙或身兼多家公司的外部董事，很少有时间和精力过问公司事务，根本不了解公司业务动态和信息，因而无法对经营者进行监督。有些董事经常不参加董事会议，即使参加，也不对公司事务实质性介入，对公司重大经营决策只凭借经营者提供的资料进行简单判断，难免不被经营者所左右。第四，交叉董事过多，大大削弱了董事会的监督功能。交叉董事现象已经成为当今世界比较普遍的现象，特别是在日本，由于法人之间相互持股，交叉董事问题尤为突出，公司之间形成盘根错节的复杂关系网，其结果是公司之间你中有我，我中有你，各自在对方董事会上相互支持，相互信任，而不是相互监督，使得董事会的监督功能大大削弱。

董事会对经理层的监督效果在于强化董事会的独立性，并对经理层的权力进行限定。董事会的独立性主要表现为董事会成员与经理层成员不能交叉任职，董事长与总经理原则上应予以分离，由独立董事占大多数的审计委员会、报酬委员会和提名委员会对公司中的财务状况、经理层的重要人选等事项作出独立判断，对经理层实施有效的控制。董事长与总经理的职责原则上应予以分离，以确保权力的平衡，对经理层的权力进行合理限定，防止其滥权。

4. 监事会对董事会和经理层的制衡

各国监事会模式尽管有较大的差异，但在保持监事会的独立性、强化监事会的权力和责任这些方面有共同之处。

英美国家不设监事会，由审计委员会及外部审计师执行财务监督。美国对经营者的监督功能是通过独立外部董事组成的内部审计委员会完成的。对上市公司而言，设立由外部董事组成的审计委员会是强制规定，某一外部董事是否独立，要看其是否符合美国证券交易委员会的相关规定，通过这样的机制，才能保障审计委员会对董事会监督的独立性。

日本设有履行监督职能的监事会，此外，还设立独任监察人执行监督功能。为强化监察人的独立性，日本引入了公司外监察人制度和监察人会制度。日本在1993年修改商法特别法时将外部监察人制度法定化，即规定大公司的监事至

---

① 参见金碚：《何去何从：当代中国的国有企业问题》，今日中国出版社1997年版，第217页。

少1人应由公司外部聘任，而且受聘人在就任之前5年以内不曾是该公司或该公司子公司的董事或经理或其他职员。这项制度的目的是保护中小股东和公司员工利益，防止公司中的控制股东利用优势地位侵害弱势群体的利益。其监督重点是经营者决策的合法性和正当性，即这些决策执行程序是否合法，会不会给其他利害相关者带来损害等；其监督手段主要是审查董事会的决议、对公司的会计事务进行审核以及当董事有违法行为时代表公司提起诉讼等。监察人会议只是协调性的机构，并不影响监察人的独立性，监察人会议的决议对监察人的个别活动不具有限制力；监察人在监察人会议的决议妨碍自己行使监察权力时，可以无视该决议而自主行动。可见，日本公司监督机构独立性是很强的。独立监察人在监察过程中，不仅不受经营者的干扰，而且也不受监察人会议的限制。

德国设有强有力的监事会（同时享有决策管理权和监督权）。在德国独特的双层董事会结构中，监事会作为对董事会的监督机构，不仅可以就公司重大事务作出决策，而且具有任命理事会的人事权，和决定理事会的报酬，对理事会的工作进行评价、考核和监督的权力。德国公司的监事会的独立性由于其强大的职能和权威而得到了保障。

我国台湾"公司法"为保证监事不被董事所左右，1980年创设了董事、监事同时选任制度，即董事、监事各凭自我能力产生，互无利害关系，这样，监事能有效执行监察权力，发挥监事之效果。①

我国的监事会制度在人员构成上类似于德国，在职能上类似于日本，但监事的个人权力上又不如日本的监察人权力大，致使监事会的作用极其有限。

保持监事会的独立性是各国监督机构的共同点，拥有独立地位的监督机构加入到公司治理中以平衡各方利益，是20世纪公司法人发展中最有价值的历史经验之一。

强化监事会和监事的权力，完善监事的义务和责任制度是发挥监事制衡的有效措施。监事会权力的强化，既表现为监事权力的日趋多样，如规定监事的召集股东大会权、监事以公司名义对董事提起诉讼权、母公司监事会对于公司经营业务及财产状况的调查权、对董事违法行为的阻止权等，也表现为监事单独行使职权制度的确立，即监事可以单独行使监察权，而不以集体决议的形式行使监察权。德国、日本和我国台湾地区均采用了这种制度。监事单独行使职权制，有利于避免部分监事和董事相互勾结而阻碍监督权的行使，有利于避免监事之间互相掣肘，强化对董事监督。② 我国《公司法》只规定了监事会作为一个整体的职权，对监事个人的职权没有规定。监事是一种与公司之间基于信任的专司监督

---

① 参见武忆舟：《公司法论》（修订版），三民书局1980年版，第340页。

② 参见孔详俊主编：《民商法热点、难点及前沿问题》，人民法院出版社1996年版，第260页。

的法定机关，与董事义务一样，应尽忠实义务和注意义务。各国公司立法中，监事的义务基本适用于对董事义务的有关规定，我国《公司法》第128条亦体现了这一精神。世界各国公司法一般规定了监事的注意义务，我国《公司法》未对监事的注意义务作出规定。

（二）权益冲突的集中表现——表决制度

权益冲突的合法解决途径是表决制度。公司表决制度最常采用的是多数决制度。多数决是团体决策的基本机制。虽然多数派的利益与团体利益的关联度较高，但二者并非绝对一致。多数人也会犯错误，即使不是由于缺乏知识和判断而犯错误，也会由于不公正和自私自利的观点而犯错误。① 多数派在团体内居于控制地位，而且又有按自己的意志行使权利的自由，其完全可以利用形成团体意思、控制团体行为之便，操纵团体实施有利于多数派，而不利于少数派及团体本身的行为。多数决定充其量只是一种不完全的程序正义。② 当多数派可以利用团体资源在团体利益之外获得较其在团体利益中所占份额更大的额外利益时，更容易诱发道德风险。如不加控制，少数派的命运将完全寄托于多数派的良心操守，缺乏制度性的保障。鉴于团体和少数派相互具有的重要性，必须对多数派的权力行使加以必要的规制。但恰当的方式不是以法律的直接决定取代多数原则，而是给多数派设定必要的义务，同时为少数派配置必要的权利，恢复被破坏了的均衡，借此避免多数派肆意压制少数派。

在公司场合，控股（制）股东（controlling shareholder）构成团体内的多数派。控股股东一般会适当行使控制权，以公司的利益为行为之圭臬，通过最大限度地实现公司利益，间接地实现自己的利益。有的控股股东还可能在履行出资义务以外对公司作出超越法律义务的其他奉献。由于控股股东掌握公司控制权的正当性，通常在选举董事等控股股东意图获得公司控制权的场合，其意志自由会得到绝对尊重，权利的行使也不受限制。但由于控股股东与公司的利益并非总是一致，控股股东可能利用其对公司的控制权，超越公司的独立利益，通过“自我交易”或“关联交易”等方式，侵占公司资源，在团体外直接实现自己的利益，进而间接构成对少数股东的压制。我国上市公司多数决导致的“多数派暴政”不胜枚举。如控股股东占用上市公司募集的资金、控股股东操纵上市公司为自己或关联企业提供担保等。对于控股股东对少数股东的压制现象，美国学者托马斯·W. 瓦尔德（Thomas W. Walde）总结：今天，少数利益不是由欺诈行为侵害的，而更多的是受到由附属公司在控股公司的组织的互相依赖和正确地适用根

① 参见〔美〕约翰·罗尔斯：《正义论》（中译本），谢延光译，上海译文出版社1991年版，第386页。
② 同上书，第95页。

本性地对少数不利的有理性的、利润最大化的决策程序的威胁。[①] 基于控股股东压制少数股东现象的普遍性,何美欢教授认为:在香港存在的公司管治问题,不能通过对董事会组成和职能的改变解决。改革的重点应放在多数股东与少数股东关系上,考虑如何保持多数股东的活力,又防止其有意或无意地对少数股东滥用权力。[②] 多数决引发的问题可以通过完善公司治理结构解决:其一,基于控股股东在公司中的特殊地位,为控股股东设定照顾团体及团体其他成员利益的义务,即对少数股东的诚信义务;其二,强化少数股东的权利,增强他们对公司行为的约束力、对公司决策的影响力。法律的适当目标是建立"有限多数原则",在维护控股股东控制权的同时,以相应的义务和少数股东的对立性权利对前者加以制衡,保证控制权不再是一种率性不羁的绝对权力,从而在公司内部形成利益平衡格局,使得股东加入团体的目的得到均衡的实现。

(三)制度维持的外在保障——法律责任

公司自治并不否认外在制度和正式制度对公司制度生成的功能和作用。

现代行为科学的兴起为法学与经济学的合作提供了可能,为行为的研究提供了更加广阔的视野。行为科学和行为主义是现代经济学的起点,当代行为主义者论证:整套经济学无非就是行为学。[③] 经济学侧重于解释人的行为,博弈论、代理理论、科斯定理等理论都从不同的视角解释行为及动机并获得创造性的、有价值的发现。行为也是法学不可回避的研究对象甚至属于核心范畴,无论是权利、义务、责任,还是法规范、法关系,其前提都是行为,法学侧重于指引、评价、塑造人的行为,使行为具有可控性、可预测性,并达到法学所追求的目标。无论是自然法学、分析法学还是制度法学,都在寻找塑造行为的正当性依据,而经济学在一定领域往往能够提供此种依据。从法学的视角透视,公司表征为营利社团法人,本质是一组权利义务;公司治理则是股东、董事、经理人等各方权利义务的制度性安排。从制度经济学角度观察,公司表征为交易,本质是合同结构;公司治理则是公司股东、董事、经理等参与各方争夺权利义务资源的一般均衡近似物,是博弈各方战略组合形成的纳什均衡。

公司治理是内生制度与外部干预共同作用的结果,是股东、董事、经理等公司参与各方围绕权利义务资源,在公司目标和利己动机等因素影响下行为选择[④]的结果。"应该凭动机评价行为"[⑤],行为选择受行为动机支配,行为动机的

① 转引自何美欢:《公众公司及其股权证券》,北京大学出版社 2000 年版,第 1163 页。
② 同上书,第 803 页。
③ 参见汪丁丁:《制度分析基础》,社会科学文献出版社 2002 年版,第 297 页。
④ 行为选择是本文的核心概念之一,用来指称人的行为的各种可能性。
⑤ 〔法〕蒙田:《我知道什么呢?》,辛见、沉晖译,上海三联书店 1989 年版,第 135 页。

产生则有理性、本能、习惯、道德、环境等各种原因。如果找到行为动机的主要原因并对其施加影响，就有可能在一定程度上控制行为选择，从而改变行为结果或使行为结果具有可控性。公司治理行为动机的核心原因是什么？公司参与各方竞争资源或博弈时，结果是否可控？能否通过外部干预改变其行为结果？对上述问题，公司自治说基本上持否定态度，法律规制说持肯定态度。本文认为外部干预在一定程度上能够优化公司治理，问题的关键在于，只有找到公司治理行为动机的核心原因并对其施加影响，才会使外部干预具有实效，即外部干预的实效性取决于干预的切入点及关键点的选择。外部干预的切入点是公司治理参与各方的行为，尤其是董事的行为。公司治理是通过公司治理行为实现的，行为选择受制于行为动机，而行为动机是有原因的，找到行为动机的原因从而改变行为动机进而就能改变行为结果（公司治理目标）。由于行为选择、行为动机的因素复杂，因此，介入公司治理的关键点或依托的选择至关重要，选择正确则事半功倍，否则事倍功半。就公司治理而言，干预的关键点是民事责任中的民事损害赔偿责任。公司是典型的以财产权利为目的的营利社团法人，公司治理的目标也是实现财产权利（绩效），公司治理参与各方均为经济人，行为选择时经常考虑的是行为成本，关注的对象仍然是财产权利。追逐财产权利必然厌恶财产责任，而财产责任的核心是民事损害赔偿责任。[①] 因此，民事损害赔偿责任必然是影响公司治理行为动机的关键原因，通过设定民事损害赔偿责任改变行为动机、塑造行为选择就成为从外部干预公司治理的关键点。民事损害赔偿责任对公司治理的优化具有行政责任、刑事责任及其他民事责任无法比拟的优势。

民事损害赔偿责任是民事责任中重要而复杂的部分，公司治理中的民事损害赔偿责任类型多样，且非建立在单一原则基础之上，因此，虽然民事损害赔偿责任是影响公司治理行为动机的重要原因，但以下两个问题不解决，通过设定民事损害赔偿责任干预公司治理、塑造公司治理行为服从于公司目标的愿望仍然无法实现：第一，公司治理民事损害赔偿责任的正当性问题，责任的正当性是责任具有实效的基本前提；第二，众多公司治理民事损害赔偿责任类型中的核心责任问题，找到主要责任才不会舍本逐末、喧宾夺主。本文主张的法律责任本质的多元观能够回答第一个问题。多元观从根本上解决了公司治理民事损害赔偿责任的正当性问题。董事的过错责任（道义责任论）、无过错责任（该种责任包括很多类型，其正当性有的基于社会群体利益——社会责任论、有的基于规范——规范责任论、有的基于意志——阶级意志论）等类型能够为社会群体接纳。法律责任本质多元观是开放的观点，它除了为责任的正当性提供理论依据外，也为

① 本文对责任的界定采“新义务论”，此处主张民事损害赔偿责任（约束）是影响公司治理的关键并不否认财产权利（激励）的功用，也无意挑起权利本位与义务本位之争。

构建不断扩张的、开放的现代民事损害赔偿责任体系提供了理论支持,使之能够适应不断变化着的社会关系。关于第二个问题,经验表明,董事义务、责任当然是公司治理民事损害赔偿责任的主体或核心。理论依据在于,现代公司制度两权分离的事实状态造成内部控制权与外部监督权的张力,在演进(股东中心主义——董事中心主义——经理中心主义)的公司治理结构模式中,在目前董事中心主义框架下,内部控制人的核心阶层是董事,董事的动机和行为选择深刻影响公司治理,因此董事义务责任在公司治理民事损害赔偿责任中必然居于核心或主导地位。董事控制公司的事实导致董事民事损害赔偿责任常常是“空头支票”。一旦董事民事损害赔偿责任在司法上无法追诉,实际上并不承担,则通过设定民事损害赔偿责任从而影响公司治理行为动机,进而指引、控制和塑造公司治理行为服从于公司治理目标的目的就将落空,因此,必须解决董事民事损害赔偿责任的追诉机制问题。建立追诉机制的理论依据是:在公司治理博弈模型中,主要的博弈方是股东和董事,当董事侵犯公司利益,而受控于董事的公司实际无法追诉董事时,就要考虑将公司的诉权赋予博弈的另一方——股东。因此,以董事责任为核心的公司治理民事损害赔偿责任必然要匹配以股东派生诉讼为核心的公司治理损害赔偿诉讼机制。二者的结合将形成完善的法律约束机制并指引、评价、预测、控制和塑造公司治理各方的行为选择。遗憾的是,我国《公司法》、《证券法》等相关立法几乎未规定董事民事损害赔偿责任,反而舍本逐末地规定了大量行政责任。这种强化行政责任而淡化民事责任尤其是极少规定民事损害赔偿责任的做法是错误的。

司法介入公司治理的典范

——来自于特拉华州的经验

杨勤法

在美国的州际公司法律竞争中，特拉华州成为最大的赢家。截至2004年2月19日，特拉华州有61.5万多家企业，其中包括27.5万家本地公司。财富500强公司中近60%是特拉华州公司，500强公司中在纽约证券交易所上市的有60%也是特拉华州公司。2004年，在美国三大证券交易所（纽约证券交易所、美国证券交易所和纳斯达克交易所）IPO（首次公开发行股份）公司中的70%属于在特拉华州注册的公司。[①] 特拉华州公司特许税的收入占该州财政收入的15%—20%。由于该州人口少，每人平均所占的公司特许税就很大。

特拉华州之所以取胜，除了极低的公司成立标准、便捷的注册程序、相对低廉的公司税收这些可以复制的因素外，更在于特拉华州公司法的不确定性和该州法院对公司纠纷的临事裁判能力。由于特拉华州法官在解释公司法方面所发挥的巨大作用，该州轻易通过标准的模糊化而获得竞争优势，尽管这种不确定性只是次优选择。特拉华州公司法更多地规定一些宽泛的标准，而不是通过具体的规则调整公司纠纷。该州法院也不愿为公司参与者提供一套明确判定是非的规则。从比较模糊的标准中往往极难领会立法意图，只有在法院就特定的场景作出司法裁判时，立法意图才真正体现。

特拉华州法院在审理公司纠纷时，除了考虑公司的最大利益外，还必须考虑法律和公共政策，如伦理、商业、公共关系、雇员利益和财政因素。在此情形下，法院在审理案件时，似乎更多地受个人知识、经验甚至是个人爱憎的心理偏好的左右。[②]

由于大量的公司在特拉华州注册，特拉华州法院有了更多审理公司纠纷案件的机会，由此积累了丰富的处理公司纠纷的经验。大量的公司纠纷也使该州律师获得了较多的代理公司纠纷案件的机会，律师丰富的公司实务经验使在特

---

① See E. Norman Veasey, What happened in Delaware Corporate Law and Governance from 1992—2004? University of Pennsylvanial Law Review, Vol. 153, No. 5, 2005.

② 参见罗培新：《公司法的合同解释》，北京大学出版社2004年版，第356页。

拉华州注册的公司能得到良好的法律服务，这又进一步促进了公司的发展。正是这种良性循环，使特拉华州的优势更加突出。

特拉华州法院独特的运作系统也是形成特拉华州现象的重要因素。该州的所有公司纠纷案件都限定在该州大法官法院审理。特拉华州大法官法院的法官，许多都具有类似的专业背景，他们在成为法官前一般都在公司法领域执业，大量的经验积累使得他们对商业运作保持着足够的敏感。而大量的公司案例，不断更新着法官们的知识系统，使得他们永远站在审理公司业务纷争的最前沿。这些都使得其他各州的法院极难效仿。①

然而，特拉华州成为公司的"理想家园"，仍经历了一个长期的发展历程。

一、特拉华州现象的形成过程

（一）举足轻重的大法官法院

在 1792 年、1898 年和 1913 年分别发生了与公司法有关的对大法官法院产生巨大影响的事件。

1792 年，特拉华州宪法批准该州参照英国的高等大法官法院，设立特拉华州大法官法院。英国的大法官法院在中世纪时就存在，具有封建色彩的衡平法院性质，且大法官法院是一种衡平法院，而不是诉讼法院。它的主要目的不是解决法律诉讼纠纷，而是当争议双方发生财产纠纷后，没有现行的法律可以适用时，由大法官法院根据公平的原则予以解决。特拉华州对大法官法院的授权与英国有所不同。特拉华州授予大法官法院的司法权力不仅包括审理没有法律规定的纠纷，更多的是处理法律有规定的纠纷，涉及的案件类型包括公司纠纷、信托纠纷、土地出售纠纷等。特拉华州独特的法院体系为公司纠纷的解决提供了前提。

1898 年发生的事件对特拉华州的影响不可低估。特拉华州为了吸引公司在该州注册，颁布了《特拉华州公司法总则》(General Corporation Law，GCL)。之后，特拉华州公司法不断对公司治理的形式、原则和程序进行法典化。自 1898 年以来，特拉华州立法机构不断修正 GCL，使得在特拉华州设立公司更加方便。特拉华州 GCL 是美国最重要的公司法，不仅因为它规定了特拉华州公司最重要的事务，更因为它成为公司法中不可抵挡的创新者、竞争者。

1913 年的事件并不发生在特拉华州，却对特拉华州产生了巨大的影响。这一年，新泽西州在州长伍德罗·威尔逊(Woodrow Wilson)的领导下，加强了对公

① 参见罗培新：《公司法的合同解释》，北京大学出版社 2004 年版，第 361 页。

司的控制。1915年,新泽西州修正了公司法,对公司增加了一系列的限制。作为报复,许多公司离开新泽西,跨过特拉华州河,将公司搬到了特拉华州。两年时间内,特拉华州成了大多数美国大公司的设立地。

特拉华州的大法官法院及其二百多年的案例法巩固了特拉华州的地位。从表面上看,特拉华州法院的判例法非常不确定,但由于大法官法院审理了大量的公司治理纠纷,通过对这些案例的分析,公司参与者可以据此判断其行为的后果。所以,特拉华州公司案例法的深度和广度满足了公司对公司法的确定性和可预见性的要求,这是其他州所无法比拟的。公司的参与者在从事某种行为前,希望知道该种行为可能导致的法律责任以及此种责任的大小;许多公司实施交易行为前要了解确定和可预见的诸多外部因素,比如法律环境。特拉华州公司案例法明确了公司参与者的法律地位以及能够从事的法律事务,排除了不可预见的风险。

现行的环境扩大了特拉华州大法官法院在处理公司治理危机中的作用。伊斯特布鲁克和费舍认为,市场失败和其他的公司契约过程证明,通过立法和司法建立公司治理的基本架构是正当的。

有人认为,特拉华州的成功在于特拉华州独特的公司立法。特拉华州的法官立法为特拉华州的公司提供了许多益处,包括灵活性、快速反应、远离政治影响、透明度等,这些因素增加了特拉华州公司法及时调整以适应商业世界变化的能力。特拉华州大法官法院属于专业性的法院,该院审理的案件中大约有四分之三属于公司纠纷。该院法官以精通商业事务而著称,法院也因审理公司纠纷而出名,因此,大法官法院的判词被广泛引用。大法官法院判决所确立的标准被特拉华州现行公司法大量采纳。[①] 特拉华州法院由于其完美、娴熟、勤奋、诚信、独立和专业等特点,能提供的规则优于联邦机构提供的规则。虽然安然事件引起了对特拉华州管理公司治理效率的争论,但特拉华州模式依然运行良好。[②] 另外,该州公司律师能对公司立法产生影响,这在其他州几乎是不可能的。诸如劳工组织等利益集团对公司法的影响也远弱于其他州。

(二)独特的公司立法

虽然各界对特拉华州的竞争到底是“朝底竞争”(race to the bottom)(通过降低管理层对股东应承担的义务来吸引公司)还是“朝顶竞争”(race to the top)

---

① See, e.g., William H. Rehnquist, The Prominence of the Delaware Court of Chancery in the State-Federal Joint Venture of Providing Justice, 48 Bus. Law. (1992), p.351.

② See E. Norman Veasey, The Role of the Delaware Courts in United States Business Litigation, Address Before ALI-ABA Advanced Course of Study on United States Domestic and International Litigation and Dispute Resolution 1, 3 (Apr. 11, 2002). Norman Veasey 当时正担任特拉华州最高法院首席大法官。

(通过完善股东保护制度来吸引公司,使公司法更有效率)存在争议,但对竞争是在各州之间进行的州际竞争并没有疑问。

"朝底竞争"理论认为,特拉华州公司法通过增加股东的成本、降低公司管理层责任来吸引公司。根据特拉华州公司法规定,股东没有管理层许可,不能单独设立公司。[1] 从这个角度讲,特拉华州管理层得到了他们想要的。公司股东由于过分分散而失去了对公司的控制,他们成了管理层控制公司的"橡皮图章"。

"朝底竞争"理论是建立在下列两个条件基础上的:大多数美国公司法是由各州制定的;各州之间的竞争对公司立法产生了主要影响。然而,各州公司立法并不能不受干预而各行其是,在美国有一个在各州之上的大立法者,即联邦机构,[2]这一庞大机构一直在与各州抢夺立法资源。因而,"朝底竞争"的理论基础并不完全成立。

在美国的公司制度中,无论是否存在各州之间的竞争,也不管这种竞争是"朝底竞争"还是"朝顶竞争",在美国的联邦体制下,联邦永远对涉及全国的经济事务享有决定权。对公司价值产生影响且涉及全国性的公司制度大多由联邦权力机构制定,例如大萧条时期的证券交易制度、20 世纪 80 年代早期的公司收购制度、安然和世通公司丑闻后的公司治理制度等,都是联邦权力的产物。由于一些重要的公司制度的制定属于联邦权力的势力范围,特拉华州就失去了一些重大公司事务的决定权。即使有些权力仍留在特拉华州,联邦机构也可以随时收回这些权力。联邦机构的权力对特拉华州公司法产生了深刻的影响。

这也就意味着,特拉华州公司立法的竞争不仅是同其他州的竞争,更是同美国国会、美国证券交易委员会(SEC)、美国联邦法院和纽约证券交易所等之间的竞争。联邦权力机构经常改变他们不喜欢的州立公司法,而保持一些他们能够容忍的公司法。通过各种场合与州之间的公司立法竞争,联邦权力机构无形中划出了与各州之间的公司立法界限,这些界限表明联邦机构才是真正的最终的公司立法者,州际之间的公司立法竞争是在联邦划定的范围内展开的。

因而,即使特拉华州确实制定了有效的公司法,我们也难以确定到底是哪种力量使其产生了效率,因为除州际竞争之外,联邦与各州之间的竞争对公司立法的影响也不可忽视。

1. 联邦与各州间的立法权划分

根据美国学者的解释,在联邦与各州之间对公司立法有一个形式上的划分,即各州管理公司的内部事务,联邦立法则负责诸如证券交易之类的公司外部

---

① See Del. Code Ann. tit. 8, § §241.

② 本文所指的联邦机构包括美国国会、美国证券交易委员会、美国联邦法院和纽约证券交易所等。

事务。

但何为公司内部事务，这仅仅是一个理解问题，而不是一项宪法原则。只要联邦机构愿意，可以将公司的所有事务解读为公司外部事务，结果是所有的公司法都可能成为联邦法。例如，在银行领域，当联邦机构希望州特许银行遵循联邦政策时，联邦机构即可制定规则，要求各州特许银行按联邦政策行事。如果国会觉得美国的大公司必须遵守联邦法，亦可同样要求美国大公司摈弃州法。国会对跨州商业活动的权力表明，所谓的公司内部理念，只不过是一项非正式的安排，对联邦立法者并没有硬性的限制。

当联邦权力机构要扩展其权力范围时，经常干预所谓的公司内部事务，导致传统公司内部事务与外部事务的划分界限常被打破。在美国公司发展史上，出现了三次典型的联邦机构对州际之间的商业事务进行干预的例子。这三次干预分别发生在20世纪初、20世纪30年代和20世纪70年代。这些干预对特拉华州公司法产生了影响。特拉华州的立法者随时感受到来自联邦的压力，他们明白，这些残留的权力随时可能被联邦拿走。所以，以公司内部事务理论界定联邦机构与各州之间的公司立法的权力界限，仅是学者的一种解读，并无法实际解决联邦机构与各州之间的公司立法竞争。

与特拉华州的感受形成鲜明对照的是，学术界很少注意到联邦权力机构对州公司法的潜在影响，普遍认为联邦机构对州立法的影响是临时的、补充的、例外的、有限的。虽然联邦机构干预各州公司立法时会对公司立法界产生影响，但当联邦机构减少对各州公司领域的各种干预时，公司立法界又会恢复常态。事实并非如此，每次联邦机构的介入，都会通过设定联邦与州之间的界限，加深对州公司立法的控制。整个20世纪，联邦机构几乎没有停止过对州公司立法的干预。只要公司领域发生重大事件，联邦机构都能成为州公司法最主要的驱逐者。联邦法院、国会、SEC，[①]只要愿意，都可以取代各州公司立法。

那么，联邦机构是怎样突破联邦与各州之间公司立法的形式划分的？不同的联邦机构对各州公司立法的干预各有各的借口。

公司投票被认为是公司最主要的内部事务，按照公司内部事务理论，公司投票规则及相应的内容属各州所享有的公司立法事项。然而，美国公司律师经常进行的公司投票权委托，主要的依据并非州公司法，而是1934年的《证券交易法》。《萨班斯—奥克斯利法》更是国会跨越公司内部事务的划分界限，直接对公司内部管理权进行干预的典型例子。该法案加深了公司管理者的责任，对公

---

① 如20世纪60年代欺诈责任刚开始实行时，联邦法院就受理了许多本应由州法院受理的信义责任案件；《威廉姆斯法案》和《萨班斯—奥克斯利法案》等公司治理法案的颁布，就是国会干预州公司立法的例子；20世纪50年代的委托权之争，为SEC干预州公司立法提供了机会。

司内部管理权作了重新分配。从国会的角度看,其从各州获取涉及公司管理方面的立法权几乎达到随心所欲的地步。

SEC享有管理证券交易活动的广泛权力。由于公司的证券交易被认为是公司的外部事务,SEC名正言顺地对各州公司证券交易实施干预。许多证券交易规则甚至对各州公司治理的规则也造成了冲击。例如,在特拉华州,公司向股东回购公司股份是合法有效的,这纯属公司与股东之间的内部事务,特拉华州公司法对此不作干预。但SEC认为,公司回购股东股份会形成大股东控制公司,因而,根据对大股东的控制规则,公司回购股东股份被SEC禁止,从而排除了特拉华州公司法关于公司回购本公司股份的效力。[①] 在涉及公司管理权时,SEC与特拉华州也产生了分歧。特拉华州认为,公司的管理权被授予了董事会,因而,通过委托要求董事会提起特定的诉讼是不允许的。而SEC认为,在公司决策上,股东可以委托他人行使权利,包括要求公司管理层提起诉讼。SEC实际上改变了州公司法关于公司内部权力划分的规定。

提起诉讼是作为股东所享有的最基本的权利。证券律师印象深刻的是:联邦法院在20世纪60—70年代为股东打开了行使其权利的大门。联邦法院通过将原属州公司法规定的核心内容(信义义务)变成联邦法,从而加强了对州公司法的影响。现在,虽然联邦法院并没有像20世纪70年代那样解释公司法,但依然影响着各州公司法的发展。

作为间接的联邦管理机构,证券交易所的规则对大公司的管理起了重要作用,这些规则包括股东间的不同投票权、董事会的组成、公司的赔偿等。学界认为,纽约证券交易所是一家纯私人的、自律性的组织。其实不然。纽约证券交易所经常受到来自SEC施加的非正式渠道的压力。例如,纽约证券交易所要求上市公司董事会必须建立审计委员会,这一规定就是纽约证券交易所在SEC的压力下制定的。

联邦机构掌握了涉及公司重大问题的立法,并深深地影响了州际之间的公司立法竞争。在公司的立法上,特拉华州所能够做的,仅仅是联邦机构剩下的。假如将特拉华州制定的公司法划分为四部分,则有两部分是联邦机构想要的,第三部分是可以取代的,第四部分是联邦机构讨厌但仍能容忍的。所以,特拉华州公司法是联邦机构所能容忍的第四部分。

有人认为,公司法大约有75%是由各州制定的,但有学者认为,公司法有87.5%属于联邦法,其中25%由联邦机构直接制定;50%属于联邦和州共同制定的,应属于联邦法的范围;12.5%是属于联邦让出的,各州制定后,也符合联邦机构意愿,本质上还是联邦法。

---

① 这一禁令后来被解除。

2. 在联邦的“威胁”中生存

特拉华州如果在立法过程中有任何不慎而惊动了联邦机构,或者触犯他们的利益,其立法权就可能被国会、SEC或者联邦法院剥夺。特拉华州的立法者有理由担心,如果他们有任何闪失,就有可能失去立法权。

这样的担心,不仅是现有环境下的担忧,还有历史原因。如前所述,20世纪联邦机构曾有三次典型的干预州公司立法的事件。在20世纪前10年,美国工业委员会就抱怨新泽西州的公司法过于严厉,不利于公司的发展,最后迫使新泽西州公司法作出修改。

20世纪30年代的罗斯福新政,导致大量的联邦公司法取代了州公司法。20世纪初,新泽西、特拉华州和内华达州之间通过降低对公司的管制标准展开竞争,这种“朝底竞争”使得原本严格的、有所限制的公司法规则变得越来越放松。罗斯福认为,州公司法过于软弱,无法使证券市场的欺诈和不公降到最低限度,于是用严厉的联邦标准取代各州公司法确立的标准。20世纪30年代国会通过证券法的背景是:国会无法忍受各州对涉及公司的一些重大问题放松管制,从而作出这样一种反应。在大萧条时期,国会进一步深化证券法,开始追求“完全的商法联邦化”。[①] 时任国会经济委员会主席的参议员约瑟夫.欧马赫尼(Joseph O' Mahoney)认为,既然国家的商业活动由全国性的公司经营,则全国性公司的权力应由联邦赋予,而不是州。在他的推动下,国会制定了一系列属于公司内部事务的联邦公司法规则,包括信义义务、投票权、公司赔偿义务、股票发行的司法审查等。此后他进一步要求,公司的设立地必须是经营地,这一规定终结了特拉华州与其他州的竞争,几乎断送特拉华州在公司立法上的任何优势。

到了20世纪70年代,美国SEC前主席威廉·凯里(William Cary)更撰文直接宣称,已经到了终结公司法的特拉华州时代的时候了。[②] 他建议结束联邦公司法供应不足的现状,提倡全国性的公司设立标准,即制定联邦公司章程、规定全国性的公司设立最低标准。威廉·凯里认为,必须完善联邦公司法,以克服联邦机构进行公司立法的侏儒形象,结束50个州各自为政的状态。以上意见成了律师协会研究的重点,国会对其意见也非常赞成。例如,要求董事会中必须有独立董事;在关键性的董事会委员会中,独立董事必须占大多数;股东必须拥有对更广泛事务的投票权等。[③]

---

① See Allen D. Boyer, Federalism and Corporation Law: Drawing the Line in State Takeover Regulation, 47 Ohio St. L. J. (1986), pp. 1037, 1052.

② See William L. Cary, Federalism and Corporate Law: Reflections upon Delaware, 83 Yale L. J. (1974), pp. 663, 705.

③ See Daniel R. Fischel, The "Race to the Bottom" Revisited: Reflections on Recent Developments in Delaware's Corporation Law, 76 Nw. U. L. Rev. (1982), pp. 913, 916.

无论人们在近三十年来如何争论威廉·凯里的建议，其建议确实长期刺痛了特拉华州立法者神经，同时也进一步印证了公司立法上的联邦与州之争。我们无法判断特拉华州立法者多大程度担心被联邦立法者所驱逐，然而，这种威胁时刻存在。从州法院法官对“毒丸计划”的说明可以看出特拉华州的这种矛盾心理。法官认为，“毒丸计划”是容易引起全国关注的问题，联邦机构也容易介入，所以，在法院的判决中，法官对“毒丸计划”仅简单说明，不敢过分阐述这一问题。[①] 事实也证明，SEC 曾想干预。在是否干预“毒丸计划”这一问题上，SEC 分成两派，最后以 3 比 2 决定不予干预，使特拉华州逃过了一劫。

公司法领域受到广泛称赞的特拉华州律师协会，曾制定了州反收购法，该法内容非常缓和。律师协会是这样解释这种中性法律的：“为什么要缓和？为什么不制定我们能够通过的最严格的限制？从某种程度上讲是为了保持长期利益与短期利益的平衡。我们知道，我们最终可能付出的代价就是失去我们的权力，即联邦机构介入或取代我们。”[②]

到了 20 世纪 80 年代，关于公司收购的争论逐渐平息后，一位特拉华州法官评论道：国会对于公司收购不会再管那么多了。这暗含着特拉华州法官终于有了用武之地。[③]

联邦机构受到的广泛尊敬以及专业能力也对特拉华州的公司立法产生了深刻影响。特拉华州大法官法院也作出这样的评论：作为管理机构的证券交易委员会（SEC）有足够的专业人员，有能力对相关专业问题进行管理。所以，无论从专业的角度还是从竞争的角度，特拉华州在制定公司法时必须考虑联邦机构的影响。[④] 特拉华州首席大法官认为，所谓的内部事务理念给予特拉华州的保护非常有限，联邦证券规则是干预公司内部事务的一股力量。即使公司内部事务理念有着非常悠久的传统，联邦机构照样可以随时打破这种传统。安然公司的崩溃和随后发生的公司治理争论已经导致联邦机构对公司内部事务的干预。[⑤] 首席大法官发表评论后的三个月，《萨班斯—奥克斯利法案》就颁布了。

公司内部事务原则仅仅是立法者的一种理解，它是如此的软弱，联邦机构可以随时打破这一原则，直接介入州公司事务管理。况且，所谓“重要的公司内部

---

① See Moran v. Household Int'l, Inc., 500 A.2d (Del. 1985).

② Hearing on H. B. 396 Before the Delaware House of Representatives, 134th Gen. Assemb., Jan. 26, 1988.

③ See Andrew G. T., Moore II & Bayless Manning, State Competition: Panel Response, 8 Cardozo L. Rev. (1987), p.779.

④ See Lewis v. Vogelstein, 699 A.2d (Del. Ch. 1997).

⑤ See E. Norman Veasey, The Role of the Delaware Courts in United States Business Litigation, Address Before ALI-ABA Advanced Course of Study on United States Domestic and International Litigation and Dispute Resolution (Apr. 11, 2002), pp.1,3.

事务”,本身就是由联邦机构确定的。而且在很多场合,都是州立法机构改变现有规则以适应联邦的要求,否则只能看着联邦机构夺走他们的立法权而无计可施。

立法权的联邦化不是现代现象。在19世纪末20世纪初,反托拉斯法和公司法经常在同一法规中加以规定,并由各州立法。立法者没有像现在一样对之加以分类。联邦机构一直想夺取各州的反托拉斯立法权。为此,国会在制定公司的设立条件时,有意将反托拉斯法从公司法中隔离,再通过专门的反托拉斯立法,从而成功地将反托拉斯法的立法权从各州手中夺走。

在国会的影响下,各州也开始将反托拉斯法与公司法加以分立。1892年,俄亥俄州律师起诉标准石油公司涉嫌垄断时,所依据的就是分开的反托拉斯法和公司法。[①] 标准石油公司试图通过信托安排免除在石油工业的竞争。[②] 在纽约的标准石油信托公司持有美国石油公司的大部分股份,包括标准石油俄亥俄公司。律师认为,这种信托安排是一种违法行为,因为俄亥俄州法律没有授权公司可以通过信托安排免除竞争。俄亥俄州最高法院支持了律师的诉讼请求,并命令停止这种信托。俄亥俄州最高法院法官在作出判决时,是将反托拉斯法与公司法分开适用的。这是最早在州判例法中将公司法与反托拉斯法加以划分。

新泽西州曾被称为托拉斯之母,主要原因是新泽西州授权公司可以获得非本州公司的股份,本质上是允许垄断者设立控股公司,这是州际竞争的结果。立法者为公司提供更加灵活的设立条件,以取悦于公司管理层,如标准石油公司就利用了新泽西州灵活的公司设立条件取得了垄断地位。虽然这种制度设计有利于股东,但不利于公共利益,实际上是一种“朝底竞争”。在纽约州被拒绝的托拉斯行为,在新泽西州却被接纳了。[③] 新泽西州公司法为公司垄断提供了法律保障。

一年后,美国国会通过了《谢尔曼法》。根据谢尔曼法,如果跨州之间的公司合并限制了竞争或对美国的部分商业构成了垄断,则联邦机构有权禁止这种合并。联邦机构夺走了新泽西州授予公司利用合并进行垄断的权力,剩下的是不重要的、非垄断性的合并。

特拉华州与新泽西州为了剩下的公司立法权展开了竞争。特拉华州大量参考了新泽西州的公司法规则,但大量的公司仍留在新泽西,因为他们已经习惯了

---

① See State ex rel. Attorney Gen. v. Standard Oil Co., 30 N.E. 279 (Ohio 1892).

② 标准石油公司通过与其他公司签订协议来协调成员间的生产,协议成员通过削减产量提高价格。这种协议是不稳定的,因为高价格进一步增加产出,而产量增加反过来又使价格下降。标准石油公司想通过购买石油公司的方式来限制竞争。但俄亥俄州公司法禁止非俄亥俄州公司购买本地公司,所以标准石油公司只有通过达成垄断协议来免除竞争。

③ 新泽西州于1889年通过了该州第一部有利于垄断的公司法。See Harold W. Stoke, Economic Influences upon the Corporation Laws of New Jersey, 38 J. Pol. Econ. (1930), pp.571—576.

新泽西州的规则。1910年,威尔逊在竞选州长时,坚决反对垄断,尽管他当上州长后,并没有立即对垄断行为进行限制。在1912年总统竞选时,竞争对手西奥多·罗斯福嘲笑威尔逊是假改革者,而自己才是真正的反垄断者。为了保证在总统竞选时获胜,威尔逊要求州立法机构对公司法进行修改,以使其内容与联邦政府的政策保持一致。他认为,新泽西州的公司法是保护垄断的,因此他的改革措施是禁止组建控股公司,限制新泽西州公司购买其他州竞争者的公司股份,以防止垄断。新泽西州对公司立法的改革给了特拉华州一个机会,特拉华州趁机而入。

西奥多·罗斯福与威尔逊在总统竞选时,借垄断立法这一议题相互攻击,表面上看,仅是美国总统竞选的惯用伎俩,且他们之间的争论还忽视了公司法与反托拉斯法相混合的事实。但这场争论的实质是看谁对联邦立法更有忠诚度,而联邦机构也趁机将涉及公司的重大问题的管理权占为己有。

在美国,涉及大公司(以上市公司为主)的法律主要有两类:州公司法和联邦证券法。这两类法律在适用时经常产生重叠和冲突,有时法院希望在两者之间划出一个界限。

1934年的立法史显示了公司法与证券法相互交叉的现象。联邦机构原先想对跨州商业活动进行立法管理,首先,将设立跨州公司的条件规定在公司法中,由于跨州公司经营的公司大多为大公司,国会认为仅规定设立的条件不够全面,因而采纳该立法。后来,联邦机构将原公司法没有采纳的内容纳入到1934年的《美国证券法》中并成为该法的核心条款,如投票权、内幕交易等。

除国会之外,SEC制定的许多证券交易规定也是公司法的内容。如SEC的投票权条款规定股东如何委托投票、股东怎么登记成投票人等,这些内容都属于公司的内部事务。

公司的管理人员基于内部消息向公司股东购买公司股份,也就是所谓的内幕交易,各州一直将其认定为公司内部事务,公司法也允许这种交易。但联邦机构无法容忍内幕交易,认为这有损公平,并通过联邦证券法将其纳入到自己的管辖范围。

二、特拉华州的成功表现

(一)特拉华州与联邦的争夺领域

1. 信息披露规则

已经通过的证券法并没有要求公司向股东披露足够的信息。特拉华州及其他州也没要求公司必须披露相关信息,他们认为,每年公司的股东会上,有关信息必须向股东加以披露,虽然事实上公司很少这样做。由于各州没有对信息披露有足够的重视,证券交易所趁机而入。美国第一次强制信息披露措施是在1907年制定的,而制定者既不是新泽西州,也不是特拉华州,而是纽约证券交易所。[①]

各州公司法存在的缺陷成为联邦机构干预的借口。20世纪20年代,特拉华州通过了一个不合时宜的法律,该法放弃长期坚持的保护股东的规定,授权董事可以发行空白股票,而股票的具体条件由董事会在空白股票发行后决定。这遭到了有关学者的强烈批评,著名学者Adolf Berle认为这是允许内部人员"强行征收"公司财产。这已经超越了"朝底竞争"与"朝顶竞争"的争论,引起了联邦机构的强烈反应,SEC认为特拉华州的授权无效。

公司或管理层向股东披露信息是一种信义义务。管理层是否对股东承担内幕交易的信义义务属于公司的内部事务。联邦机构不满意各州对内幕交易的规定,于1933年和1934年立法对内幕交易进行了规制。20世纪60年代,源于"Texas Gulf Sulphur案"[②],SEC进一步扩大了对内幕交易的管理。内幕交易规则已经超出了各州信义法和代理法规定的内容,有关代理法和信义法仅禁止代理人不得利用内幕信息谋利,而联邦证券法的范围要广很多。

近几年,几乎所有的公司会计事务都成为联邦管理的事务范围。当安然和世通这些公司的会计丑闻发生后,联邦机构似乎认识到公司财务不能任由公司自行管理,各州基于内部管理原则所制定的相关措施也没有有效地解决财务管理存在的问题,联邦机构再一次成了公司会计事务的管理主体。

2. 股东投票权

公司法的核心是股东的投票权。每年召开的股东会涉及公司的控制权,股东通过投票控制董事。由于在20世纪30年代,各州对投票权委托没有作任何规制,致使管理层滥用投票权委托。为此,对每年召开股东会进行管理成了联邦法律的重要内容。到了20世纪50年代,投票权的竞争成为公司法的主要问题。联邦机构立即对此作出反应,制定了投票规则以应对公司管理层的压力。

州公司法过去常允许公司管理层通过一揽子的投票方案,即将许多事项作为一次投票的内容,要么全部同意,要么全部不同意。公司管理层借机把对股东不利而对管理层有利的决议与对股东有利的决议(如公司分红)捆绑在一起表决,使股东无法选择。1992年,SEC的投票权修正规则改变了这种做法,要求公司通过决议,除选取董事可以实行一揽子方案外,其他事项必须一事一个提案。

3. 信义义务

作为公司法核心内容之一的信义义务也被联邦入侵。在20世纪的60年代

---

① See Paul G. Mahoney, The Exchange as Regulator, 83 Va. L. Rev. (1997), pp. 1464—1470.

② See SEC v. Tex. Gulf Sulphur Co., 401 F.2d 833, 849 (2d Cir. 1968).

和70年代，随着10b-5责任规则[①]的扩大适用，同时代的大量公司纠纷被转到联邦法院审理。当联邦第二巡回法院将涉及信义义务的纠纷适用10b-5的欺诈条款后，其他巡回法院迅速跟进。正如20世纪70年代的证券法权威理查德·詹宁斯（Richard Jennings）所评论的：大多数涉及管理不当和股东滥用权力的重大公司诉讼案件已不在特拉华州法院审理，很少有股东认为特拉华州法院还可以替他们伸冤。[②]

在公司诉讼案件中，大量的股东权诉讼是联邦法院与特拉华州的竞争。随着10b-5条款的适用，联邦法院将公司控制权纠纷、自我交易、谋取公司的商业机会等均纳入自己的审理范围，这种扩张在Santa Fe v. Green[③]案达到高峰。此后，联邦的介入一刻也没有停止过，在今天的许多联邦证券诉讼案件中，仍有大量的公司治理纠纷。

联邦法规至今仍是股东寻求信息披露救济的有效途径，联邦的信息披露要求进一步强化了各州法规的信息披露制度。如果按照州的法律规定，原告将难以指出管理层违反了什么信义义务。因为，州法虽然规定禁止自我交易，但州法并没有指出什么样的自我交易应该禁止。各州在处理股东与董事的关系时认为，聪明的律师、智慧的法官和分析家更了解公司的内部事务。而SEC却明确规定了什么样的交易是自我交易，应该加以禁止；什么样的交易可以让其继续。SEC对证券交易规定了详细的规则。许多SEC实体法都是以信息披露的名义制定的。SEC如此规定信息披露制度是基于“公司控制者都有盗窃公司的可能”这样的逻辑推理，即通过事前的信息披露，将盗贼挡在公司的大门之外。[④]

4. 公司的封闭化

在20世纪60年代和70年代，公司交易的一个重要内容是公司的封闭化：一个公司有一个控制股东和一批公开股份持有者，控制股东通过收购公开股份持有者的股票，使公司成为封闭公司。特别是控制股东看到公司有好的商业机会时，其收购其他股东股份的动机会更强烈。控制股东将公司封闭化时，常秘密进行，以降低其收购成本。但控制股东的收购理由是否充分、价格是否合理、程序是否公正是有争议的问题。特拉华州肯定这种收购是有效的，规定反对股东可以采取的救济措施是对股份进行评估。SEC毫不掩饰对特拉华州的不满，认为这种评估的救济措施是不充分的。SEC专员A. A. Sommer认为，占控制地位

---

① 10b-5规则规定了三种不合法的证券交易行为。See 17 C. F. R. §240. 10b-5.

② See Richard W. Jennings, Federalization of Corporation Law: Part Way or All the Way, 31 Bus. Law. (1976), p. 997.

③ See Santa Fe Indus., Inc. v. Green, 430 U. S. 462. (1977).

④ See Donald C. Langevoort, Seeking Sunlight in Santa Fe's Shadow: The SEC's Pursuit of Managerial Accountability, 79 Wash. U. L. Q. (2001), p. 456.

的股东将公司封闭化是“用一个铜板来获得400%利润”，这显然是不对的。[①] 特拉华州公司法给予公司管理层以特别的保护，牺牲公司股东的利益，因而其在公司的封闭化过程中，无法有效地保护少数股东的利益。

SEC为此颁布了《关于封闭化交易的几个问题》的13e-3规则[②]。在公布这一规则时，SEC说明的原因是：州公司法没有能够为在公司的封闭化过程中受到损害的股东提供有效的救济。

为应对来自于联邦机构的压力，特拉华州对其规则作了修改，加强了对少数股东的保护力度。在特拉华州低级法院审理的Singer v. Magnavox案件中，法院作出了不利于少数股东的判决，该判决遭到了SEC的批评。最后，特拉华州最高法院推翻了原审法院的判决，要求给予少数股东除评估之外的其他救济措施，以达到公平。[③]

特拉华州最高法院作出这一判决的动机可以解释为防止联邦机构对特拉华州公司立法权的抢夺。但其为应对联邦机构压力从而加强对公司控制者的限制的同时，又遭致来自于公司控制者的抱怨。到了20世纪80年代早期，特拉华州被怀疑是否还是公司设立的理想之地。有的律师不再推荐在特拉华州设立公司，因为特拉华州的法官“道德境界太高”。[④] 而1985年Smith v. Van Gorkom案件的判决表明，特拉华州法院对公司管理层的控制达到了顶点。该判决几乎将特拉华州推到一个危险的境地，因为该判决要求公司管理层对公司承担严格的信义义务。[⑤] 所幸在一年后，特拉华州立法机构通过102(b)(7)条款重新改变了法院在Smith v. Van Gorkom案的立场，放松了对公司管理层的管制。[⑥]

特拉华州在20世纪80年代早期的公司管制趋向与所谓的纯“朝底竞争”理论并不一致。如果是朝底竞争，特拉华州就不应该加强对公司管理层的限制，从而遭到公司律师的批评。特拉华州加强公司管制的目的是应对联邦机构对其施加的压力。因为特拉华州的立法者发现，如果不采取行动，联邦的立法者将介入对公司的立法活动，从而使特拉华州失去更多。特拉华州从联邦机构处感受到的威胁远大于来自于姐妹州的威胁。

5. 双重股权结构

在20世纪80年代，许多公司实行双重股权结构：内部股拥有投票权，外部

---

① See A. A. Sommer, Jr., “Going Private”: A Lesson in Corporate Responsibility, Sec. Reg. & L. Rep. (BNA) No. 278, at D-3 (Nov. 20, 1974).

② See 17 C. F. R. § 240. 13e-3 (2003)

③ See Singer v. Magnavox, 380 A. 2d (Del. 1977).

④ See John C. Coffee, Jr., The Future of Corporate Federalism: State Competition and the New Trend Toward De Facto Federal Minimum Standards, 8 Cardozo L. Rev. (1987), p. 768.

⑤ See 488 A. 2d 858 (Del. 1985).

⑥ See Del. Code Ann. tit. 8, § 102(b)(7) (2003).

股不拥有投票权。由于将投票权认定为公司的内部事务,各州公司立法也认可了双重股权结构。然而,主流公司法学者认为这种股权结构对没有投票权的股东是有害的,[①]需要联邦机构的介入。SEC 对学者的观点作出了呼应,通过了 19c-4 规则。按照该规则,双重股权结构违反了股权平等原则,应认定为无效。如果该规则生效,证券交易所将停止所有双重股权结构的公司股票上市交易。幸运的是,华盛顿哥伦比亚特区巡回法院在 Roundtable v. SEC 案中认定 19c-4 规则无效。法院认为,1934 年的《证券交易法》第 19(c)条并没有授权 SEC 颁布实质性的公司治理规则取代各州公司法。股权结构是公司内部事务,由各州调整,而不是 SEC。[②] 公司内部事务理念使特拉华州躲过了一次被剥夺的机会。这是难得的 SEC 争权失败的例子。

联邦巡回法院的判决并不意味着各州从此可以自由管理公司的双重股权问题了。因为,SEC 并没有就此退却,SEC 证券交易所通过了禁止双重股权结构的规则。最终,双重股权结构的管理权还是回到了联邦机构的手中。[③]

6. 股东权的强化

公司的经营事务由董事会管理是公司法的基石之一。为保证公司业务的正常运行,股东不能干预董事会的商业战略和经营计划。公司律师认为特拉华州公司法第 141 节体现了这一原则。[④] 虽然 SEC 在其 14a-8 规则中授权股东可以在投票权委托书上增加委托的建议事项,但还是不允许股东在委托时有干预公司经营的提议。由于排除事项非常广泛,14a-8 规则成为保护公司经营的有效工具。而 SEC 对董事的保护非常广泛,与特拉华州公司法的第 141 节基本吻合,因此,特拉华州公司法第 141 节也基本得到了 SEC 的尊重。

然而,到了 20 世纪 90 年代,SEC 要求管理层允许股东在投票权委托书中增加涉及公司治理的建议。通过这种规则的安排,SEC 又从特拉华州公司法第 141 节独家控制的领地上夺走了一块。

在 20 世纪 90 年代,还有另一个不被人注意但一定被特拉华州注意的变化。国会于 1996 年通过了《全国证券市场促进法》,紧接着于 1998 年通过了《证券诉讼统一标准法》。这两个法律不但排除了传统的证券保证条款,也从根本上否定了各州与此冲突的法律。国会明白各州立法与国会的竞争以及这种竞争的后果,并对这种竞争进行压制。国会认为:没有全国的标准,各州可能以各种方

---

① See Ronald J. Gilson, Evaluating Dual Class Common Stock: The Relevance of Substitutes, 73 Va. L. Rev. (1987), pp. 807, 844; Jeffrey N. Gordon, Ties That Bond: Dual Class Common Stock and the Problem of Shareholder Choice, 76 Cal. L. Rev. (1988), pp. 1, 8; Louis Lowenstein, Shareholder Voting Rights: A Response to SEC Rule 19c-4 and to Professor Gilson, 89 Colum. L. Rev. (1989), pp. 979, 980.

② See Roundtable v. SEC, 905 F.2d (D.C. Cir. 1990).

③ esp. New York Stock Exchange, Listed Company Manual § 313(A) (2002).

④ See Del. Code Ann. tit. 8, § 141 (2003).

式变更国会制定的法律,从而会成为诉讼的天堂。

公司立法的历史表明,联邦机构反复介入州公司立法:最早是抢夺反托拉斯法的立法权;20 世纪 30 年代对股东投票和内幕交易进行立法;50 年代对跨州交易的委托权立法争夺;60 年代对并购投标人战略的规制;70 年代对信义义务的严格化;80 年代对各州并购立法权的限制;21 世纪对公司丑闻和公司治理的应对等。

有人认为,联邦介入公司立法主要针对的是对国家经济有重大影响,由各州立法不适合的事务。问题是,什么是对国家经济有重大影响的问题?当特拉华州面临重大问题时,不仅要看其他州行事,还要看华盛顿脸色,那么,谁才是特拉华州的主要竞争者?

(二)联邦法院的退让

有学者认为,公司并购是现代公司法的核心问题,而且公司并购法大多是州法。进而认定,特拉华州在公司并购立法上的竞争者主要是其他州,而不是联邦机构。然而,在一些特别的时期,公司并购法实际上就是联邦法。如果忽视联邦在公司并购立法方面的活动,就无法很好地解释 20 世纪 80 年代发生在特拉华州的公司并购立法。

在 20 世纪 60 年代,通过委托书征集来控制公司已经变得非常困难,公司并购成为改变公司控制权的理想方法。通过采用并购手段,收购者控制目标公司的成功率极高。[①] 作为应对,国会于 1968 年通过了《威廉姆斯法案》以减缓公司的并购。由于《威廉姆斯法案》对并购的规定过于模糊,并购方与目标公司经常作出不同的解读,这使得该规定成为 20 世纪 80 年代公司并购战中各方使用的重要武器。不仅收购者与目标公司之间根据各自不同的需要对《威廉姆斯法案》作出不同解读,联邦机构与各州也以此为据展开对公司并购立法的争夺。

今天看来,各州公司法拥有全部权力的最后一个领域可能就是公司并购法。然而,在 20 世纪 80 年代,特拉华州却几乎丧失了在公司并购领域的立法权。

无论是"朝底竞争"理论还是"朝顶竞争"理论,都难以很好地解释特拉华州在 20 世纪 80 年代对待公司并购的态度。其他州通过一个又一个有利于公司管理层的反并购法,但由于与《威廉姆斯法案》或者宪法中暗含的商业条款相冲突,最终都失败了。而特拉华州一直在等待,在这十年间仅通过了一些温和的反并购立法。特拉华州法院作出的判决也非常克制,尽量允许公司的合理并购,且

① See William W. Bratton, The New Economic Theory of the Firm: Critical Perspectives from History, 41 Stan. L. Rev. (1989), p.1518.

这种风格一保持到1989年。到时代华纳案，特拉华州法院改变了克制风格。[①]

如果特拉华州在20世纪80年代提供的是保护股东的“朝顶竞争”公司法，那么为什么到1990年要停止？如果是“朝底竞争”，为满足管理层的要求，又为何要等这么久？

关键并不在于股东利益与管理层利益的关系。在各州相继颁布反并购法时，公司管理层也曾给特拉华州施加压力，要求特拉华州也颁布强有力的反并购法。由于特拉华州没有满足公司管理层的要求，特拉华州律师甚至公开宣称：特拉华州已经不是设立公司的理想之地，也许是公司迁出特拉华州的时候了。[②]尽管受到公司迁出特拉华州的威胁，特拉华州法院的判决依然克制。所以，从州际之间的竞争角度解释特拉华州的公司立法缺乏说服力。

如果从联邦机构的角度解释特拉华州的态度，则远比以“朝顶竞争”理论或“朝底竞争”理论解读要顺畅得多。在整个20世纪80年代，特拉华州有许多理由害怕来自于联邦，而不是其他州的驱逐。联邦机构正在制定有利于公司并购的法案，国会讨论的主要法案的目的是剥夺各州的反并购法，一旦国会通过法案，特拉华州的许多权力将被剥夺，国会的这些法案几乎没有给特拉华州留下太多的空间。即使最温和的联邦法律都可能威胁到特拉华州。国会与特拉华州在并购立法上的这种关系引起了广泛的关注，[③]因此，特拉华州并购律师协会建议在这种关键时刻，特拉华州不应通过任何反并购立法，以免激怒国会。[④] 如果特拉华州有任何闪失或者走得离联邦机构太远，都可能引起国会的反应，而国会的任何行动都可能动摇特拉华州公司法最重要的堡垒：对公司并购的立法。头顶达摩克利斯之剑，特拉华州自然谨小慎微。

幸运的是，国会在对待公司并购立法上也非常矛盾：一方面各州需要反并购法，以迎合公司管理层；另一方面，证券行业协会并不希望各州出台反并购法。最终，国会通过的法案还是比较缓和。对于特拉华州公司法涉及的主要并购内容，国会授权SEC立法。

在整个20世纪80年代，联邦法院都以与宪法商业条款相违背为由，宣布州反并购法无效。美国最高法院在1982年对Edgar v. MITE Corp.案[⑤]作出判决时，毫不掩饰对州反并购法的厌恶。在该案中，美国最高法院认定：伊利诺伊州通过反并购立法，对州际之间的商业活动进行直接调整，有利于本地企业的利

① See Paramount Communications, Inc. v. Time, Inc. (Time-Warner), 571 A.2d (Del. 1989).

② See Mark J. Roe, Delaware's Competition, Harvard Law Review, Dec., 2003.

③ See Vicky Cahan, States vs. Raiders: Will Washington Step In?, Bus. Wk., Aug. 31, 1987.

④ See Curtis Alva, Delaware and the Market for Corporate Charters: History and Agency, 15 Del. J. Corp. L. (1990), p.908.

⑤ See 457 U.S. 624 (1982).

益，这种做法是违反宪法的。因为伊利诺伊州反并购法剥夺了股东出售其股权的机会，阻碍了经济资源的优化配置。同时，联邦巡回法院也以违反《威廉姆斯法案》关于禁止操纵或欺诈为由，[①]将大量的公司交易纳入到联邦调整的轨道。如果巡回法院划定的界限得以坚持，所有的公司并购战略都将由联邦机构调整。所幸到了20世纪80年代末，巡回法院的目的没有完全实现。

有关20世纪80、90年代特拉华州与联邦机构之间对公司并购立法权的争夺，存在两种解释。一种解释是，联邦机构在20世纪80年代严格控制了特拉华州的公司立法，在80年代末联邦机构放松对公司并购立法的控制后，特拉华州获得了自由立法的空间。另一种解释认为，联邦机构对公司立法的控制并没有放松，只是改变了方向。到20世纪90年代早期，华盛顿改变了对公司并购的政策。特拉华州依然跟着华盛顿的步伐，只不过走得更远、更快一点而已。

不管是放松管制的解释还是紧跟步伐的解释，都有一个共同的前提：特拉华州的公司立法价值取向都与联邦机构的基本一致。在20世纪80年代早期，美国并购法大多是联邦法。当特拉华州的立法活动遭受来自于强大竞争对手的干预时，特拉华州的聪明做法是紧跟华盛顿而不是其他州。这就能解释为什么特拉华州的并购立法的竞争本质是如何协调与华盛顿的关系而不是纯粹的州际竞争。

20世纪90年代，联邦机构虽然放弃了公司并购领域的立法，但没有从公司治理领域完全撤离。即使在《萨班斯—奥克斯利法案》颁布前，联邦机构还是通过对委托书的征集、股东建议、机构投资者等制度的管理来调节管理层与股东间的平衡。

三、特拉华州的启示

有人认为，公司法的竞争是“朝底竞争”，也有人认为是“朝顶竞争”，各方都提供相应的证据予以证明，[②]这使争论陷入僵局。如果从联邦参与竞争的角度分析，这种争论就失去了意义。因为许多重要事项在各州采取行动前，联邦机构已经对此作出限制，毕竟美国是一个联邦制的国家。

美国没有从宪法体制上对联邦机构介入公司事务进行限制，在涉及公司治理的重大问题上，联邦机构一直没有停止过对各州的干预，特拉华州公司法也随时可能被联邦机构所取代或影响。所以，无论特拉华州公司法有多少吸引力，其纯粹的“朝顶竞争”是不可能的。特拉华州能够坚持的只是没有冒犯到联邦机

---

① See Mobil Corp. v. Marathon Oil Co., 669 F.2d (6th Cir. 1981).

② See Guhan Subramanian, The Disappearing Delaware Effect, 46 J. L. Econ. & Org. (2004).

构权力的公司立法。

有学者通过借用组织理论来构建公司立法的新理论,认为:如果一项公司决策是在提议权与批准权分离基础上作出的,则该决策是改善的决策。[①] 如果公司经理在管理公司时,时刻遵循民主集中制形成公司战略,则公司运行是有效率的。[②] 类似地,也可以用这种方法建立一种公司立法的分析框架:联邦机构应尽可能减少对公司领域的干预,各州享有最大的自治权。各州没有必要担心联邦会随时取消他们的公司立法权,但各州立法必须有利于解决公司、经济和社会的问题。如果各州的公司立法导致公司运行的危机、使公司生存环境恶化,就会导致联邦机构的干预。

假设特拉华州公司法是没有效率的,我们也不能据此认定这是特拉华州自己"朝底竞争"的结果,因为联邦政策在群众要求、利益集团干预或国会需要等情况下,都可能制定低效的公司法。面对联邦随时夺取其立法权的威胁,特拉华州往往选择迎合联邦的低效率政策,因此,除非特拉华州能够享有重大公司事项的立法权,否则特拉华州的公司法肯定不能做得更好。

有人认为,特拉华州的优势在于特拉华州的法官。[③] 但有人分析认为,特拉华州的许多判决都是模糊的而无法产生固定的规则。从联邦机构的竞争角度分析,就能解释特拉华州法院判决的模糊性了。因为如果特拉华州的立法者无法确定联邦机构的政策取向,免除联邦机构的干预和夺权的最好方法是制定模糊的规则。在并购立法时如果采取强烈的反管理层立场,可能促使管理层向国会提起申诉,进而引起国会立法,特拉华州自然不愿这样做。清晰的反股东立场也会促使 SEC 的干预从而夺取其原有的立法权限,特拉华州也不愿意看到这种结果。所以,最好的办法是模糊,模糊到不会引起联邦机构的干预,事实上联邦机构确实没有干预特拉华州的立法活动。至此,特拉华州的立法开始明确。

联邦机构不集中立法,对于各州而言会更加危险。各州自由立法的结果是各州管得更多,投机者会尽力减少竞争,最后形成特拉华州对公司法的垄断。[④] 特拉华州确实存在公司立法的垄断,因此投资者将特拉华州作为他们设立公司的首选地,而不是其他州。有人对这种现象的解释是:特拉华州通过公司立法的

---

① See Eugene F. Fama & Michael C. Jensen, Separation of Ownership and Control, 26 J. L. & Econ., 1983.

② See Oliver E. Williamson, Markets and Hierarchies: Analysis and Antitrust Implications, 1975.

③ See Jill E. Fisch, The peculiar role of the Delaware courts in the competition for corporate charters, University of Cincinnati Law Review, Summer, 2000.

④ See Marcel Kahan & Ehud Kamar, The Myth of State Competition in Corporate Law, 55 Stan. L. Rev. (2002); Lucian Arye Bebchuk & Assaf Hamdani, Vigorous Race or Leisurely Walk: Reconsidering the Competition over Corporate Charters, 112 Yale L. J. (2002).

不断积累,形成了特有的积聚效应和结构优势。① 更为重要的是,联邦机构确实颁布了大量的法律,而不仅仅是威胁而已。当联邦机构颁布的法律适用于所有州的时候,所有州的条件都一样,这就难以产生能与特拉华州竞争的第三者。

公司法的联邦化,对特拉华州并非都是坏事。联邦机构的立法保证了特拉华州公司法的稳定性,这种稳定性又进一步加强了特拉华州公司法的垄断。因为,公司的决策者如果要将公司从设立地迁向第三州,必须得到股东和董事会的双重批准,这要求决策者向股东说明第三州更加安全,将信守承诺,保障他们的利益,不会损害公司股东和管理层的利益,这对管理层而言是有难度的。

如果损害股东或者公司利益的行为普遍存在,必将引起联邦立法者的广泛关注。但单个州的行为一般仅影响部分公司,因为受影响的公司数量还不足以引起联邦的注意。特拉华州则不同,特拉华州拥有大量公司,如果特拉华州立法者有任何差错,必定引起联邦机构的注意。联邦机构将会给特拉华州施加压力,促使其改正错误,或者进一步加强联邦化。特拉华州为防止被联邦机构抓住把柄,更加要保持特拉华州公司法的可靠性和稳定性,这反过来又使公司参与者对特拉华州充满了信心。而更多的公司在特拉华州设立,使得特拉华州在公司立法的供给上更具有垄断性。

现行美国公司立法模式所形成的环境比纯粹的州际竞争要复杂得多,因为,在公司立法的各个场合,都有联邦机构的身影,这并不意味着没有州际竞争,实际上州际竞争实实在在地存在,但没有我们原先想象的那么严重。各州可以“朝底竞争”或“朝顶竞争”,但仅限定在一定的范围内:联邦机构没有参与而且也没有兴趣参与的领域;各州活动不会引起任何联邦机构反应的领域。

为了解联邦与州际竞争的复杂性,可以从特拉华州的角度分析公司法的州际竞争。特拉华州公司立法一直面临两方面的竞争:各州与其进行的竞争(这是人们一直认为的竞争);与联邦机构的竞争(这是被忽视的)。特拉华州所面对的这两个对手的动机和目的是不同的,这可能导致不同的实质后果。

特拉华州面临的竞争还来自于本地的政治和利益集团。他们对公司立法的关注又不同于其他州和华盛顿。在20世纪80年代,各州制定保护经理层和本地劳工的公司法以防止公司并购,并非出于州际竞争,而是为了政治目的。这种立法趋向也对特拉华州公司立法造成了影响。

特拉华州通过公司立法对全国经济的潜在影响是其他任何单个州无法比拟的,也因此更容易引起联邦机构的注意。特拉华州常被看做私人公司立法的大本营。管理层和大多数股东,通过他们的律师和代理人,常参照特拉华州公司法

① See Ehud Kamar, A Regulatory Competition Theory of Indeterminacy in Corporate Law, 98 Colum. L. Rev. (1998), pp. 1923—1924.

制作公司合同。只有出现公司丑闻或者经济恶化,引起媒体、公众或国会关注时,联邦机构才参与公司立法。特拉华州也尽量避免出现引起公众注意的事件,以防联邦机构的介入。有时,特拉华州会屈从于媒体和联邦机构的压力,而一旦这些压力解除,特拉华州就会在公司法领域大显身手。特拉华州的管理层和机构投资者对公司立法施加的影响要比政策制订者、雇工和公共利益集团施加的影响要强,因而其也会像重视联邦法一样重视特拉华州法。

试析美国 LLC 制度在我国的可借鉴性

胡改蓉

在商事制度发达的美国，企业组织形式灵活多样，除了传统的公司（包括开放公司与封闭公司）、独资企业、合伙企业（包括普通合伙、有限合伙、有限责任合伙、有限责任有限合伙）外，还有一种相对新型的企业模式，这就是有限责任公司（Limited Liability Company，LLC）[①]。

LLC 在美国产生于 20 世纪中后期，并在短短的 20 年内迅速“走红”。在企业组织形式已经众多的美国，为何还会产生这种新型的企业模式？其产生的经济动因究竟是什么？我国是否有必要引入该制度？如果引入，我们需要构建怎样的法律制度确保其发展和完善？本文力图对此进行深入探究。

一、LLC 制度解析

LLC 并非美国首创[②]，但毫无疑问是在美国获得了最大发展。按照美国《统一有限责任公司法》（以下简称 ULLCA）的规定，一个或一个以上的人均可向州务秘书交存组织章程，成立由一个或多个成员组成的 LLC。LLC 一旦成立，便成为独立于成员的实体，享有独立的财产所有权。在设立 LLC 时，应当具有对外公开的、证明其地位的组织章程。同时，LLC 成员可以订立内部经营协议，在公司章程与经营协议发生冲突时，就公司的内部关系和成员利益的受让人而言，内部经营协议优先；在公司对外关系上，公司章程优先。此外，法律赋予了经营协议极大的自主权，除非法律特别限制，否则它可以改变法律关于 LLC 的规定，某种意义上，ULLCA 只是一种协议没有规定时的默认规则或补充规则。

---

① 美国的有限责任公司不同于我国法律上的有限责任公司，我国的有限责任公司类似于美国的封闭性公司。为便于论述，本文将避免使用“有限责任公司”字样，在下文的论述中，对于美国的有限责任公司基本上以简写“LLC”代替，以避免与我国公司法上“有限责任公司”混淆。同时，下文中的“传统公司”或“一般公司”，主要指代的是我国公司法上所指的股份有限公司或有限责任公司，而非美国法律中广义的公司概念。

② See Debra Cohen-Whelan, Individual Responsibility in the Wake of Limited Liability, 32 U. S. F. L. Rev. 335, 338 (1998) (tracing the origins of the LLC to European law such as the GmbH, the Latin Limitadas and the English Unincorporated Joint Stock Company).

LLC 的经营方式既不同于公司,也不同于合伙,它分为成员经营型和经理经营型两种。所谓成员经营型的 LLC,顾名思义,是由成员直接经营公司业务,每个成员都是它的代理人,都有管理与执行公司业务的同等权利,除法律特别规定的情况外,公司业务的任何问题均可由成员的多数作出决定。[①] 由此不难看出,这其实就是合伙的经营方式。在经理经营型的 LLC 中,执行公司业务是经理的专属权限,这里的经理可以是 LLC 成员,也可以不是 LLC 成员。除法律规定必须由成员全体或多数作出决定的事项外,任何与 LLC 业务有关的事务完全可以由经理作出决定;如果 LLC 中有一个以上经理,则由经理的多数作出决定。[②] LLC 成员一般没有经营业务的权利,如果成员擅自对外代表 LLC 经营业务,LLC 有权不予承认,此时,受损害的第三方也不得追究 LLC 的责任。因此,在 LLC 的组织章程中必须声明该公司是成员经营还是经理经营,否则从保护善意第三人的利益出发,即推定为是成员经营。

LLC 的成员与公司股东一样,对企业债务不承担直接责任。但二者又有明显区别:公司股东必须严格遵守法定的经营程序,不得直接插手公司事务,而对 LLC 的经营者(无论其是成员还是经理)则几乎没有经营程序方面的要求。UL-LCA 特别强调:有限责任公司的成员或经理未遵守一般法定的经营程序不是成员或经理承担个人责任的理由。[③] 这就意味着,有限责任公司成员享有比一般公司的股东更多的特权与优惠。事实上,LLC 成员直接像合伙一样经营公司的业务,正是创设 LLC 这一新型企业组织体的主要原因之一。

LLC 另具特色的一点在于其税收制度上。美国国内税务局在 1996 年修改了对 LLC 的税收制度,允许其自行选择是按照税法意义上的公司征税,还是税法意义上的合伙征税。如果选择前者,LLC 将受到双重负税的征管,但可以从事公开市场上的资金筹集、份额转让等公开交易行为;若选择后者,则可以享受合伙企业的单层税负,但不得进行公开交易。

可以说,LLC 是迄今为止将传统公司的有限责任屏障和合伙的灵活管理以及税收待遇结合得最完美的企业形式。因此,它既不是公司,也不是合伙,而是兼具二者优势的"第三条道路"。

二、LLC 产生之经济动因:兼与相关制度比较

LLC 产生的经济动因究竟是什么?它在我国是否有着相同的制度需求?这

---

① See ullca §301(a)(1), ullca §404(c), ullca §404(a).

② See ullca §301(b), ullca §404(b).

③ See ullca §303(b).

是我们考察 LLC 是否应在我国引入的逻辑起点。

在美国,投资者可以选用的企业组织形式虽然众多,但无论是独资企业、普通合伙、有限合伙、有限责任合伙、有限责任有限合伙,还是公司都有明显的优势与不足:

就独资企业而言,其优势凸显于投资者可以完全管理企业,对于企业营业所得,只需缴纳个人所得税;但其弊端同样十分明显,即投资者必须对企业的债务承担无限责任;同时,独资企业只能由一个投资人建立,大大限制了其投资规模和适用范围。

就合伙企业而言,虽然合伙人可以根据合伙协议直接控制和执行合伙的事务,不用遵守类似公司那样的复杂程序,经营效率较高,同时,合伙企业根据"穿透规则"(pass-throngh rule),不用缴纳企业所得税,合伙企业的利润直接归入合伙人个人的收入,由合伙人自己缴税,避免了公司企业的双重纳税(double taxation),但合伙企业也有其明显的不足,其中最主要的就是合伙人必须对合伙企业的债务承担无限连带责任。虽然有限合伙中,有限合伙人承担的是有限责任,但他不得参与合伙企业经营,一旦参与,很可能就由有限责任转为无限连带责任;而在有限责任合伙中,虽然他人对于并非自己参与或虽参与但无重大过错的执行业务仅承担有限责任,但对自己参与执行的有重大过错的执业行为同样要负无限之责。有限责任有限合伙是有限合伙和有限责任合伙的嫁接,其本身无法摆脱二者固有的缺陷。可见,合伙的无限(连带)责任对投资者而言是合伙企业最大的不利。

就公司而言,利弊同样尤为明显。公司最大的好处就在于股东可以享受有限责任的庇护,这为公司成员免除了后顾之忧,使其可以大胆投资、大胆经营,激发其创业积极性;同时,公司是一个可以永续存在的经营实体,不受成员变动的影响,具有极强的稳定性。但是,公司也有其固有的缺点:它的经营必须遵守法定程序,对于一个本身规模较小的公司(如封闭公司)而言,这是一个不小的负担,会大大增加其经营成本,而一旦违反法定程序,很可能导致"揭开公司面纱"(piercing the corporation veil)的适用,使股东丧失有限责任的保护。此外,无论是封闭公司还是开放公司,最大的缺点之一都是"双重征税",即对公司收益部分,除在公司层面征收企业所得税外,一旦将利润分配给股东,还要向股东就该部分征收个人所得税。虽然在美国税法上,有一种特殊的 S 公司(subchapter S corporation),该公司中,股东承担有限责任,同时可以享受"穿透规则",仅对股东进行单层征税,但美国《国内税收法典》(Interal Revenue Code)对 S 公司的资格进行了严格限定:(1) 成员不得超过 75 人;(2) 成员不得有法人;(3) 成员不得包含非定居的外国人；(4) 股份种类必须单一。① 由于这些限制，不少企业被拒于 S 公司之外。

面对各种企业组织形式的优劣，投资者所希冀达到的经营目标总是难以同时得到满足。因此，创造一种新型的企业组织形态，使其既具有公司的优点，成员可以享受有限责任的庇护，又能像合伙一样经营灵活，还可以免于缴纳企业所得税，而同时又不受制于 S 公司的种种限制，就成为经济社会的自然需求。LLC 正是在这样的背景下应运而生。

虽然我国与美国在关于"公司"概念和范围的界定上有所不同，但在关于股份有限公司（类似美国的开放公司）、有限责任公司（类似美国的封闭公司）、普通合伙、有限合伙、有限责任合伙等的具体制度构建上却是基本一致的。上述就 LLC 与相关组织形式的优劣分析基本上同样适用于我国。因此，从投资者角度而言，在我国设置类似于美国的 LLC 制度应符合市场需求。此外，引入 LLC 制度可以丰富我国的投资模式和投资渠道。目前，我国市场经济发展中，存在的一个主要问题便是投资渠道狭窄、投资模式欠缺，这在一定程度上抑制了经济发展。为此，引入主要适用于中小企业的 LLC 制度，为投资者提供更多更丰富、更灵活的企业组织形式，对于吸引外资、防止本国资金外流、鼓励自主创业、缓解就业压力都有着积极的作用。

三、LLC 发展之宏观制度需求：以税制改革为核心

在美国，LLC 的发展虽然时间较短，但并非一帆风顺。从 1977 年怀俄明州制定第一部 LLC 法，到 1996 年所有 50 个州以及哥伦比亚特区颁布 LLC 法，经历了一个曲折的发展过程。在这个发展过程中，主要的阻碍力量和促进力量均来自于美国国税局（Internal Revenue Service，简称 ISR），其对于 LLC 税收的不同政策直接决定了 LLC 的发展速度。因此，剖析美国 ISR 对于 LLC 税收政策的演进过程及其背后的原因，对于我们是否能够引入 LLC 制度，有着极大的现实意义，因为从美国 LLC 的历史发展看，税收政策是决定能否引入 LLC 的宏观制度环境。

（一）美国 ISR 对 LLC 税制改革之演进

从 LLC 的发展史看，美国 ISR 对于 LLC 的征税态度主要经历了三个阶段：第一阶段为适用 1913 年税法时期；第二阶段为适用肯特规则（Kintner Regula-

① See Jesse H. Choper, John C. Coffee, Ronald J. Gilson, Cases and Materials on Corporations, Little, Brown and Company, 1995, p. 694.

tion)时期;第三阶段为适用打勾规则时期(Check-the-Box Regulation)。

1. 1913 年税法时期(The Revenue Act of 1913)

1913 年的美国税法对公司与类似公司的社团营业所得征双重税,但对合伙的盈利仅就合伙人征个人所得税(也就是所谓的"穿透规则")。其所坚持的税收理念是:如果是公司,由于其是一个独立的实体,经各州登记正式设立,因此,是一个适格的纳税人;而普通合伙并不具备这些特征,因此,可以不作为纳税人对待。① 同时,在 1960 年以前,ISR 不允许按照合伙纳税的商业组织为其成员提供有限责任保护,也就是说,有限责任一直是一个判断是否应按公司或合伙纳税的基准,所以,包括有限合伙在内的社团都被作为公司对待,进行双重征税。由于依照州法律,有限合伙并不绝对地享受有限责任的保护,其中的普通合伙人承担的并非是有限责任,而是无限责任,因此,在 1960 年,有限合伙开始享受合伙的税收政策。但是,法定的有限责任在决定 LLC 的税收政策上仍然是一个关键性因素。② 因此,虽然 1977 年怀俄明州就已经建立了 LLC 制度,但由于早先的 LLC 在税收上一直被作为公司对待,③因此,在 LLC 刚开始出现的 10 年,只有两个州对其比较感兴趣,并制定了相应的法律,④这在很大程度上抑制了 LLC 的发展。

2. 肯特规则时期(1988)

1988 年,美国 ISR 终于接受了这种具有公司品性,但是又享受合伙税制的"综合体",通过 ISR 税收规则 88-76 认可了怀俄明州的 LLC 不再适用公司的双重税制,而是可以适用"穿透规则",直接按照合伙企业进行征税。同时,产生于 1960 年的肯特规则,开始适用于 LLC。根据肯特规则,税法意义上的公司应当具备以下四个特征:(1) 成员对公司的债务不直接承担个人责任;(2) 企业集中经营;(3) 成员在企业中的利益可以自由转让;(4) 企业可以无限期存续。如果一个企业组织满足其中的三项即属于公司,否则即为合伙。⑤ 一旦企业属于税法意义上的公司,就应当缴纳企业所得税,即通常所说的双重纳税;而如果属于税法意义上的合伙,就不必缴纳企业所得税。

肯特规则在 LLC 的适用,虽然并没有完全赋予 LLC 在税法上的合伙地位,但是,它毕竟给了各州一个讯号,即只要 LLC 不符合公司的大部分特征,就可以

---

① See Patrick E. Hobbs, Entity Classification: The One-Hundred Year Debate, 44 Cath. L. Rev. 437, 441, 446 (1995).

② See Warren H. Johnson, Limited Liability Companies (LLC): Is the LLC Liability Shield Holding up under Judicial Scrutiny?, New England Law Review, Fall, 2000.

③ See Carol R. Goforth, The Rise of the Limited Liability Company: Evidence of a Race Between the States, But Heading Where?, 45 Syracuse L. Rev. 1193, 1200 (1995).

④ 佛罗里达州《有限责任公司法》于 1982 年制定,怀俄明州于 1977 年制定《有限责任公司法》。

⑤ See J. Dennis Hynes, Agency, Partnership, and the LLC, Law Press, 2004, p. 324.

被作为合伙对待,适用“穿透规则”。这一关键问题一旦解决,各州即争相出台 LLC 法,以充分利用这种企业形式所提供的高度灵活性。到 1996 年,所有州都制定了自己的 LLC 法。[①] 与此同时,LLC 的数量也急剧攀升。2000 年 6 月的一项研究表明,仅特拉华州的 LLC 总数就已达到 10 万家(传统公司数量为 29 万家),其中绝大部分是在 1996 年至 2000 年间成立。[②] 与此同时,LLC 的设立数量已经超过了同期的公司,在 2004 年,美国新建立了 14839 家 LLC,而只新设立了 6685 家公司。[③]

3. 打勾规则时期(1996)

在肯特规则对 LLC 实施后,每一个建立 LLC 的投资人都费尽心思制定自己的 LLC 章程和协议,以保证其至少缺少公司四项特征中的两项,以便在纳税时,被作为合伙对待。由于有限责任是 LLC 的固有特点,所以,LLC 的组建者必须确保 LLC 不满足剩下三项特征中的两项。在该制度下,有的州如怀俄明州的 LLC 立法,就设定了“无懈可击的法律证据”(bullet proof),以防止律师的错误。按照这些州的立法要求,LLC 可以随时解散,若继续存续必须经全体成员一致通过;同时,要求 LLC 成员份额的转让必须经过全体成员的同意,以此避免公司的永续性和股份的自由转让性。[④] 因此,尽管肯特规则赋予了符合规定的 LLC 以单层税制,但其弊端也非常明显:其一,为了达到其要求,投资者消耗了许多时间和精力去制定自己的 LLC 规则,以防止在征税时,被认定为公司;其二,由于一旦不符合要求,LLC 就可能被当做公司看待,因此,增强了 LLC 在税收制度适用上的不确定性;其三,由于对公司这些特征的认定有时非常复杂和困难,因此,为准确判断 LLC 究竟是应当按照合伙征税,还是按照公司征税,征税机关也付出了巨大的时间成本和经济成本。

在综合考虑以上因素的情况下,1996 年 ISR 制定了至今仍在沿用的“打勾规则”。按照这一新规则:(1) 如果一个企业据以设立的法律明确将其描述或指称为公司,那么该企业在税收上将被作为公司处理(按 C 章或 S 章征税[⑤])。(2) 如果一个企业未被相应法律定性为公司,并且有两个或两个以上成员,那么就税收而言,该企业可以在进行第一次纳税申报时,自行选择是被作为公司还是

---

① See Susan Pace Hamill, The Origins Behind The Limited Liability Company, Ohio State Law Journal, 1998.

② See Hamilton, Supra Note 1, 190, n. 2.

③ See Allan W. Vestal, Thomas E. Rutledge, Disappointing Diogenes: The LLC Debate That Never Was, Saint Louis University Law Journal, Fall, 2006.

④ Ibid.

⑤ “C 章”和“S 章”规定的都是公司的税收规则,只是 C 章是征双重税,而 S 章仅对公司股东征个人所得税,但对 S 章的公司有许多限制条件;下文所说的“K 章”是针对合伙的征税制度,即“穿透规则”,仅对合伙人征个人所得税。

合伙处理;如果不作选择,则将被作为合伙处理(按K章征税)。(3)一人企业可以选择被作为公司处理;如果不作选择,那么它在税收上将被视为不存在(be taxed as nothing),即将之同其投资人视为一体。

当然,如果LLC在税收上选择合伙模式,虽然能够享受"穿透规则",但也会受到诸多限制,主要有:(1)一旦选定为合伙,LLC不得利用公开的资本市场募集资金,其成员份额不得在公开市场上进行交易,否则将被视为税法上的公司;(2)一旦LLC选择为按照合伙进行纳税,则有效期为五年,在此期间不得更改。① 因此,投资者在选择LLC的具体适用规则时,应当进行全方位的考虑,而不仅仅是税负的多少。

无论如何,打勾方法的简明化特质与LLC在内部结构上的清晰可谓相得益彰。对于一个企业而言,二者的结合创造出这样一个既彻底享有内部管理上的灵活性,又拥有完全的自主权以选择最有效率的税收结构的有限责任实体。可以说,在打勾规则下,即使LLC同时具备了公司的四项特征,但只要其在税法上选择为合伙,仍然是享受"穿透规则"的。② 正是基于这种简便性,有学者认为,打勾规则去除了划分税法上公司与合伙的"四项标准"的复杂性和低效性,使其由四个较为模糊的标准变为一个较为明确的标准,即公开交易。③

(二)我国对美国LLC税制改革的可借鉴性分析

美国ISR对LLC税收政策演变的主流思想就在于对LLC税收管制的一步步放松:从依照公司征税,到有条件地按照合伙征税,再到可以自行选择(如果不选择即默认为合伙)征税,都是坚实的力证。也正是这一步步不断宽松的税收政策,使得LLC快速风靡美国。那么,这样的税收改革能否为我国所借鉴?

纵观美国LLC税收政策的历史,不难发现,其税制改革的关键就在于明确有限责任是否是双重征税和单层征税的绝对标准?能否因为商事组织的成员享有有限责任庇护,商事组织本身是一个独立于成员的经济实体,就认为其必须承担双重税赋?如果放松对LLC的税收政策,是否必然会引起巨大的财政损失?如果问题的答案是肯定的,那么无疑LLC在我国没有引入的土壤;而如果答案是否定的,那么说明在宏观制度环境上,LLC具有引入的可行性。

笔者认为,从理论与实践上看,这些问题的答案应当是否定的:

---

① See Tassma A. Powers, Deby L. Forry, Partnership Taxation & The Limited Liability Company: Check Out the Check-the-Box Entity Classification, Land and Water Law Review 831.

② See Kenneth J. Kutchey, Richard P. Martel, Clark C. Johnson, New IRS Regulations May Diminish Use of Limited Liability Companies Formed Under The Michigan Statute, Michigan Bar Journal, March, 1997.

③ 大体而言,公开交易是指一个经济实体的资金流动性较强,可以在市场上公开募集资金,其成员份额可以在公开市场上进行交易。See Victor E. Fleischer, If It Looks Like a Duck: Corporate Resemblance and Check-the-Box Elective Tax Classification, Columbia Law Review, March, 1996.

1. 在承认 LLC 独立资格、赋予其成员有限责任的情况下，允许其享受单层税负，并不违背税制本意

虽然大量文献都已从经济学、管理学、法学等角度论述了法人实体成为适格纳税人的合理性，但笔者却认为，有限责任和独立资格并不必然说明企业法人应成为税法上所得税的应然纳税人。

其一，从理论上看，对 LLC 免征企业所得税可以是“法人实在说”的例外。目前，我国法学界对法人性质采取的是“实在说”，即认为法人是与其成员相互独立的、平等的实体。如果具体到税法，由于其在经营活动中与自然人一样享受政府提供的公共服务和公共设施，因此，应当成为合法纳税人。对此，笔者没有异议。但笔者认为，在“法人实在说”下，对作为独立体的企业法人征收增值税、营业税等应该没有问题（因为不会产生重复征税），但是对于其营业净收入（即所得）进行重复征税则有所不妥。如果从投资和分配角度仔细分析成员与法人的关系，不难看出，无论一个企业法人经过多少中间环节的经营，其资本来源和利润分配去向最终都是归属于其投资者，也就是说，企业法人所得从直接来源看是自身赚取的，但从资本要素所有权上看却是属于投资者的，由于企业的剩余财产所有权仍归于投资人，因此，企业法人环节的所得税归根结底归属于投资人。而根据公平税负的原则，对于同一要素源泉的所得，不应当在不同层面进行多次征税。因此，在企业所得税制度上，如果我们过于强调法人的“实在性”，则有可能违背实质意义上的税收公平原则。

其二，从各国的税收实践看，独立的经济实体并不必然被征所得税。母子公司，乃至集团公司合并纳税即为力证。对于母子公司而言，从法律地位上讲，它们都是独立法人，其成员承担的也都是有限责任，因此，均是独立纳税人。但是，母子公司合并纳税还是在各国相继出现。[①] 此外，近年来，随着企业集团的发展，又逐步出现了母子公司合并纳税的集团税制。澳大利亚、美国、英国、德国、墨西哥、荷兰、新西兰、芬兰、爱尔兰、瑞典、奥地利、西班牙、卢森堡等国都引入了集团合并纳税制度。我国在关于征收企业所得税的相关法律法规中也有类似规定，如对经国务院批准成立的企业集团，其核心企业对紧密层企业资产控股为100%的，可由控股成员企业选择由核心企业统一合并纳税，并报国家税务总局批准。[②]

2. 从各国税制的发展看，允许对 LLC 单层征税符合减税的历史趋势

20 世纪 80 年代以来，为在国际竞争中取得主动地位，世界各国相继进行了

---

① 这样做的理由其实很简单，如果投资者创办全资子公司与分公司，仅仅因为法律形式不同，总分公司就可以汇总缴税，盈亏相抵，而母子公司却不得不独立纳税，这样无疑是不公平的，也不利于不同经营组织的税负平衡。

② 参见《国家税务总局关于大型企业集团征收所得税问题的通知》（国税发[1994]27 号）。

所得税制改革，其总体趋势是税制的适当简化和税负的适度降低，并形成了新一轮的世界减税浪潮。一方面，企业所得税税负不断降低。各国为防止资本外流，同时吸引外资，促进本国就业和经济增长，都竞相降低公司所得税，而国家间税收竞争的结果也进一步导致企业所得税税负在全球范围内不断降低和各国税负水平不断趋于接近。另一方面，企业所得税的重复征税得到进一步解决。虽然目前各国对于公司大多仍然实行双重税制，但是，各国税制的改革，都无一例外地把消除重复征税作为改革的重点之一。

其实，近年来，我国也已加入到减税行列，对于合伙企业由双重征税到单层征税的演变即是一个佐证。现在如果能够允许 LLC 实行合伙的税收政策，对于吸引外资、防止资金外流以及鼓励创业将极为有利。

3. 从长远看，赋予 LLC 投资者有限责任，同时使 LLC 享受合伙的税收待遇不会对财政税收产生巨大的振荡

在 LLC 自行选择税收种类是否会造成国家税收减少的问题上，其实美国国内至今也有许多争论。有学者认为，LLC 制度是利益集团游说的结果，各州在颁布 LLC 法时，也仅仅以商业利益为出发点；同时，"打勾规则"实际上是纯粹出于商业利益的考虑，直接造成了国家或州财政收入的减少。这些学者进而认为，从某种意义上说，打勾规则是国家落入了商人所设定的圈套，是以牺牲国家财政满足私人利益。[①] 但更多的学者并不认同这种看法，认为在以下三个理由的支持下，这种制度对财政收入的影响并不大：(1) 由于 LLC 在税法上一旦将自己选定为合伙，虽然享受了单层负税，但是其代价也是巨大的，因为其不得进行公开交易，不得利用发达的资本市场进行资金筹集，其份额不得在公开市场上自由转让，这使得 LLC 并不必然选择合伙的税收形式，尤其是在现在发达的资本市场下，更是如此；(2) 给 LLC 以税收选择权，并不必然导致国家对公司税收的减少，因为即使将 LLC 作为税法上公司对待，它同样可以通过多保留利润、少分配股利的方法避免对股利的双重征税；(3) 从长远看，给予 LLC 以税收选择权，实际上可以刺激投资者的创业和投资积极性，在活跃经济的同时，也扩大了国家的税收来源。[②] 对此，本文认为，如果以长远眼光看，后一种观点更值得认同。

需要说明的是，即使笔者认为从发展的角度看，允许作为独立经济实体的 LLC 享有税收选择权有其合理性，但从我国目前的现实看，由于我们的税收理念仍然以确保财政收入为主，尤其是目前企业所得税在我国税收收入乃至整个财

---

① See Allan W. Vestal, Thomas E. Rutledge, Disappointing Diogenes: The LLC Debate That Never Was, Saint Louis University Law Journal, Fall, 2006.

② See Tassma A. Powers, Deby L. Forry, Partnership Taxation & The Limited Liability Company: Check out the Check-The-Box Entity Classification, Land and Water Law Review 831.

政收入中都显示出极为重要的作用①,再加上税收征管机制不健全,使得现在立即对 LLC 进行选择性征税,会造成短期的征税成本的提高和税收总量的下降,因此,可能暂时难为有关机关接受。不过笔者相信,基于以上理由,尤其是随着经济发展和税收理念的更新②,允许 LLC 按照合伙进行单层缴税,应当是税制发展的趋势。因而,从宏观环境看,LLC 在我国具有引入的可行性。

四、LLC 完善之微观制度设想:以利益平衡为基点

一项制度的引入,除具备宏观环境外,微观制度的构建同样重要。对于 LLC 制度,ULLCA 虽然从章程、经营协议、出资、利益分配、内部事务管理等多方面都作了较为明确的规定,但该制度并非已无懈可击,恰恰相反,同样面临诸多难题。如果我们要引入该制度,除在税收制度上为其创造环境外,还应对 LLC 制度自身进行改进和完善,在投资者、管理人、债权人等利益相关者之间构建一种衡平机制,以使 LLC 在微观制度层面具备引入的可行性。

从美国的实践看,在 LLC 制度中最容易引起纠纷的主要有三方面问题:其一,如何确定 LLC 中成员与管理者的信义义务;其二,当 LLC 的成员滥用有限责任,侵害第三人利益时,如何运用法人格否认制度保护善意第三人;其三,对于 LLC 签发的利益凭证是否属于证券法上的"证券",是否适用证券法的相关制度,如信息披露等。由于我国证券法中对"证券"的界定相对发达资本市场而言较为狭窄,因此,这些问题并不突出。在笔者看来,前两个问题是引入 LLC 制度时不得不面对的,应当先行考虑。③

---

① 据我国统计年鉴数据,我国 2004 年的企业所得税收入总额为 3957. 33 亿元,在各税种收入中排列第二,企业所得税已经成为我国第二大税种。

② 税收制度主要在于实现三个目标:(1) 经济发展目标,又称效率目标,即通过税收政策实现资源的有效配置和市场效率的帕累托改进,谨防为了扩充财政,而造成税收对经济的额外负担;(2) 财政收入目标,即通过税收获取相当数量的可供支配资金,满足政府履行管理职能、提供公共产品的需要;(3) 公平目标。因此,税收政策的理念应当是尽量使三者达到兼顾,尤其是掌握好前两者间的关系。然而目前,我们的理念往往更为关注财政收入,而对经济发展的目标较为忽视。这种理念亟待改变。其实,税收收入增长与经济增长完全可以协调同步。过高的税收负担,虽然能够在短期增加政府的税收收入,但对经济的长期发展势必产生不利影响;而适度的税收却能够实现税收与经济增长的双赢。拉弗曲线就反映了这一原理,即税收收入并不总是与税负成正比的:在临界点税率以下,税率增高的幅度大于税基减小的幅度,增加税率可以增加税收收入;而在临界点税率以上,税率增高的幅度小于税基减少的幅度,提高税率会使税收收入减少。这说明,税负过高和过低都不可取。因此,要保证政府提供公共产品和公共服务的资金需要,就要求税收收入增长速度与经济增长速度保持合适的比例关系。在这种理念下,我国税收政策的制订,应更加关注税收对于经济行为和经济组织的调控职能,而不是将视野过多地限于短期的财政收入。

③ 在此需要说明的是,对于 LLC 中已经较为成熟、运行良好的制度,本文不作具体阐述,因为在某种程度上对这些制度可以采用"拿来主义",本文将重点讨论 LLC 在美国运行时存在的主要问题,这些问题恰恰是我们将来引入该制度时,需要着重考虑和解决的,因此更具有理论和现实意义。

（一）LLC 中成员与管理者的信义义务

LLC 中信义义务的标准究竟应当如何确定？LLC 是否有权通过经营协议自行定义信义义务的范围？信义义务的主体是否应包括非管理者的成员？这些直接关系到 LLC 正常运行的基本制度，在美国的规定并不统一。

1. 信义义务范围的确定

一般而言，信义义务包括两个方面，即忠实义务和谨慎义务。忠实义务要求企业的经营者在经营企业业务过程中不得从事与公司利益有冲突的行为，不得利用自己的职权牟取私利，损害企业和其他成员的利益。谨慎义务则要求企业的经营管理人在经营公司业务过程中应具有一个具有正常理智的人在类似的位置上、处理类似事务时应有的慎重和技巧。

如何确定 LLC 中信义义务的标准？这种信义义务的标准应当比照合伙还是比照公司？对此，美国不同的州有不同的做法，如加利福尼亚州和伊利诺伊州规定，LLC 成员和经理对 LLC 负有的信义义务类似于合伙人对合伙所负信义义务；ULLCA 规定，这种信义义务类似于董事对公司所负信义义务，但非经理成员除外；特拉华州的规定最为自由，实质上允许每个 LLC 自行选择其所希望的信义义务模式。对此，笔者认为，应当针对成员经营型和经理经营型进行区分对待：对于成员经营型，可以比照合伙，要求成员按照合伙人的信义义务标准对 LLC 事务进行管理；而对于经理经营型，因为其更类似于封闭性公司，因此，可以比照公司中董事的信义义务标准进行规定。

那么，LLC 是否有权通过经营协议自行定义信义义务的范围？在美国，有的州将信义义务作为默示条款对待，它们允许 LLC 的经营协议中免除对法定信义义务标准的适用。特拉华州即是典型的证明，其法律明确警示法院不得否认这些契约的效力。而 ULLCA 却试图建立一个关于信义义务的最低标准，对于该最低标准，LLC 的成员不得以契约方式排除。还有的州甚至不明确规定信义义务，这使得大量的问题被推向了法院，支持契约说的学者认为这种立法是给了契约以足够的空间，类似合伙一样，允许其进行最大限度的更改；而主张非契约说的学者则认为，这种立法意味着对 LLC 施加了如同一般公司的信义义务。[①] 笔者认为，通常情况下，对 LLC 应更注重契约的自由及经营的高效。在契约自由的理念下，应当允许 LLC 经营协议对信义义务作出自由规定，法律对于 LLC 信义义务的规定，仅仅是在契约没有规定时的补充条款或默示标准。[②] 因此，应当允

---

① See David L Cohen, Theories of The Corporation and The Limited Liability Company: How Should Courts and Legislatures Articulate Rules for Piercing the Veil, Fiduciary Responsibility and Securities Regulation for the Limited Liability Company?, Oklahoma Law Review, Fall, 1998.

② See Ribstein, Emergence, p. 16.

许 LLC 经营协议对信义义务的标准作出不同于法律的更改。但是,在缔约过程中,由于缔约各方的信息掌握能力、信息运用能力、经济实力等并不相同,造成了各方缔约地位并非完全平等,而信义义务产生的目的恰恰就是填补契约的不足、弥补契约订立各方能力的不平等所造成的弱势方利益的易受侵犯性。[1] 因此,综合以上考虑,本文认为应当允许 LLC 的经营协议对法定的信义义务进行相应的修改,但是不能低于法律的最低要求。在这一点上,ULLCA 的做法较为可取。

2. 信义义务主体的确定

传统理论认为,信义义务的主体应当是企业的经营者,因为其与企业、投资者形成了信托关系。但随着实践的发展和理论的演进,信义义务的主体应当进行扩充。在企业中,只要存在两个以上的投资者,就可能存在多数派利用自己的优势地位压迫和损害少数派的情形,在封闭类企业中,这种现象更为明显。就 LLC 而言,在成员经营模式下,由于其管理方式几乎等同于合伙,而在合伙中,合伙人作为经营者,相互之间负有信义义务,因此,成员经营型的 LLC 中不存在多数压迫少数的问题;但在经理经营的模式下,情况就有所不同。经理经营模式下,LLC 运行方式更类似于封闭性公司,因此,必然存在多数派成员利用自己的优势地位压迫和损害少数派成员的可能性。而 ULLCA 仅仅因非经理的成员没有业务执行权,就明确排除了成员的信托义务。[2] 这一规定显然是有欠缺的。因为除非公司经营协议有相反规定,LLC 法明确地将涉及公司根本利益的问题的决定权保留给全体成员。因此,在作出这类决定时,占据多数地位的成员完全可能利用自己的优势地位压迫少数派成员,损害他们的利益。这与一般公司中的情况没有本质的不同。[3] 所以,在 LLC 中,对于多数派成员应当规定其对于少数派成员的信义义务。

(二) LLC 中的法人人格否认

LLC 模式下,由于业务执行无需拘泥于一定的程序,极易使其成员滥用有限责任损害第三人利益。因此,为矫正失衡的利益关系,也为使 LLC 制度自身更加健全,在 LLC 中引入人格否认制度,对 LLC 成员与第三人(此处泛指法人的债权人或公共利益)失衡的利益关系进行事后规制,就显得极为必要。目前,在美国各州,请求法院刺破 LLC 面纱(piercing the LLC veil)的案例与日俱增,连一向以制度宽松著称的特拉华州都面临着刺破 LLC 面纱,适用人格否认制度的

---

① See Ribstein, Emergence, p. 16.

② See ullca §409(h).

③ See Bahls, Application of Corporate Common Law Doctrines to Limited Liability Companies, Montana Law Review, Vol. 55, No. 1.

压力。①

刺破LLC面纱的提出,直接来源于对刺破公司面纱制度的借鉴。刺破公司面纱的法理在于,作为公司独立人格基石的有限责任,被股东滥用,使得公司人格制度的公平、正义价值受到挑战,为阻止这种滥用行为,就具体法律关系中的特定事实,否认公司与其背后的成员各自独立的人格,并责令股东对公司的债权人或公共利益直接负责,以矫正偏执了的公平、正义。从理论上讲,出于对交易相对人的利益保护,在LLC中适用刺穿理论应该没有任何障碍。问题的关键在于如何确定刺穿LLC面纱的标准,即在什么情况下应对其进行人格否认?从LLC自身的特点看,如果将对刺破公司面纱的标准直接套用于LLC,是不可行的。美国各州的实践也证明了这一点。这其中的原因归结于LLC制度本身具有浓厚的合伙色彩,因此,很难确定在什么情形下,成员滥用了有限责任制度和LLC的独立人格。这也对我们引入LLC制度提出了极大的挑战。

从一般公司的刺破规则看,判断有限责任是否被股东滥用的标准往往有以下四个:(1)资产不充足;(2)欺诈或者错误行为;(3)没有遵守公司程序;(4)公司成为"工具"(或"另一个自我")。其中,第四项主要表现为:公司与股东人格的混同(包括财产混同、人员混同、业务混同)、利用公司回避契约义务或法定义务等。

笔者认为,既然LLC具有公司和合伙的双重品格,那么,在确定刺穿LLC面纱的标准上,对于刺破公司面纱的标准并非完全不能借用。例如,有学者就认为,在上述标准中,除了后两项难以在LLC中认定,不得作为标准外,前两项是可以用来否认LLC人格的。② 因此,比较LLC与传统公司的异同,从上述四标准中演绎出适用于LLC的刺破规则,具有合理性和可行性。

首先,除非法律有明确规定,且该规定不允许被LLC章程或协议予以排除,否则如果仅仅因为没有遵守程序规定,就要求否认LLC的独立人格是值得商榷的。正如本文对于LLC的分析,追求类似于合伙的高效、灵活、低成本管理是LLC产生的动因之一,因此,如果以此否认LLC人格有悖于其制度本身。而建立LLC的人格否认制度的根本目的应在于健全该制度,而不是否定之。退一步说,即使在特定案件中,将没有遵守程序作为法人格否认的标准,也只是因为LLC成员本身有欺诈或错误行为,造成了不公平的结果所引发的,而不是仅仅因为没有遵守程序就否定LLC人格。

---

① See David L Cohen, The Ories of The Corporation and The Limited Liability Company: How Should Courts and Legislatures Articulate Rules for Piercing the Veil, Fiduciary Responsibility And Securities Regulation for the Limited Liability Company?, Oklahoma Law Review, Fall, 1998.

② See Jeffrey K. Vandervoort Piercing the Veil of Limited Liability Companies: The Need for a Better Standard, DePaul Business & Commercial Law Journal, Fall, 2004.

其次,沦为成员"工具"(或"另一个自我")的标准在刺破 LLC 面纱中应当根据管理模式的不同,而区别对待:(1) 在经理经营型中,该标准可以比照公司适用,因为其管理模式更接近于公司;(2) 在成员经营型中,该标准应当审慎适用。因为"工具"标准的设立初衷在于确保法人是一个独立于成员的、不受成员操纵的实体,而成员经营本身却强调管理的灵活性和非程序性,因此,如果仅仅以此为标准,很可能陷入一个悖论:一方面,法律允许 LLC 自行选择灵活的管理方式,但另一方面,一旦选为成员经营型模式,成员又时刻面临着 LLC 被否认人格,而将承担无限责任的风险。因此,在成员经营的模式下,除非有明显的证据,如成员将自己的账户与 LLC 的账户混同、LLC 的管理人员与母公司的管理人员混同、母公司过度操纵子公司使子公司实际上变为了自己的一个"部门"等,否则"工具"标准应当慎用。

最后,资本不充足标准、欺诈和错误行为标准应当可以独立适用于 LLC。如果 LLC 最初的建立没有足够的资本,则可能达到成员逃避个人责任的目的,那么就违背了立法的本意而不被允许;同时,资本不充足可能造成成员的高风险行为,因为其本身的有限责任远远小于高风险行为带来的损失,而这对于交易相对人极为不公平。同样,欺诈和错误行为对于善意第三人而言也具有极大的危害性。这无论是在传统的公司还是在 LLC 中均是如此。如果 LLC 的成员在第三人与公司交易时,对第三人进行恶意的误导和欺骗(如对公司财务状况进行虚假披露),造成相对人的利益损失,应当承担个人责任。

由于刺破理论在美国主要依靠判例法得以产生和发展,因此,在美国有学者主张对于刺破 LLC 面纱的认定标准应当保持模糊性,而不应当太明确。因为一旦明确,可能使得那些力图钻法律空子的人,更加容易绕开法律从事违法行为;同时,由于标准过于明确,在出现前述情形时,法官即使发现行为人有滥用有限责任侵害第三人利益的行为,也往往无能为力。而如果标准相对比较模糊,则会给法官更多的自由裁量权,有利于对违反公平的行为进行处罚,维持正义。[①] 对于这种观点,笔者认为,在以经验主义为指导的判例法国家有其可行性,但在我国却不合适。因为两大法系的法律传统本身有别,再加上我国法官对于此种案件的把握能力远不及判例法国家,所以,制定相对明确的制度可能更符合我国的国情。目前,我国最高法院正在制定关于适用于公司的法人人格否认的标准,这对于未来我们引入 LLC 制度,平衡成员与善意第三人利益必然具有极大的借鉴意义。

---

① See Jeffrey K. Vandervoort, Piercing the Veil of Limited Liability Companies: The Need for a Better Standard, DePaul Business & Commercial Law Journal, Fall, 2004.

结　语

通过分析 LLC 制度的特点及其在美国发展的背景和具体运行状况，笔者得出一个基本观点：无论是基于商业实践的需要，还是法律制度供给的可能，LLC 这一企业组织形式将来可以在我国引入。但由于目前我国税收理念的制约、法人人格否认等具体制度的稚幼，这种引入可能需要一个过程。

第三专题　证券法、期货法

证券上市监管法律体系及监管体制比较

陈岱松

一、法律体系——证券市场的法律保障

关于证券立法的分类，许多学者都已作出论述。但是，针对证券上市监管的法律进行分类尚不多见。笔者试图从证券上市监管的角度，对证券法律进行梳理。事实上，以证券市场最发达的美国为例，其证券立法的开端——第一个联邦证券法案——《1933 年证券法》，就是一部主要规范证券首次发行的法律。

同时，需要说明的是，本文主要是从各国的具体证券上市监管法律出发而作的比较。各国证券市场千姿百态，虽然在相互交流以及经济全球化的浪潮中，各国相互借鉴、融合，但由于各国历史、文化、社会、法律、经济等传统存在很大的差异，因此证券立法和证券监管体制也各具特点。本文将在比较的基础上进行一定的归纳，但笔者无意将每一个国家和地区的证券立法和监管体制硬性归入某一确定的类型。

美国是当今世界上证券市场最为发达的国家，也是当今世界上证券法律制度最为完备的国家，其证券上市监管法律制度一直是各国竞相效仿的典范。因此，本文主要以美国证券上市监管法律体系为主，并与其他的国家进行比较。

（一）关于美国的证券上市监管法律体系评析

美国的证券市场是目前世界上最庞大、最发达的证券市场，无论在证券的发行市场、流通市场、发行品种、市场容量、市场发育程度等各个方面，在西方资本主义国家中都是首屈一指的。与此同时，美国的证券市场也号称是运行最自由、管理最严格的证券市场。

1. 立法的基础

众所周知，在 20 世纪 30 年代经济大危机之前，美国政府采纳亚当·斯密的思想，执行自由放任的经济政策，不存在对证券市场的监督和管理，也没有专门的立法。从 19 世纪中叶证券市场出现到 20 世纪 30 年代初，美国一直没有形成一个较为完整的并能对市场参与者进行有效约束的证券法律体系。由于缺乏立法和管理，仅仅依靠证券商的自律以及各州的“蓝天法”（Blue Sky Law）不足以

保护投资者。整个证券市场投机猖獗,充斥着各种无耻的欺诈行为。从 1921 到 1929 年,美国的炒股热潮一浪高过一浪,道—琼斯指数则从 1921 年 1 月初的 72 点上涨到 1929 年 9 月最高时的 386 点,九年间的涨幅达 436%。在这段股市疯狂期,庄家炒作、虚假陈述、上市公司内外配合操纵在华尔街特别盛行。随着证券市场的过度投机,股价飙升,股市无法继续支撑,终于在 1929 年 10 月 24 日的"黑色星期五"崩盘,投资者遭受巨额损失。证券危机直接引发了金融危机,进而导致了 30 年代席卷资本主义世界的经济大危机。[①] 教训使政府认识到没有有效的联邦法律加以督促,自律只是口号,而州立法不足以遏制恶性投机、保护正当利益,自由放任的经济思想走到了尽头,因而要求联邦立法管制证券交易的呼声日益高涨。为了弥补州立法的不足,规范市场行为,重新恢复整个社会对市场的信心,联邦政府从 1933 年开始制定证券市场的一系列法律,从此走上了集中立法管制的证券市场管理之路。美国是世界上证券法律制度最完善、最健全、也是最复杂的国家。[②] 它的证券法律体系,不仅包括以《1933 年证券法》、《1933 年证券交易法》、《1939 年信托契约法》、《1940 年投资公司法》、《1940 年投资顾问法》、《1970 年证券投资者保护法》等法律为核心的联邦证券法,还包括美国各州制定的内容迥异的"蓝天法",美国证券交易委员会(SEC)制定和发布的条例(regulations)、规则(rules)、意见(releases)和不采取行动函(no-action letter),以及由各级法院作出的数以千计的判例。[③] 发达的证券法律体系有力地支撑着美国证券业度过不断发生的丑闻和危机。[④]

2. 法律体系

由于美国的国家体制和法律传统,美国的证券监管立法是多层次的。

(1) 根据立法机关的不同,可将证券上市监管法律分为联邦立法和州级立法。[⑤]

① 联邦立法

首先,证券上市监管的基本法。它包括《1933 年证券法》、《1933 年证券交易法》,以及随后的证券法修正案即《1964 年证券法修正案》、《1975 年证券法修正案》和《1990 年证券法修正案》。它们的立法宗旨都是为了维护证券业的安全性、有效性,保障投资者的合法权益。

---

① See Frederick Lewis Allen, Only Yesterday, Babtam ed., 1959, pp. 205—241.

② 参见吴志攀主编:《国际金融法》,法律出版社 1999 年版,第 79 页。

③ 参见周晓刚:《美国证券发行注册豁免制度研究》,载《证券市场导报》2001 年第 4 期。

④ 参见高如星、王敏详:《美国证券法》,法律出版社 2000 年版,序言第 1—2 页。

⑤ See Roberta Romano: Empowering Investors: A Market Approach to Securities Regulation, 107 Yale L. J. 2365 (1998).

可以说,美国的证券发行[①]管理体制是在《1933年证券法》的基础上建立起来的。作为美国第一部较为系统的证券法案,《1933年证券法》以发行制度作为切入点规范市场。它是以公开原则为精神规范证券的首次发行,通过充分的信息披露增加市场透明度,并禁止以欺诈手段销售证券,违者将承担严厉的法律责任,从而保护投资人的利益。为了确保发行人向市场发布准确的信息,该法案对信息披露的责任、内容、方式和标准等作了明确的规定。从某种意义上说,《1933年证券法》是一部有关证券发行的法案,它为在此之后的其他法案奠定了基础。

《1933年证券交易法》是1933年法案的直接延伸。该法案规定,所有准备在美国上市的证券必须在发行时向监管当局和市场公布财务状况和经营方面的重要信息。这个法案在《1964年证券法修正案》中又进一步得到了完善,后者扩大了信息披露的范围,要求所有准备在市场(包括柜台市场)上流通的证券都必须向市场公布信息。除此之外,《1933年证券交易法》还对美国证券监管机构和交易所的职能和监管制度作了规定。通过这个法案和一系列配套法案,信息披露的规范化从一级市场推延到了二级市场,形成了一个更为完备的体系。《1964年证券法修正案》将注册登记、财务公开以及其他保护性措施扩大到柜台交易市场上的证券。[②]《1975年证券法修正案》是在现代科技广泛运用于各领域的背景下制定的,它除了再次强调SEC的职能外,特别鼓励和倡导国内证券市场采用新技术。《1990年证券法修正案》实际上是规范美国证券市场改革和发展的一揽子方案,其中《加强国际证券合作法》强调国际合作,意在加强SEC对部分在美国境外实施的证券违法行为进行有效监管。[③]

其次,证券上市监管的配套法律。继1933年和1934年的两个证券法案之后,1935年《公共事业控股公司法》和1939年《信托契约法》以及1940年《投资公司法》、《投资顾问法》等都在不同程度涉及了证券发行管理体制。根据这些法案,公共事业控股公司(如电力、天然气、交通等行业的大公司)都必须向SEC办理注册登记手续。这些公共公司在发行证券时所应遵循的原则也是有利于提高公司效益、增加公司的营利能力和不损害公众利益。信托公司在发行证券时,必须有与委托人签订的标准契约,否则不能发行证券;根据法定标准认定的投资

① 美国的证券市场存在场内市场和场外市场的明确区分,发行与上市具有明确的时间间隔,并且发行和上市的审核权归属不同的机构,因此,许多著述都进行了区分。本文在引用的过程中,为保持引述的准确性,在不影响达意的前提下不作改动。当然,仍需强调的是,在本文的论述中,上市是作宽泛意义上的理解,包括发行的整个过程。

② 参见诸葛霖等编译:《证券与证券交易》,中国对外经济贸易出版社1990年版,第206、207—208页。

③ 参见徐冬根、陈慧谷、潘杰编著:《美国证券法律与实务》,上海社会科学院出版社1997年版,第13—36页。

公司和它们的控股公司在发行证券时也应到SEC注册登记。

② 州级立法

从立法时间上看,美国的州级证券立法要早于联邦。一般认为,1911年得克萨斯州制定的一项主要对证券发行的登记及豁免进行规范的证券法律,是完整的州级证券立法的开端。随后,美国的各州都相继进行了证券立法。这些州级证券立法的主要目的是防止“将蓝天当作产业出售”的证券发行欺诈行为,因此被称为“蓝天法”。由于长期以来,各州的“蓝天法”并不一致,这一方面可能为证券发行规避法律的行为提供了方便,另一方面也造成跨州发行的困难,与证券市场的全国统一存在现实的矛盾。为此,1956年美国律师公会起草了一部《统一证券法》,并得到SEC批准。由于《统一证券法》不是严格意义上的法律,各州自愿选择适用。

(2) 根据法律渊源的不同,可将证券上市监管法律分为成文法和判例法。

在证券法律乃至经济立法方面,美国十分主张成文立法,因此,上述所列示的联邦立法和州级立法都主要是指成文法。但是,美国作为传统上的判例法国家,按照“判例必须遵守”和“法官造法”的原则习惯,法院的判例始终是其重要的法律渊源,与成文立法具有相同的法律效力。美国的判例法相当发达,对证券市场上一些著名案件的判决,不仅是对法律的适用与阐释,同时也确立了一些重要原则,为此后法院审理同类案件提供了重要依据。因此,《1933年证券法》制定以来的相关法院的判决形成的判例,包括联邦法院、地方法院、上诉法院和最高法院的判决所形成的判例,除非因法律修改而出现矛盾,都构成证券上市法律体系的一部分,判例法与成文法相辅相成,构筑了美国相当完善而发达的证券立法体系。

(3) 根据法律的效力和操作性不同,可将证券上市监管法律扩展到证券监管机构(SEC)制定的条例、规范以及证券业自律组织制定的自我约束的规章和规则等。

应当说,立法主要是指具有立法权限的机关如国会、州议会所进行的立法。而美国的SEC是根据《1933年证券交易法》而设立的证券监管机构,负责证券法律的实施和具体的监管工作。SEC不仅行使监管权,而且行使准立法权和准司法权,即制定证券法规的权力。[①] 因此,SEC制定和发布的相关条例、规则、意见等以及各州证券主管机构制定的实施细则和规则也都是证券上市监管法律体系的组成部分。显然,SEC和州证券主管机关的规定在效力上不能与联邦立法和州级立法相抗衡,前者从属于后者。但是,作为统一管理全国证券市场的最高权力机构,其对市场的熟悉和把握程度也是其他机关无法比拟的。因此,SEC制

① 参见高如星、王敏祥:《美国证券法》,法律出版社2000年版,第9页。

定的法规具有很强的操作性，对证券市场具有直接的影响。

当然，在美国发达的证券市场中，证券业的自律程度也相当高。一般认为，对法律作宽泛意义理解时，将自律规范也纳入证券上市监管法律体系之中。在美国，发行之后的证券上市是由证券交易所决定的。因此，各大交易所如纽约证券交易所（NYSE）、纳斯达克（NASDAQ）等的自律规则，尤其是证券上市规则是证券上市监管法律的一部分。另外，行业协会，如全美证券交易商协会（NASD）、全美期货业协会（National Futures Association）；其他团体，如注册会计师协会等，也可以制定相关的自律规范。当然，自律组织的自律活动需在证券法律框架内开展，并接受 SEC 的监管。SEC 既可以对自律组织颁布的规则条例进行修订、补充和废止，也可以要求自律组织制定新的规章。[①]

3. 主要证券上市监管法律内容[②]

（1）美国 1933 年证券法[③]

《1933 年证券法》是专门针对证券发行所进行的联邦立法，与《1934 年证券交易法》构成美国证券法律体系的两大支柱，也是证券上市监管法律的核心，自颁布以来历经多次修订，但其章节基本保持制定时的架构，由 28 章与 2 个附则组成。主要内容包括：证券的定义和范围；证券发行注册的内容与程序；证券发行注册的豁免；违反证券发行注册所引起的民事责任；对证券交易委员会的授权；对犯罪和诉讼的管辖权；对违法行为的起诉和惩罚；相应的程序规定等。

《1933 年证券法》条目繁多，章节之间相互援引，并且有许多配套的规则，内容十分全面且丰富。但是，通过分析可以发现，该法始终遵循着以下三个原则：（1）信息披露原则。证券发行人必须向购买人充分披露财务状况和相关的资料，该法第 10 章和附则一对招股书要求的信息作了详尽的规定。（2）反欺诈原则。所有公开发行的证券必须依照法定要求进行注册登记，不得以不真实的说明和其他欺诈手段销售证券。该法规定，如果有关证券发行的说明中有欺诈、事实上的错误或故意遗漏，证券交易委员会和购买者都有权对发行公司的主要职员和制作登记表的有关专家，提起赔偿请求或要求给予惩罚的诉讼。（3）严格责任原则。如果发行人故意违反法律，必须承担对证券购买人的民事责任，往往是巨额的赔偿，并接受 SEC 终止登记注册等处罚，甚至可能导致被追究刑事责任。正如前文所述，三个原则结合起来，更加明确该法的立法目的主要是向投资者提供有关证券公开发行的实质性信息，并禁止证券售卖过程中的误导、虚假和其他欺诈行为。

---

① 参见陈峥嵘、黄正红：《美国证券业的自律监管制度》，载《人民日报》（海外版）2002 年 10 月 12 日第七版。

② 参见胡继之主编：《海外主要证券市场发行制度》，中国金融出版社 2001 年版，第 6—9 页。

③ 参见卞耀武主编：《美国证券交易法律》，法律出版社 1999 年版，第 1—80 页。

（2）配套规则

其他有关证券发行的规则亦即与《1933年证券法》配套的规则也是美国证券上市监管法律的主要构成部分，主要是由SEC在解释和执行证券法时，根据市场的具体情况和监管的要求制定的。SEC自成立以来，先后制订了一系列的行政规则以配套实施各主要证券法案，其中关于证券发行的主要包括：

① 总则，包括细则序列第100-215，共有近50个细则，涉及《1933年证券法》中的技术术语的定义和解释，以及有关信息披露的方式、责任和对注册文件进行检查的规定。

② 规范A，即根据《1933年证券法》第3条（b）款的授权，由SEC制定的包括序号251—264共14个细则以及相关格式范本。该规范主要规定了小额普通证券公开发行的注册豁免。要符合这一豁免，最重要的是发行规模和程序要求——根据《A条例》获得豁免的发行虽不需要向SEC申请注册，履行一般发行所属披露程序，却必须在发行之日前10日内向SEC提交一份发售声明。1992年，SEC修改了原有的规范，加大了该条例的自由化力度，但应当注意的是，该规范仅适用于在美国或加拿大注册，主要在美国或加拿大经营的公司。

③ 规范A-R，是有关某些特定情况的发行注册豁免规定，其中重点说明的是以发放红利的方式发行给股东的股票可以免于注册。

④ 规范C，包括序号100—478，共87个细则。这些细则所涉及的内容主要是有关发行注册的手续和程序等方面的问题，包括注册登记总则、招股说明书的内容和要求、注册文件中有关专业人士（律师、会计师、评估师等）的认证要求、注册申请日期和生效日的确定、收费标准、注册文件的登记修改与撤销、有关投资公司和发展商的发行注册规定以及外国公共部门单位在美国发行证券的注册要求等。

⑤ 规范CE，该规范包括第1001号细则。1996年的1001细则是一项创新，该规则对获得加利福尼亚州内豁免的证券发行给予联邦豁免，条件是该发行金额必须少于500万美元。该项规定的意义在于根据加州“蓝天法”的规定，对于500万美元以下的小额发行，不禁止进行一般性广告和劝诱行为，而在SEC的规范D下只有100万美元以下的小额发行才可以被准许进行上述行为。由于该规则可以平行适用于其他各州，因而规则对于小额发行的扩大使用具有深远影响。[①]

⑥ 规范D，包括序号501—508，共8个细则。1982年，SEC迈出了简化和统一私募发行和小额发行豁免制度的关键性步骤，废除原来的规范146、规范240和规范242，制定了具有划时代意义的规范D，规定三种可获得注册豁免的证券

① 参见周晓刚：《美国证券发行注册豁免制度研究》，载《证券市场导报》2001年第4期。

发行情形,即提供了小额发行豁免(低于该数量的发行可免于注册)、小额发行和私募发行的混合豁免以及私募发行的豁免三个注册豁免的"安全港"。

⑦ 规范 E,包括序号 601—703 的 13 个细则和概要 A、B,主要对为中小企业融资的投资公司的发行注册豁免条件作出说明。

⑧ 规范 S,包括序号 901—905 的 5 个细则,对在境外发行和转售的证券的有关问题作了规定。

除了以上规则之外,证券交易委员会还制定了与信息披露的具体要求有关的四个规范条例:(1) 规范 S-B,包括序号 10—702,共 29 个细则,主要对中小企业证券发行的注册文件内容作了明确的规定和要求;(2) 规范 S-K,包括序号 10—915,共 48 个细则,是填写注册登记材料(注册表格、招股说明书等)的标准指南;(3) 规范 S-X,其中包括很多详细条款,对财务报表中的各个分项作了说明,是准备发行注册登记文件时应遵循的指导性规则;(4) 规则 S-T,包括序号 10—901,共 27 个细则,是有关使用电子互联网填写注册登记文件的规定。

(二) 关于其他国家或地区的证券上市监管法律体系评析

1. 英国

英国也是世界上较早出现证券市场的国家之一,其主要的场内交易市场——伦敦证券交易所曾经是世界最大的证券交易所,目前与纽约证券交易所和东京证券交易所并称世界三大证券交易所,共同构建了"一个全球性的、24 小时实时运作的证券市场"[①]。由于英国证券市场实行的是传统的自律型管理,自律规则在证券市场的管理中占主导地位,没有专门的证券基本法律,有关规范证券市场的政府立法较少。[②] 至今,英国还没有一个集大成的并以"证券法"为名的法律。因此,英国的证券立法体系一般被归类为以自律规则为主的证券立法体系。[③] 但是,证券市场的自身特性以及市场失灵的存在使得单单依靠自律不足以保障证券市场的健康发展。加之 20 世纪 70 年代,英国经济发展缓慢,其国际金融中心的地位已被美国取代,美国的市场变革促动英国必须作出变革。[④]

---

① 陈峥嵘、黄正红:《美国证券业的自律监管制度》,载《人民日报》(海外版)2002 年 10 月 12 日第七版。

② 参见刘强:《证券投资局与英国证券管理体制》,载《法学评论》1997 年第 3 期。

③ 一般认为,英国证券市场实行的是传统的自律监管,法律体系主要也是以自律规则为主。参见李朝晖:《证券市场法律监督比较研究》,人民出版社 2000 年版,第 62—63 页;湘财证券:《海外证券市场》,经济日报出版社 2002 年版,第 109 页;李玫、史云:《法律框架中的自律》,载《法制日报》1997 年 9 月 20 日。也有人认为,英国证券市场缺乏独立的法律体系。参见陈支农:《发达国家资本市场监管的比较与启示》,载《中国信息报》2002 年 11 月 9 日。但是,如果根据英国的晚近立法以及证券市场的监管实践,上述观点都已失之偏颇。

④ See Eric Helleiner, States and the Reemergence of Global Finance, Cornell up, 1994, pp. 151—152.

因此,1986 年 10 月,伦敦证券交易所宣布实行"门户开放",称做"大爆炸"(Big Bang)①,之后,英国议会通过《1986 金融服务法》(Financial Service Act)。"大爆炸"是英国证券市场历史上的重大事件,开创了英国证券市场乃至资本市场的新时代,重塑了英国证券市场的框架,也对证券市场的法律体系和监管体制产生了深远的影响。

因此,英国证券法律体系一般分为两个层次:第一层次,是证券交易所制定的有关证券运行的基本规章准则,最有代表性的是伦敦证券交易所制定的规章,它对证券交易所内的组织和公司证券上市等问题作了规定;第二层次,是政府制定的有关证券市场的法律、法规。英国的证券管理虽然主要是自我管理约束的立法管制,但在证券上市以及信息披露等方面,政府进一步加强了对证券市场的管理,并制定了一系列法令。

(1) 自律规则

自律规则是指包括证券交易商协会、收购与合并问题专门小组、证券业理事会等自律机构②制定的证券监管规则和伦敦证券交易所制定的证券监管规则,主要有《证券交易所监管条例和规则》、《收购与合并准则》、《大规模收购股权准则》、《证券交易商行动准则》、《伦敦证券交易所上市规则》等。这些证券监管规则涉及面广、操作性强,它们在英国证券监管方面发挥了重要作用。其中,《伦敦证券交易所上市规则》是证券上市自律监管的重要准则。

《伦敦证券交易所上市规则》以证券监管法律为依据,是英国证券监管法律的具体细化和必要补充。该上市规则对英国《公司法》《金融服务法》等证券监管法律所规定的证券上市条件、信息披露等作了详细的展开和深化,并以此作为证券上市审批的具体标准和要求。证券上市的相关要求主要体现在《证券上市批准书》中,其中包括"批准要求"和"上市协议"两个规定。"批准要求"规定,股票发行人必须向交易所提交一份完整的股票发行文件,内容包括正式挂牌上市申请书、招募章程、发行人与交易所的上市协议和发行人关于资金能力的陈述等;"上市协议"由发行人和证券交易所共同签署,包括披露规则和行为规则两个方面。前者是指发行人不间断地公开宣示其财务报表、年度季度报告、收益分配决定、损益表等,后者则要求董事会不经股东大会同意不得发行新股、改变公司的所有权结构,还包括选举委托书和投票权等。这些规则是交易所批准公司发行上市的依据,也是交易所行为自律的规范。

(2) 政府立法

虽然没有统一明确的"证券法",但是在证券市场的发展过程中,英国政府

---

① 参见刘丰名:《国际金融法》,中国政法大学出版社 1996 年版,第 178 页。

② 具体介绍将在本文第二部分展开,在此不予赘述。

也制定了一系列与证券发行、上市、交易、信息披露等有关的证券法律法规。其中,有关证券上市的规定主要包括在《公司法》、《金融服务法》和《财务服务法》等法律之中。因此,英国的《公司法》、《金融服务法》和《财务服务法》等是证券上市监管的主要法律基础。

《公司法》于1948年制定并颁布,经1967年和1985年及1989年作了重要修改。[①]《公司法》中有涉及公司股票、债券发行条件的相关规定。发行主体首先必须是依法注册合格的公司,英国现行的《公司法》主要适用于股份有限公司和有限责任公司,而成为股份有限公司又是英国公司发行股票和上市的前提。公司发行有价证券必须提供详细的招股说明书,并符合规定的内容格式和时间要求。招股说明书的内容必须真实、充分、准确,如果公司在募集股份或发行债券时,在招股说明书中作了不实陈述或对实质性的信息有所遗漏,则发行人,包括在招股说明书上签字证明内容真实性或同意有关内容的相关专业人士应对依据该说明书购买股票或债券而导致损失的投资者承担赔偿责任,甚至承担刑事责任。《公司法》还规定,公司必须在经营活动、公司管理、资本运作、会计报表、信息披露等方面完全符合《伦敦证券证券交易所上市规则》的各项要求。

《金融服务法》在"大爆炸"之后的短短十天内由下议院通过。1981年,英国工贸部聘请著名公司法专家高尔(Gower)检阅现行保护投资者法规,提出新的立法咨询意见,以适应英国证券市场一旦开放需要加强投资者保护的新形势。1984年1月,工贸部发表高尔报告,其推荐的新法成为《金融服务法》的雏形。1986年经议会通过后,《金融服务法》正式颁布实施,取代了英国政府以前制定的一些单行法规,建立了在法律框架下的自律监管的新模式。

《金融服务法》对股票发行和上市的规定则比《公司法》要具体细致得多。《金融服务法》第四部分即为"证券的正式上市"[②]。《金融服务法》确定了上市规则的一般规定,并具体规定了正式上市、申请上市、准许上市、中止和推迟上市的各种条件和情形;在信息披露方面,法规要求发行人应提交上市详情报告书[③];登记注册之后,立即按照上市规则公告上市详情报告书及其补充,同时也规定了豁免的情形。《金融服务法》在责任方面的规定尤其明确,包括披露上市详情报告书的一般责任;因错误或误导性的详情报告书作出的赔偿;负责详情报告书的人员、上市证券发行人的义务以及赔偿责任的豁免。同时,《金融服务法》强调区分对上市证券和非上市证券的管理,废止了《1984年证券交易所上市交易管理条例》,建立了在证券交易所正式上市证券的新制度,授权证券交易所

① 参见卞耀武主编:《当代外国公司法》,法律出版社1995年版,第723页以后。

② 参见林准超等译:《英国金融服务法》,中国民主法制出版社1997年版,第173—190页。

③ 该名称提法主要是参照林准超等译的《英国金融服务法》。事实上,英国并未区分"发行"与"上市",因此"上市详情报告书"应该就是指招股说明书。

可以制定各种规章制度以保证《公司法》的贯彻执行。

《财务服务法》于1988年制定并颁布。该法案把监管有价证券市场的责任分成两大部分:一是“自律监管组织”,负责对投资业务的授权并监督获得授权者同客户之间的关系;二是“核准的证券交易所”,负责操作交易市场以及该市场内的投资公司业务。

另外,美国与英国同属英美法系,在判例法方面,英国比美国具有更长的历史传统,许多重要的原则都是先从司法判例中发展起来的。例如,1844年英国第一部成文《公司法》通过后,经过1855年、1879年、1900年、1928年、1929年的多次修正,到20世纪三四十年代,对上市公司信息披露要求等已经非常具体,反映了法院多年判例的内容。① 因此,司法判例也是英国证券上市监管法律体系不可缺少的一部分。

2. 日本

日本证券市场最早可追溯到明治维新时期。1872年,日本参照伦敦证券交易所的模式制定了《股票交易条例》,1878颁布了《证券交易所管理条例》,并成立了东京证券交易所和大阪证券交易所。可见,日本主要仿效英国建立证券市场,其监管立法也受到英国自律监管的影响。但是,二战以后,由于历史原因,日本根据美国的要求改革证券监管制度,证券立法逐渐向美国靠拢。日本的证券基本法——《1948年证券交易法》就是将美国《1933年证券法》和《1934年证券交易法》合二为一。② 另外,日本自身就是典型的制定法国家,法律体系划分十分明确,经过战后五十多年的发展,日本已经建立了一套包括法律、法规和规章在内的比较完备的证券监管法律体系。

日本的证券上市监管法律体系有三个层次:一是国家制定的法律,即证券上市监管的基本法。日本没有单独规范证券上市的基本法。但是,《商法典》和《证券交易法》都对证券发行上市有专门的章节规定。③ 二是总理府颁布的政令和职能官厅发布的省令。政令和省令是根据法律制定的,是对法律原则性规定的细化,使其更具有操作性。政令和省令也是国家强制性规范。三是证券交易所和证券业协会制定的规则。

日本规范股票发行和上市的有《商法典》、《证券交易法》、《证券交易法施行令》,大藏省发布的有关发行企业信息披露、证券交易所及店头市场的组织规章等方面的省令,各证券交易所及日本证券业协会制定的上市规章等。

首先,《日本商法典》规范无限公司、两合公司和股份有限公司的法律关系。

---

① 参见陈志武:《证券监管的英美路线》,载《财经》2002年第9期。

② 参见〔日〕河本一郎、〔日〕大武泰南:《证券交易法概论》,侯水平译,法律出版社2001年版,序言第XI页。

③ 参见卞耀武主编:《当代外国公司法》,法律出版社1995年版,第650—658页。

《商法典》在股票发行制度中发挥了双重作用:一方面,由于只有股份有限公司才有资格公开发行股票融资,因此《商法典》是自然人、法人设立股份有限公司,获得公开发行股票资格的指导性文件;另一方面,《商法典》直接对公司股份的发行活动作出规范,规定了股份发行前事项的决定、发行条件均等和公告、新股认购权以及发行活动的法律效力等。

其次,日本1948年《证券交易法》经过多次修订,同时规范了证券发行和证券交易两个市场。《证券交易法》的立法宗旨在于保障证券市场乃至整个日本经济的健康平稳运行,保护投资人的合法利益。《证券交易法》共分为9章227条,对于有价证券公开募集和销售的申报、公司股票的收购、证券公司、证券业协会、投资者保护基金、证券交易所、证券金融公司、不正当交易行为管制、违法行为调查等进行规范。其中,与股份有限公司公开发行股票及上市有关的内容如下:第二章"企业内容等的披露",关于有价证券公开募集或推销的申报;监管公司公开募集和销售活动的机关、发行申报书的内容、提交及生效方式、招股说明书的编制要件、发行活动的信息披露要点、发行活动中的法律责任等。第四章"证券业协会",关于证券业协会的设立、名称及宗旨、管理有价证券店头市场的权限、店头市场登记制度要点等。第五章"证券交易所",关于证券交易所的设立、名称及宗旨、有价证券上市的审批权限等。[①] 总体来说,《证券交易法》一方面规定了股份公司公开发行股票的管理体制,另一方面确立了证券业协会和证券交易所分别在店头市场和交易所市场上市管理体制中的地位。

再次,日本政令主要有《证券交易法施行令》,是由日本首相颁布的,主要内容是对《证券交易法》中的一些原则要点作更详尽的补充规定。《证券交易法施行令》共分9章,基本结构与《证券交易法》类似,在证券发行和上市制度方面对有关募集和销售申报提出了更为详尽的规定。省令主要是指大藏省制定的有关规定。根据《证券交易法》,日本大藏省拥有对证券发行和上市活动的审查权,大藏省所发布的有关省令即是有关法律、政令规定的具体化,其内容包括企业信息披露、交易所市场及店头市场上市等方面较为详细的规范。

最后,股份有限公司在日本的证券交易所或店头市场上市,必须符合交易所和证券业协会制定的一系列标准,接受交易所和证券业协会的审查。对此,交易所和证券业协会均制定了上市规章,其中包括上市资格、申请及审查程序、审查要点等一系列详细规定,作为拟上市公司和监管机关的操作指南。例如,东京交易所1999年9月规范了过去要求发行公司适时披露信息的有关规定,对过去的《关于上市有价证券的发行者的通告规则》进行了必要的修改,将其名称改为

① 参见卞耀武主编:《日本证券法律》,法律出版社1999年版,第1—197页。

《关于上市有价证券发行公司的信息的适时披露规则》。[①] 根据《证券交易法》的规定，证券交易所的业务规章需交大藏省大臣和内阁首相大臣审阅，得到其认可，从而保证规章的权威性。

3. 德国

德国的证券市场最早可追溯到16世纪。德国至今还没有一部内容相对综合、涵盖范围比较全面的证券法，与股票发行和上市有关的规定分散在多部法律和规章之中。这些法律和规章可以分为三个层次：一是国家法律，包括《股份公司法》、《关于小型股份公司和重新调整股份公司法的法律》、《证券交易法》、《交易所法》、《证券发行说明书法》；二是根据有关法律制定的法规，包括《交易所上市许可条例》、《证券发行说明书条例》；三是交易所规章，包括各交易所规则（其中包括《新市场规则》和《自由市场交易准则》等）。

《股份公司法》规定了股份公司的设立标准、组织制度、信息披露等。在德国，只有股份公司才能公开发行股票并上市交易，其他形式的企业组织都没有这个资格。如果要公开发行股票，就必须首先转变为股份公司。因此，《股份公司法》既规定了发行股票的最低条件，又为其他组织形式的企业在公开发行股票前的改制准备工作提供了法律指引。

《关于小型股份公司和重新调整股份公司法的法律》的主要内容是放宽了股份公司的设立标准，引入了小型股份公司的概念，准许在只有一个发起人的情况下成立股份公司，为中、小企业改组为股份公司并通过股票市场进行融资提供了法律依据。

《证券交易法》是1944年《第二次金融市场促进法案》的产物，其中第二部分规定设立联邦证券交易监管局，该局是德国的中央证券监管机构。在此之前，德国没有中央证券监管机构。《证券交易法》中对联邦证券交易监管局的组织形式、职能、报告要求、执法方式、经费来源等作了详细规定。联邦证券交易监管局在股票发行与上市方面的一个重要职能就是保管未申请上市公司的发行说明书，并对其内容的完整性进行检查。

《交易所法》是管理交易所的基本法，该法对交易所的机构设立、权力和约束、在标准市场和调控市场上市的审核、股票交易、期权期货交易等方面作了详细规定，是交易所的行为指南。

《交易所上市许可条例》规定股票在交易所的标准市场上市所要达到的要求和发行说明书的内容。在调控市场、新市场上市和在自由市场交易的要求分别由各交易所规则、《新市场规则》和《自由市场交易准则》规定。

---

① 参见孙鹤鸣：《中日证券发行制度比较研究》，http://www.fesky.com.cn/dzcm/study，2003年1月29日访问。

《证券发行说明书法》规定证券发行说明书的编制和提交要求等。在标准市场、调控市场和新市场上市的公司发行说明书的信息披露内容分别由上述《交易所上市许可条例》、各交易所规则和《新市场规则》具体规定;未申请上市的公司发行说明书的编制要求由《证券发行说明书条例》专门规定。[①]

4. 我国香港地区

我国香港地区的证券市场由来已久,早在1866年就出现了零星的股票交易活动,20世纪60年代起香港经济的起飞,带动了香港证券市场的迅速发展和持久繁荣。到2006年底,香港联合交易所[②]的股票市值已达13.34万亿港元,成为亚洲地区第三大股票市场。世界银行在一份报告中曾将香港证券市场列为成熟市场(developed market)。由于历史的原因,香港的法律体系与英国十分相似,在1974年的"香港第一次股灾"[③]之前,香港特区政府基本采纳英国证券市场的模式,对包括证券和期货业在内的经济体系采取完全的自由竞争、政府不干预政策,证券市场的活动几乎不受政府监管,主要依赖交易所的上市规则等进行自律。1987年的股灾[④]再次促使香港特区政府加快监管改革和立法的脚步,从而形成了较为完善的证券监管法律体系。由于香港证券法律是伴随着一次次市场危机的发生而演变和逐步完善的,因此也被称为"危机拉动"。[⑤] 值得一提的是,1997年7月1日,中国恢复对香港行使主权,根据中英两国政府签署的关于香港问题的联合声明和《中华人民共和国香港特别行政区基本法》的规定,香港成为中国享有高度自主权力的特别行政区,其经济法律保持不变,因此,香港地区的证券市场与内地保持相对独立的地位,证券法律体系也保持其原有特色。

香港证券上市监管法律体系主要包括:一是立法会立法,包括《证券条例》、《公司条例》、《投资者保护条例》等。1974年颁布的《证券条例》是香港证券业的基本法,是保障整个香港证券业正常运作的法律基石。《证券条例》禁止任何

---

① 参见胡继之主编:《海外主要证券市场发行制度》,中国金融出版社2001年版,第183—185页。

② 香港联合交易所和香港期货交易所等证券机构合并,并更名为"香港交易所"。但由于规则的名称并未见相应的修改,加之于称呼习惯,在行文中仍使用"香港联合交易所"或"香港联交所"。

③ 由于香港政府的不干预政策,资金、交易量的迅速增加和股市的急速上扬,一方面,不法商人开始利用政府监管的漏洞肆意违规操作,严重损害大众投资者的利益;另一方面,"四会"的过度竞争导致上市公司的质量急剧下降,使投资者对证券市场的信心发生动摇。在这种情况下,香港股市爆发了第一次股灾,恒生指数由1973年3月的峰值1774.96点跌至1974年12月的150.11点,跌幅超过90%。

④ 1986年3月27日,四交易所于收市后正式宣布停业,由四家交易所合并组成的香港联合交易所于1986年4月2日正式开业,"四会时代"正式宣布结束。联交所成立后,在一年多时间里取得了巨大的发展。恒生指数连创历史新高,然而,1987年10月16日,美国华尔街股市大幅下滑108点,由此引起了全球股市的连锁反应,香港证券市场由于其高度投机性和开放性而在这次股灾中首当其冲,持续了一年多的大牛市开始灾难性崩溃,创下了全球股市跌幅的最高记录。此后,尽管政府筹措资金救市,仍然无济于事。

⑤ 参见杨成长、王菲萍:《香港台湾证券法体系》,http://www.peopledaily.com.cn/GB/paper87/review,2002年12月9日访问。

人建立或经营除联交所以外的证券交易所，任何谋求在香港公开发行股票的公司都必须在联交所上市。二是证监会制定规则，包括证监会依照《证券及期货事务监察委员会条例》颁布的财务资源规则，证监会颁布的有关《证券（信息披露）条例》的例外原则，以及证监会颁布的有关股票回购的例外原则、公司收购与股票回购守则等。三是交易所等自律组织的自律规则，包括《香港联合交易所章程》、《证券（股票交易所上市）规则及其附属规则》、香港联合交易所证券上市规则等。另外，需要指出的是，香港也是传统的英美法系法域，判例也成为法律体系的一部分；以《证券条例》为基础，其他一些法例、规则和守则以及典型判例为补充，共同构成了一个完备的香港证券上市监管法律体系。①

（三）比较与思考：证券上市监管法律的发展趋势

1. 证券监管法律总是以证券上市监管法律为开端

首先，如前所述，证券市场最发达的美国，其首部联邦证券立法就是关于证券发行上市监管的《1933 年证券法》；其次，其他国家和地区监管没有针对上市监管的专门立法，但其证券基本法都明确并详细地对证券上市作出规范，日本的《证券交易法》和我国香港特别行政区的《证券条例》等立法为上述论点提供了有力的佐证；最后，即使是没有证券基本法的英国，其《公司法》、《金融服务法》等重要法规也确立了证券上市监管的基本原则，并且有明确的授权。这些都充分说明证券监管法律的起点是证券上市监管法律。

2. 成文立法成为证券上市监管法律乃至证券法律的发展趋势

众所周知，英美法系是以判例法为主要法律渊源，成文立法相对较少。二战以后，大陆法系和英美法系相互渗透和融合的迹象日益明显②，并且像英国这样的传统国家也日益重视议会立法和委托立法，并且其效力一般高于判例法③。但是，英美等国的判例法本位仍然根深蒂固，其地位不可动摇，这也正是法系区分的原因和基础。值得注意的是，英美法系国家在证券立法方面，却是典型的成文法。美国在经历了 20 世纪二三十年代的大危机之后，通过一系列的成文立法，确立了完善的证券法律体系和统一监管体制，为其成为全球最发达证券市场奠定了坚实基础。英国在较长的一段时间内并不重视成文立法和政府监管，但

---

① 和英国一样，我国香港地区也禁止场外交易，股票公开发行意味着上市，并且在 19 世纪 80 年代的“会所之争”（香港证监会和联交所）中，交易所取得了股票上市的决定权，因此，证券上市主要由交易所为主监管。

② 由于制定法积极价值和消极价值的存在，以制定法为本位的大陆法系和以判例法为本位的英美法系各自都在重新确定自己的位置并寻求新的发展方向，事实表明，两者的渗透和融合不仅可能，而且不可阻挡。参见陈岱松：《浅析制定法的二律背反》，载《法学研究生》1997 年冬季号。

③ 参见〔美〕勒内·达维德：《当代主要法律体系》，漆竹生译，上海译文出版社 1984 年版，第 244—254 页。

在金融“大爆炸”之后,成文立法大量增加,政府监管日益增强。笔者认为,一方面,由于证券的自身特性要求加强法律建设和监管;另一方面,成文立法的普遍性和确定性,更有助于及时弥补证券市场失灵,有效控制风险,因此,成文立法在证券领域成为普遍的发展趋势。

3. 证券上市监管法律体系中,政府立法和自律规则并重

传统的分类方式表明,美国、日本是以政府立法为主的证券监管法律体系,英国、我国香港地区则是以自律规则为主。对于证券上市监管法律而言,这种区分不无道理。因为美国、日本区分场内交易和场外交易而将发行与上市严格区分,证券发行由政府控制;而英国与我国香港地区没有场外交易,公开发行即为上市,上市监管权主要归属以证券交易所为代表的自律机构。但是,随着证券市场的发展,这种观点正在转变。金融“大爆炸”后的英国逐步加大政府干预程度,其《金融服务法》和《2000 年金融服务与市场法》等政府立法对证券上市进行了严格的规定。1999 年,伦敦证券交易所发布公告,宣布将上市审核权力向金融服务管理局移交,[①]证券交易所的权限受到削弱。同样,我国香港交易所的“权力过大”也一直受到市场各方的指责和质疑。2003 年 3 月 23 日,香港交易所向媒体宣布,将听从香港特区政府专家小组的意见,把港交所的上市职能移交到香港证监会下新成立的公司——香港上市局。[②] 证券市场的高风险使得政府加强监管,政府立法的重要性日益显示。当然,政府立法也不可能完全代替自律规则,尤其是针对证券上市监管而言,证券交易所始终是市场的重要角色。自律规则是法律的延伸,在证券上市方面具有很强的操作性,即使是在证券立法非常集中的美国和日本,其交易所的自律规则也十分完善。因此,就广义理解的证券上市监管法律体系中,政府立法和自律规则二者不可或缺。

二、监管体制——法律规定下的制度设计

证券上市监管法律体系的形成和完善是各国证券上市监管的法律基础,监管是否能够达到预定的目标则有赖于法律的贯彻和实施。那么,如何保证证券上市监管法律能够得到有效的施行,则需要一定的机构设置和体制安排,即证券监管体制。[③] 证券监管体制是指一个国家(地区)证券监管机构的设置,其法定的监管职责、监管手段、监管工作程序以及监管机关与监管对象、各有关部门之

① 参见屠光绍主编:《上市制度:比较与演变》,上海人民出版社 2000 版,第 57 页。

② 参见范海涛:《港交所将移交上市职能,赴港上市难度加大》,载《北京青年报》2003 年 3 月 25 日。

③ 证券监管体制是对一国证券监管的具体安排,通过证券监管机构全面实施证券监管,证券监管体制包括了对证券上市监管的安排,也就是说,证券监管体制亦即证券上市监管体制。本文对证券监管体制的研究是就证券上市监管而言,除非特别说明,不再单独提及证券上市监管体制。

间的关系等。[①] 证券监管体制是整个证券法律制度十分重要的组成部分。各国证券监管体制因对证券市场并对证券监管手段功能的认识不同以及法律传统不同而各不相同,并随着证券市场的发展变化而不断发展完善。[②]

(一) 关于证券监管体制的分类述评

关于证券监管体制的分类,学界著述颇多,学者的观点存在差异,划分的依据各有不同,因此证券监管体制的种类也随之纷繁多样。首先,一般多以监管的法律以及监管的主体不同为依据,存有"三分法"和"两分法"。主张三分法的学者认为,证券监管体制可分为:集中(立法)型监管体制、自律型监管体制和中间型监管体制[③];或者政府型监管体制、自律型监管体制和中间型监管体制。[④] 主张两分法的则认为,证券监管体制可分为:集中型体制和自律型体制[⑤];或者法定型监管体制和自律型监管体制[⑥];或者政府型监管体制和自律型监管体制[⑦]。其次,也有学者以国别为标准进行分类,将证券监管体制分为美国式、日本式和英国式。[⑧] 还有结合监管自身特点和国别进行分类:政府主导型的美国证券监管模式、自律主导型的英国监管模式和中间型的法国模式[⑨];或者美国式集中型证券市场监管、英国式自律型证券市场监管和欧陆式中间型证券市场监管[⑩];或者设立独立型证券主管机关的管理体制、设立附属型证券主管机关的管理体制和英国的"自律"性证券管理体制[⑪]。另外,还有从区分政府干预的方式和范围进行划分,认为证券监管体制分为防范欺诈型(prevention of fraud)、实质管理型(merit regime)和信息披露监管型(disclosure of information statutes)。[⑫]

在上述纷繁的划分方法中,笔者注意到:首先,三分法和两分法的依据是相

---

① 参见王超:《中国证券监管体制的立法再造》,载吴志攀等主编:《证券市场与法律》,法律出版社2000年版,第23页。

② 参见李朝晖:《证券市场法律监管比较研究》,人民出版社2000年版,第1页。

③ 参见黄黔:《借鉴经验,完善我国证券市场监管体制》,载《江汉论坛》1996年第3期;丁凤楚:《世界三大证券市场监管体制比较研究》,载《社会科学》1999年第7期;成学真、李燕:《各国政府监管证券市场的模式比较及其启示》,载《国际金融研究》2001年第2期;潘英丽:《中国证券市场规范发展问题研究》,上海财经大学出版社2000年版,第217页。

④ 参见赵本光:《中外证券市场的监管体制分析》,载《经济问题探索》2000年第9期。

⑤ 参见梅冰、徐永红:《证券市场监管体制探讨》,载《理论月刊》2000年第7期。

⑥ 参见白玉琴:《借鉴国外经验完善我国证券市场的监管体系》,载《深圳大学学报》(人文社会科学版)1995年第12期。

⑦ 参见李朝晖:《证券市场法律监管比较研究》,人民出版社2000年版,第1页。

⑧ 参见杨旭东:《日、美、英证券市场监管模式的比较分析》,载《现代日本经济》1999年第2期。

⑨ 参见李东方:《证券监管法律制度研究》,北京大学出版社2002年版,第82—93页。

⑩ 参见黄运成、申屹、刘希普:《证券市场监管:理论、实践与创新》,中国金融出版社2001年版,第46—54页。

⑪ 参见胡英之:《证券市场的法律监管》,中国法制出版社1999年版,第49—57页。

⑫ See Louis Loss and J. Seligman, Fundamentals of Securities Regulation, 3rd. N. Y., Little, Brown and Company, 1995, p. 25.

同的,只是对两者的融合是否构成第三种监管体制——“中间型”存在不同的观点。我们在承认制度之间相互融合和借鉴的同时,也意识到各种体制所代表的本质特征是难以抹杀的。因此,在具体的分类中,我们更倾向于具有显著特征的两分法。其次,在以监管法律和监管主体为依据的分类中,有些提法并不妥当。例如,对于“集中型”和“自律型”的分类,两者是相交的。从词义上看,“集中”对应的是“分散”;“自律”应该是与“他律”相匹配。他律亦即“政府监管”,自律与政府监管是根据监管的主体不同所作的划分,而集中与分散则是从监管的方式出发的划分法。实践中,政府更多强调集中监管,而自律则根据市场需要,有可能较为分散。另一种关于“法定型和自律型”的提法也有失偏颇。我们知道,任何监管行为都应当在法律的规范下运行,一国监管体制就是依照该国的证券监管法律的规定所作的制度设计。因此,包括“自律型”在内的证券监管体制都应是“法定型”。因此,以上分类都应当得到纠正。最后,以政府干预的方式和范围为标准的分类,跳出了传统的划分方式,提供了崭新的视角。但是,仔细推敲,这三种证券监管体制是难以独立存在的。防止欺诈应该是任何一种证券监管体制希望达到的目的,而信息披露在现实中则是每一证券市场共同倡导的制度。

综上所述,关于证券监管体制的分类,我们主张严格区分概念,并强调以其显著特征作为划分依据,因此,我们更赞成将证券监管体制分为政府主导型监管体制和自律主导型监管体制。当然,必须再次强调的是,我们并不强求将所有国家或地区存在的证券监管体制归入某一特定的类型或范围。因此,在下文的介绍和论述中,主要仍以证券市场发达的国家和地区为主线。

(二) 关于证券监管体制主要类型的比较分析

纵观主要证券市场发达的国家,其证券监管体制各有特点,在世界范围内,按照监管主体的地位不同,证券监管体制可分为政府主导型监管体制和自律主导型监管体制。前者是国家对证券市场实行统一管理居于主导地位,后者是自律机构对证券市场的自我管理居于主导地位。国家对证券市场的统一管理是指通过国家证券立法,由政府的证券管理部门对全国证券市场履行监督管理职权,统一监督和管理。证券业自律管理就是由证券交易所和证券业协会对证券发行和交易及其相关活动,依据法律授权制定管理规章和业务规则进行自我约束和管理。自律组织代表的首先是市场参与者的利益,为了实现和保护自己的利益最大化,就要通过自律维护市场的公平交易;而矗立于市场之上的政府代表的是公众利益,是投资者的利益,为了增强公众和投资者对市场的信心,政府需要通过立法、执法等手段维持市场的安全、秩序、公平和效率。[1]

1. 美国

美国是政府主导型监管体制的代表。正如前文所述,19世纪二三十年代由证券市场所引发的资本主义经济大危机迫使美国政府放弃"自由放任"的经济政策,联邦政府从1933年开始进行大规模的证券立法以规范市场行为,重新恢复整个社会对市场的信心。在法律的规范和指引下,美国逐步建立以政府统一监管为主、市场自律为辅的较为完善的证券管理体制。

(1) 证券交易委员会(SEC)

根据美国《1934年证券交易法》第四章的规定,美国联邦设立独立的超党派、准司法的管理机构——证券交易委员会,作为统一监管全国证券活动的最高管理机构。

① 证券交易委员会的宗旨

证券交易委员会的宗旨是:通过行政手段建立一个公开、公平、公正的投资信息系统,一方面促成投资者作出正确的投资选择,引导投资方向;另一方面利用市场投资选择把发行质量差、超出市场资金承受力的证券发行者驱逐出整个证券领域,以最小的证券市场干预达到最大限度地保护投资者的目的。[2]

② 证券交易委员会的组织

该委员会的五名委员须由总统提名,通报参议院并获同意。委员会强调党派上的中立,其中代表同一政党的委员不得超过3人;委任职务时应尽可能地轮流任命不同政党的委员。同时,委员被要求必须是专职,"除担任委员会委员外,委员不得从事其他工作或另谋他职,也不得以直接或间接的方式参与股票市场活动,或者从事本章涉及的受委员会规章所管辖的交易活动"。

委员会下设六个主要业务部门:一是公司融资部(Corporation Finance),主要负责审核上市公司的登记文件,并制定信息披露政策;二是市场监管部(Market Regulation),主要监管二级市场,以保持公正、公开有效的市场运行,负责对证券商、自律性组织以及交易活动的监管,并制订对证券商财务监管的政策;三是投资管理部(Investment Management),负责监管和调节投资管理,并执行对投资公司(包括共同基金)和投资咨询商的管理;四是执行部(Enforcement),对一切违反证券法的行为进行调查,必要时提请委员会采取行动,并提请联邦法院行政执法人员裁决;五是首席法律顾问办公室(General Counsel),负责法律问题的咨询;六是首席会计师办公室(Chief Accountant),负责各种财务政策及相关事

① 参见张宇润:《试论经济法属性的证券法基本原则》,载《安徽大学学报》(哲学社会科学版)2000年第5期。

② 参见黄运成、申屹、刘希普:《证券市场监管:理论、实践与创新》,中国金融出版社2001年版,第86页。

务。除此之外，委员会还设有经济分析办公室、国际事务办公室等15个其他专业部门和行政部门。另外，委员会除位于华盛顿特区的总部外，在全国有11个地区代表处。[①]

③ 证券交易委员会的职能

证券交易委员会是统一管理全国证券活动的最高管理机构，不仅行使管理权，同时具有立法和准司法权。其权限十分广泛：负责制定和调整有关证券活动的管理决策，负责制定和解释证券市场的各种规章制度，管理全国范围的一切证券发行和交易活动，调查、检查各种不法的证券发行和交易活动，执行行政管理和法律管理的措施；同时，作为美国联邦证券法律的执行机构，对违反证券法的行为和事件拥有广泛的调查权和处罚权。《1934年证券交易法》第21章(a)规定：委员会可以自行决定进行它认为必要的调查，以决定任何个人是否曾经违反、正在违反或将要违反该法的任何规定和其下的规则或者规章。在调查案件中，如果被调查者具有严重违法行为，证券交易委员会可以对被调查者采取行政措施、提起民事诉讼甚至将案件移交司法部，司法部依法自行决定提出必要的刑事诉讼。除此之外，根据《1934年证券交易法》，委员会有权决定、有条件或无条件地禁止任何违反该法第10章(b)和其下的规则和规章的任何人永久地或者在规定的时期内担任任何发行人的官员和董事。

(2) 美国主要自律性监管机构

根据《1934年证券交易法》第三章(a)26项的规定，自律组织包括全国性证券交易所(National Securities Exchange)、注册的证券业协会(Registered Securities Association)、注册的清算机构(Registered Cleaning Agency)以及州证券规则制订委员会(Municipal Securities Rulemaking Board)。虽然上述机构并非官方机构，但其作用不可忽视。美国"对投资者的最大保护和对证券市场的最小干预"的证券监管宗旨赋予证券业最大的自律管理权限。政府监管机构的监管意图大多是通过这些机构落实的。这些机构有完备的章程和严格的自律规范，有效地规范和约束市场参与者。[②] 负责参与证券监管尤其是证券上市监管的自律组织主要有全国性证券交易所和全国证券交易商协会。

① 全国性证券交易所

全国性证券交易所是经美国证券交易委员会批准设立的提供证券交易场所的证券经营机构，同时也是实现自我管理的自律组织。目前，经核准设立的全国

---

① See Richard J. Teweles, Edward S. Bradley and Ted M. Teweles, The Stock Market, John Wiley & Sons Inc., 1992; Http://www.sec.gov.

② See Christine A. Botosan, Disclosure Level and the Cost of Equity Capital, 72 Acct. Rev. 323, 344, 346 (1997); Roberta Romano, Empowering Investors: A Market Approach to Securities Regulation, Yale Law Journal, June, p.2394(1998).

性证券交易所共有八个,其中纽约证券交易所是全国最大的。全国性证券交易所在证券法和证券交易委员会的授权下,执行证券法及证券交易委员会制定的法规;制定交易所章程和业务规则;建立会员制度,并监督其会员执行、遵守证券法规和交易所的规章制度;负责对发行人上市注册和信息披露管理,以及对证券交易实施实时监管。必要时,全国性证券交易所可根据证券法进行调查并实施处分措施。

② 全国证券交易商协会

全国证券交易商协会(National Association of Securities Dealers, NASD)根据《1934年美国证券交易法》15章(a)的规定,于1939年正式成立,依据国会赋予的特殊权力对其会员进行监管,成为规范全美场外交易市场的唯一行业自律监管机构。全国证券交易商协会的自律监管职能包括:管理股票购买的透支额度;负责从业人员在全美证券交易商协会注册;监管会员的市场操纵行为和交易行为;对市政债券的交易行为进行监管;对证券的承销、发行以及上市公司的信息披露进行监管;对纳斯达克市场上的证券、柜台市场上的证券、在交易所挂牌但在交易商市场上交易的证券、共同基金和各种可变合约等众多产品的交易进行监管。①

当然,自律组织的自律监管活动需在证券法律框架下开展,并接受证券交易委员会的监管。证券交易委员会既可以对自律组织颁布的规则条例进行修订、补充和废止,也可以要求自律组织制定新的规则。

2. 英国

英国传统的证券监管体制是以自律为主导的。在金融"大爆炸"之前,政府对证券市场采取自由放任的态度,几乎是全部由证券业自律管理,证券监管体制主要分为两个部分:一是由证券交易商协会、没有立法地位的收购与合并问题专门小组和证券业理事会三个机构组成的管理体制;一是证券交易所的管理,例如,伦敦证券交易所在长期的证券交易中逐步形成一套相对完备的自律体制,成为全国证券市场的中心,其证券交易活动基本按照习惯形成的自律体制运作,而国家有关单行法规和司法判例对证券活动主要是间接调整。

(1) 主要自律机构

① 证券交易商协会

证券交易商协会成立于1890年,由证券市场的4200名会员直接选举产生,目前委员总数为46名,每年改选其中的1/3,主要管理伦敦及其他交易所内的业务。它所制定的《证券交易所管制条例和规则》是各种交易的主要依据,除此以外,还有一些关于批准新上市及发行公司进行连续的信息公开的规定,以及在

---

① 参见陈霞:《提升证券业自律监管水平》,载《上海证券报》2002年8月7日。

收购合并时公司财务公布的规定和其他特殊的规定。

② 收购与合并问题专门小组

收购与合并问题专门小组于1968年由参加伦敦城工作小组的9个专业协会发起组成，主要从事有关企业、公司收购合并等问题的管理，是一个非立法机构，它的管理规则是《伦敦城收购与合并准则》(简称《伦敦城准则》)。这一准则不是立法文件，但它对上市公司的股权收购行为的规范是十分重要的，如果企业在征购文件或招股书中有欺骗、隐瞒等违反《伦敦城准则》的行为，同样可能承担刑事责任。收购与合并问题专门小组得到证券交易所、贸易部、英格兰银行及其他专业机构的支持，在遇到违反《伦敦城准则》的情况时，这些部门共同支持专门小组的制裁建议。

③ 证券业理事会

证券业理事会是1978年由英格兰银行提议成立的一个新的自我管制机构，是一个私人组织，由10个以上的专业协会代表组成。这一机构在英国证券业自我管制体系中占中心地位。理事会成立后，对《伦敦城准则》进行了修改，并建议对英国《公司法》中关于内幕人士交易规定和上市规定等条文进行修改；同时，制定新的规则如《证券交易商行动准则》、《基金经理人交易指导准则》、《大规模收购股权准则》等，并且对上述规则负责解释和监督实施。[①]

(2) 伦敦证券交易所

1986年以前，英国没有特定的统一的证券监管机构，伦敦证券交易所本身就是主要的证券监管机构，兼具提供证券场所和证券监管的双重职能。传统的英国证券监管体制中，伦敦证券交易所在证券上市监管方面起到举足轻重的作用。证券上市时由发行人向交易所提交申请及规定的文件，经过交易所核准后方可公开发行及上市。

上述三个自律机构和伦敦证券交易所地位相对独立，不受英国政府的直接控制，它们在一定程度上进行非正式合作，并在政府有关部门如贸易部、英格兰银行等指导下实行自我监督和管理。如果发现了不法行为，专门小组等会将提案提交贸易部，由后者进行调查和提出诉讼。[②] 可见，英国的自律管理机构实质上获得了政府的默示授权与国家强制力的支持，这也是维系其神圣权威的重要条件。[③] 实践证明，通过上述机构以有组织的自律管理，代替贸易部等政府机构

---

① 参见黄运成、申屹、刘希普:《证券市场监管:理论、实践与创新》,中国金融出版社2001年版,第109—110页;吴晓求主编:《海外证券市场》,中国人民大学出版社2002年版,第73—74页。

② 1948年,英国修改《公司法》时,英国议会正式授权其贸易部为证券市场行政监管机构,并授予立案调查权及以全体股东的名义对上市公司及其要员提起民事公诉权等权力,但贸易部只对《公司法》条款有小范围的解释权,不可超越这些范畴。参见陈志武:《证券监管的英美路线》,载《财经》2002年第9期。

③ 参见范东海:《中国证券市场管理的制度分析》,中国人民大学行政管理学研究所1999年硕士学位论文。

执行严格的市场管理,成功地实现了监管的目的,促进了市场的繁荣。因此,英国的三个自律机构和伦敦证券交易所构建了英国传统的证券监管体制。

当然,在英国金融"大爆炸"以后,政府全面介入证券监管,以自律为主导的证券监管体制受到一定的质疑。值得注意的是,尽管直到1986年才有真正的证券监管机构——金融服务局,但早在1951年,英国的证券市场就已很发达,不仅有近3500家公司上市,而且那时的股东分散度就很高。① 因此,英国的自律监管具有悠久的历史,并形成高水准的专业水平和自我约束的良好氛围。在美国不断重视自律监管的同时,我们有理由相信,英国的证券监管体制只是更多地借鉴先进的经验而并非全面放弃自身的传统体制。

3. 日本

日本在1996年大规模金融体制改革之前,由于证券立法主要是效仿美国,因此,其证券监管体制与美国十分相似。另外,由于日本的政治体制属于中央集权制,证券监管更趋集中。

(1) 大藏省证券局

日本最早于1947年成立类似美国的证券交易委员会,负责证券监管。1952年,日本在政治上恢复自主性后,进行行政机构改革,撤销证券交易委员会,并将其管辖的事项交给大藏省理财局的证券科(现在的证券局),因此,大藏省证券局成为日本主管全国证券业务的政府机构。证券局的首脑为总裁,下设两名副总裁,其中一名副总裁兼任东京证券交易所的监理官。证券局除了对证券经营事项进行注册登记、批准、认可、检查以及对一切证券法令的执行情况进行监督外,还对证券公司的经营及证券交易实行直接行政指导。证券局下设四个职能部门,即协调部、证券市场部、公司财务部和证券业务部。

(2) 证券交易审议会②

该机构于1962年由大藏省设立,全部委员皆由大藏省大臣任命。审议会是负责对有关证券的发行、买卖及其他交易等重要事项进行调查审议的最高行政机构,带有学术机构的性质,并推动《证券交易法》的修改和完善。

(3) 证券业协会

证券业协会是由日本的各证券公司自愿组织的民间证券业团体,1973年创立,在大藏省登记注册,是受大藏大臣监督的社团法人。其主要任务是:加强场外证券交易的自我管理;为控制和监督而制定必要的规则;协调会员证券公司之间的关系;调解证券交易纠纷;组织会员证券交易公司的管理人员和一般职员的

① 参见陈志武:《证券监管的英美路线》,载《财经》2002年第9期。

② 1998年,证券交易审议会于日本设置金融监管厅时被废止,统一为金融审议会。参见〔日〕河本一郎、〔日〕大武泰南:《证券交易法概论》,侯水平译,法律出版社2001年版,第9页。

研修和资格考试等。[①]

4. 德国

1995 年以前,德国在证券管理上实行的是交易所自律以及各州对交易所的非集中监管。1995 年以后,德国对证券监管体制进行改革,增设联邦证券交易监管局作为中央集中监管机构,从而形成证券交易所、各州交易所监管署和联邦证券交易监管局的三级监管体系。[②] 德国实行全能银行制度——银行不仅经营传统的商业银行业务,同时也作为投资者、交易商和证券经纪人参与证券市场活动。因此,监管银行的银行监管局和联邦储备银行也是德国证券市场的监管机构。德国《证券交易法》设立了联邦有价证券交易监督局(以下简称联邦证券监督局)作为监督有价证券交易主管机关。联邦证券监督局和以前设立的联邦信贷业监督局、联邦保险业监督局一样,也是在德国联邦财政部主管范围内的独立的联邦高级机关。联邦证券监督局的局长经联邦政府提名,由联邦总统任命。联邦证券监督局的任务是监督有价证券交易依法有序进行,它有权为制止有价证券交易中的弊端发布命令和采取必要措施。联邦证券监督局有权采取强制性罚款手段贯彻其在法定职权范围内作出的命令。

自律机构在德国证券市场的监管中也发挥着重要作用。德国的证券交易所在历史上曾是私人机构,后依据《证券交易法》成为接受州政府监督的准公共机构。主要的证券交易所是法兰克福证券交易所,它是欧洲的第二金融中心。值得一提的是,德国的证券交易所设有批准上市委员会,由银行和各产业代表组成,负责对证券上市进行审核批准。

5. 我国香港地区

正如证券上市监管立法一样,我国香港地区的证券监管体制也是“危机拉动”的结果。在 1987 年股灾之后,香港特区政府对传统证券监管体制开始进行重大改革,改变类似英国以自律为主导的监管模式,逐步形成政府监管和自律监管并重的具有特色的双层证券监管体制。

(1) 证券及期货事务监察委员会

1987 年股灾使香港证券市场的投资者又一次遭到重创。面对股灾,香港特区政府成立了一个以米兰银行总裁戴维森为首的六名专家组成的证券业检讨委员会,对香港证券市场进行全面检讨。1988 年 6 月 2 日,该委员会提交了一份名为《证券业检讨报告书》[③](Securities Review Report,又称《戴维森报告书》)的

---

① 参见黄运成、申屹、刘希普:《证券市场监管:理论、实践与创新》,中国金融出版社 2001 年版,第 129—130 页;吴晓求主编:《海外证券市场》,中国人民大学出版社 2002 年版,第 142—143 页。

② 参见胡继之主编:《海外主要证券市场发行制度》,中国金融出版社 2001 年版,第 185 页。

③ See Securities Review Committee, Report on the Operation and Regulation of the Hong Kong Securities, Hong Kong: Government Printer 1988.

调查报告,对香港证券市场存在的问题进行了全面的检讨,并提出了规范市场的一系列改革建议[①]。《戴维森报告书》成为指导香港证券市场改革的经典性文件,被奉为业内"圣经"。

以《戴维森报告书》为基础,1989 年 5 月 1 日,证券及期货事务监察委员会(以下简称香港证监会)依照《证券及期货事务监察委员会条例》成立,代替原来的证券事务监察委员会和商品期货委员会成为香港证券和期货业的最高监管机构。依照《证券及期货事务监察委员会条例》第 5 条的规定,香港证监会由数量相等的执行和非执行理事组成,主席为执行理事。[②] 香港证监会下设四个部门及若干委员会。四个部门包括:中介团体部、公司财务部、市场监察部和法规执行部,分别执行对中介人员进行监督、对上市公司财务报表进行审计、对市场进行监察以及执行有关法律法规等职能。委员会中最重要的是咨询委员会,负责为香港证监会的工作提供咨询意见,所有香港证监会的法令和政策在正式发布之前都必须经该委员会讨论通过。在市场监管的过程中,香港证监会拥有很大的调查和干预权,如调查、取证、向法院提起诉讼、发布命令制止违规行为或限制从事某项业务、处置或转移某项资产等,从而使监管工作能有效进行。

同时,为了防止权力滥用,香港特区政府还专门设立了证券及期货事务上诉委员会,为那些对证监会作出的决定或发布的政策持有异议的当事人提供行政救济,从而实现对证监会权力的制衡,防止其因权力过大而损害市场主体的合法权益。[③]

(2) 香港联合交易所

香港联交所是获得证监会依据《证券交易所统一条例》认可的交易所,根据《证券交易所合并条例》第 27 条(1)款的规定,享有设立、运作及维持香港证券市场的独家权力。根据《证券及期货事务监察委员会条例》的规定,联交所可以行使香港证监会的部分监管职能,即香港证监会如果认为交易所愿意并有能力执行其有关的全部或部分职能,可请求行政长官咨询行政会议颁发"移交令",将这些职能移交给交易所。联交所的主要职能包括:其一,制定发行人在交易所

---

① 《戴维森报告书》客观分析了证券市场存在的四方面缺陷:一是联合交易所被视为私人合作所而非为会员和投资者服务的共用事业机构;二是期货交易所制度不健全,管理混乱,期交所、保证公司、结算公司三足鼎立的形势混淆了责任界限,妨碍了风险处理的稳妥性;三是监察制度不健全;四是设于政府架构之内,负责两个监察委员会行政工作的证券及商品交易监理专员办事处彼此掣肘,办事缺乏效率。该报告书提出四点赋有建设性的建议:(1) 联交所和期交所应发展一批独立的专业行政人员,负责执行决策部门的政策;(2) 将联交所的交收制度延长三日,同时尽快实施中央结算制度;(3) 香港期交所及指数期货予以保留,但应重组结算和保证金制度;(4) 设立不属于政府的单一独立法定机构,取代原有的两个监察委员会和监理专员办事处。

② 参见何美欢:《公共公司及其股权证券》(上册),北京大学出版社 1999 年版,第 7 页。

③ 参见杨成长、王菲萍:《香港台湾证券法体系》,http://www.peopledaily.com.cn/GB/paper87/review,2002 年 12 月 9 日访问。

上市及交易其证券的条件；其二，控制中介人进入市场并监管其行为。为履行这些职能，联交所有权制定和修改规则，规则的效力需经证监会批准。当然，香港证监会也可指示联交所制定或修改任何规则。①

(3)“会所之争”

香港证监会在成立的最初几年，由于自身职权设置过于广泛，且联交所正处于改革之中，市场信心尚未树立，证监会与联交所之间的关系并不融洽。针对联交所非活跃会员的注册资格及相应权利、理事代表性，以及交易所的营利性等三大问题展开了旷日持久的争论。经过争论调停，证监会与联交所最后达成共识，并于1991年12月签订了“谅解备忘录”，证监会将权力下放，由联交所全权负责证券上市的批准，香港证监会主要监管整体体例的素质和执行运作，直接监管的主要是联交所与结算公司没有监管责任的层面，包括收购与合并活动、投资品种的推出、市场不法行为等。自此，香港证券市场确立了“监督下的自我规管”这一双层监管体制。

“会所之争”实际上是监管与自律两种理念的较量，较量的最终结果是在香港的证券市场上建立起了“监督下的自我规管”这一双层监管体制。“会所之争”以及最后的较量结果，彻底改变了香港证券市场监管的思路和制度：一方面，奠定了双层监管的架构，形成了全新的证券市场监管理念，即证券市场的监管必须采取“监管、自律双层监管”架构。双层监管不等于“功能重叠”，然而，在双层监管体制下，某些重叠又是不可避免的，一个完善的双层监管架构就是将这种重叠减少到最低限度或一个合适的比例。监管并不是目的，监管最终是使自律机构更能胜任自我规范和管理的职责。另一方面，联交所通过这一较量过程以及争议的解决，使自己在自我规范管理的道路上大大迈进了一步，也确保了联交所能更好地为市场整体和大众投资者利益服务。②

6. 比较与分析

(1) 政府主导型监管体制

政府主导型监管体制的优点体现为：其一，有效地保护投资者利益。政府主导型监管体制的监管机构，超脱于证券市场并保持独立，避免了市场监管与自身利益可能产生的冲突，能够公正地对待市场各方，更能体现监管的理念，注重对投资者利益的保护。其二，树立监管权威，保障市场运行。一方面，政府监管通常进行大量的证券立法，以法律的公开性、稳定性和强制力为后盾；另一方面，政府监管多采取集中监管的方式，有利于市场的统一，充分体现监管的权威性和有效性。

---

① 参见何美欢：《公共公司及其股权证券》(上册)，北京大学出版社1999年版，第10页。

② 参见郝东旭、魏淑君编著：《证券市场风险法律防范》，法律出版社2000年版，第18—19页。

其缺陷体现为：其一，政府监管在超脱的同时可能脱离证券市场的具体运作，证券市场的多变性和复杂性往往使政府监管滞后而僵化，从而可能限制市场的发展；其二，强有力的政府监管需要投入大量的人力、物力、财力，成本较高。

（2）自律主导型监管体制

自律主导型监管体制的优点有：其一，自律组织接近、熟悉市场，能够了解市场的最新变化，对违法行为调查和处罚往往有充分的准备，反应迅速。同时，监控和执法方面更有效率。其二，自律提倡市场竞争，并通过自律规则为竞争提供充分的便利条件。其三，自律监管让证券交易商参与制定和执行规则，有助于促进其模范地遵守这些规则，从而形成良好的市场氛围。

其缺陷包括：其一，容易形成利益集团和行业垄断，不利于对投资者利益的保护；其二，缺乏国家强制力作为保障，管理手段较弱，一旦出现系统性风险，自律显得苍白无力。

（三）展望：关于证券监管体制的新发展[①]

政府监管是现代市场经济的重要特征。在市场经济的自由竞争阶段，政府奉行不干预主义。在市场经济发展到垄断阶段之后，政府的职能发生了重大的转变。政府作为社会利益的总代表，必须对市场竞争进行调控和监管。证券市场是整个市场体系的重要组成部分，其垄断性远高于其他市场，而且证券市场参与者多、投机性强、敏感度高、不受地域限制，是一个具有高风险的市场，且其风险又具有突发性强、影响面广、传导速度快的特点，1929—1933 年世界经济大危机和 1997—1998 年东南亚经济危机就是明显的例证。因此，实践中，以自律为主导的国家逐步加强对证券市场的政府监管。英国的监管体制改革充分地体现了这一趋势。

1. 行业自律向政府监管靠拢。

1986 年 10 月金融"大爆炸"以及随后通过 1986 年《金融服务法》促使英国证券市场在技术上、操作上和规章制度上发生了空前、令人震惊和意义深远的大变革。大量的政府立法和自律规则法律化或授权化，逐渐改变了英国证券法律体系的基本构成，并且对传统的证券监管体制产生了重大的影响。

---

① 从英国 1986 年金融"大爆炸"开始，英、日、美三国相继进行了大刀阔斧的金融体制改革。1986 年，英国颁布《金融服务法》等，1997 建立了金融服务局；日本 1998 年通过《完善金融制度改革相关法律的法律》，修改《证券交易法》等，设立金融监督厅和金融再生委员会；美国 1999 年颁布《金融服务现代法》，强调"功能性监管"（参见蔡浩仪：《抉择：金融混业经营与监管》，云南人民出版社 2002 版；黄运成、申屹、刘希普：《证券市场监管：理论、实践与创新》，中国金融出版社 2001 年版；江南信托研发部：《海外主要证券市场的监管体制》，载《证券时报》2002 年 4 月 5 日 A9）。这些改革对各国的证券监管体制产生了重大的影响。英、美、日是证券市场乃至金融市场全球最发达的三个国家，上述改革表明，金融业混业经营和一元化监管体制成为当今世界的发展趋势。

英国的证券市场长期保持自律的态势,自律组织制定的规则和行业形成的惯例,一直得到较有效的遵循,因此,在证券商管理、证券上市、证券交易等方面都形成了较为完善的自律规则。但是,由于行业的自我保护与利益的驱动,英国的证券业显得十分保守,对外国券商和企业多持排斥的态度。况且,没有具有国家强制力保障的法律作为后盾,自律多少有些虚弱。为更好地防范潜在的金融风险,提高国际竞争力,英国下定决心,大力改革,进行统一立法,使自律规则法律化,并将自律组织纳入政府监管的控制范围之中。

《1986 年金融服务法》是英国管理证券投资业务的首部较为完备的法典,取代了一些分散法案的过时规定,如《1984 年股票交易上市管理法》、《1985 年防止欺诈法》等,结束了英国证券市场松散的自律状态,将规则以法律的形式确定下来,而且将自律管理纳入统一的法律框架。同时,随后颁布的 1989 年《公司法》、1993 年《刑事审判法》、1995 年《证券公开发行规章》、1996 年《开放型投资公司规章》等多部法律、规章经过适时修改,使英国法律更加完善、统一。自此,英国形成政府监管和行业自律相结合的混合监管制度(mixed regulatiaon)。

2. 证券监管由分散走向集中,建立多层次的监管体制

1986 年《金融服务法》的颁布标志着英国第一次以专门、统一的国家立法形式对证券业实施直接管理,确立了"立足业者,依靠法规"的基本原则,将自律管理体系置于法律框架之下,形成法律体系下的自律,使传统的自律主导发生改变。英国在保持证券业自律管理传统的同时,逐步由交易所的半公共管理体制向政府管理结构融合与转变,使监管模式由自律为主导的分散监管向政府监管与自律相结合的集中监管转化。在新的监管体制中,第一层次是财政部(Treasury),在一定程度上具备统一管辖权,可以认定在英国开展业务的国内外交易所和清算机构的经营资格,并有权对违反者进行处罚;第二层次是证券投资局(Securities & Investment Board, SIB),负责全面监管投资业务以及证券交易活动,监管自律组织和从事金融服务的企业;第三层次即在 SIB 之下依性质与业务不同划分的四种自律组织:认可的清算行、认可的专业团体、认可的投资交易所以及自律管理机构。

值得一提的是,1997 年,证券投资局更名为金融服务局[①](Financial Services Authority,FSA),合并了英格兰银行监管部、证券投资局的全部职能。2000 年 6 月,英国政府推出的《金融服务与市场法案》得到了皇室的批准。[②] 法案分 30 部分,共 433 条,法案进一步将自律规则和现有的规定纳入了统一的体系,并且为

---

① 金融服务局并非严格定义的政府部门,但通过法律的授权,对金融业实行监管,其理事长、理事由财政部直接任命。

② 参见黄运成、申屹、刘希普:《证券市场监管:理论、实践与创新》,中国金融出版社 2001 年版,第 119 页。

建立新的监管体制提供了法律保障。法案的主要内容是确立新的监管机构——金融服务局的法律地位,并赋予其广泛的权力和职责。法案执行后,FSA 将成为英国金融服务业唯一的立法者,在其认为必要时有权介入,并有权采取其认为合适的措施。在法案执行之后,又把其他的六个监管组织——个人投资管理局(PIA)、投资管理监管组织(IMRO)、建房互助委员会(BSC)、互助会委员会(FSC)、互助会登记处(RFS)以及证券与期货管理局(SFA)的权力和职责纳入其职权体系。

可见,虽然由于传统的惯性使英国对证券市场的管理偏重于自律性管理,但这种管理已受到很大程度的削弱,公共利益的保护已占据英国证券监管目标的核心位置;松散的证券监管体制逐步集中、系统和严格,政府监管的力度正在进一步加强,单一的金融监管机构逐步形成。

3. *在强调政府监管的同时,重视自律监管*

在分析监管的成本与监管失灵的基础之上我们得出监管必须适度的结论。政府直接监管具有一定的局限性,政府对证券市场的微观行为并不十分熟悉,事无巨细、面面俱到容易导致权力滥用,进而对证券市场的发展产生阻碍甚至破坏的负面作用。相对而言,自律组织在微观方面具有明显的优势。自律组织是由证券市场的参与者所组成,比政府更接近市场、更熟悉证券市场的业务操作;对市场的变化反应迅捷,容易察觉违法行为的发生以及现行监管法律的漏洞。因此,自律组织在执法检查、自律监控方面要比政府更有效率,更具有灵活性和预防性。从证券市场的实际出发,自律监管不可替代。

20 世纪 90 年代以来,各国在继续加强政府监管的同时,越来越重视自律监管。美国在坚持以政府监管为主导的同时,致力于建设“金字塔式”的证券监管体制,因为政府监管机构由于管理行为性质所限制,其监管难以涉及证券市场的方方面面,而且单凭监管机构的力量更使其无法应对复杂常变的证券市场。

美国的股票市场实行分级监管,形成了一个监管金字塔。在这座金字塔的顶部,美国国会及联邦政府的证券交易委员会对整个市场进行统一监管;证券交易委员会作为最高管理机构依法对证券市场实行全面监管,并在各州设立监管机构,管理其范围内的证券业。在金字塔的中部,自律组织——包括纽约证券交易及其他交易所、全国证券交易商协会、各清算公司以及州证券规则制定委员会,负责监测在其各自市场上的交易并监督其成员的活动,实行一线管理;各类证券经营机构实行自我约束与管理,监督公司与公众的交易,调查客户申诉以及答复监管机构的询问。证券经营机构内控部门构成这一监管金字塔的基础。

“监管金字塔的基础是政府监督之下的自律”①。正如美国 SEC 前主席威

---

① 中国证券监督管理委员会编:《证券立法国际研讨会论文集》,法律出版社 1997 年版,第 41 页。

廉·O.道哥拉斯(William O. Douglas)所评价的:将大量的事实管理行为委托于自律组织进行,不仅必须,而且可行,这样政府将在管理活动中取得自由权,从而扮演监督者的角色。政府始终持有管理的武器,随时可以出击扫清各种障碍,但他永远希望自己按兵不动。[①] 由此可见,尽管确立了以政府为主导的证券监管体制,美国的证券监管并不排除自律的积极作用,甚至将自律监管视为整个证券监管体制的基石。

---

① See Louis Loss, Joel Seligman, Fundamental of Securities Regulation, Little, Brown and Company, 1988, pp. 615—616.

两岸证券市场规制内幕交易的法制实践比较

吴 弘

近来，我国大陆和台湾地区的证券市场都深受内幕交易所困，在大陆有轰动一时、至今余波未尽的杭萧钢构案，在台湾地区不断爆出明基、力晶、英华达等公司涉嫌内线交易被查事件，特别是涉及政治人物亲属的台开内幕交易案二审判决，更引起世人关注。有鉴于此，比较两岸内幕交易规制的法律实践，对于完善相关法制，维护证券市场秩序不无裨益。

一、两岸规制内幕交易法律规范的沿革

我国大陆称的内幕交易，台湾地区称为内线交易，是指内部人员或其他人员，获悉有关证券的重大信息，在该信息未公开前，自己利用或建议他人或泄露信息使他人利用该信息进行证券交易，为自己或他人牟取私利（或减少损失）的活动。证券市场中，所有市场参与者享有同时取得、利用相同信息的权利，任何人先行利用，即违反公平原则与信息公开原则。内幕交易是一种证券欺诈行为，损害社会公共利益，损害其他投资者利益，损害证券市场的运行效率。

内幕交易行为的危害是逐渐为人们所认识的，大多数人对其是从比较中性的看法走向否定的共识，因此，世界各个国家和地区的证券立法，也是逐步将内幕交易纳入禁止之列。至今，大多数国家和地区并无单行的内幕交易法，而将规制内幕交易的内容置于证券法中，我国大陆与台湾地区均如此。1989 年的欧盟《内幕交易指令》被认为是规制内幕交易的第一个国际条约。[①]

我国台湾地区"证券交易法"原规定仅限于将短线交易的利益归入公司，如符合欺诈要件，则须负民刑责任，但对于利用内幕信息进行证券交易并没有明文禁止。这被认为有碍证券市场的健康发展。因此，台湾地区于 1988 年修订"证券交易法"时，增订了专门针对内幕交易的第 157 条之一，其要点包括：明文禁止内幕交易，规定内部人的含义、内幕信息的含义、从事内幕交易的民事责任和

---

① 参见杨亮：《内幕交易论》，北京大学出版社 2001 年版，第 123 页。

其免责事由等;并规定了相应刑事责任,此后又两次修改加重了刑罚。[①]

我国台湾地区证券主管机关金管会根据“证券交易法”第 157 条之一第 4 项授权,颁布了《重大消息范围及其公开方式管理办法》,其中第 2、3 条对重大消息的范围进行界定,第 4 条规定重大消息成立时点的认定,第五条规定消息公开方式。此外,台湾地区证券交易所《对上市公司重大讯息之查证暨公开处理程序》与《上市公司重大讯息说明记者会作业程序》也对重大消息的认定有所规定。

我国大陆证券市场作为新兴市场,有可充分吸收发达市场经验的后发优势,从一开始就注意到对内幕交易的规制,20 世纪 90 年代初的地方、部门证券规范中已有禁止内幕交易的原则规定,1993 年 4 月发布的行政法规《股票发行与交易管理暂行条例》和此后的《禁止证券欺诈行为暂行办法》、《证券交易所管理暂行办法》等均作了禁止与防范内幕交易,追究内幕交易行为法律责任的初步规定。1998 年 12 月 23 日通过、1999 年 7 月 1 日起实施的《证券法》,对内幕交易的规制作了较完整的规定,分别用四个条文规定了禁止内幕交易,界定内幕交易概念、内幕人员范围、内幕信息内容、内幕交易行为表现,以及内幕交易的行政责任等。2005 年修订《证券法》,又对内幕人员范围等作了完善,还增加了追究民事责任的原则规定。

我国证监会在 2007 年 3 月根据《证券法》授权制定《证券市场内幕交易行为认定指引(试行)》(以下简称《内幕交易认定指引》),对一些操作上的问题作出规定。

规制内幕交易的规范在适用的标的方面,两岸都包含股票和类似证券。大陆一般泛指上市证券,台湾地区除上市上柜股票外,亦包含其他具有股权性质之有价证券如转换公司债等。但即使是上市上柜股票,若有不通过交易所或店头市场买卖,或有法定之例外情形时,也不适用内幕交易的规定。

规制内幕交易的规范在适用的市场方面,两岸都包含证券交易市场与发行市场。例如大陆《禁止证券欺诈行为暂行办法》第 14 条规定,发行人在证券发行中有内幕交易行为的,责令退还非法所筹款项。

两岸在依法查处打击内幕交易活动方面,各自积累了不少经验。但在追究内幕交易民事与刑事责任方面,台湾地区的实践要比大陆丰富。

二、内幕交易的构成要件及认定标准

内幕交易是内幕人员利用内幕信息进行非法交易的行为。因此,在一个完

---

① 参见李开达:《证券管理法规新论》,五南图书出版公司 2004 年版,第 322 页。

整的内幕交易行为中必有三大构成要件，即内幕人员、内幕信息及利用内幕信息的行为，但两岸在具体认定标准上有一定差异。

（一）内幕人员

从世界范围看，内幕人员的范围随着相关理论的演进而逐步扩大。在传统的特殊关系理论影响下，内幕人员仅限于内部人，该理论认为，在公司内从事职务或能够以股权的数量或协议等方式控制公司的董事、监事、高级管理人员及控制股东，才对公司或公司的全体股东负有“信赖义务”，也正是基于这种信赖义务，这些内部人才负有“公开信息和戒绝交易”的限制。后来，这一范围又扩大到准内部人，如公司职员或接受该公司委任处理事务之律师、会计师等因职业关系获悉重大消息者，及母公司基于控制关系获悉子公司重大消息者。随着信息泄露理论为人们所接受，“消息受领人”也成为内幕人员，因为这些人虽然与公司、股东之间无信赖关系，但他应当知道向他泄露内幕信息的人是违背诚信的，受领消息也是违背诚信义务。最后，盗用理论将内幕交易的主体扩大到任何主动盗用内幕信息的人，即任何人，无论其对公司、股东有无诚信义务，只要其盗用非公开信息进行交易，即构成内幕交易。

台湾地区“证券交易法”第157条之一第1项规定的内幕人员有：(1) 该公司之董事、监察人、经理人，以及受政府或法人指定代表行使职务之自然人；(2) 持有该公司股份超过10%之股东；(3) 基于职业或控制关系获悉消息之人；(4) 丧失前三款身份后，未满6个月者；(5) 由前三款所列之人获悉消息者。以上(1)、(2)款为内部人，(3)款为准内部人，(5)款为消息受领人。另根据该法第157条之一第5项规定，以上第(1)、(2)款之人准用该法第22条之二第3项之规定，即在计算上列董事、监察人、经理人及持有该公司股份超过10%股东等主体所持有之股票，应包括其配偶、未成年子女及利用他人名义持有者。

大陆《证券法》使用了“证券交易内幕信息知情人”和“非法获取内幕信息的人”用语，该法第74条规定了内幕人员的范围：(1) 发行人的董事、监事、高级管理人员；(2) 持有公司5%以上股份的股东及其董事、监事、高级管理人员，公司的实际控制人及其董事、监事、高级管理人员；(3) 发行人控股的公司及其董事、监事、高级管理人员；(4) 由于所任公司职务可以获取公司有关内幕信息的人员；(5) 证券监督管理机构工作人员以及由于法定职责对证券的发行、交易进行管理的其他人员；(6) 保荐人、承销的证券公司、证券交易所、证券登记结算机构、证券服务机构的有关人员；(7) 国务院证券监督管理机构规定的其他人。其中，前四项为公司内部人员，第(5)、(6)项是由于其监管、业务或职业而获取有关公司内幕信息的人。我国证监会在《内幕交易认定指引》中对上述第(7)项作出规定，即“其他人”包括：发行人、上市公司；发行人、上市公司的控股股东、实际控制人控制的其他公司及其董事、监事、高级管理人员；上市公司并购重组参与方及其有关人员；因履行工作职责获取内幕信息的人；以上各项有关自然人的配偶、父母、子女及其他因亲属关系获取内幕信息的人；利用骗取、套取、偷听、监听或者私下交易等非法手段获取内幕信息的人；通过其他途径获取内幕信息的人。其中，最后两项即盗取内幕信息或没有法律上根据而接受内幕信息的人员。

比较两岸对内幕人员具体范围的确定，有几点不同之处值得相互取长补短：

第一，大陆较台湾地区更重视内幕人中的机构，例如，持股5%以上即为承担责任的大股东（台湾地区为10%），实际控制人及其控制的其他公司、子公司、发行人、上市公司以及并购重组参与方等作为内幕人也是台湾地区所没有的，这也与大陆的内幕交易多由机构“唱主角”甚至是由少数人一手操纵其控制的企业系统有关。

第二，对自然人的亲属的监管方法不同。台湾地区将内部人亲属的持股视为内部人持有，较为简单；大陆则将亲属单列一类内幕人员，范围更大些。究竟哪种方法更便于监管，还有待实践总结。

第三，内幕人的原身份丧失后的要求不同。台湾地区规定内部人、准内部人丧失身份后未满6个月者仍为内幕人员，大陆无此规定。考虑到一些董事、监事、高级管理人员、政府监管人员以及中介机构专业人员等，完全可以利用离职后过渡期内尚存的影响力，发挥“余热”，获取内幕信息并加以利用，大陆有必要将离职未满6个月的有关人员规定为内幕人员。

此外，台湾地区内幕人的范围尚停留在内部人、准内部人以及消息受领人，大陆已明确将盗取者（以非法手段主动获取内幕信息的人）列为内幕人员，这可供台湾地区参考。

（二）内幕信息

内幕信息是指对证券价格有显著影响的尚未公开的信息。内幕信息必须符合三大要素：

1. 重大信息

两岸都认为，内幕信息必须是价格敏感的信息，能够对证券市场价格或投资者的决策产生重大影响，即该信息一旦公开，就会对特定的证券价格产生重大影响。各国、各地区对重大信息立法有所不同，美国、欧盟采用抽象式，以一个理性投资人在作出投资决定时必须考虑的重大因素作为重大的条件；日本采取列举式，以列举的方式加以判断；我国大陆与台湾地区则采综合式，以列举为主，适当概括。

台湾地区“证券交易法”第157条之一第4项指出：有重大影响其股票价格之消息，指涉及公司之财务、业务或该证券之市场供求、公开收购，对其股票价格有重大影响,或对正当投资人之投资决定有重要影响之消息;其范围及公开方式等相关事项之办法,由主管机关定之。台湾地区金管会根据授权于2006年5月30日颁布了《重大消息范围及其公开方式管理办法》。该办法明订两大类:一为涉及公司财务、业务者,共列举14项、概括1项;二为涉及市场供求者,共列举3项、概括1项。一般认为,台湾地区"证券交易法施行细则"第7条关于对股东权益或证券价格有重大影响之事项,亦为内幕信息。从近十年台湾地区法院对内幕交易案件所认定的重大消息看,最多者为公司营运发生重大变化,其次为公司处分资产,其他有公司发生退票而丧失信用、合并、减资、巨额违约交割、公司内部发生重大舞弊等。

大陆《证券法》第75条规定,证券交易活动中,涉及公司的经营、财务或者对该公司证券的市场价格有重大影响的尚未公开的信息,为内幕信息。主要有:公司分配股利或者增资的计划;公司股权结构的重大变化;公司债务担保的重大变更;公司营业用主要资产的抵押、出售或者报废一次超过该资产的30%;公司的董事、监事、高级管理人员的行为可能依法承担重大损害赔偿责任;上市公司收购的有关方案;国务院证券监督管理机构认定的对证券交易价格有显著影响的其他重要信息。此外,明确包含《证券法》第67条第2款所列重大事件:公司的经营方针和经营范围的重大变化;公司的重大投资行为和重大的购置财产的决定;公司订立重要合同,可能对公司的资产、负债、权益和经营成果产生重要影响;公司发生重大债务和未能清偿到期重大债务的违约情况;公司发生重大亏损或者重大损失;公司生产经营的外部条件发生的重大变化;公司的董事、1/3以上监事或者经理发生变动;持有公司5%以上股份的股东或者实际控制人,其持有股份或者控制公司的情况发生较大变化;公司减资、合并、分立、解散及申请破产的决定;涉及公司的重大诉讼,股东大会、董事会决议被依法撤销或者宣告无效;公司涉嫌犯罪被司法机关立案调查,公司董事、监事、高级管理人员涉嫌犯罪被司法机关采取强制措施等。

我国证监会在《内幕交易认定指引》中将"对证券交易价格有显著影响"解释为:"通常情况下,有关信息一旦公开,公司证券的交易价格在一段时期内与指数或相关分类指数发生显著偏离,致使大盘指数发生显著波动。"

2. 尚未公开的信息

尚未公开的信息即信息还未进入公共领域、未被广大投资者所知悉。如何界定"公开"与"非公开"的界限?两岸均未对"未公开"的含义及标准作出规定,但对信息公开方式作出规定,即包括主动披露、被揭露,以及为公众所广泛知悉和理解。由此,符合公开方式的即为公开信息,否则即为非公开信息。

有越来越多的人接受了形式上的公开和实质上的公开区分的主张。所谓形式上的公开,是指符合法律规定的形式,通过正式媒体或正式场合发布该信息;

而实质上的公开是指市场已消化了该信息,即只有等到该信息已经溶入市场,被市场吸收和消化后,才能构成法律上的公开。在形式公开之后该信息还未能被市场所反映的,仍然可以构成内幕信息。[①]

我国台湾地区采取形式公开并适度延时的方式,即内幕人员于重大消息成立时点起,至该消息公开后 12 小时内,不得买卖该证券。当然,也有学者质疑 12 小时是否足够。[②] 公开方式如经公司输入公开信息观测站、通过证券交易所网站公告、两家以上非地方性报纸版面、电视新闻及其电子报报道。一旦重大信息已置于不特定人或特定多数投资人可共见共闻之情况下,自属已经公开,于此后为买卖行为,即不致有违法内线交易之责。

我国证监会在《内幕交易认定指引》中规定,从内幕信息开始形成,至内幕信息公开或者该信息对证券市场的交易价格不再有显著影响时止,为内幕信息的价格敏感期。可见,形式上的公开与实质上的公开被同时运用。

3. 真实的信息

信息的内容必须是确切的,即该信息必须是具有真实依据的,而非传言。关于此点,两岸并无不同。

(三) 利用内幕信息的行为

利用内幕信息的行为是指在内幕信息敏感期内,行为人利用内幕信息进行证券交易、牟取私利的活动。其认定亦有以下要点:

1. 发生在内幕信息敏感期内

内幕信息敏感期,即从内幕信息形成,至内幕信息公开(含实质公开)时止。前文已讨论公开的时点问题,则内幕信息形成的时点也需确定。

在台湾地区,原来对形成时点有三种不同见解:一是以通过议案之决议日为重大消息之形成日;二是于获悉"在某特定时间内势必成为事实"时,重大消息成立,即不需要待此信息在某特定时点确定为事实后才确认(如公司内部人员从公司实际经营状况中,可随时知悉并评估实际损益与预测损益之间差异变动情形,他对是否发生预测变动之消息,处于可确知之状态);三是援引美国 Basic Ins. v. Levinson 案,以"消息对于投资人买卖证券之影响程度着眼,衡量交易可能完成之机率与完成后对投资决定可能产生的影响作综合判断"为认定重大消息之形成时点。[③] 现在,台湾地区证券主管部门制定的"重大消息范围及其公开方式管理办法"中已有统一规范,涉及公司财务、业务之重大消息,其形成时点

---

① 参见叶林主编:《证券法教程》,法律出版社 2005 年版,第 322 页。

② 参见赖英照:《最新证券交易法解析》,中国政法大学出版社 2006 年版,第 283 页。

③ 参见罗赞兴、吴博聪:《内线交易面面观》,载《证交资料》第 541 期。

为事实发生日、协议日、签约日、付款日、委托日、成交日、过户日、审计委员会或董事会决议日或其他足资确定之日，以日期在前者为准。

目前，大陆对内幕信息形成的时点规定不明，有必要予以明确。

2. 行为人已获悉内幕信息

这是指行为人知悉公司重大消息。例如，某公司董事会通过公司转产议案，董事甲先生因出席该次会议而获悉该重大消息。即使是消息受领人，也知道所获信息为内幕信息。行为人有足够证据证明自己并不知悉有关内幕信息的除外，如事先不知道泄露信息的是内幕人或泄露的信息是内幕信息。

3. 有利用内幕信息的主观故意

这是指行为人明知内幕信息而故意利用之。行为人通常有获利或避免损失的意图，但行为的结果是否实际获利或避免损失并不影响内幕交易的成立。

4. 进行了证券交易

一是内幕人利用内幕信息买卖相关证券，这里的买卖既可以是以自己的名义，也可以与他人合伙，还可以是借他人名义（证券账户），买卖、交换或者认购相关证券及其权利。二是建议他人买卖证券，即内幕人员在知悉内幕信息的基础上，为他人买卖证券，或向他人提供证券买卖的咨询、推荐意见，特点是行为人相信他人会利用其所提供的意见或建议进行证券交易，该第三人也确实利用该信息进行了交易。三是泄露内幕信息，即内幕人员将所知悉的内幕信息以明示或暗示方式告诉或者传播给其他人，使他人可加以利用，但此处强调行为人是否实施了泄露内幕信息的行为，并不以他人实际实施了相应的证券交易为要件。

在大陆，根据我国证监会《内幕交易认定指引》的规定，依法回购、收购股份，证券买卖与内幕信息无关，行为人有理由相信内幕信息已公开等行为不属内幕交易。除外事项的规定对于正确认定内幕交易是有必要的。

三、内幕交易的损害赔偿与刑事制裁

（一）内幕交易的损害赔偿责任

台湾地区“证券交易法”第 157 条之一第 2 项规定，违反法律规定从事内线交易者，“应就消息未公开之前其买入或卖出该股票之价格，与消息公开后 10 个交易营业日收盘平均价格之差额限度内，对善意从事相反买卖之人负赔偿责任；其情节重大者，法院得依善意从事相反买卖之人请求，将责任限额提高至三倍”；其情节轻微者，法院得减轻赔偿金额。同时，该条之一第 3 项规定，消息受领人应承担连带的赔偿责任。但提供消息的人有正当理由相信消息已公开的，不负赔偿责任。

大陆《证券法》对内幕交易损害赔偿责任的规定相当欠缺，除了《证券法》第76条第3款规定“内幕交易行为给投资者造成损失的，行为人应当依法承担赔偿责任”外，缺乏明确、可操作的规定。在境外普遍加强内幕交易损害赔偿责任的背景下，大陆有尽快改变现状、完善相关规范的必要。对此，台湾地区经验值得借鉴：

第一，关于赔偿权利人的确定。根据台湾地区“证券交易法”，赔偿的权利人为与内幕人从事相反买卖的善意投资人。所谓善意，为不知道内幕人利用内幕消息而与之进行证券买卖；所谓相反买卖，则排除与内幕人从事同向买卖的人（即使受损）。那么，与内幕人从事相反交易者是否必须与内幕人的买卖相撮合，这涉及因果关系的证明责任，无疑使索赔增加难度。台湾地区有学者指出：从市场实际运作情形观察（尤其在集中交易市场公开竞价的情形下），从广义的角度解释法律更能符合立法意旨，且对于出售股票的全体股东较为公平。因此，建议内幕人买卖股票时，同时期从事相反交易的所有投资者，不论其交易是否与内幕人的交易相配对，都有赔偿请求权。目前，大陆的专家也建议采用先进的“欺诈市场理论”，赋予与内幕交易人同时进行反向交易的投资者以损害求偿权，对投资者而言，只要能够证明是与内幕交易人“同时、反向交易”即可。

第二，关于责任人的确定。内幕交易行为人当然是损害赔偿责任人。在有多数行为人时，按台湾地区做法，行为人间之责任应是连带责任。从内部人、准内部人处获取信息的消息受领人，对于所产生的损害，应与上述提供消息人，负连带赔偿责任。但提供消息之人有正当理由相信消息已公开者，不负赔偿责任。

第三，关于赔偿金额的确定。关于内幕交易的损失的计算方法，目前各国主要有以下几种：

（1）实际价值计算法。该方法以受害者买卖的价格与当时证券的实际价值的差额为赔偿额，其难点在于如何计算该证券当时的实际价值。

（2）实际诱因计算法。即内幕交易人对于其行为造成的证券价格波动负赔偿责任，对其他因素而导致的证券价格波动不负赔偿责任。该方法的难点在于如何将内幕交易行为因素和其他因素相区分。

（3）交易利益计算法。即以内幕人进行内幕交易所获的交易利益，作为善意的相反买卖的人的损失额度。关于该交易利益的计算，我国《内幕交易认定指引》中有违法所得的计算公式可供参考：获得收益 = 基准日持有证券市值 + 累计卖出金额 + 累计派现金额 - 累计买入金额 - 配股金额 - 交易费用；规避损失 = 累计卖出金额 - 卖出证券在基准日的虚拟市值 - 交易费用。该方法虽较简单，但往往与受损者的实际损失有差距。

（4）差价计算法。即损失赔偿额等于投资者买卖证券时的价格与内幕信息披露时或此后一段合理时间内的证券价格的差额。该方法不以内幕人的交易利益为计算基础，也不以善意从事相反买卖人的损害为基础，而是以法律拟制方法计算赔偿金额。证券交易较为复杂，在买进而未卖出时，无法确定其得失；在卖出后再次买进时，股价已经发生变化，所以也可能会有损失。采用法律拟制的方法确定赔偿的范围，有利于实现多种情况下的相对公平。现在已有较多国家和地区采用该方法，如美国以股票交易时价格与信息公开后 90 天内该股票的平均价的差额为标准，加拿大以交易时价格与信息公开后 20 个营业日的收盘平均价差额为准。

我国台湾地区以消息未公开前买卖该股票的价格，与消息公开后 10 个交易营业日收盘平均价格的差额为基准确定赔偿额；另外，对内幕交易情节重大者，善意相反买卖人可请求将赔偿额提高至三倍，这无论是对充分保护投资者合法权益，还是威慑阻止内幕交易的发生，都是很有意义的。

（二）内幕交易的刑事责任

各国、各地区非常重视借助刑罚追究内幕交易者的责任，通常，内幕交易行为直接构成犯罪，如我国香港地区在新的证券立法中恢复了内幕交易即构成刑事责任的规定；同时，修法趋势是刑事制裁日趋严厉，如美国于 2002 年将内线交易刑事责任由 20 年以下修订为 25 年以下。

我国台湾地区“证券交易法”第 171 条第 1 项规定，内幕交易可处 3 年以上 10 年以下有期徒刑，亦得并科新台币 1 千万元以上 2 亿元以下罚金。可见，内幕交易是即成犯，不是结果犯，并不以获利为必要条件。台湾地区在 1988 年增订“证券交易法”时，刑责为 2 年以下有期徒刑，2000 年修订为 7 年以下，2004 年再修订为 3 年以上 10 年以下。若犯该项犯罪所得金额达新台币 1 亿元以上者，依“证券交易法”第 171 条第 2 项规定予以加重处罚，可处 7 年以上有期徒刑，亦得并科新台币 2500 万元以上 5 亿元以下罚金。

在大陆，《证券法》在较重视行政处罚的同时，也规定对内幕交易情节严重者亦应追究刑事责任。同时，《刑法》第 180 条规定：“证券、期货交易内幕信息的知情人员或者非法获取证券、期货交易内幕信息的人员，在涉及证券的发行，证券、期货交易或者其他对证券、期货交易价格有重大影响的信息尚未公开前，买入或者卖出该证券，或者从事与该内幕信息有关的期货交易，或者泄露该信息，情节严重的，处五年以下有期徒刑或者拘役，并处或者单处违法所得一倍以上五倍以下罚金；情节特别严重的，处五年以上十年以下有期徒刑，并处违法所得一倍以上五倍以下罚金。单位犯前款罪的，对单位判处罚金，并对其直接负责的主管人员和其他直接责任人员，处五年以下有期徒刑或者拘役。”这里对“情节严重”的认定，是区分罪与非罪的标准。《最高人民检察院、公安部关于经济犯罪案件追诉标准的规定》确定了应予追诉的情形:(1) 内幕交易数额在20万元以上的;(2) 多次进行内幕交易、泄露内幕信息的;(3) 致使交易价格和交易量异常波动的;(4) 造成恶劣影响的。实际上,20万元的金额起点较低,与“情节严重”并不相称。从遏止内幕交易行为多发现象,制裁违法和维护市场秩序出发,大陆应借鉴台湾地区做法,将内幕交易犯罪改为行为犯。

证券融资融券交易模式比较及我国的选择

程　胜

一、证券融资融券模式的分类和比较

（一）证券融资融券交易模式初探

证券融资融券交易属于证券交易的一个类型，不同国家和地区的证券融资融券交易运行环节均有不同。尽管将证券融资融券交易中的各个环节拆分开来作一一比较，是一项非常重要的工作，但这不足以帮助我们对证券融资融券交易的整体框架结构进行分析研究，并形成一定的标准。证券融资融券交易模式是对证券融资融券交易的一种宏观、整体研究方式。通过对不同国家和地区的证券融资融券交易方式加以归纳和总结，提炼出核心内容，有助于实现我国证券融资融券交易的模式选择。

证券融资融券交易模式指的是证券融资融券的标准形式，是我们准确地对不同的证券融资融券交易进行划分的标准。那么，证券融资融券交易模式的划分标准是什么？笔者认为，在证券融资融券交易中，“信用”始终是贯穿其间的一根“红线”。开展证券融资融券交易首先要解决的就是信用从哪里来的问题，即信用由谁提供，通过什么样的途径提供，向谁提供等问题。简言之，证券融资融券交易模式所解决的就是“信用”的问题，围绕着“信用”这个主题，证券融资融券交易模式体现出了丰富多彩的表现形式。

现代金融企业的经营从本质上来讲都是以信用为基础和保证的，[①]从这个意义上讲，相对于证券现货交易，证券融资融券交易更契合现代金融的特点。不同国家和地区对证券融资融券交易制度的需求均存在一定的必然性，但是，同质的需求并没有以同样的模式被满足。其主要原因在于，证券融资融券交易并非无本之木，它总是形成于既有的特定金融环境中。而不同的国家和地区拥有不同的金融环境，导致孕育其间的证券融资融券交易模式呈现出完全不同的本土化方案。也就是说，不同国家和地区的资本市场在引入证券融资融券交易时会

---

① 参见赵晓菊、柳永明：《金融机构信用管理》，中国方正出版社2004年版，第4页。

根据各自不同的本土环境,采取更有利于本土既有环境吸纳的证券融资融券交易模式。所有的制度设计者都深刻领悟,只有充分尊重市场的需求,考虑市场的吸纳能力,才能更有利于证券融资融券交易在本土的生存和发展,也更有利于证券融资融券交易为本土资本市场的发展发挥更重要的推动作用。

不同证券融资融券模式的选择于法律意义重大,因为证券融资融券交易模式需要通过成文法的形式固定下来,即由大量的立法为证券融资融券模式提供制度供给和制度保障。在这一过程中,不仅要满足前述的证券融资融券模式本土化的需求,还要满足证券融资融券交易制度的本土化要求,即证券融资融券交易模式应当纳入到本国、本地区的证券法律制度之中,证券融资融券交易模式中包含的法律关系应当能够符合本土既有的法律逻辑。这是证券融资融券制度本土化任务中最核心的环节。

具体而言,证券融资融券制度中关于证券融资融券模式的本土化问题,主要涉及如下几个方面:

首先,证券融资融券模式的重中之重是"信用",制度有义务对信用提供者的法律地位作出明确的规定。这需要解决两方面的问题:一方面是信用提供者的资质认定问题,也就是我们常说的市场准入。从某种意义上说,不同的模式本身就是信用提供者的差异化,因此在不同的模式下,信用提供者的市场准入要求是完全不同的。信用提供者的市场准入是证券融资融券模式首先要解决的问题。另一方面是信用提供者的权利义务问题。换句话说,在证券融资融券模式中还需要回答信用提供者可以做什么,以及必须做什么的问题。另外,信用接受者是信用提供者相对应的权利义务对方,证券融资融券交易制度应当解决两者之间的权利义务对称问题。

其次,金融企业所面临的各种风险都与信用有着千丝万缕的关系,可以说,信用风险是随着信用的产生和发展而产生和发展的,只要有信用活动的存在,客观上便存在信用风险。因此,证券融资融券模式本身即应为证券融资融券业务的风险管理模式。加强对证券融资融券模式的研究对于进一步建立证券公司识别、评价和管理业务风险制度体系有着非常重大的意义。

(二)证券融资融券交易模式种类

从目前世界上已有证券融资融券交易的国家看,证券融资融券交易模式可分为以下三类:

1. 市场化模式

所谓市场化模式,又称为分散授信模式,指的是证券融资融券交易中的"信用"源头没有垄断性的信用供给机构,市场上的证券公司、商业银行,甚至其他非银行金融机构,通过信贷、回购等多种金融工具,都可以充当信用提供者。美国的证券融资融券制度就采这种模式。

在市场化模式下，信用由大量、分散的市场主体，如证券公司、商业银行，以及其他各类金融机构分别提供。从美国证券融资融券制度的历史演进过程可以看出，采行市场化模式的国家往往市场机制相对比较成熟，市场主体的实力比较雄厚，而且不同金融市场之间的联系比较紧密、畅通。在这样的市场环境下，任何市场需求都可以首先通过市场主体的自发运动，采行各种创新手段先行予以满足，并通过市场自身的力量和市场主体之间的充分博弈形成“游戏规则”，在此基础之上，监管机构再对业已成型的市场规则进行整理和规范，同时进行统一的制度安排并监督执行。可见，市场化模式的证券融资融券制度，一般都经过了一个“先发展，后规范”的、自下而上的发展过程。

选择市场化模式的国家的金融市场往往是非常发达的，这也是市场化模式必需的金融生存环境。总的来说，市场化模式有如下特点：

首先，信用提供者包含各类机构，既有证券公司和商业银行，也包括其他非银行金融机构。因此，采用市场化模式国家的金融市场的各个子市场，如证券市场、货币市场、债券市场等是相互开放、彼此连接的。只有这样，不同的金融机构才可以利用自身的业务优势参与证券融资融券业务。而这对金融监管机构而言无疑是非常大的考验。

其次，市场化模式下得以参与证券融资融券业务的市场准入条件相对较低。由于大量的非金融机构都可以参与证券融资融券业务，因此在这样的市场环境中，相对于大量的市场主体而言，证券融资融券制度仅仅是其开展的一类业务而已，所以，证券融资融券这一单一业务的市场准入条件不可能很高。同时，在这一市场环境下，证券融资融券的业务规模是通过不断地吸引市场机构的参与而发展壮大的，因此，若市场准入条件一旦被抬高，将大大减弱该市场的吸引力和流动性。

再次，最大的风险是证券融资融券业务参与主体的经营风险，且市场总体风险是处于分散状态的。因此，在市场化模式下，金融机构的风险内部控制制度是非常重要的。虽然证券监管机构可以从总体上把握市场风险，但加强金融机构的内部控制，形成其自身的风险识别、判断和化解内控机制有着非常重要的意义。

最后，由于这一模式的市场风险主要是市场主体的非系统性经营风险，大量的交易是通过不同的交易系统和方式完成的，因此，证券监管主要以自律性组织的专业监管和交易所等机构的“一线监管”为主，而行政监管的作用相对较弱。

2. 专业化模式

专业化模式，指的是由证券监管机构下属的半官方化的、带有一定垄断性质的专门融资融券公司，对会员单位提供信用。与市场化模式相对应，这种模式被称为集中授信模式，以日本、韩国为代表。

与市场化模式形成鲜明对比的是，在专业化模式下，政府的集中监管占强势地位，而在其监管之下的各类金融机构相对处于弱势地位。市场主体的各种需求并不能通过创新手段自发满足，而必须首先取得证券监管部门的认可，并在证券监管部门的组织下设计出完备的实施方案、制定出严格的监管制度后，才可以正式进入市场。也就是说，当证券市场的行政监管力量较强时，若市场希望引入证券融资融券制度，就必须由监管部门首先发起这一动议，并根据本国市场的实际情况设计出详细的制度方案，然后再由各市场主体根据相应的规则开展证券融资融券业务。当证券融资融券交易制度诞生于这样的市场环境之中时，不得不经过"先规范，后发展"的、自上而下的推进过程。

在证券融资融券交易中，信用提供者处于最核心的交易环节，并承担着最大的风险压力，因此，监管部门的制度设计者在制定证券融资融券交易制度时，基于对监管的成本大小、难易程度的充分考量，一般不会允许市场化模式中大量的市场主体充当信用提供者这一情况出现。通常情况下，制度设计者会大大提高证券融资融券交易模式中信用提供者的市场准入条件，甚至不惜使用审核制乃至审批制的方式，让极少数的、特定的专业金融机构有机会承担信用提供者的角色。

同时，这个专业金融机构不仅是市场主体的参与方，同时也是政府监管机构政策和调控的有力执行者，对证券监管当局的政策实施起着重要的辅助作用。细言之，专业金融机构在向市场提供信用的时候，是作为普通民事主体参与证券融资融券交易，并通过与相关交易对方签订相关借贷契约开展业务；同时，其参与证券融资融券业务的过程也就是贯彻政府监管意图的过程，例如，通过不断地调整信用比例等交易要素实现业务总量调控。总的来说，专业化模式有如下特点：

首先，信用提供主体具有一定垄断性。专业化模式下的信用提供主体是专业的金融机构，这一机构具有非常强烈的官方色彩，因此常被人称为"半官方机构"。在这一模式下，专业的金融机构是证券融资融券交易信用的唯一提供方，而且其提供的信用来源在较大程度上依赖于政府的资金支持。① 因此，这样的机构独立性是相对较差的，往往依赖于政府监管机构而生存，所以也不得不以执行政府监管机构的监管要旨为己任。同时，专业的金融机构的设立需要政府的核准，而政府核准这类机构的成立多采取谨慎从严的态度，因此，其市场占有状

---

① 事实上，在专业化模式下，专业金融机构提供信用所需的资金或证券也不完全排除来自市场上的其他金融组织。但这些金融组织必须通过专业金融机构实施融资融券，它们无权直接与市场主体发生融资融券法律关系。

况是相对稳定的，且具有一定的垄断性，其业务范围不受他人插足。

其次，证券融资融券业务路径清晰，层次清楚。在专业化模式下，客户不允许直接从专业金融公司融取资金或者证券，而必须通过证券公司统一进行。证券公司除了部分资金以外，也不能够直接从银行、保险公司等机构获取所需要的证券和资金。因此，专业金融公司成为整个证券融资融券交易的源头，而证券公司成为证券融资融券交易的中转枢纽，客户自然成为证券融资融券交易的终端"消费者"。可见，在专业化模式下，证券融资融券业务的各方主体是非常清晰的，整个业务层次非常明确。

3. 兼容模式

兼容模式，也称为"借鉴市场化模式的专业化模式"，以我国台湾地区为代表。该模式在承袭专业化模式的基础上，突破了单纯的专业金融机构与证券公司之间"机构对机构"的封闭模式，将专业金融机构的融资融券范围扩大到所有的投资者，实现了专业金融公司对证券公司和一般投资者直接提供融资融券的"双轨制"。在我国台湾地区的证券融资融券交易模式中，一方面根据台湾地区金融市场的欠发达现状，采取了专业化集中信用的形式，另一方面又力图在各个方面体现出市场竞争的特点。①

兼容模式从本质上说应当属于专业化模式。在这一模式下，证券融资融券市场依然存在占据主导地位的金融专业机构，并由该金融机构承担着主要对市场提供信用的功能。但与此同时，部分证券金融机构（主要是证券公司）也可以向市场提供证券融资融券，在一定程度上满足了市场上那些一时无法从金融专业机构获取信用的市场主体的需求。但是，这部分信用提供对整个市场而言是极少的一部分，一方面，能够取得向市场提供证券融资融券业务资格的金融机构是极少的；另一方面，由于大型金融专业机构的存在，这些取得资格的金融机构的市场占有率并不高。因此，在兼容模式下，普通金融机构只能起到辅助或补充的作用，

兼容模式的存在并非仅仅是对专业化模式的简单修补，其意义在于，该模式为市场上那些资金或证券的需求者提供了一个新的渠道，满足了一部分市场主体的融资融券要求。在兼容模式下，取得证券融资融券资格的金融机构与融资市场的关系虽然没有美国式的市场化模式那么紧密，但要比日、韩式的专业化模式紧密得多。这种联系主要体现在其与银行之间的借贷关系以及在货币市场短期资金的拆借方面。这种联系进一步削弱了金融机构对金融专业机构的依赖，从而一定程度上削弱了金融专业机构在证券融资融券交易市场上的垄断能力，迫使金融专业机构更多以一般投资者为业务对象。

---

① 参见沈沛等：《证券信用交易制度研究》，中国金融出版社 2002 年版，第 1 页。

二、我国证券融资融券交易模式的选择

美国证券市场信用交易发展较为成熟,相关制度也比较完善,这与其金融体系、证券市场的高度发达密不可分。对于保证金信用交易,客户的融资融券由证券商直接办理,证券商作为外界信用导入者,在资金不足时向其他金融机构融通;在券源不足时向同业调借,货币市场与证券市场之间没有特别的屏障。相反,日本和我国台湾地区金融开放的步伐则相对要“小心翼翼”一些,在风险控制方面采取了各种措施。日本实行的是单轨制集中交易模式,其证券市场与货币市场之间的流通渠道并未完全开通,而是专门设立证券金融公司,由其作为外界信用导入的桥梁集中统一向各证券公司提供信用。详言之,在信用交易的体系中,第一层面为证券公司向客户提供融资融券的信用;当其自有资金或借券来源不足时,转向证券金融公司融通,此为第二层面;最后,证券金融公司在资金或证券不足时再向各商业银行、拆借市场借贷,以及向公开市场标借或进行公开市场操作,从而使证券市场与外界的货币市场有机联系起来。[①] 而我国台湾地区信用交易是模仿日本建立起来的,同样实行集中的外部信用交易模式,证券金融公司除了向各证券公司提供转融通外,还可以委托证券公司直接向投资者提供融资融券,这种双轨制的模式是台湾地区信用交易发展的历史产物。相较于美国的模式,日本和我国台湾地区的模式有利于主管部门统一、集中调控证券市场的资金流入量与流出量。应该说,无论是美国的非集中的外部信用交易模式还是日本与我国台湾地区的集中外部信用交易模式都有其自身的合理性,也都有其赖以形成和发挥作用的社会、法律和文化背景。

2006 年 8 月 1 日起施行的《证券公司融资融券业务试点管理办法》标志着证券融资融券交易制度正式落户我国大陆证券市场。该制度对我国资本市场中证券交易制度的模式选择虽亦有规定,但又似言而未尽。因此,笔者在此以《证券公司融资融券业务试点管理办法》为模版,对这一问题作一检讨及评价。

(一)我国证券融资融券交易模式的选择背景

虽然可供我国资本市场选择的证券融资融券交易模式颇多,但似无直接的现成答案。笔者认为,我国资本市场发展的历史并不很长,经过二十多年的发展,正处于“新型 + 转轨”时期。新时期出现的新情况是我们对证券融资融券交易模式选择的重要参考因素:

---

① 参见吴弘:《中国证券市场发展的法律调控》,法律出版社 2001 年版,第 105 页。

1. 股权分置改革基本完成

在2007年之前,股权分置是我国资本市场的重要特色之一。简而言之,股权分置产生的原因在于,我国股市因为特殊历史原因和在特殊发展过程中,A股市场的上市公司内部普遍形成了两种不同性质的股票,形成了“同股不同价,同股不同权”的市场制度与结构。具体而言,股权分置是指我国股票市场只允许1/3的社会公众股上市交易,另外2/3的国家股和法人股则暂不上市流通。这在事实上造成了上市公司股票分为流通股和非流通股,而能够上市交易的只是占股本很小部分的流通股。这种股权分置情况的形成有一定的历史原因,但随着市场经济的逐步深入,以权力化方式进行上市公司的股票流通安排明显缺乏法律理论依据,导致实践中存在扭曲证券市场定价和自由机制、影响证券市场预期的稳定、上市公司治理缺乏共同利益基础、妨碍证券市场合理功能的发挥与规范化进程、阻碍国有资产的顺畅流转和保值增值,以及国有资产管理体制改革难以深化等一系列问题。

为一揽子解决这些问题,股权分置改革成为当务之急。所谓股权分置改革,就是通过一系列的制度安排,改变我国资本市场上的股权结构,实现股权全流通的改革。2004年,国务院出台了《国务院关于推进证券市场改革开放和稳定发展的若干意见》,以及《国务院关于国有控股上市公司股权分置改革的指导意见》等文件,由此拉开了我国资本市场上影响深远的股权分置改革活动。随后,我国证监会、国资委等部门相继出台了一系列实施股权分置改革的规范性文件。通过在上市公司的流通股股东和非流通股股东之间采取协商的方式,由非流通股股东向流通股股东给予一定对价补偿,实现非流通股股权的全流通。经过两年努力,我国股权分置改革已经稳妥、顺利地完成了阶段性任务。股权分置改革不仅使非流通股实现了流通,更重要的是,这一改革使上市公司大股东与中小流通股股东的利益在一定程度上实现了趋同。这使大股东“挖空”上市公司的可能性有所降低,投资者对于上市公司的未来效益及股价的判断更加有可依赖性。

可以看出,股改之后,市场机制进一步发挥作用的基础更加牢固,条件也更加成熟,[①]因此,这一市场环境的变化对于我国资本市场适时推出证券融资融券交易十分有利。证券融资融券交易本身就发端于投资者对上市公司未来股价的判断。因此,如果投资者无从判断或判断过程中不确定性因素过大时,投资者一般不会采用证券融资融券交易,而选择更为保守的现货交易,甚至不参与交易。通过股权分置改革,市场预期相对更为明朗化,上市公司股价的涨跌将更多地依赖基本面的变化情况,这对于投资者选择证券融资融券交易是十分必要的。

① 参见周翀:《我国证券公司已形成防范风险新机制》,载《上海证券报》2007年10月12日。

2. 证券公司历经综合治理,分类监管思想基本成型

证券公司一直在我国证券市场的发展演进中扮演着重要角色。我国证券市场中的很多大事件都或多或少地与证券公司有关。但自2001年以后,随着我国证券市场一轮长期熊市的来临,证券公司一时成为众矢之的。在证券公司始终以经纪业务佣金为主要收入的情况下,行情的下跌导致了证券公司业绩的大滑坡。而一些证券公司长期存在的挪用客户保证金和挪用客户券等违法行为,也在这一时期逐渐地被暴露出来。一部分证券公司出现的经营危机导致证券市场的不安定因素被加剧,投资者利益正受到空前的威胁。

因此,面对市场上良莠不齐的证券公司,监管层逐渐产生了对证券公司进行分类监管的思路。证券公司的分类监管存在过不同的分类标准,例如,修订前的《证券法》曾将其分为综合类、经纪类;而修订后的《证券法》则采取了业务分类的标准。在证券公司的发展进入到历史低谷的时候,我国资本市场则更加重视我国证券业协会采取的创新类和规范类评审的分类标准。创新类和规范类评审的分类标准虽然是以一些指标作为分类的依据,但对于促进我国证券市场摆脱危机、形成优胜劣汰的竞争环境发挥了重要的作用。通过分类评审活动,一批优质证券公司在获得创新类或规范类资格的同时,也获得了开拓业务、大力发展的机会。而另一批出现严重违法违规行为、经营陷入困境的证券公司,则不得不通过托管、清算等程序从市场退出。

2006年后,在多方努力下,我国资本市场市场逐渐摆脱了低迷状态而走向牛市,在一年左右时间内,上海综指从1000点涨至4300点。这也使证券公司从风险处置的“综合治理时期”转入了“常规监管时期”。而在新的时期,证券行业的发展迫切需要建立起以证券公司的风险管理能力为基础,同时考虑市场影响力因素的框架下的动态的分类监管机制。① 因此,在2007年7月2日,证监会出台了《证券公司分类监管工作指引(试行)》(以下简称《指引》),证券业协会也自2007年8月6日起,不再受理对创新试点类、规范类证券公司的评审申请。②

《指引》规定了6类共69个评价指标。相关指标均是以之前出台的《证券公司风险控制指标管理办法》、《证券公司治理准则》、《证券公司董事、监事和高级管理人员任职资格监管办法》、《证券公司内部控制指引》等为基础;同时,在证券公司客户权益保护、合规管理、透明度等方面,也均作出了符合行业发展方向的规定。各家证券公司通过与这些指标的对照,将被分成A、B、C、D、E 5大类11个级别。

---

① 参见周翀、商文:《券业加速迈进常规监管时代,首重风险管理——解读〈证券公司分类监管工作指引〉》,载《上海证券报》2007年7月3日。

② 参见商文:《创新规范类券商评审申请下周起不再受理》,载《上海证券报》2007年8月3日。

从条文看,《指引》侧重规定分类依据,但对每类券商对接的监管强度和享受的待遇只作原则性规定。这一方面是由于分类的过程本身就是监管的有机组成部分,分类即监管;同时,监管部门也将根据后续的日常监管情况,根据创新业务必需的具体要求,通过各种政策的调节,实现分类情况与享受待遇的对接。例如,当一项创新业务试点即将开展时,监管部门可以根据具体的业务要求规定某一级别以上券商可提出业务申请并予受理。这种做法,为行业创新发展提供了很好的监管基础,也明确了证券公司的努力方向。

从国际情况看,对证券公司进行风险基础上的分类监管是一个重要措施。很多成熟市场国家和包括新加坡、马来西亚、泰国、韩国等国家在内的新兴市场国家,都在推行风险基础上的分类监管。因此,《指引》确立的分类监管方法符合国际惯例的精神实质。也正因为如此,《指引》确立的分类监管机制,与证券公司综合治理期间带有过渡性质的分类监管机制不同,应有较长一段时间的稳定运行。而这一稳定的分类监管机制的推行,对于证券融资融券业务的推出将大有裨益。证券融资融券业务是一个风险度较高的证券业务,因此,其市场准入条件将高于普通市场业务。只有那些符合评价指标程度较高的证券公司,才有条件开展这一业务,才能获得进入这一市场的"入场券"。证券公司被分类后,有利于证券监管机构和市场选择可开展证券融资融券业务的证券公司。

3. 打击市场违法违规力度空前加强

随着股权分置改革的接近完成,证券市场出现了一派繁荣景象。但实践证明,越是市场繁荣的时候,越应当重视监管的作用。随着市场走暖,证券市场违法违规行为也呈现出形式日益多样化、危害程度加深的趋势,为杜绝市场不当行为(market abuse)[①],证券监管部门借助新修订的《证券法》所赋予的"准司法权",对证券市场违法违规行为进行了严格的整肃。自2006年以后,市场监管力量不断加强的效应逐渐显现。对上投摩根唐建的"老鼠仓事件"、杭萧钢构信息披露事件的查处,以及一些证券营业部的账户限制交易等监管措施的实施,都是市场监管加强的佐证。

在我国资本市场,行政监管依然居于主导地位,而行业自律监管相对处于辅助的地位。[②] 但通过近期市场监管的一系列表现看,监管层的监管思路正发生着微妙但却有实质意义的变化。行政监管在继续保持着主导地位的同时,自律监管机构的专业化监管越来越多地在发挥作用。作为自律组织,特别是沪、深两大证券交易所,本身具有得天独厚的一线监管优势,因此,面对每个交易日都会

① 市场不当行为,是指有损证券市场质量和投资者信心的行为。参见郑顺炎:《证券市场不当行为的法律实证》,中国政法大学出版社2000年版,第125页。

② 参见吴弘、胡伟:《市场监管法论——市场监管法的基础理论与基本制度》,北京大学出版社2006年版,第228—230页。

发生的成千上万笔的证券交易活动,可以通过技术措施进行实时监管;对发生的可疑交易行为或涉嫌违法的交易行为,有条件在短时间内作出即时反应,采取监管措施,要求有关机构或当事人说明情况或提供资料。证券交易所一旦发觉事态严重,可以提升该事件的监管级别,将相关情况上报证监会处置。

可以预期的是,在即将开展的证券融资融券交易中,我国资本市场的监管机构仍将延续这一监管机制。证券融资融券交易与现货交易的一个重大区别就是,它必须坚持逐日盯市和强制平仓制度。因此,一旦证券公司疏于履行义务,出现账户异常状况,证券交易所最有可能较早发现。当其发现时,证券交易所可以立即向涉案证券公司出具协助调查函或监管函,要求有关证券公司说明情况或进行整改。这一监管机制,对于维护证券融资融券交易常规、稳定开展,将起到保驾护航的作用。

4. 市场创新活动强势推进

我国证券市场的创新力度在最近的几年内得到了高度重视和强势推进。一方面,产品创新层出不穷,股指期货、证券融资融券等都是其中具有代表性的产品;另一方面,制度创新层次不段升高。各种新的业务制度和监管制度都逐渐被市场所熟悉和采纳。

需要特别提出的是,"第三方存管"的实施将在未来一段时期内,给我国资本市场带来深远影响。这是我国资本市场近期最为重要的制度创新。所谓第三方存管,指的是根据《证券法》的要求①,证券公司客户交易结算资金交由银行存管,由存管银行按照法律、法规的要求,负责客户交易结算资金存取、转账以及证券交易保证金的安全管理。证券公司不再向客户提供交易结算资金存取服务,只负责客户证券交易、股份管理和清算交收等。② 该制度的引入,将从根本上保证客户交易结算资金的安全,从制度上防范证券公司挪用客户交易结算资金现象的发生,从而达到保护客户利益、控制行业风险、维护金融体系稳定的目的。第三方存管制度是证券市场建设的重大进步,主要表现在:③

其一,第三方存管制度是证券业贯彻落实科学发展观的重要举措。过去一段时间,部分证券公司违法违规经营,风险凸现,持续经营能力下降,证券市场的协调发展受到严重影响。究其原因,除相关法律法规不健全、证券公司治理结构不完善之外,缺少科学的资金管理制度也是重要原因之一。引入第三方存管制度,可以有效地发挥独立第三方机构对证券公司的制约和监督作用,从而建立起证券客户交易结算资金安全运作的长效机制。

---

① 《证券法》第139条规定:"证券公司客户的交易结算资金应当存放在商业银行,以每个客户的名义单独立户管理。"

② 参见沈黎风、杜平:《股市风险防范特别提醒》,学林出版社2007年版,第117页。

③ 参见《客户交易结算资金第三方存管制度》,http://www.csrc.gov.cn,2007年11月24日访问。

其二,第三方存管制度将为证券业形成良性竞争的格局奠定坚实的基础。过去,由于经营不善的证券公司可以通过挪用客户保证金维持运营,不同证券公司在产品、服务、创新、风险管控等方面的差距无法体现为竞争中的优胜劣汰,证券市场中的资源无法通过竞争向优势券商集中,极大地降低了证券业资源配置的效率,影响了资本市场功能及作用的正常发挥。引入第三方存管制度以后,证券公司可以促进各证券公司在合法、规范的环境下,通过优质服务和品牌创新竖立在行业竞争中的地位,促使证券市场形成良性互动的局面。

其三,第三方存管制度是构建完整的证券投资者保护体系的内在需要。保护证券投资者利益是一个系统工程,需要多方面共同努力:一方面,需要加强和改善监管,从而纠正和查处证券市场的违法违规行为;另一方面,要完善证券公司治理结构,从而增强证券公司规范经营的自觉性。引入第三方存管,既是加强证券公司监管的手段,也是在事前和事中保护客户资产安全的重要措施。

新的证券融资融券交易也将顺应这一变化,而这其中涉及的法律问题也是证券市场的新课题。证券融资融券交易的开展必须首先设立符合第三方存管要求的账户体系。这一账户体系构成证券融资融券交易的基本载体和各方主体之间权利义务关系的连接线。证券融资融券交易过程中的资金划拨也将严格遵守第三方存管的要求,在规定的账户间完成交易活动。总而言之,证券市场创新活动在 2006 年之后的一段时间非常活跃地开展起来,而这将对证券市场的长远发展提供重要的动力。

5. 小结

股权分置改革的基本结束、证券公司分类监管思路的基本成型、打击市场违法违规行为力度的不断加大,以及市场创新动力的显著加强,再加上整个证券市场自 2006 年以来的空前繁荣,凸显了证券市场在国民经济中的作用,为我国证券融资融券制度提供了一个非常难得的发展机遇。[①]

经历了上述发展之后,我国证券市场发生了较大的变化。证券融资融券交易的产生与完善的过程必将适应这些变化,并为我国证券市场提供新的变化动能。总而言之,我国证券市场的下列要素将对证券融资融券交易制度的模式安排产生重要影响:

首先,分业经营、分业监管的基本市场机构没有发生变化,各金融市场之间并未建立高效的互通平台。随着证券市场的进一步发展,从分业经营、分业管理转至混业经营、混业监管的话题一次又一次地被推到了风口浪尖。主张者认为,混业具有较强的生命力,是由其特有的优势所决定的。例如,银证融合制度能为

① 截至 2007 年 8 月间,股市市值已经基本上与 2006 年的 GDP 相当。参见《新华社发表当前经济社会形势述评:中国证券市场健康稳定发展》,载《上海证券报》2007 年 8 月 13 日。

客户提供全面金融服务;银证融合制度使银行内部形成了一种损益互补机制,使整个金融制度更趋于稳定;提高了金融业的服务效率等。[①] 虽然有学者指出,分业转至混业是市场发展的基本趋势,而且在我国资本市场的近期发展中,跨市场的产品越来越多地呈现在市场参与者面前,一度让市场分析者认为混业的潮流正迎面而来。但笔者认为,就我国资本市场的目前状况而言,混业尚没有进入市场监管层的议事日程之中。在新修订的《证券法》中,"分业经营、分业管理"依然是证券市场的一条铁律。[②] 我们必须清楚地看到,"分业经营、分业监管"始终是我国金融市场发展的大前提。虽然各市场之间存在局部的联合,部分跨市场的金融产品在不同金融市场之间搭建了资本流通的渠道,但这些局部连通流量有限,尚无法为我们提供市场走向混业的质变佐证。同时,我们也没有充分的证据可以证明,市场监管者存在改变市场分业状况的任何意图。可见,贯通各市场之间的平台远未真正建立。而没有各市场的连通,资金就无法在不同市场之间进行顺畅的流转。在这样的市场环境下,证券融资融券交易的市场化模式是无法在我国实施的。市场化模式的信用提供十分分散,而且要求大量的金融产品可以帮助资本在不同金融市场之间几乎无障碍地运转。显然,我国资本市场严格分业经营的铁律使得这样的基础不存在。一言蔽之,证券融资融券交易的市场化模式难以进入我们选择的视野。

其次,行政监管依然处于强势地位,金融机构设立的审批制依然存在。行政监管始终是我国证券市场监管体系的一根主线,而其中的审批式监管自我国证券市场设立之初就成为重中之重。在实践中,监管机构通过审批制的实施,在制定市场规则、规范交易秩序等方面作出了很大的贡献,以近期的股权分置改革为例,行政监管作用居功甚伟。但已经有学者提出,随着证券市场市场化进程的不断推进、各方市场主体的逐渐成熟,监管层一直推崇的审批制度已经到了应受批评的时候。因此,批评者希望市场监管者能够尽快改革自身权力结构,解决市场面临的巨大问题,让我国股市能够健康发展。面对新的矛盾,现在需要更大的勇气和智慧,及早考虑因审批制度造成的交易秩序非市场化问题,但他们现在要做的是削减自身的一部分权力。[③] 可见,证券市场中存在着的审批制已受垢弊。笔者认为,这仅是见仁见智之言。但有一点是不容怀疑的,即审批手段在监管体系中的地位依然是显而易见的。从我国证券市场监管惯性看,对于即将开展的证券融资融券业务,它在推广过程中依然必须接受各个环节的审批检查。例如,

---

① 参见张忠军:《银行与证券业关系的法律研究》,载顾功耘主编:《经济法文集(第二集)——金融市场运行与法律监管》,上海世界图书出版社 1999 年版,第 130—131 页。

② 《证券法》第 6 条规定:"证券业和银行业、信托业、保险业实行分业经营、分业管理;证券公司与银行、信托、保险业务分别设立。国家另有规定的除外。"

③ 参见刘许川:《审批制度改革不能再拖》,载《经济观察报》2007 年 8 月 20 日。

各证券公司获得开展证券融资融券业务的牌照、证券金融公司的设立等,特别是设立证券金融公司的市场准入条件将依然有待于进一步确认。在专业化模式或兼容模式下,专业证券金融公司是证券融资融券交易中必不可少的市场主体,但在我国已出台的证券融资融券交易制度中尚未明确提及这一主体的性质、设立条件、设立过程等问题,因此专业证券金融公司在我国证券市场的设立还需一定时日。诚如笔者所言,在专业化模式或兼容模式下,设立专业证券金融公司的作用和意义是非常重大的,但若待专业证券金融公司设立后再推行证券融资融券交易,将推迟证券融资融券交易的问世期限。因此,笔者认为,经历了市场洗礼的证券公司是专业证券金融公司的首选替代机构。也就是说,在我国证券市场尚未设立专业证券金融公司之前,证券公司可承担信用提供的职责,证券公司自营购入的证券可作为其向市场提供融券的来源,而其自有资金以及依法筹集的资金可作为其向市场提供融资的来源。这样不仅解决了信用提供者缺位的问题,还扩大了证券公司的营利手段,丰富了证券公司的业务范围,大大增强了证券公司的资金流动性。

(二)我国证券融资融券交易模式的现实选择

近两年来,证券市场随着一系列改革发展工作的深入推进,已经出现一批符合融资融券要求的上市证券,部分优质证券公司的风险控制能力和内部管理水平有了很大的提高,投资者的投资经验和风险承担能力也在增强,已经具备了融资融券等创新业务推出的客观环境。① 总之,我国处于“新型 + 转轨”的历史发展过程之中,对于这个市场上出现的新事物我们应作出积极的回应。同时,我们也要就这些新事物可能对市场产生的影响作出认真的分析。所以,上述内容既是我国证券融资融券交易的背景和依据,也是我们选择证券融资融券交易模式的参考因素。从中不难看出,美国式的市场化模式、日本式的专业化模式,抑或我国台湾地区的兼容模式均难以完全为我国所适用。我国证券融资融券交易必须走出一条符合自身特色的道路。

我国资本市场的基本环境相对更接近于日本或我国台湾地区。因此相对而言,专业化模式或兼容模式道路是相对可能的选择。但专业化模式或兼容模式中证券融资融券交易的信用源头是独立的证券金融公司。而在我国法律制度中,证券金融公司的法律地位尚未得到确立,考虑到我国证券类机构的设立依然需要履行一定的审批程序,而且证券金融机构最终设立尚无时间表,因此,如果等待证券金融公司依法成立后再开展证券融资融券业务,那么,证券融资融券交易制度在我国资本市场的推出,需要等待更长的时间。所以,我国的证券融资融

① 参见周冰:《股指期货亟待融资融券》,载《上海证券报》2007 年 12 月 27 日。

券交易模式未必需要严格仿效日本或我国台湾地区的模式，完全可以根据我国证券市场的现有特点，对既有的专业化模式作适度的调整，这也是证券融资融券制度在我国的本土化过程之一。

笔者认为，证券融资融券交易属于证券交易的方式之一，应当归为证券业务。而在“分业经营、分业管理”的大前提下，只有证券机构能够成为参与证券融资融券交易的主体。同时，在目前专业证券金融公司设立尚难现议事日程之上时，经过综合治理的证券公司已经具备了担任信用提供者、承担证券融资融券交易重任的条件。经过综合治理，证券公司的内部治理结构进一步完善，风险控制能力进一步加强，经营效益和资产规模都提高到了一个新的台阶。进入常规监管阶段，证券公司分类监管思路的进一步厘清，通过分类并确定一定等级之上的证券公司才可以参与证券融资融券交易中，担任信用提供者的角色，就可以使证券融资融券交易的参与主体质量得到保障。更重要的是，证券公司营利渠道单一本身就是其自身发展过程中的瓶颈，而证券融资融券交易增添了证券公司新的营利手段，因此，证券公司本身参与证券融资融券交易的积极性非常高。可见，允许证券公司参与证券融资融券交易是一举多得的好办法，是符合我国证券市场现状的现实选择。

具体而言，证券公司担任信用提供者，可以是那些符合一定条件的证券公司使用其自有资金和证券为客户提供融资和融券。证券公司融资所用资金既可以是其自有资金，也可以是通过回购、股票质押贷款等获得的其他资金。证券公司融券则主要是自营购买的证券。在这样的模式下，多家符合条件的证券公司分散履行统一、独立的证券金融公司应履行的职责。

（三）我国证券融资融券交易模式的选择评价

从目前我国证券市场的现状看，我国尚无法允许太多的非证券类金融机构直接参与到证券融资融券交易中。因此，通过证券公司提供信用的模式在我国证券市场中开展证券融资融券交易，是目前较为可行的选择。

这一模式可以与我国证券市场形成有效对接，并促进证券融资融券交易制度本身得到有效发展。如前所述，由于我国证券市场不同于美国证券市场，因此市场化模式几无可行之路。同时，我国证券市场又欠缺专业证券金融公司，因此只能采取证券公司信用提供模式，这样才有利于证券融资融券交易制度在我国证券市场开辟出新的发展空间。

同时，这一模式是证券融资融券交易制度本身的一大创新，是证券融资融券制度的新实践。如前所述，证券融资融券交易是相对于证券现货交易更接近于“金融”本质含义的交易方式，因此，证券融资融券交易在我国证券市场的发展前景应当是值得期待的。只是，在证券融资融券交易不断开疆辟土的过程中，要反复经历本土化方案的选择过程。因此,只有选准了交易模式,证券融资融券交易本身的生命力才能显现出来。

如果说我国证券市场适时地选择了证券公司信用提供模式的证券融资融券交易,那么这一模式的证券融资融券交易也一定会给我国证券市场的长远发展提供新增长点。从我国证券市场的现状看,现货交易的发展已经较为成熟,并被人们普遍接受和熟悉。证券交易中的佣金收入是证券公司盈利的最重要组成部分。但现货交易只能买涨不能买跌的缺陷,导致证券市场在牛市和熊市的不同阶段,会呈现出交投活跃程度、证券公司收入的极大反差。一旦市场走牛,由于获利可能性大大增加,导致市场交投会十分活跃,并给市场各方参与者带来极大收益;而一旦市场走熊,投资者则立即出现惜买或惜卖的情况,那么交投会大幅萎缩,市场各方收益则会明显减少。因此,大力发展证券融资融券交易无疑是我国证券市场发展的新亮点。这一交易模式不仅可以买涨,同样可以做空,这为市场参与者提供了新的操作思路和获利机会。因此,证券公司信用提供模式的证券融资融券交易无疑可以增加我国证券市场的吸引力和竞争力,强化我国证券市场的比较优势。

当然,真正实践证券公司信用提供模式的证券融资融券交易制度,是一个非常重大的课题,需要各类监管者和从业者共同参与、共同努力。我们应当循序渐进地完成这一制度建设,而不能一蹴而就。从目前看,为推动证券融资融券交易的尽快实行,还需要做很多工作:

1. 证券公司资金来源需要进一步扩大

证券公司作为信用提供者不仅是对我国目前的证券市场结构影响最小的方案,同时也可以为证券公司带来新的利润生成点。但我国目前的证券公司承担这一功能尚存在一定的缺陷,即证券公司自有资金存量依然较少,难以为整个市场提供大量的信用,从而大大缩小了证券融资融券市场容量,阻碍了证券融资融券业务为整个证券市场发挥功用。

有学者指出,在2001年时,我国证券公司的资金需求与供给之间至少存在500亿元的缺口。[①] 至2002年5月底,我国118家证券公司的净资产额为917亿元,但其中不良资产却高达460亿元,比例超过50%。截至2002年11月,我国证券公司的年度亏损总额已经达到220亿元,而巴黎百富勤在一份研究报告中给出的数据是400亿元。[②] 到了2007年以后,由于股票市场持续繁荣,证券交易量大幅增加,给证券公司带来的交易佣金大大增加。仅2007年的前10个月,证券公司就已经取得了959.8亿元的佣金收入,而全年的佣金收入将超过1150

---

① 参见纪春红:《我国券商融资问题研究》,载《上海金融》2001年第7期。

② 参见段威、叶林:《证券公司融资背后的反思》,载《证券法律评论》第4卷,第405页。

亿元,[①]这从一定程度上缓解了证券公司的资金紧缺情况。但尽管如此,证券公司的自有资金依然相对不足,面对即将面市的证券融资融券交易,要在其中担任证券融资融券交易信用提供者的角色,是勉为其难的。诚如有学者指出,为证券公司开辟融资渠道,不仅关系到证券自身的生存与发展,更关系到我国证券市场的健康平稳发展。[②]

证券公司如何开辟新的更有效的融资渠道,是证券融资融券交易之外的另一个重大课题。这两个课题之间存在紧密联系。如果能够在现有的制度框架下进行一定制度创新,为证券公司提供更多的融资渠道,将大大增强我国证券公司的实力,同时也使为证券融资融券交易提供更多的信用支持成为可能。

2. 进一步加强对专业证券金融公司的法律研究

依我国台湾地区的证券金融事业管理规则,专业证券金融公司称为“证券金融事业”,系指“依本规则规定予证券投资人、证券商或其他证券金融事业融通资金或证券之事业”[③]。专业证券金融公司尚未正式出现于我国大陆资本市场,其法律地位也未得到法律制度的有力正名。但“专业证券金融公司”这一概念,除在研究者的文献中被大量提及之外,也已经出现在了证监会下发的《证券公司监管条例(征求意见稿)》中。尽管还有诸多问题存在法律上的不确定性,但可以看到,专业证券金融公司在我国未来的证券融资融券交易中是不可或缺的重要角色。

从已实行证券融资融券国家的成熟经验看,专业证券金融公司应当是一个具有特定职能的特设金融机构,将获得国库资金的支持,并将这部分资金用于为整个融资融券业务提供“信用金”或“信用券”之需。它一般采股份制公司形式,其设立应采较为严格的审批制。为确保证券融资融券业务的顺利开展,并满足一定的市场规模,专业证券金融公司的法定最低注册资本金应当相对较高;同时,为保证专业证券金融公司的经营稳定性,以及对投资者的保护需要,应规定其须向央行上存一定比例的信用保证金;为维护其资金安全性,还应当规定专业证券金融公司的资金用途,特别是不得用于除证券融资融券交易以外的任何其他形式的拆借和担保。[④]

尽管目前采取了证券公司信用提供模式,但我们必须承认,这一模式选择具有一定权宜色彩,主要原因就是我们尚欠缺专业证券金融公司。另外,我们必须

---

① 参见屈红燕:《券商前10月佣金收入近千亿》,载《上海证券报》2007年11月1日。

② 参见巴曙松:《证券公司融资的制度困境及其突破(上)》,载《中国货币市场》2007年第22期。

③ 参见我国台湾地区证券金融事业管理规则第2条。

④ 以我国台湾地区为例,证券金融事业的设立亦采许可制,须为股份有限公司,实收资本额达新台币40亿元以上,应以其中5%缴存央行作为保证金;其自有资金仅能用于规定的用途,且不得贷与他人,亦不得为保证、票据背书或提供财产供他人设定担保。参见赖英照:《股市游戏规则——最新证券交易法解析》,冠顺印刷事业有限公司2006年版,第93页。

认识到专业化模式独特的优势，因此，我们依然无法排除未来证券金融公司在我国的出现，那么，由证券公司信用提供模式向专业化模式的转化将成为未来我国证券融资融券交易制度的发展趋势。可见，我们完全有必要对专业证券金融公司作进一步的研究，并根据制度先行的习惯做法，先行制定与专业证券金融公司相关的制度。笔者认为，证券金融公司的法律制度中应当至少包含如下内容：

其一，证券金融公司的组织架构。证券金融公司应当有更符合市场化运作要求的内部治理结构，有完整的股东大会制度、董事会制度、监事会制度，以及总经理工作细则和完善的内部授权体系，并建立具可操作性的内部工作流程。

其二，证券金融公司的市场地位。证券金融公司应当有明确的市场定位，对其在证券市场中应当承担的功能应给予充分说明，明确其具有证券交易所和登记公司会员资格，强化其对参与证券融资融券业务的证券公司承担一定的监管责任和监管手段，明确其参与其他业务的方式。

其三，对专业证券金融公司的监管。强化我国证监会对证券金融公司的监管职责，明确金融公司应当接受来自交易所和行业协会的自律监管。证券金融公司应当定期向监管机构报送业务资料和信息，定期向社会公布证券融资融券业务的规模等市场情况。

3. 证券公司、证券金融公司、客户之间的法律关系须进一步理顺

在证券公司信用提供模式下，证券融资融券交易的完成需要多个参与主体，充当信用提供者的证券公司与向证券公司借取信用的广大客户无疑是其中最为重要的参与者。但从已出台的《证券公司融资融券业务试点管理办法》等证券融资融券交易制度看，证券公司与投资者之间的法律关系还需要进一步论证。在前面的比较中可以看出，证券融资融券交易中证券公司与客户之间的法律关系，相较于证券现货交易要复杂得多。在证券现货交易中，证券公司与客户之间主要存在着委托代理关系和证券保管关系，而在证券融资融券交易中，除了上述法律关系之外，两者还包括有担保的借贷法律关系和信托财产法律关系。在一组法律主体中，这些多层次法律关系如何衔接，相互之间的地位如何，都值得进一步研究和梳理。

同时，随着未来专业证券金融公司的设立，不仅在证券融资融券交易中增加了法律主体，使其承担原先证券公司的部分职能，而且还必将影响到证券公司的职能及其法律地位。例如，专业证券金融公司是仅向证券公司提供信用，还是可以委托证券公司向客户提供信用，或两者同存，这都需要进一步研究和论证。

公司债券信用评级法律关系解析

——以美国债券评级制度为模本

黄润源

公司债券信用评级是指专业化的信用评级机构对债券发行公司还本付息能力和可信度的综合评价并给出相应等级。债券信用评级关注的对象是债券本息偿还的可靠程度和风险程度,并用简单的符号表示出来。信用评级在公司债券信用基础中的地位是不可忽视的,它是一个公司信用能力的指标化反映,虽然本身并不提高信用级别。但通过它反映公司债券的信用级别,也构成公司债券的信用基础,是不可替代的。

债券信用评级并不是评价债券发行企业的整体实力,因为发行高信用级别债券的企业并不一定比发行较低信用级别债券的企业实力强;企业债券评级也不是向投资者推荐购买、销售或持有某一债券,因为它不是对债券市场的价格或某种债券是否适合某个投资者进行评估。债券评级的目的是迅速、方便地为市场提供评级机构的信用风险分析结果,降低市场参与者的信用成本。

公司发行债券,是一种民事法律行为,遵循自愿原则。只是由于这种民事行为涉及的利害关系人众多且不特定,按照一般的债权保障机制,难以满足需要,因此,需要对这种民事行为进行制衡。如果仅仅运用行政的手段,或运用一对一债权债务关系模式的一般债权保障机制中的担保制度,是很难对债券发行中债券投资者和发行公司之间的信息不对称进行制衡的。债券信用评级,适应了债券市场中的这种债权人数量众多且不特定,债权、债务关系又需要依债券交易而由新的投资者自动承继的特点要求,是民事行为之间的相互制衡,是一种新型的债权保障机制和市场制衡机制。信用评级的结果,并不具有对债券发行人债务履行的担保作用,只是把债券发行人的信用信息揭示出来,为市场投融资行为提供参考,但并不直接产生市场投融资行为。债券的信用等级有高低,债券的价格有高低,债券买卖的成交量有高低。因此,需要作为债券发行行政许可条件或申请上市交易条件的,应当是债券发行人是否进行了信用评级和是否对信用评级结果进行充分地披露,而不是评级结果是否达到了 AAA 级或 BBB 级。

债券信用评级作为一种法律行为,体现了评级机构、发债公司、投资者三方的法律关系。一个公正客观的债券评级结果是评级机构、发债公司正确履行自己的权利义务的结果。美国是债券评级的发源地,于20世纪初开始对企业债券进行评级,经过一百年来的发展,已经形成了非常完善和成熟的债券评级制度,其他国家的债券评级制度也在很大程度上受美国的影响。因此,本文以美国债券信用评级制度为模本分析债券评级民事法律关系。

一、评级公司的法律地位及其中立性

在美国,信用评级机构属于按公司法成立的公司,具有法人资格,不是政府设立的机构,是适应实践需要的市场经济的产物,遵循评级机构中立的原则,不受任何行政部门的制约和干扰独立工作。对信用评级进行规范的法律主要是1940年颁布的《投资顾问法》(Investment Advisers Act of 1940)。该法第203条规定:"投资顾问机构是有偿向顾客提示证券的实际价值,以及分析引导证券买卖交易的组织机构,或者对证券本身进行分析并提出报告的组织机构。"从这条规定看,评级机构属于投资顾问咨询公司,它的法人资格在美国得到了确认。同时,对于评级机构没有特殊的法律限制。例如,美国五大评级公司中的穆迪公司是由邓恩和布拉德斯特公司100%出资的子公司,S&P公司的股份也100%由麦格劳—希尔公司持有。菲奇公司、D&P公司和MCM公司也都是股份公司,其股份分别由若干名经营者持有。《投资顾问法》颁布以后,穆迪公司和S&P公司分别按照该法第203条规定作为投资咨询公司进行了注册登记。与此同时,美国证券交易委员会将穆迪公司、S&P公司、菲奇公司、D&P公司和MCM公司确定为"被一般公认的评级机构"。[①]

评级机构在债券评级制度中居于核心地位,评级机构的性质对评级结果有重大影响。为了保证评级结果客观、公正、可信,评级机构应保持中立性和独立性。在美国,债券评级机构的中立性和独立性很强,各评级机构均对其十分重视,依靠对有价证券的信用度进行中立和独立的专业判断取信于投资者,在资本市场上立足。

为了保持评级的独立性,美国的各评级机构都尽量避免在人员、资金方面与政府、金融当局以及与评级有利害关系的各方(发行人、承销公司、受托公司、投资者等)发生任何关系,以防止评级业务受政府、金融当局干预和利害关系各方影响。评级机构的中立性并非仅仅表现在人员与资金方面的独立,同时还表现在评级活动本身不受发行者制造的压力干扰。如果证券发行人对于评级机构作

① 参见〔日〕黑泽义孝:《债券评级》,梁建华、王延庆、陈汝议译,中国金融出版社1991年版,第108页。

出的评级结果表示不满,它要么另行取得其他评级机构的评级,要么终止发行。这时,按照发行人的愿望,评级机构对已评定的等级不予发表。但是,当已取得较高等级并进入流通市场的债券,一旦经评级机构审查而降级的情况,则必然造成发债人的资金成本上升,迫使其下一步资金筹集计划难以实施。因此,发行人常常抵制评级机构对已经发行的债券进行跟踪评级中的降级。然而,美国评级机构始终如一地坚持"向投资者提供准确的情报"的理念,基本上保持了评级机构的中立性。当评级机构得到新的有关情报资料以后,它便随时准备对该债券的原有等级进行重新评价。例如,S&P 公司曾经降低其母公司麦格劳—希尔公司发行的债券信用等级,并在 1979 年对克莱斯勒公司和福特公司的等级进行审查时,不顾发债人的强烈反对,断然实行了降级。[①]

在美国评级史上,评级机构曾经长期不向证券发行人征收评级费用,直到 20 世纪 60 年代末、70 年代初,评级机构才开始向证券发行人收取评级费用,实行有偿评级制度。这一做法曾经受到批评,认为向发行人收取评级费用会使评级失去"中立性"。然而,有偿评级制度实行以来,评级活动并没有失去中立性和公正性,也未受到投资者反对。因为评级结果的主要需求方是投资者,包括社会公众投资者和机构投资者,投资者的信任是评级公司生存的根基。如果评级机构因向证券发行人收取评级费用而在评级过程中失去了中立性,那么它就会失去投资者的信任,被投资者抛弃的评级机构也会被证券发行人抛弃,评级机构将无法继续生存,因此各评级机构十分重视保持中立性,不会因为向证券发行人收取评级费用而改变中立的立场。美国法律禁止债券承销商向投资者散发它对所销售的债券的评价资料,对债券的评价由投资者根据债券发行人提供的公开资料作出。投资者分析评价债券需要耗费很多时间和财力,而利用评级机构的风险情报,既可节省大量时间,还可降低费用。因此,为投资者服务是评级机构生存的最终依据和经济条件。美国资本市场上存在多家评级机构,评级机构之间的竞争也迫使各评级机构力求保持中立性和独立性。投资者在作出投资决策之前,一般要参阅多家评级机构的评级结果,一家评级机构是否保持中立是很容易被投资者发现的。

目前,我国的评级机构多数由各级各类银行筹建,或者为各证券公司合股投资产生,在性质上、体制上、组织形式上都不够独立和规范。其工作的开展很大程度上依靠主办单位,评级过程往往受到人为因素的干扰,甚至出现评级行业的割裂现象,如某些地区或某些行业的企业债券只能由某些地区或某一个评级机构进行评定,审批机关也只承认和自己有关的评级机构的评定结果。评级机构

---

① 参见〔日〕黑泽义孝:《债券评级》,梁建华、王延庆、陈汝议译,中国金融出版社 1991 年版,第 111 页。

的独立性不强势必影响其评级信誉。为了使我国的债券评级机构真正具有独立性,就需要改变评级机构依附于人民银行或其他金融机构的状况。可以借鉴美国的做法,将评级机构改造成由自然人或法人持股的股份公司,对法人股东,要求与政府当局、金融机构及债券发行人不存在关联关系,使评级机构成为独立的中介机构。在债券评级过程中,要改变偏向债券发行人的做法,在发行人与投资者之间保持中立,使评级结果客观公正。

《证券法》修订后,其第八章把信用评级机构列入证券交易服务机构范围,并规定信用评级机构的设立条件、审批程序和业务规则由国务院证券监督管理机构制定。这意味着我国也将建立规范、独立的信用评级公司,作为资本市场中重要的中介服务机构,对公司债券发行进行评级。

二、评级公司与债券发行公司之间的法律关系

首先,信用评级是被评级者信用权利行使的体现。债券信用评级是债券发行人对自己信用权利的行使。作为信用评级结果的信用等级,实质上是债券发行人信用权行使的结果。信用是债券发行人的一种商事人格利益,具有经济利益内涵。债券发行人为了实现信用权中的经济利益内涵,一个重要的方式就是授权他人对自己的信用进行评级。对于一般公司来说,信用评级是一种创造和寻找机会进入资本市场的重要手段。通过信用评级,可以为其债券发行带来许多经济上的便利和竞争上的优势。但是,信用状况有好坏、优劣之别,有的企业也许并不愿意对自己的信用状况进行评级,在这种情况下,信用评级机构无权强行对其进行评级,特别是在被评级者拥有涉及信用等级的关键资料而作为商业秘密不予提供时,评级机构擅自进行的信用评级会因为缺乏相应资料的支持而失去科学性和准确性,由此会导致对信用权人信用权和商业秘密权的侵害。

美国有一例评级机构不经被评级者同意而擅自对其评级并发布评级结果的案例,即"杰斐逊县学区诉穆迪投资者服务公司案(Jefferson County School District No. R-1 v. Moody's Investor's Service)。1993 年,杰斐逊县学区决定通过发行再融资债券(refunding bonds)的方式偿还部分债券融资债务,再融资债券的发行量为 110325000 份。尽管在 1985 年的债券发行中杰斐逊县学区曾经聘请过穆迪投资者服务社(以下简称"穆迪")提供评级服务,但这次发行再融资债券时,受到该学区聘请并提供服务的却是另外两家评级机构,其中的一家就是穆迪公司的老对手——标准普尔,另一家为惠誉投资者服务社(Fitch Investor's Service)。在此种安排之下,杰斐逊县学区自然无需向穆迪公司支付评级费用,也没有必要向穆迪提供反映该学区财务状况、为评级所需的会计信息和相关资料。1993 年 10 月 20 日开始,再融资债券开始投入市场。一开始债券销售十分顺

利,在极短的时间内几乎所有的拟发行债券都已经认购完毕。但是,申购正式开始不到两个小时,穆迪就在其“评级新闻”栏目中报道,指出尽管穆迪没有被邀请参加评级,但它有意在买卖开始后对此次发行的再融资债券的资信等级进行评定。接着,穆迪对学区的财务状况进行分析、评论,结论指出:杰斐逊县学区的债务前景不容乐观。穆迪公司将杰斐逊县学区发行的“税收担保政府债券”视为“无税收担保债务”,在评级级别上作了适当的区别。这样做的后果是显而易见的,即购买这种债券风险增大了。穆迪发布上述信息后不到几分钟,《道—琼斯资本市场报告》就转载了穆迪关于杰斐逊县学区拟发行的“税收担保再融资债券”的展望。于是,申购1993年再融资债券的订单应声而止。不仅如此,有一些人还取消了原先的定购要约。原告不得不提高再融资债券的利息,以便完成债券的发售工作,这就大大增加了发行成本。基于此,杰斐逊县学区在科罗拉多地区法院对穆迪公司提出了诉讼。原告提起诉讼的诉因有两个:一是被告故意干扰他人合同关系或故意干预他人预期合同关系;二是被告穆迪评级社未经邀请而进行评级并公布,是一种旨在阻碍其他评级机构进行正当竞争的垄断行为。虽然一审法院和第十巡回区上诉法院都驳回了原告的两个诉因而令原告败诉①,但是该案件对未经被评级对象同意而对其进行评级的法律后果还是有一定启发意义的。笔者认为,原告之所以败诉,是由于美国法院在美国宪法第一修正案中“不得立法剥夺言论自由和出版自由”的基础上,认为评级机构属于出版机构,通过众多的判例而形成了以下规则:除非能证实金融信息出版机构具有恶意,否则不得因这些出版机构关于证券评级、资信评估的报告或其他出版物中含有错误的信息为由对它们进行起诉或提出索赔主张。原告不得已而采用了“故意干扰他人合同关系”和“被告实施垄断行为”的两个诉因。笔者认为,如果此案发生在我国,原告完全可以向被告提起侵权之诉。

其次,信用评级中发行公司与评级机构之间合同性质应是承揽合同。

我国有学者认为,信用评级是被评级者与信用评级机构之间委托合同的履行结果。被评级者与信用评级机构之间是委托合同关系。被评级者是委托人,信用评级机构是受托人,双方应当遵循委托合同的一般规定。② 但是,笔者并不认同该说法。

委托合同是委托人和受托人约定,由受托人处理委托事务的合同。受托人依据委托人的授权和指示处理事务,是为委托人的利益而行为,且处理委托事务时一般是以委托人的名义,与第三人发生民事法律关系,其后果直接由委托人承

---

① 关于 Jefferson County School District No. R-1 v. Moody's Investor's Service 一审法院判决参见988F. Supp. 1341(D. Colo. 1977),二审法院判决参见175F. 3d. 848(10thCir. . . 1999)。

② 参见程合红:《信用评级是发展公司债券市场的重要民事法律保障机制》,载《上海证券报》2007年3月20日。

担。受托人在委托权限内所实施的行为,等同于委托人自己的行为。如果受托人在处理委托事务过程中,认为按照委托人的指示处理,不能达到委托人所追求的后果,即需要变更委托人指示的,应当经过委托人的同意。若委托人不同意变更指示,受托人无权擅自变更。[①] 然而,公司债券信用的评级结果的客观公正以评级机构的独立性、中立性为前提,在评级过程中仅仅是根据特定的评级方法进行工作,当然无需听从委托人即发行公司的"指示"。评级机构的服务对象是拟发行债券的公司,但是其工作宗旨应该是客观公正地揭示债券的信用风险,并且评级行为的履行和评级结果的公布都是由评级机构以自己的名义作出。如果根据"受托人在委托权限内所实施的行为,等同于委托人自己的行为"的委托原理,那么就等于拟发债公司自己给自己评级了。因此,如果按照委托合同中受托人的义务规范评级机构,那么评级机构的独立性、公正性将丧失,债券评级的意义也将不存在。

中介机构与客户之间的合同,属于服务提供合同,这种服务合同大多采委任及准委任契约、承揽契约、雇用契约,或者兼有这些性质的混合契约的形式。笔者认为,根据大陆法系对典型合同立法的规定,债券发行公司与评级机构之间的法律关系应是承揽合同关系。承揽合同是承揽人按照定做人的要求完成工作,交付工作成果,定做人给付报酬的合同。应当完成工作并交付成果的一方为承揽人,接受承揽人的工作成果并给付报酬的一方为定做人。《德国民法典》第631条(2)项规定,承揽契约的标的,得为制作或变更一物件或另一件通过劳动或劳务给付而产生的成果。《意大利民法典》第1655条规定,承揽是指一方以必要的方式进行经营管理并承担其经营风险,交付成果或者提供服务从而获得金钱对价的契约。我国《合同法》第251条规定,承揽合同是承揽人按照定做人的要求完成工作,交付工作成果,定做人给付报酬的合同。承揽合同与委托合同之间的区别在于:承揽合同的承揽人是以自己的名义和费用按照定做人的要求完成一定工作的,自己独立承担风险;而委托合同的受托人是以委托人的名义和费用按照委托人的要求完成一定工作的,自己并不承担完成工作的风险。从评级机构应具有独立性,能就自己的工作对第三人承担法律责任,并是以自己的名义和费用对债券发行公司的债券进行信用评级等特征看,将发行公司与评级机构之间的法律关系定位为承揽合同法律关系更为恰当。

《合同法》第251条第2款列举了承揽工作的类型:承揽包括加工、定作、修理、复制、测试、检验等工作。笔者认为,公司债券信用评级应属于"检验"类。在公司债券信用评级承揽合同中,发行公司是定做人,评级机构是承揽人,合同

① 参见谢怀栻等:《合同法原理》,法律出版社1999年版,第588—589页;郭明瑞、王轶:《合同法新论·分则》,中国政法大学出版社1997年版,第300—303页。

的标的即工作内容是评级机构根据发行公司提供的信息对其拟发行的债券进行信用评定，并出具报告。中国人民银行2006年颁布的《中国人民银行信用评级管理指导意见》第7条第4款明确规定：信用评级机构综合搜集到的与被评对象有关的信息资料，经加工分析后提出信用评级报告书。评级机构作为承揽合同中的承揽人，其主要义务有：一是完成工作的义务，这又可分解为以下几个方面的具体义务：按照承揽合同的约定及时开始工作；按照承揽合同约定的期限完成工作；完成的工作符合合同约定的质量；自行完成主要工作，其中有些辅助性工作可以由第三人完成。但是，承揽人与定做人之间的关系并不发生变化。《合同法》第253条规定："承揽人将其主要工作交由第三人完成的，应当就该第三人完成的工作成果向定做人负责。"二是接受并妥善保管定做人即发行公司提供材料的义务。三是保守秘密的义务。承揽合同中对承揽人有保守秘密要求的，承揽人应当按照合同的约定保守秘密。如其违反约定泄漏定做人秘密，对定做人因此而受到的损失应负赔偿责任。四是交付工作成果的义务。作为定做人的发行公司的主要义务有：一是协助承揽人完成工作，即负有提供资料真实、全面、准确的义务和接受评级机构的调查等协助配合的义务。例如，《中国人民银行信用评级管理指导意见》第7条第2款规定：被评对象按合同规定向信用评级机构提供所需的真实、完整的有关资料、报表。二是向承揽人支付报酬。

三、评级机构与投资者之间的法律关系

债券信用评级机构作为提供专业信用风险评估的中介机构，不仅仅对合同相对方即拟发行债券公司承担义务，对广大的公众投资者也应承担一定的义务。因为随着社会分工的深入和人们对效率的追求，已经不允许每一个人都成为评价证券价值和证券发行人资信程度的专家。因此，公众投资者要进行理性投资，就离不开独立的证券评级机构的专业服务。美国法官迪克森（Dickson）指出："公司在现代社会中的快速发展和其作用的不断加强，使人们对专业会计师的社会作用有了新的认识。会计师仅仅对公司的所有权人兼经理提供服务并对他一个人承担责任的时代已经结束。……会计师的作用和责任发生了显著的变化，并且也使公众对会计师的工作所产生的信赖发生了显著的变化。他所作的关于公司的财务状况的陈述可以影响到广大公众的经济利益，也可能会影响到公司股东和潜在股东的经济利益。"[①]迪克森法官所言虽然是针对会计师而言的，但是同样作为服务于合同相对方，但是其工作成果却为广大投资者所信赖的评级机构来说同样适用。"法律之所以强加这些人义务，是因为他们在社会所

---

① 转引自张民安：《过错侵权责任制度研究》，中国政法大学出版社2002年版，第629页。

取得的地位,公众不得不对他们有极大的信赖。法律必须确保此种信赖不被滥用。"[①]"任何人,只要拥有职业技能,均须根据法律而运用一定程度的技能而不管是否有协议对此加以规定。"[②]为了确保这种信赖不被滥用,各国法律对这些从事专业服务的人士或机构提出了各种要求,希望这些人能在从事其职业活动时达到社会所提出的要求,否则,即要承担相应的责任。例如,美国的《投资顾问法》就要求评级机构保持独立性,禁止评级机构签订与客户分享投资利润所得的合同,评级机构利用其发布评级信息中的任何手段欺骗其顾客或潜在的顾客的行为均属非法。

我国《中国人民银行信用评级管理指导意见》第8条规定:信用评级机构及其评估人员不得有下列行为:(1) 向中国人民银行报送有虚假陈述或者重大遗漏的文件、资料;(2) 对本机构的股东及有利益关系者进行评级;(3) 同被评对象合谋篡改评级资料从而歪曲评级结果;(4) 以承诺、分享投资收益或者分担投资损失、承诺高等级、压价竞争、诋毁同行等不正当竞争手段招揽业务,进行恶性竞争;(5) 未经被评对象的同意将有关评级资料和信息向社会公布或泄露他人,但国家法律和行政法规另有规定的除外;(6) 为委托人提供担保;(7) 高级管理人员从事与信用评级业务有利益冲突的兼职业务;(8) 国家法律、行政法规及中国人民银行规定的其他禁止行为。

通常情况下,评级机构评定出信用等级后,除了向委托人进行报告之外,通常还在自己发行的出版物上登载,或以其他形式向有关投资者公布。但要获知这一评级结果是有偿的,如购买登载信用等级信息的报纸、杂志等。鉴于信用评级结果可被作为产品或服务的属性,评级结果一经公布,便在特定投资者等人(如债券购买人、向被评级者发放贷款的银行、与被评级者进行交易的企业以及将款存入作为被评级者的银行的客户)和信用评级机构之间,建立以信用等级为标的的信息产品买卖或服务合同,并适用类似产品瑕疵责任的法律制度。如果信用评级机构所提供信息产品质量有瑕疵,应承担相应的法律责任。

债券评级是将债券合同还本付息的可靠程度,用简单的记号或说明展示给投资者。毫无疑问,评级所起到的作用仅限于向投资者"提供有关债券偿还的风险情报",保护投资者免受因情报不足而产生的损失。它对促成债券的交易、形成债券的买卖价格以及投资者的投资选择并不形成任何干预。债券评级机构为了避免诉讼往往会在公布评级报告时附上法律提示:"是对各种债券目前信用状况所作的评价,它对投资者的债券买卖行为不提出任何意见(current assess-

---

① Nicholas Rafferty, The Tortious Liability of Professionals to Their Contractual Clients, Issues in Tort Law, edited by Freda M. Steel, and Sanda Rodgers-Magnet, The Carswell Company Limited Toronto, 1983, p. 246.

② J. A. Jolowicz and T. Ellis Lewis, Winfield on Tort(7th ed.), 1963, p. 6.

ment of the creditworthiness, not a recommendation to purchase, sell or hold a security)。"因此,评级机构只向投资者提供有关发债人的"情报",而对投资者所蒙受的损失不负任何责任。投资者必须对这种投资情报有选择地利用,并对自己所作出的选择承担全部责任。

尽管如此,在某一债券被降低等级以后,该债券的发行人必然对此抱怨不已。而当较高等级的债券不能履行支付义务,或已取得评级的债券由于被降级而出现市场价格下跌时,来自投资者的质疑或抗议也会络绎不绝。在美国一百多年来的债券评级历史上,投资者向法院提出申诉的,只有两起。其中一起是,债券在刚刚取得评级以后便出现倒闭(1949 年),造成投资者向法院起诉,但是由于州政府的救济,起诉被撤销;另一起就是 WPPSS(Washington Public Power Supply System)倒闭事件中投资者对评级机构的诉讼。

WPPSS 是根据州法修建的第三电力区工程,目的是向华盛顿、俄勒冈州等五个州提供电力资源。由于电力需求的下降以及建设资金成本的增加,原计划修建的五所原子能发电站开工后不久,除一所继续施工以外,其余全部中途下马。原计划建设资金 83 亿美元全部靠发行债券筹措,其中一至三号站的债券由联邦机构予以债务担保;四、五号站所发行的 22.5 亿美元债券全部陷入倒闭,这两个站的债券曾被评级机构评为 1A 级(穆迪公司为 A-级,S&P 公司为 A + 级)。随着施工计划遭到困难,穆迪公司于 1981 年将其降为 Baa 级,1983 年 6 月则再次降为 Caa 级,这实际上等于宣布该债券的倒闭。S&P 公司也于 1981 年将该债券等级降至 BBB 级,以后又顺序降至 B 级和 CC 级。尽管穆迪公司和 S&P 公司根据形势的变化及时采取了降级措施,但是蒙受损失的投资者却因评级机构未能预测出电力需求的下降而将该债券评定为 1A 级适宜投资债券,而对评级机构的责任提出了申诉。申诉以评级机构的评级"仅仅是投资情报"为理由而予以撤销。[①]

总之,在评级机构与投资者之间的法律关系中,首先应该认识到,由于其专业性,法律必须确保社会公众对它的信赖不被滥用,于是法律强制性地规定了评级机构的禁止性行为。其次,如果评级机构由于故意或重大过失而出具了错误的信用评级报告,投资者可向评级机构要求承担产品瑕疵法律责任。但是,评级机构的信用评级如没有错误,投资者并不能因投资遭受损失而要求评级机构承担赔偿责任,因为评级所起到的作用仅限于向投资者"提供有关债券偿还的风险情报"。

---

① 参见〔日〕黑泽义孝:《债券评级》,梁建华、王延庆、陈汝议译,中国金融出版社 1991 年版,第 131 页。

我国公司债券法律制度修订评析
——兼与我国台湾地区公司债法律制度比较

刘迎霜

公司债券,是指公司依照法定程序发行、约定在一定期限内还本付息及履行其他附加条件的标准化债务凭证,是一种有价证券。公司债券之基础是公司债。所谓公司债,是公司依照法定的条件及程序,并通过法定形式,以债务人身份与不特定的社会公众之间所形成的一种金钱债务。公司债券是公司债的法定形式,公司债是公司债券的实质内容。正因为如此,各国关于公司债的立法,有的取实质内容"公司债"表述,如《法国商事公司法》、《日本公司法》、《韩国商法》、我国台湾地区"公司法"等都是专设"公司债"节或编;[①]有的则以其形式"公司债券"特指。我国《公司法》取第二种做法,即直接以"公司债券"特指公司法上的公司债。2005年10月,我国《公司法》和《证券法》进行大幅度修改,其中公司债券部分不但修订了具体内容,而且将原列入《公司法》的若干规定列入《证券法》中。本文分析我国《公司法》、《证券法》修订前后我国公司债券若干法律规定的变化,同时与我国台湾地区公司债法律制度进行比较,以期厘清我国公司债券法律制度的不足。

一、公司债券发行主体

对于公司债券发行主体,我国1993年《公司法》第159条规定:"股份有限公司、国有独资公司和两个以上的国有企业或者其他两个以上的国有投资主体投资设立的有限责任公司,为筹集生产经营资金,可以依照本法发行公司债券。"我国法律规定国有独资公司或两个以上国有投资主体组成的有限责任公司,可以发行债券,是对国有企业的一种特殊支持,其他所有制形式的有限责任公司不能发行债券,这就造成国有公司和其他所有制公司地位不平等。2005年

---

① 参见《法国商事公司法》(1966年7月24日颁布,1994年最近修正),载卞耀武主编:《法国公司法规范》,李萍译,法律出版社1999年版;王保树主编:《最新日本公司法》,于敏、杨东译,法律出版社2006年版;《韩国商法》,吴日焕译,中国政法大学出版社1999年版。

《公司法》修订后删除了此项规定。因此,只要是依公司法设立的公司,不论是有限责任公司或是股有限公司,均可发行公司债券。

我国台湾地区"公司法"公司债发行规定列于第五章股份有限公司下的第七节中,至于有限公司、无限公司、两合公司是否得发行公司债,由于"公司法"中并未规定准用股份有限公司之规定,故通说为否定说。①

世界各国和地区对股份公司可发行公司债一般没有异议,但对有限责任公司能否发行债券,看法不一:有完全允许的,如美国、英国等;有禁止的,如日本、法国、意大利、比利时等;有限制性允许的,如德国、瑞士、丹麦、荷兰等。② 随着平等竞争呼声的高涨,限制或禁止有限责任公司发行债券越来越受到广泛的批评:能不能发行公司债券,主要看公司资信度和偿还能力,而不能以公司类型不同区分。可见,我国台湾地区"公司法"在发债主体方面较大陆之规定拘谨,不利于公司融资与整体经济的发展。

我国 1993 年《公司法》第 163 条规定:"股份有限公司、有限责任公司发行公司债券,由董事会制订方案,股东会作出决议。国有独资公司发行公司债券,应由国家授权投资的机构或者国家授权的部门作出决定。"虽然 2005 年《公司法》修订后删除了此条规定,但是,在股东会职权的法律规范中,《公司法》第 38 条第 1 款第 8 项、第 100 条分别规定了股东大会"对发行公司债券作出决议"的职权。因此,我国发行公司债券应经过股东会决议。

我国台湾地区"公司法"第 246 条第 1 款规定:"公司经董事会决议后,得募集公司债。但须将募集公司债之原因及有关事项报告股东会。"其理由在于:发行公司债的为股份公司,所有权与经营权相分离是股份公司的基本特征,是否举债取决于公司的经营需要,理应由董事会作出决议。从发行公司债的实践看,由董事会作出决议更具有现实可行性。因为发行公司债券作为公司的一种融资手段,往往要依据市场的变化而决定,每年一度的股东会很难预见或及时作出适应市场变化的融资决议;而董事会的召开比较灵活,可随时召开以对变化无常的市场及时作出经营决策。目前,许多国家和地区,如美、日、法、英以及我国香港地区等都将发行公司债列入董事会权限之内。我国将股东会作为发行公司债券的决定机关,一方面,我国允许有限责任公司发债,往往有限责任公司董事即是公司股东,或者有的有限责任公司不设董事会,只有执行董事,凭一已之力往往难以形成如此重大的决议。另一方面,我国公司治理机制在实践中并不健全。董

---

① 我国台湾地区"公司法"曾经在第 358 条规定,股份两合公司可以准用股份有限公司的规定,当然也包括准用股份有限公司可以发行公司债的规定。但是这条在 1980 年"公司法"修改时随着股份两合公司形态的取消而被删除。另外,在我国台湾地区历年公司登记资料中,并没有设立过股份两合公司这种公司形态。因此,我国台湾地区事实上也不存在股份两合公司发行公司债券。

② 参见时建中:《可转换公司债法论》,法律出版社 2000 年版,第 7—9 页。

事对股东的“内部人问题”和“代理成本问题”大量存在。所以，在现阶段，规定由股东会作为公司债券发行的决定机关是可取的。

二、公司债券发行要件

公司并非在任何情况下都可以自由发行公司债。为了保障公众投资的安全和利益，防止公司滥发公司债，对于公司债的发行总额以及公司的资信状况、偿债能力必须加以规定，即发行公司债必须要符合法定条件。我国分别从发行债券的积极性要件和否定性要件两方面加以规定。

（一）积极性要件

我国原《公司法》第161条第1款规定：“（一）股份有限公司的净资产额不低于人民币三千万元，有限责任公司的净资产额不低于人民币六千万元；（二）累计债券总额不超过公司净资产额的百分之四十；（三）最近三年平均可分配利润足以支付公司债券一年的利息；（四）筹集的资金投向符合国家产业政策；（五）债券的利率不得超过国务院限定的利率水平；（六）国务院规定的其他条件。”《公司法》修订后，为统一规范证券发行，将本条从《公司法》中删除，全文改列于同时修订的《证券法》第16条中。《证券法》第16条规定的内容与原《公司法》第161条的规定相同，只是将“第（二）累计债券总额不超过公司净资产额的40%”修改为“累计债券余额不超过公司净资产的40%”。也就是说，对公司债券发行额进行控制，由过去的“累计债券总额”作为计算标准，更改为“累计债券余额”作为计算标准。

累计债券总额是指公司过去所发行公司债券的总额。而累计债券余额是指公司过去已核准发行，但未发行公司债券之余额，加上过去发行公司债券后，本息尚未到期之债券金额，两者相加之后的总额。以累计债券余额与公司净资产的比值计算公司资产负债比例，更能准确地反映公司资产的质量和公司的现金流量。[①] 因此，《证券法》的此项修订，在保证公司债券持有人利益的前提下，着眼于方便公司进行资金调配和融资，是有积极意义的。

在规范公司债券与公司资产比例关系方面，我国台湾地区“公司法”第247条规定：“公司债之总额，不得逾公司现有全部资产减去全部负债及无形资产后之余额。无担保公司债之总额，不得逾前项余额二分之一。”所谓无形资产，指的是商誉、商标权、专利权、著作权和商业秘密等。有学者认为，尽管这些无形资产是公司净资产额的一部分，但这些无形资产的变现能力差且估价作为公司清

---

① 参见安义宽：《中国公司债券：功能分析与市场发展》，中国财政经济出版社2006年版，第60页。

偿能力标准的随意性较大,如果不将其从公司资产中除去,往往会影响公司的实际清偿能力。我国现在考虑公司清偿能力时,并未将无形资产从净资产中减去。但是,我国现在无形资产的评估工作尚刚刚起步,估价很不规范。为防止公司无形资产额在净资产额中所占比重过高,危及公众债券持有人,应对无形资产在公司净资产额中的比例有所限制。

衡量公司债券信用、公司偿债能力的一个重要指标就是公司的盈利能力。为此,我国《证券法》第 16 条要求拟发债公司"最近三年平均可分配利润足以支付公司债券一年的利息"。我国台湾地区"公司法"第 250 条规定:"最近三年或开业不及三年之开业年度课税后之平均净利,未达原定发行之公司债应负担年息总额之 100% 者。但经银行保证发行之公司债不受限制。"两者相比较,我国大陆与台湾地区在此部分规范上大同小异。但我国台湾地区"公司法"对拟发行有银行担保的公司债券,则不受此盈利能力的限制。这样灵活的规定对公司融资比较有利。我国不宜过分限制公司发行债券融资能力,但为了方便公司融资,应对公司债券是否有担保或保证作此区分。

(二)否定性条件

原《公司法》第 162 条规定:"凡有下列情形之一的,不得再次发行公司债券:(一)前一次发行的公司债券尚未募足的;(二)对已发行的公司债券或者其债务有违约或者延迟支付本息的事实,且仍处于继续状态的。"原《公司法》第 161 条第 2 款规定:"发行公司债券筹集的资金,必须用于审批机关批准的用途,不得用于弥补亏损和非生产性支出。"2005 年 10 月《公司法》修订后将这两项条款移入《证券法》第 18 条。

"前一次公开发行的公司债券尚未募足"中的"尚未募足"是指"原订发行期间尚未届满,原核准发行之公司债券尚未募足,而打算再次申请发行新债券"还是指"已超过原订发行期间,且原订发行额尚未募足,其后再次申请发行新债券"?笔者认为,《证券法》第 18 条第 1 项规定是指前者。因为公司债券发行审批程序非常复杂冗长,对需多次发行债券融资的公司,就可能存在前次发行期间尚未届满,而且公司债券尚未发行完毕,又申请发行下一次公司债券的情形。为了避免公司同时进行数次公司债券的募集,造成监管机构管理不便和投资者认购的混乱,应禁止此种情形。而因前次发行公司债券失败,就禁止公司以后不得再申请发行公司债券,应不是我国《证券法》的立法本意。

对于"对已公开发行的公司债券或者其他债务有违约或者延迟支付本息的事实,仍处于继续状态",我国台湾地区"公司法"第 250 条对公司债发行的否定性条件也作出如此规定。可见,对已存债务的违约行为是公司资信不良的最明显表现,也说明公司财务正处于流动性困难或资不抵债困境,因为债权不分时间先后，具有平等性，禁止此类公司发行债券，是对将来公司债券持有人的保护，也是对公司现在债权人的保护。

但是，怎么才知道公司“前一次公开发行的公司债券尚未募足”和“对已发行的公司债券或者其债务有违约或者延迟支付本息的事实，且仍处于继续状态的”？我国台湾地区“公司法”设置了公司债券募集完毕后的登记制度。根据我国台湾地区“公司法”，公司债募集完毕后，董事会应在15日内向主管机关申请登记，公司债经清偿其全部或一部分后，公司应立即备具所还债款的证明书办理登记。公司债登记制度便于对公司债进行管理和监督，从而保证审批机关准确了解发行公司是否属于发行禁止之列。我国《证券法》第18条虽对公司债券发行条件作了否定性规定，但由于缺乏相应的监控法规，主管机关难以了解申请发行公司是否具有发行禁止的事实，因此应借鉴台湾地区的公司债登记制度，以便监管部门和主管审批部门能及时准确了解发行公司的信誉能力，也为《证券法》第18条的执行提供基础。

我国原《公司法》第161条第2款规定“发行公司债券筹集的资金，必须用于审批机关批准的用途，不得用于弥补亏损和非生产性支出”，但是没有规定违反此条的法律后果。《证券法》第18条新增“改变公开发行公司债券所募资金的用途”这一否定性条件，其立法目的是强化原《公司法》第161条第2款此规定的法律效果，为违法行为增加处罚性结果。此外，《证券法》第194条规定：“发行人、上市公司擅自改变公开发行证券募集资金用途的，责令改正，对直接负责的主管人员和其他直接责任人员给予警告，并处以三万元以上三十万元以下的罚款。发行人、上市公司的控股股东、实际控制人指使从事前款违法行为的，给予警告，并处以三十万元以上六十万元以下的罚款。对直接负责的主管人员和其他直接责任人员依照前款的规定处罚。”这是对公司负责人擅自改变公开发行证券募集资金用途的行政处罚。但是，对公司负责人违反募集资金使用规定限制时，该资金使用行为本身的效力如何？该行为对第三人是有效还是无效？当公司负责人因此对公司造成损害时，是否应对公司承担赔偿责任？导致公司不能按期偿还债券本息时，是否应承担连带责任？等等，我国《公司法》和《证券法》均没有这方面的规定。相比较而言，我国台湾地区“公司法”在这方面就有完备的规定，其第259条还规定对“未经申请核准变更使用目的，而擅自变更”的公司负责人处以一年以下有期徒刑、拘役或科或并科新台币6万元以下罚金，如公司因此受到损害，应对公司负赔偿责任。

（三）违法发行公司债券的法律后果

原《公司法》第164条第3款和第210条分别规定违法发行公司债券的法律后果和违法者的法律责任。2005年《公司法》修订后，将上述两条文移至《证券法》第26条和第188条中。《证券法》第26条规定:“国务院证券监督管理机构或者国务院授权的部门对已作出的核准证券发行的决定,发现不符合法定条件或者法定程序,尚未发行证券的,应当予以撤销,停止发行。已经发行尚未上市的,撤销发行核准决定,发行人应当按照发行价并加算银行同期存款利息返还证券持有人;保荐人应当与发行人承担连带责任,但是能够证明自己没有过错的除外;发行人的控股股东、实际控制人有过错的,应当与发行人承担连带责任。”第188条规定:“未经法定机关核准,擅自公开或者变相公开发行证券的,责令停止发行,退还所募资金并加算银行同期存款利息,处以非法所募资金金额百分之一以上百分之五以下的罚款;对擅自公开或者变相公开发行证券设立的公司,由依法履行监督管理职责的机构或者部门会同县级以上地方人民政府予以取缔。对直接负责的主管人员和其他直接责任人员给予警告,并处以三万元以上三十万元以下的罚款。”第188条还删除了原《公司法》第210条规定的“构成犯罪的,依法追究刑事责任”内容。

对公司违法发行公司债,我国台湾地区“公司法”第251条规定:“公司发行公司债经核准,如发现其申请事项,有违反法令或虚伪情形时,证券管理机关得撤销核准。”也就是说,主管机关有裁量权是否撤销该公司债券发行的核准,而不是必须撤销,即台湾地区主管机关是否一发现发债公司的申请书有违法行为,就可立即行使撤销权属于未定状态。因为违法事实有轻重之分,不能只要发生违法事由,则不问轻重、是否能补正,均一律撤销发行许可,否则对发债公司极为不公平。

而我国的“应予撤销”属于强制性规定。主管机关只要发现有违法情形,不论情节轻重、是否能补正,均须依法撤销。如此规定过于武断,不利于主管机关对具体事实区别对待。

至于核准撤销后,负责人的民事法律责任,我国大陆和台湾地区的规定也不尽相同。我国台湾地区“公司法”第251条第2项规定:“公司负责人民事上对公司及应募人所受之损害应负连带赔偿责任”。所以,在违法发行公司债被主管机关撤销发行后,在公司负责人对于公司及投资人所受损害须承担连带赔偿责任。而我国《证券法》则对违法发行公司负责人未处以任何民事责任,只对公司直接负责的主管人员,依《证券法》第188条规定予以警告及处以3万元至30万元的罚款,但此罚款性质属于行政责任,而不是民事责任。

三、公司债券发行程序

公司债发行之立法目的，是让拟发行公司债之公司，能在一定情形下，自由调整其公司财务政策。通常，公司可视其财务政策决定是否发行，发行量为何，发行种类为何，主管机关应着眼于维护社会金融秩序，依公司法或其他相关法规规定，对不适宜发行公司债之公司作出适当管制。如果拟发债公司符合各相关法规规定，则在向主管机关申报后，即可自由发行。也就是说，在此情形下，一般公司在是否发行、发行数额为多少方面有较大自主空间。

但在我国，公司债券的发行属于国家经济宏观调控的对象。对全国公司债券的发行，国家必须有“全国发行总量控制”，并应纳入“国家信贷计划”之中。[①]也就是说，各公司发行公司债券时，不是由拟发行公司债券之公司自己决定发行数量及发行种类。由于处在经济转轨早期，1993 年《公司法》带有比较浓厚的计划经济色彩，其第 164 条第 1 款规定：“公司债券的发行规模由国务院确定。国务院证券管理部门审批公司债券的发行，不得超过国务院确定的规模。”《公司法》修正时删除了上述规定，同时对公司债券发行审核和公告也作了一定程度的修订。

（一）发行审核

公司取得发行配额后，依原《公司法》第 165 条规定，股东会决议配额发行时需向主管机关提出发行审批请求。该条规定：“公司向国务院证券管理部门申请批准发行公司债券，应当提交下列文件：（一）公司登记证明；（二）公司章程；（三）公司债券募集办法；（四）资产评估报告和验资报告。”2005 年 10 月《公司法》修订时将该条删除。同时修订的《证券法》第 17 条规定：“申请公开发行公司债券，应当向国务院授权的部门或者国务院证券监督管理机构报送下列文件：（一）公司营业执照；（二）公司章程；（三）公司债券募集办法；（四）资产评估报告和验资报告；（五）国务院授权的部门或者国务院证券监督管理机构规定的其他文件。依照本法规定聘请保荐人的，还应当报送保荐人出具的发行保荐书。”原《公司法》第 165 条与修订后的《证券法》第 17 条关于提交文件规定上最大的差别在于：原《公司法》适用于所有欲发行公司债券的公司，而不问是否为公开发行。而修订后的《证券法》则规定提交文件仅适用“申请公开发行公司债券”的公司。此外，修订后的《证券法》规定，应提交的文件还包括“国务院授权的部门或者国务院证券监督管理机构规定的其他文件”。这为主管机关提供了

---

① 参见江平、方流芳：《新编公司法教程》，法律出版社 2004 年版，第 120 页。

灵活的审批执法空间。

（二）公告文件

公司发行债券属于向公众募集资金的行为，属于信息不对称行为，为了保障投资者知晓公司信息，作出理性决策，故要求公司在募集债券时应公告相关文件。原《公司法》第166条规定："发行公司债券的申请经批准后，应当公告公司债券募集办法。公司债券募集办法中应当载明下列主要事项：（一）公司名称；（二）债券总额和债券的票面金额；（三）债券的利率；（四）还本付息的期限和方式；（五）债券发行的起止日期；（六）公司净资产额；（七）已发行的尚未到期的公司债券总额；（八）公司债券的承销机构。"由于公司债券除了以票面价格发行外，还可以溢价或折价发行。而募集办法中对公司债券的发行价格却没有说明。此外，原《公司法》第161条第2款规定"发行公司债券筹集的资金，必须用于审批机关批准的用途，不得用于弥补亏损和非生产性支出"，但是第166条并没有要求公告拟募集资金的用途。

《公司法》修订后将原166条变更为新的第155条，同时，对内容也作了调整："公司债券募集办法中应当载明下列主要事项：（一）公司名称；（二）债券募集资金的用途；（三）债券总额和债券的票面金额；（四）债券利率的确定方式；（五）还本付息的期限和方式；（六）债券担保情况；（七）债券的发行价格、发行的起止日期；（八）公司净资产额；（九）已发行的尚未到期的公司债券总额；（十）公司债券的承销机构。"

对公司债券募集时公告的内容，我国台湾地区的规定比大陆详细具体。台湾地区"公司法"第248条和第252条规定，发行公司应当制作并公告公司债应募书，其内容除载明以上我国《公司法》规定的债券募集办法中载明的事项外，还包括：偿还公司债款之筹集计划以及保管方法；公司最近三年的资产负债表、损益表、盈余分派或亏损弥补之议案；公司债权人之受托人名称及其约定事项；对于前已发行之公司债或其他债务，曾有违约或迟延支付本息的事实或现况等事项。相比之下，台湾地区"公司法"的规定更为详细。公告的法律意义，不仅是让公众了解公司所发行的债券的基本状况，更重要的是让公众了解该公司的资产状况、财务状况、信誉状况以及偿债能力，以供投资者决定是否购买债券。因此，法律要求公司公告自身状况的范围越大，越有利于对公众投资安全的保护和对公司经营管理的监督。可以说，我国《公司法》规定的公司债券募集时公告的范围还相当狭小，不利于公司债券投资者理性决策，因此应借鉴台湾地区的规定，扩大公告信息的范围。

另外，我国台湾地区"公司法"对公司公告募集的时限作出界定也是值得我们借鉴的，其第252条规定："公司发行公司债之申请经核准后，董事会应于核准通知到达之日起30日内,备就公司债应募书,予以公告……如超过30天尚未公告募集而仍需募集公司债的,应重新申请审批。”我国台湾地区“公司法”之所以严格规定时限,是因公司的资产和经营状况是在动态运动之中,为了防止公司拖延公告募集时间,可能使公司实际清偿能力较审批时低,对公众债权人形成风险。因此,如超过30天还没有公告募集,就必须重新审批发行公司的资信能力。我国《公司法》由于没有规定公司发行债券的公告时限,有可能出现公众认购债券时的清偿能力远远低于审批时的清偿能力的情况。

四、公司债债权人的保护组织

公司债券发行的数额巨大、偿还期限长、债券持有人较分散,为了保护公司债券持有人利益,很多国家公司立法都设置了公司债债权人的保护组织或团体。在一定意义上,公司债债权人保护组织或团体是否健全,是衡量一国公司债券制度是否完善的主要标志之一。在立法体例上,公司债债权人利益的保护制度分为受托人制度和债权人会议制度两种。英美法系国家一般采受托人制度,即公司在发行债券时与特定的金融或信托公司签订信托协议,使受托人代表公司债债权人监督发行公司的资产运转和经营行为,即对公司发行申请书上所载内容进行监督。大陆法系国家一般采取债权人会议制度。公司债债权人会议是同次发行的公司债债权人为维护其共同利益所组成的临时会议机构。通常,该会议由发行公司、公司债债权人的受托人、公司清算人或拥有一定比例的公司债债权人召集,公司债债权人会议通过的决议,一般经法院认可后才有效,并对全体债权人有约束力。我国台湾地区“公司法”则是将上述两种方法结合起来,兼而采用。其第248条第12项规定了债权人的受托人制度;为了进一步保障债权人利益,其第263条规定:“公司债权人之受托人,或有同次公司债总额百分之五以上之公司债债权人,得为公司债债权人之共同利害关系事项,召集同次公司债债权人会议”;同时,还规定了债权人会议的议事规则和无效情形。我国台湾地区“公司法”中的债权人保护组织制度显然是当今世界两大法系相互融合的产物。①

我国无论是原《公司法》还是修订后的《公司法》和《证券法》,对公司债债

① 参见廖大颖:《公司债受托人与公司债信托契约》,载《月旦法学杂志》第81期。

权人保护组织均毫无着墨。[①] 立法中的这一疏漏,不利于维护公司债债权人的投资利益和安全,从长远看,必然不利于我国公司债券市场发展。因此,迫切需要在《公司法》再次修订时或通过单行立法建立公司债债权人保护组织。

① 我国有关公司的地方立法中,只有1993年深圳市《深圳经济特区股份有限公司条例》对公司债债权人作出了规定。该条例第72条规定:"可转换成股份的公司债券,公司有义务按公司规定的方法,向债券持有人核发股份。债券持有人对债券是否转换有选择权。"第73条规定:"经持有同次公司债总额百分之十以上的公司债债权人的书面请求,公司应当召开债权人会议,讨论有关债权人共同利益的事项。"第74条规定:"公司债债权人会议行使下列职权:(一)选任与公司交涉的债权人代表;(二)对公司不利于债权人的行为,提出异议;(三)当公司有违法行为时,对公司提起诉讼。"第75条规定:"公司召开公司债债权人会议,应将会议审议的事项至迟于会议召开前三十日通知公司债债权人。发行无记名债券的,至迟应于会议召开前四十五日将会议审议的事项进行公告。"第76条规定:"公司债债权人会议的决议,应有代表公司债总额过半数的债权人出席,以出席会议的债权人表决权的三分之二以上同意通过。前款表决权,按每一公司债最低票面金额为一票表决权计算。"仅有的这五条法规,虽对公司债债权人会议的职权、召集等作出规定,但没有系统全面地建立起公司债债权人保护组织制度。

海外股指期货市场监管法律模式比较研究

胡茂刚

世界各国金融期货监管法律模式,按监管职能划分,大致可分为以下三种:第一,专职分离型职能监管法律模式。这种监管模式的特点是国家设立独立于证券监管机构的专业期货市场监管机构,对金融期货市场实施统一监管。这种模式以美国为代表。第二,非专职型职能监管法律模式。即国家不设专门的期货监管机构,而是利用已有的金融监管部门,通过立法授权有关部门分别履行监管期货市场的职能。这种模式以日本为代表。第三,专职复合型职能监管法律模式。其特点是证券市场、期货市场由统一的机构监管。实行这种模式的国家和地区较多,如我国香港地区的证券与期货管理委员会、新加坡的金融管理局、韩国的调达厅、法国的财经预算部等。

一、美国期货市场监管法律模式

美国作为全球金融衍生品交易最发达的国家,制定了较为完备的法律进行事前监管。《商品交易法》(Commodity Exchange Act,CEA)奠定了美国金融衍生品场内交易的监管基础。而对金融衍生品的场外交易,则主要由1992年《期货交易判例法》(Futures Trading Practices Act)和2000年《商品期货现代化法》(Commodity Futures Modernization Act,CFMA)进行调整和管理。此外,在美国,衍生交易的政府监管与行业自律受到同等重视。《商品交易法》授权专门的衍生交易监管机构——商品期货交易委员会,对衍生市场和市场主体进行法律监管。另外,《证券法》、《证券交易法》、《商品期货现代化法》也明确了部分金融衍生品由其他专门的监管机构进行监管。美国强调交易所的自律机制,通过会员资格制、保证金制度、强行平仓和清算制度等,履行保护投资者的一部分功能。

美国期货监管模式为分割与监管合作模式,即政府宏观管理、交易所一线监管和行业自律管理体系相结合的既有分工又有协作的监管体制。①

(一)政府宏观管理

20世纪70年代商品期货扩大到金融产品后,美国国会于1974年在原《商品交易所法》的基础上,通过系统严密的《商品交易委员会法》,成立了全国商品期货交易委员会(Commodity Futures Trading Commission,CFTC)。作为独立于政府部门的商品期货交易委员会,由五位委员组成,经总统提名、参议院批准任命产生,任期一般为五年。②

美国2000年制定的《商品期货现代化法》重新规定了CFTC作为美国期货市场最高监管机构的使命,其中第三部分"CFTC监督下的有效自律管理体系"列出四个监管目标:(1)确定和预防价格操纵或其他破坏市场公正性的行为;(2)保证该法案所涵盖的全部交易的公正性,避免系统风险;(3)保护所有市场参与者免受欺诈、盗卖和挪用客户资金行为的损害;(4)促进行业协会、其他市场和市场参与者进行有利的创新和公平竞争,改变美国金融市场交易衍生品的方式。为达此目的,CFTC有权对股票期货交易所、结算所、经纪商等从事与股票期货交易有关的行为进行规范。此外,CFTC负责对新上市的股票期货合约进行批准,未获得批准的合约不能在交易所进行交易。同时,CFTC还监管全国期货协会的运作情况。③

为了保障上述职责的履行,CFTC通过设立以下机构行使具体权限:(1)交易和市场处,负责对期货公司与经纪人的管理和监督。具体措施主要是:期货公司与经纪人在从事期货交易前,必须向商品期货交易委员会申请注册;不允许期货公司与经纪人滥用基金,必须将客户的保证金存款分立账户,不能与自有资金混同,不能挪用客户的保证金存款。此外,若无客户的委托指令,期货公司与经纪人不得擅自为客户买卖合约。决定期货佣金商、经纪人、投资顾问、场内交易者、期货顾问商及期货基金公司等注册及许可证事项。(2)执行处,主要负责通过行政或司法程序,执行《商品交易法》以及商品期货交易委员会的管理规则,对期货交易所进行管理和监督。主要包括:批准期货交易所的成立,任何其他联邦或州政府无权批准;批准或否决期货交易所准备推出的新合约,确保期货合约的运用能够符合公众利益;批准期货交易所内部制定的管理规则、交易规则以及对这些规则的修改;管理和监督期货交易所的业务活动,如监督期货交易的组

---

① 参见张大强:《期货:对中国期货市场监管模式的思考》,http://www.gog.com.cn/jqpd/pd02005/ca284657.htm,2007年9月26日访问。

② See Sanford A. Fine, Back to the (Single Stock) Future: The New Regulatory Framework Governing Single-Stock Future Trading, Administrative Law Review Winter, 2002, Vol. 54, p.520.

③ 参见杨迈军主编:《美国期货市场法律规范研究》,中国金融出版社2007年版,第19页。

织、期货交易行情的收集、新产品开发的创新、交易纠纷的调解、违规行为的裁决等。(3) 执行长办公室,审查期货交易所的财务制度、账目及会计程序。(4) 经济分析处,主要负责监视交易活动和市场状况,防止市场操纵和市场扭曲。此外,还从事市场研究及其教育等。(5) 法务办公室,制定期货法规和规章,确保《期货交易法》的实施,负责委员会送交司法审查的案件,当委员会成为被告时充当其辩护人。具体包括:取缔期货交易活动中的各种欺诈行为;向公众宣布各种期货交易信息,保证信息的公开化;禁止为影响价格走势而传播故意伪造的虚假信息;防止价格操纵,以及囤积大量现货;禁止非公开的内线交易。紧急情况下采取必要措施,维护期货市场的正常秩序。[①] 此外,商品期货交易委员会在纽约、芝加哥、华盛顿特区、洛杉矶、堪萨斯设有地区办公室,其中芝加哥办事处设有五个部门,包括行政部、执行部(35 人,查处虚假广告和欺诈行为)、合约市场部(监管交易厅行为及客户)、审计部(资金状况、资金要求)、经济部(25 人,一半人监管行情、分析行情、分析数据,另一半人管理日常报表、大户报告制度、头寸限制等)。[②] CFTC 聘用很多经济学家,分析市场状况,提前察觉违规事件的苗头,每周向办事处负责人和华盛顿总部汇报一次工作。

SEC 和 CFTC 监管职责分工的主要理论依据是:美国 1999 年通过了《金融服务现代化法》,明确了以“功能性监管”为原则的监管框架,旨在按金融企业各项经营活动的性质、不同金融体系的不同功能划分监管部门的监管权;主要根据衍生工具本身的属性,划分 CFTC 和 SEC 的监管管辖权。证券衍生产品受《1933 年证券法》和《1934 年证券交易法》等联邦法规的管辖(在特定情形下,也受州证券法的管辖),由 SEC 行使监管职责,而广义的商品合同(包括期权)由 CFTC 根据《商品交易法》制定的联邦法规管辖。兼具证券与商品属性的衍生产品则受 SEC 和 CFTC 的双重管辖。当出现既有证券又有商品属性的混合工具时,CFTC 和 SEC 则通过“目标测试”决定双方的管辖权。其中,CFTC 的目标是促进价格风险的转移,负责监管“以套期保值和价格发现为功能的市场与工具”,譬如对期货合约和期货期权的管辖权;而 SEC 的目标是促进资本流动,应当监管“以基础投资为目的的市场与工具”,譬如对证券期权和证券指数期权的管辖权。具体而言:CFTC 对所有《商品交易法》规定的交易所交易的衍生品有排他性的监管权,交易所新合约的上市,必须得到 CFTC 的批准,以证明符合商业需要,可以有效地用来保值,有足够的可供交割供应量以防止市场操纵,具有价格

① 参见徐向华:《美国期货市场法律监管的最高权力机关——商品期货交易委员会》,载《当代法学》1994 年第 2 期。

② 参见陶琲、李经谋等:《中国期货市场理论问题研究》,中国财政经济出版社 1997 年版,第 296 页。

发现功能并且符合公众利益。[①] 而 SEC 监管所有在全国性证券交易所交易的证券,此外包括货币期权、股票期权、股票指数期权等。正因为 CFTC 和 SEC 的主要精力放在对产品和市场的监管上,而非对产品和市场交易者的监管上,故暂时结束了两者的权力之争。[②]

功能性监管理念的贯彻有效解决了美国 SEC 和 CFTC 监管权力之争,为股指期货的上市交易、常态监管奠定了理论基础:尽管 1978 年《商品交易法》已经明确 CFTC 对金融期货的管辖权,但在推出股指期货的过程中遭到证券监管部门和机构的极力阻挠。1982 年,美国堪萨斯交易所第一只价值线股指期货上市之后,由于 SEC 希望行使对股指期货、股票期货的监管权,与 CFTC 产生管辖权之争,美国国会为平息利息冲突,通过《约翰逊—夏德协议》扩大 CFTC 证券类期货的管辖权限,明确 CFTC 负责股指期货和期权交易的监管;而 SEC 则负责股票现货选择权、股票指数现货选择权和单一股票期权的监管,暂时禁止单只个股期货交易,有关金融期货与证券类期货的监管权之争暂时平息。[③] 时至今日,SCE 和 CFTC 还经常争论不休,SCE 曾经申请国会撤销 CFTC 并由 SCE 取代其职能,未遂后曾经连续否决新的股指期货的上市申请,而 CFTC 责怪 SEC"手伸得太长",埋怨两个市场分别监管是历史性的误会,其持久的权力争斗迄今尚未停止。

(二) 交易所的一线监管

美国不设专门金融期货交易所,道—琼斯、标准普尔等股指合约都是在 CBOT、CME 等主要商品交易所上市,这与期货交易所品种上市自由化、备案制的体制有关。交易所主要负责:(1) 审定修改交易规则和细则,经 CFTC 核准后成为期货交易的行为准则;(2) 市场准入方面,审核批准会员资格。审核的内容主要是集中调查会员申请者的信用状况、财务责任范围、个性以及廉洁性等问题。由于交易所会员的席位是有限的,如芝加哥期货交易所的正式会员只有 1402 名,购买会员席位的价格已高达 100 万美元左右,因而只有财力雄厚者才可能获得会员资格。高额的会员席位费为管理会员提供了财务保障。除财务要求外,还要求申请者的历史必须清白,即在其以往的交易历史中必须没有不良纪录,追溯期通常为 10 年。(3) 对市场违法违规行为进行行政处罚及刑事申诉,

---

① See Diane M. Sullivan, Risk Securitization and the Regulation of Derivations, Securities Regulation Law Journal, 1997, 27(213), pp. 226—229.

② 上海期货交易所"境外期货法制研究"课题组编著:《美国期货市场法律规范研究》,中国金融出版社 2007 年版,第 19 页。

③ 参见陈晗等:《股票指数期货——理论、经验与运作构想》,上海远东出版社 2001 年版,第 108 页。

通过仲裁协调交易纠纷,监督法律法规的执行情况;对交易行为进行监督,即不允许场内交易人进行违规交易,不允许场内交易人之间私下协议买卖合约,不允许与其他场内交易人联合起来,操纵市场价格以牟取私利,不允许不顾客户的指令先交易自己的合约而延误客户指令的执行。根据规定,场内交易人应赔偿因人为错误造成的客户损失。若违反职业道德进行违规交易,可罚款10万美元或判处一年有期徒刑。(4)监控会员最低保证金及持仓限额,收集和发布期货价格信息。为了避免价格脱离供求关系而剧烈波动,保护期货交易人的利益,美国一些期货交易所对某些期货交易设有涨跌停板的限制。

为了保证期货交易所的监管职能顺利实施,期货交易所通常设立三个委员会:一是场内监督委员会,主要职能是防止场内交易人违规交易。二是仲裁委员会,主要职能是调解会员与会员之间、会员与非会员之间的各种纠纷。三是道德委员会,主要职能是负责调查是否有操纵市场的行为。

CFTC与交易所监管分工合作的衡平艺术值得我们借鉴和思考:

一方面,CFTC与交易所监管职责的个性化表现在由于分析问题的方法、数据和资料的掌握、观察事件的角度、市场监管的层次等不同,监管风格迥异。例如,CFTC经常采用对比分析方法,比交易所掌握的情况更全面。就交易情况和市场状况而言,CFTC基本上对每个会员公司的经营方式、经营风格、套期保值类公司还是投机类公司、大户持仓状况和动向、现货经营状况等基本情况都了如指掌。

另一方面,CFTC与交易所的共同目标是把风险扼杀在摇篮之中。相对而言,交易所侧重于日常监管,CFTC侧重于发现风险苗头,或是人为操纵的苗头,或是违规行为的苗头等。交易所侧重于日常监管并不是说等到CFTC发现问题了,交易所还未意识到问题所在;CFTC侧重于宏观监管并不等于对交易所的日常运作不闻不问,经济分析处每天有专人对交易所日常数据进行分析,还经常把当天的各种数据与前一天或其他同期时间的交易情况进行对比,对发现的行情变化、市场供求变化等原因进行综合分析,找出合理的理由。

CFTC和交易所的日常监管工作有助于发现异常情况、风险或违规苗头;反过来说,要想发现异常情况或违规苗头,离不开日常监管。它们掌握的分寸是,只要没有异常情况或违规苗头,一线监管权就在交易所;一旦发现异常情况或违规苗头,CFTC就会及时出面。

(三)行业自律管理

1974年,CFTC授权成立美国期货业协会,管理政府和交易所不便管理的事务。1981年9月,美国期货业协会(NFA)注册成立,全国期货业协会由42位理事组成,每一理事任期为三年。

根据美国国会的特别立法，凡是在美国从事期货交易的期货公司与经纪人，都必须加入全国期货协会，成为该协会的会员，否则不能从事期货交易。因此，其会员涵盖面广，包括期货经纪商、期货交易顾问、基金组织、结算银行、交易所、社会公众及有关商业机构。[①]

NFA 的主要职责有：(1) 稽核，协会2/3 的人员和业务直接或间接与稽核部门有关。管理方式主要是对会员实施突击检查，包括财务、资本额、广告用语、电话监听等检查。根据全国期货协会的内部稽核章程规定，任何会员或其雇员不得：欺瞒客户；与客户对做；做假账；虚构讯息操纵市场；在知情的情况下，接受被期货交易委员会禁止期货交易的人的买卖下单；盗用客户的资金或证券，以及扣留客户资金(除非协会批准)；未经客户书面同意而分享其利润；未经期货交易委员会批准，与被取消会籍或正接受调查的会员进行交易。此外，内部稽核章程还要求：期货公司必须备有全部客户的最新交易纪录，详细列出每一个客户的交易情况，以便核查；如果会员收到客户的书面抗议，必须保存该抗议书，切实调查，具体拟定解决方案，再将全案移送全国期货协会；任何超过 1000 美元的口头抗议，都要记录下来，然后再参照书面抗议处理。对于代理客户操作，内部稽核章程规定：必须要有客户的授权书；公司必须有专人检查每一笔代理操作的交易；公司对代理操作的交易状况必须给予特别注意。对于期权交易，内部稽核章程规定：不得向客户强行推销期权交易；宣传材料须先由期货协会批准；代理客户作期权交易，要事先向客户解释交易技巧，由经理批准才能开始交易，每一笔交易都须经核准，并注明每笔交易是否是代操作交易。(2) 提出完善的现行期货规则和具体修正意见，请求 CFTC 实施。(3) 审核期货公司与经纪人的注册申请和会员资格。根据规定，凡是在美国从事期货交易的期货公司与经纪人，都需要在商品期货交易委员会注册。该会把审核注册申请的业务委托给全国期货协会。因此，全国期货协会审核注册申请与审核加入该协会的会员资格，作为同一程序加以办理。根据期货协会的规则，下列人员不得申请会员资格：曾被任何交易所、期货交易委员会取消会籍，或正接受调查，或在法院有不良记录的人；曾在知情的情况下雇用以上人员的人；曾经犯罪并被判刑的人；在期货、证券交易上有不良记录，或曾擅自挪用客户资金的人；曾违反任何证券或期货交易所法规的人；知情而接受被期货交易委员会勒令禁止交易的人下单的人；曾纵容下属犯法或违反期货协会规章的人；曾在登记执照时申报不实材料的人。另外，应举行期货经纪考试。为了保障期货经纪人具有一定的专业能力，维护客户的利益，规定所有的期货经纪人必须通过全国期货协会举办的期货经纪考试，只有考试合

① 1978 年《强迫实施会员制法案》要求期货经纪商、交易所、投资顾问、基金组织等服务机构强制加入协会，而银行、商业机构与个人除外。

格取得执照,才能作为经纪人进行期货交易。(4) 有权对违规的会员作出处罚,并受理仲裁会员与投资者之间的交易纠纷。[①] 处罚的种类包括取消、暂时取消会员资格,禁止和某会员发生联系,警告或训诫,不超过25万美元的罚金等。[②] (5) 仲裁。全国期货协会建立了行业仲裁系统,用以处理客户与会员之间或会员与会员之间的各种纠纷。仲裁由首席仲裁员指定的1—3名仲裁员组成的仲裁委员会主持,投资者有权选定一个由大多数与NFA会员或NFA没有利益关系的仲裁员组成仲裁委员会,较小的投诉可以由一名仲裁员独任仲裁。NFA会员必须服从全国期货协作出的裁决。

期货业协会代表行业主体的切身利益,真实反映行业的呼声和要求。美国期货市场的监管体系经过一百六十多年的发展终于形成交易所的一线监管、期货业协会的自律管理和政府的宏观管理三级管理体系,这种管理体制迄今依然发挥着市场管理的基础和核心作用。

二、日本期货市场监管法律模式

日本金融期货起步虽晚,却已经成为世界上最活跃的市场之一,这在很大程度归功于其独具特色的市场监管体制。日本对金融期货的监管非常严格,散见于不同法律之中:1988年修正《证券交易法》,将股票及债券期货归为证券期货调整。同年5月31日,日本国会通过了专门的《金融期货交易法》,并且将金融期货置于东京金融期货交易所(Tokyo Stock Exchange,TSE)和大阪证券期货交易所(Osake stock Exchange,OSE),标志着日本采用双轨制建立金融期货法律监管框架。其他涉及金融期货的法律法规包括《商品交易所法》、《商品交易所法施行令》、《交易所税法》、《交易所税法施行规则》、《证券交易法》、《证券投资信托法》、《证券及外国证券机构活动法》、《确保证券交易公正法》、《金融制度改革法》以及上述法律法规的历次修正案。[③] 日本通过散见于不同法律的立法方式取代专门的股指期货法律,独具特色,逐渐形成了突出政府立法和行政监管作用,辅之以各类民间协会和交易所自律、自我监管的期货市场监管体制和模式。

---

① 参见苏东荣:《世界主要金融期货市场监管模式及比较研究》,载《财经理论与实践》1997年第3期。

② See Self Regulatory Organization, Notice of Filing and Immediate Effectiveness of Proposed Rule Change by National Futures Association Relating to Security Futures Products, Exchange Act Release, No. 34—44, 823, 66 Fed. Reg. 49, 439 (Sept. 27, 2001).

③ 1986年,由于日本还不存在金融期货交易所,当尝试开展日经指数期货交易时,只能选择证券交易所为唯一交易场所。因此,《日本证券交易法》对指数期货行使管辖权。

（一）政府监管“三驾马车”

不同于美国由全国统一的衍生品市场机构监管，日本没有专门设置统一的期货市场监管机构，而是按不同的衍生产品分别由不同的政府机构监管，即采用“三省归口管理”体制对期货市场实行分散监管，内阁各部门的职责以主管大臣的名义履行，即农产品期货市场由农林水产省大臣管理；工业产品期货市场由经济产业省大臣管理，金融期货则由大藏大臣负责管理。① 1992 年，金融厅成为证券监管部门。日本传统的金融监管制度中，大藏省拥有至高无上的权力，集金融计划立案与监督检查职能于一身。为了解决权力过度集中的弊端，日本政府将大藏省的金融监督检查职能独立出来，组建专门的金融监管机构，完善金融监管制度。1998 年，日本设立了金融监督厅，由四百多人构成，继承了大藏省官房金融检查部、银行局和证监局的金融机构监督检查部门以及证券交易等监视委员会的各项业务，强化对市场的金融检查，重视会计监督的公益性，这标志着日本金融体制改革迈出了新的一步。

金融厅的主要职权包括：(1) 有权批准金融交易所设立，会员和交易员资格申请，金融交易所管理人员职务任免，决定拟上市的金融期货品种，对不同地域的申请者以及申请的不同内容，规定不同的最低资本金的要求。② (2) 信息披露方面，通过《证券交易法》规定要求提供资料和报告。在必要时，有权要求交易所或会员提供与其业务或财产有关的参考报告或资料。(3) 现场检查权。金融厅认为有必要，有权对涉嫌违法及违反金融交易所条例和业务规定的行为、账簿和文件进行检查。③ (4)对交易所采取监管措施。金融厅有权对交易所疏于监管的行为作出处分，可以撤销交易所的管理规定，命令交易所修改章程、规则等(这种行为至今未发生过)。④

（二）金融期货交易所自律管理略显不足

交易所自我管理体制大致是：交易所会员总会为最高决策机构，日常事务由会员总会选举的理事和理事长负责。另外，会员总会在主管大臣批准后对交易员的信誉、财产基础等作出严格审查，以维护交易秩序。⑤

交易所的自我监管是风险控制的中心环节，与大多数国家的交易所管理一

---

① 参见彭真明：《美日期货市场立法比较与借鉴》，载《国际贸易》1995 年第 3 期。

② 参见杨玉川：《金融期货期权市场研究与策划》，经济管理出版社 2000 年版，第 127 页。

③ 参见彭真明：《日本期货管理立法及其对我国的启示》，载《日本学刊》1994 年第 2 期。

④ 参见王玉飞：《日本期货市场的监管体制》，http://www.jrj.com.cn/NewsRead/Detail.asp? NewsID = 835542，2007 年 10 月 25 日访问。

⑤ 参见宋雪飞：《世界主要期货市场监管模式的比较及其对我国的启示》，载《甘肃社会科学》2001 年第 6 期。

样,日本交易所要求能够在日常的交易管理中控制衍生品的交易风险:(1) 资格和品行要求;(2) 交易信息的披露;(3) 对客户的了解;(4) 簿记制度;(5) 实时监督制度。

日本有关交易所的立法非常浅陋,交易所的管理权限极其有限,政府法令经常取代交易所规则发挥监管作用。日本期货交易所的自我管理体制和欧美国家相比,自主权较少。近年来,日本国内要求下放监管权限给交易所、完善交易所自律机制的呼声很高。

(三) 专门期货业协会阙如

日本期货市场(包括金融期货市场)没有像美国那样设立全国性统一的期货协会,1990 年对《商品交易所法》进行大修订以后,成立了全国商品交易所联合会和日本商品交易员协会等交易所、期货经纪商的民间自律管理组织,金融期货市场也成立了众多民间组织,对会员提供非法律约束和非正式业务咨询服务,在政府和交易所之间架起"上令下达,下情上达"的桥梁。这些组织分别协调各自团体内的关系,维护团体成员的利益,解决仲裁成员之间的纠纷。[①]

由于日本政府多年来一直采取直接管理方式监管期货市场,因此日本的期货行业自我管理相对比较薄弱,自律组织甚至没有对会员的违规处罚权,引起期货界的不满。

日本期货市场的自律管理没有像美国期货业协会那样以"行业自治、协调和自我管理"的方式行使自己的职能,但是在一定程度上弥补了"归口管理"下交易所之间协调困难的不足。随着日本政府管理的放松,行业自我管理也必将加强,作用也会越来越大。和欧美国家不同的是,日本没有独立的保证公司,代替它的是经主管大臣指定而设立的清偿机构,即作为法人的"商品交易受托债务赔偿基金会"。日本也没有专门的期货交易结算所,交易所内部的会计室负责处理期货交易的结算,并对会员及账户实行一定的控制和监督。

三、我国香港地区期货市场监管法律模式

自 1986 年我国香港地区推出恒生指数期货以来,香港地区期货市场正式开

① 全国商品交易所联合会的主要业务是:(1) 研究商品期货交易制度;(2) 调查和宣传商品期货交易;(3) 出版发行商品交易所年度报告、联合会报告及其他刊物;(4) 通过商品交易所对商品经纪人进行指导、监督。日本商品交易员协会的主要职责是:(1) 指导、劝告协会会员开展委托业务时遵守法令;(2) 解决委托人对协会会员受托业务所提出的问题;(3) 向委托人提供信息;(4) 协助主管大臣的工作。参见郭晓利:《日本商品期货业的 Big Bang》,载《转轨时期的中国期货市场——郭晓利期货文集》,中国财政经济出版社 2003 年版,第 144 页。

启了由农产品向金融转变的历史进程。经历1987年全球股灾和金融风暴的冲击，政府认识到只有加强行业自律监管，成立法定、专职和独立的机构，才能防范和化解金融风险，证券业检讨委员会应运而生。1989年5月1日，根据委员会提交的《戴维森报告》，证券与期货事务监察委员会（简称证监会和香港金管局）正式取代证券交易事务监察委员会和商品交易事务监察委员会，主要职责是确保有关条例的条文以及其他条例中有关证券、期货合约及财产投资安排的部分得到遵守；保障投资者的利益；就所有关于证券、期货合约及财产投资安排的事宜向财政司提供意见；考虑并建议修改证券、期货及财产投资方面的法律；监管证券交易所、期货交易所及结算所的业务活动；促进香港地区证券及期货市场的发展；鼓励香港地区内外的投资者参与市场，促进及推动证券及期货行业中的市场团体自律等。

亚洲金融风暴后，香港特区政府发表《证券及期货市场改革的政策性文件》，提出证券及期货市场改革计划，核心内容之一即是整合所有涉及证券监管的法例，形成《证券及期货综合条例》草案，提交立法会审议。2002年3月13日，立法会通过《证券及期货条例》，将过去陆续颁布的十几个相关条例整合在一起，形成统一的证券期货法典。《证券及期货条例》作为主体法例，其下还有附属法例、规则、操守准则、指引及原则声明，构成了一个多层次的监管规则体系，成为我国香港地区证监会执法活动的制度基础。①

（一）我国香港地区证券与期货事务监察委员会的集中监管

我国香港地区期货市场立法主要有《商品交易条例》、《商品交易所禁止条例》、《证监会条例》、《杠杆式外汇买卖条例》等。其中，《商品交易条例》是香港地区期货市场的基本立法，对期货市场监管机构的组成、职责，期货交易所的成立及管理，交易商的资格和管制以及期货交易的惯例规则等作了详尽的规定。

我国香港地区证监会是受财政司证监处领导的法人团体，由行政首脑任命七名成员组成委员会，设有主席和执行、非执行董事，下设多个委员会监管市场运作。期货监管的职能包括：(1) 批准交易所的设立以及会员、经纪商法人资格，批准确立各期货交易所制定的条例、规则，使之具有合法性基础；(2) 就期货合约上市事宜，向财政司司长提供咨询意见；(3) 合理怀疑期货违法违规事宜，向财政司司长报告；(4) 负责香港地区期货交易所、期货结算公司、期权结算公司的业务监察；(5) 建议有关期货法律法规的修改并提出具体方案，批准期货交易所、期货、期权结算公司有关章程和交易规则的修改；(6) 推动期货行业的市场自律；(7) 监督市场参与者的职业操守，采取技术手段分析市场交易状况，避

① 参见廖凡：《香港证监会执法机制评介》，载《环球法律评论》2007年第3期。

免期货市场垄断、欺诈、价格暴涨暴跌等行为的发生，分析出现违法违规行为的先兆，指导交易者分清谣言，遏制期货交易过程中不正当、不合法与不名誉的行为；(8) 设立监察委员会，通过赔偿基金委员会管理期货交易赔偿基金，负责弥补投资者因经纪商过失带来的损失；(9) 采取一切合理步骤，保护期货交易者合法权益等。[①]

香港地区证券期货市场监管的亮点是设立市场监管机构的上诉委员会。上诉委员会的职责是受理有关人士对监察委员会的不公行为或决定提出的上诉，并进行裁决。上诉委员会的设立及工作，适应了香港地区证监会不隶属政府架构范围并享有自主权的特殊性，对证监会起到监督和制约作用，防止了权力滥用。香港地区设立上诉委员会的做法可供金融期货后发国家借鉴。

（二）交易所的自律监管[②]

2001 年 2 月 20 日，香港地区证监会与交易及结算所公司就多层次监管事宜签订谅解备忘录：政府主要承担市场参与者准入、持续符合资格的主要职责；交易所对运营中存在的市场风险进行管理，继续保持对期货经营机构、市场投资者、市场交易行为在交易、清算和风险控制方面的监管。

期货交易所管理机构为董事会和管理委员会。董事会是交易所的权力机构，管理委员会是交易所的行政机构。期货交易所下设股票指数市场委员会负责组织股票指数期货活动。香港地区期货交易所董事局中由两位政府官员、一位银行代表、四位经纪行代表组成，行政总裁由政府委任。[③] 香港地区的交易所、结算所和保证公司等都依据香港特区政府的立法制定了组织大纲、章程和业务规则，主要包括《香港期货交易所有限公司的组织大纲及章程》及业务规则、《国际商品结算所香港有限公司组织大纲及章程》及业务规则、《期货保证有限公司组织大纲及章程》及业务规则等。这些规则制度构成了香港地区期货市场自律监管的基础。

2001 年 6 月，由原香港地区证券交易所、期货交易所以及中央登记结算公司整合而成的香港地区交易及结算所股份有限公司正式上市。交易所的自律监管职责主要包括：(1) 交易所在证监会批准的基础上，有权决定市场参与者的准

---

① 参见《香港证监会职责安排》，http://sc.sfc.hk/gb/www.sfc.hk/sfc/html/TC/legislation/regulatory/regulatory/vol1_ch3.html，2007 年 6 月 28 日访问。

② 由于交易所和经纪商较少，香港地区没有期货业协会，实行二级监管体制。交易所的自我监管成为期货市场能否正常运转的关键。

③ 参见叶永刚、朱堰徽：《香港股票指数期货运作经验及其借鉴》，载《武汉市经济管理干部学院学报》2001 年第 2 期。

入资格;[①](2) 金融期货仍然在原期货交易所进行,隔离证券现货交易。(3) 日常监管方面,由交易所董事会下设的纪律检查委员会负责处理。(4) 对违法行为,交易所协助证监会查处,证监会作出最终处理决定,必要时交易所予以协助执行。(5) 由于涉及商业机密,交易所高管负责市场交易的实时监控。(6) 交易所内部运营部门与监管部门各司其责,内部监察与市场监察、交易部与法规执行部设有防火墙。(7) 健全风险管理体系,风险准备金不得低于十亿港元,可以随时调动;采用芝加哥期权结算公司推出的风险管理系统,进行实时监控;长期聘请世界级风险管理专家在交易所任职,听取咨询建议;积极开展与较高风险管理能力的交易所同行、银行的合作等。

我国香港地区金融期货市场起步虽晚,但一开始就借鉴发达国家几十年积累起来的立法经验和成果,将期货市场的建立、发展和管理活动纳入法制轨道,在立法上享受后发性利益。香港地区自律监管的创新在于将行业自律监管与商业利益有机结合。例如,有关保证公司和赔偿公司的制度安排方面,保证公司由伦敦国际商人结算所、香港汇丰银行、伦敦渣打银行、美国大通银行、英国巴莱克银行、法国里昂信贷银行和香港永安银行组成;赔偿公司则由汇丰银行、渣打银行、大通银行、里昂信贷银行和巴莱克银行组成,主要负责处理金融期货交易中一方因对手违约而遭受损失的索赔。

四、英国期货市场监管法律模式

(一) 政府法定监管

英国长期奉行自由经济和不干预理念,对证券期货交易所及会员采取自由放任的态度,不设专门管理机构,而是通过法律手段监管市场。20 世纪 70 年代以后,英国国际金融中心地位被美国取代。80 年代,保守党执政后积极促进竞争和推进市场经济的政策,使英国经济有所发展。1985 年,英国成立证券投资委员会(SIB),专门负责证券和期货市场的行政管理。SIB 为有限公司形式的自负盈亏的机构,宗旨是在英国金融服务行业建立并保证严格标准,以维护投资者的利益。根据规定,财政部长享有全权监督权力,财政部长又将法定权力和监管责任授予 SIB,SIB 的管理则是通过制定自律管理规则并由不同的自律管理组织执行。SIB 的主席由财政部和英格兰银行联合任命,其资金来源于对投资业的

---

① 期货交易所的会员实行分类管理:全会员,可申请全部或个别市场交易权,有权派出经纪进入市场,自行交易及代客户交易;市场会员,只能申请个别市场的交易权,有交易权后,可派出经纪进入市场,自行交易及代客户交易;附属会员,不能申请交易权,只能通过全会员和市场会员进行交易活动。

征费,政府不给予任何资助。①

随着金融市场的迅速发展,各种违规操作行为和金融风险大大增加,实践证明,SIB 对监管是勉为其难的。90 年代以来,包括巴林银行倒闭案在内的一系列丑闻使得改革势在必行。② 1997 年,英国政府对现行的金融市场监管结构进行全面评估,认为对金融市场分行业多头监管的模式,远远不能满足市场快速发展及结构调整的要求,于是开始了新一轮的金融改革,建立单一的金融市场法律体系及与之相对应的统一的监管机构,原有的九个监管实体并入新成立的金融服务局(FSA)。1998 年 7 月,英国政府推出了《金融服务及市场法案》(Financial Services and Markets Act,简称 FSA),于 2000 年 6 月得到了皇室批准,最晚于 2001 年 11 月执行。该法共分 30 个部分,433 条,主要内容是确立新的金融监管体系和监管机构——金融服务局。法案的主要目的是给金融服务局提供一个单一的法律框架,以代替不同法规制定者的不同法律框架。因此,法案的大部分条款合并了原有法律或者自律规则的内容。③

该法案赋予金融服务局前所未有的权力和责任。金融服务局依法具有审查结算公司、交易所、行业自律组织以及企业和个人从事金融期货资格审查的监管权力;同时,吸收了许多原有行业自律组织和其他监管组织的监管职能,包括住房协会、互助协会、投资管理监管机构、个人投资局、互助协会注册局和证券期货局;另外,合并了英格兰银行的银行监管职能、保险监管职能、证券交易所的上市审查职能等。现有的组织机构包括五个下属的监管部门——主要金融集团部、存款机构部、保险公司部、投资公司部、市场及交易部。

金融服务局监管期货市场的职责范围包括:(1) 制定包括期货业在内的投资行业规则,监督法律、规章、规则的实施,这是金融服务局最基本的职能。例如,期货市场最高层次的"十大原则"就是原证券投资委员会于 1990 年制定的。④ (2) 注册管理。金融服务局依法具有审查结算公司、交易所、行业自律组织以及企业和个人从事金融期货资格审查的监管权力。公司、自律性组织都必须经过金融服务局的注册登记。一旦登记,委员会就依法行使资格管理权,这是英国实现保护投资者合法权益的重要途径。(3) 处理诉讼。根据《金融服务

---

① 参见周丽、李凯:《浅议英国期货市场之法律监管》,http: //www. allbrightlaw. com. Cn/lvbbs/20021028_l. htm,2007 年 12 月 2 日访问。

② See Henry Laurence, The Rule of Law in the Era of Globalization, Global Legal Study, 1999, Vol. 6, p. 622.

③ 参见郭洪俊、张听:《〈英国 2000 年金融服务与市场法〉评介》,载《海外金融法》,法律出版社 2004 年版,第 139 页。

④ 十大原则是指公平性原则、熟练谨慎勤奋原则、市场惯例原则、关于客户信息原则、面对客户信息原则、利益冲突原则、客户资金原则、财务来源原则、内部组织原则、与管理者关系原则。参见张荔:《发达国家金融监管比较研究》,中国金融出版社 2003 年版,第 275 页。

法》的规定，金融服务局应建立诉讼处理程序，对受到不测损害之投资者进行赔偿。(4) 对投资者的损害组织赔偿。金融服务局有义务对投资者因不法原因造成的损失负责组织赔偿。(5) 对期货市场进行日常监督，防止操纵和垄断市场不法行为的发生。[①]

英国金融服务局监管的一大亮点是新设立金融服务及市场特别上诉庭，旨在建立单一监督官和赔偿机制、起诉和处罚违规行为、监管劳合社保险市场，对投资基金的审批更具灵活性。[②] 上诉庭直接隶属于内阁大法官，具有高度独立性。政府任命一批兼有法律及金融专长的职业人士组成陪审团，陪审团有权推翻金融服务局的原有规定。但是，由于在《金融服务及市场法》颁布前，金融法规体系颇为零散，被形容为"补丁被"(patchwork quilt)，在统一的监管机构出现后，不少人质疑：如果没有适当的权力制约机制，FSA 无疑会享有过大的权力。对习惯于自律管理的期货业来说，过多的政府干预会产生较大的负面影响。

总之，《金融服务及市场法》的出台以及金融服务局的成立，标志着英国金融监管体制的重大变革，结束了英国资本市场松散的自律状态，转为更加统一与更多政府干预的证券期货业管理的新模式。

（二）交易所的自我管理

伦敦国际金融期货期权交易所是伦敦最著名的股票和指数衍生产品交易所，主要职能是遵守有关法律和金融管理局原则、规章和政策，严格执行相关标准和条件，努力完善、健全交易所内部的会员结算、价格公开、审计、违约等规章制度和管理体制，约束从业者，保护广大投资者的利益。虽然交易所的监管总体隶属于 FSA 市场及交易部，但日常运作和监督通过市场参与者组成的委员会实现，各委员会必须轮流向主要理事会报告。这些委员会包括：(1) 会员资格和规则委员会，负责设定、审议会员资格条件和规则；(2) 场内委员会，负责对交易大厅的实物布置以及与交易有关的设施提出建议，审议场内交易程序；(3) 自动交易委员会，就交易所的自动交易池(automated pit trading)交易提供支持和建议；(4) 股票市场委员会，专注于股票和指数市场；(5) 违约委员会，负责在会员公司违背其金融合约时应采取的行动。[③]

除委员会外，交易所专门成立市场监督部(MSD)监督会员公司在场内的交易行为，通过监督和与会员公司协商防止事故的发生。因此，市场监督部必须与交易所的其他部门以及 FSA 的市场及交易部、伦敦清算所密切合作。市场监督

---

① See Michael Blair Q. C, Loretta Minghella, Michae Tayor, Mark Threiplad, Waiker George, Financial Services & Markets Act 2000, Blackstone Press Limited, 2001, pp. 25—36.

② Ibid.

③ 参见陈欣：《衍生金融交易国际监管制度研究》，北京大学出版社 2006 年版，第 109 页。

部由三个小组组成:(1) 财务监理和审计小组,负责督促会员按照季度提交财务报告,并对会员进行现场检查,确保其财务状况的真实性和合规性。(2) 市场监视小组,根据交易所会员每天早上提供的他们前一日及目前选择头寸的报告,对实际交付与结算进行监督和检查。(3) 交易监视小组,主要通过审查会员交易是否遵守交易所的各项规章制度,为会员公司和个人交易者解释市场规则和法规,并调查客户申诉案例及赔偿。

(三) 证券和期货协会自律管理

自律管理是英国金融期货市场管理的主要特点,组织机构是证券期货协会。证券期货协会规章管理的原则是既要保持政策的连续性,又要减少期货、证券两个规章系列中不必要的分歧和重复。

证券期货协会承担金融期货自律监管的主要职责:(1) 对申请进入金融期货市场进行投资活动的公司进行审察,审查是否有充足资本、长远业务规划、管理者和职员是否有适当从业经验并能胜任工作等信息,从而决定申请公司是否可获得相应的从业资格。(2) 监督参与金融期货投资的公司。所有公司有义务遵守证券期货管理局规则,所有公司必须按常规提供内容广泛的财务信息和其他有关信息。如果发现公司没有遵守规则,证券期货管理局会迅速采取措施,以确保投资者利益受到保护。(3) 如果调查认定公司或者个人严重违反规则,或有其他确凿理由存在,则将开展更集中的调查,以获取相关事实。如果认定公司违反规则,将视违章的性质予以处罚,包括警告、罚款、暂时停止交易、取消从业资格。证券期货协会不能直接向法庭提起刑事诉讼。如果该起诉是必要的,应该将调查结果转交贸易和产业部(Department of Trade and Industry)或者警察局等相关机构。(4) 客户可以对会员公司的服务提出申诉。在公司和客户不能达成协议时,客户可以把争议提交证券期货管理局的申诉部门,申诉部门将考虑此申诉并力图消除争议。若公司客户对申诉部门的结论不满,则可以提交仲裁。

五、不同监管模式的评价与思考

(一) 美国期货市场三级市场管理体系秩序井然又不失活力

美国期货市场三级市场管理体系被实践认为是成功的监管模式,较好地兼顾了效率与公平。美国信奉自由经济,很少对金融市场进行干预。经过 20 世纪 30 年代经济危机的冲击,美国全社会充分认识到:依靠市场自发力量形成稳定的市场规则费用高、耗时长,最有效的办法是由社会公认的组织制定普遍遵守的交易规范。因此,政府开始主动、积极地介入金融市场,经过数十年的发展,建立了包括期货市场在内的统一、完备的金融市场监管体系。这种单一结构可以从更高的高度监控整个金融市场。[①]

但是,美国市场监管体系的弊病表现在:(1) CFTC 管制过多,干预过度,整个期货市场置于政府的宏观控制之下,挤压了交易所的监管空间,影响了外国投资者的参与热情。(2) NFA 作为行业协会,半民半官,从交易所成交的期货合约中收取手续费的做法必然影响其独立性。另外,政府强制所有经纪商加入协会的合法性值得探讨。(3) 证券监管部门与期货监管部门利益冲突对行业的发展会造成损害。

(二) 日本三省归口的监管制度独一无二

日本监管制度职能明确,监管内部的关系比较容易协调,容易制定出切实可行的法规制度和配套措施,可以避免制定法规时只适合某类期货市场管理的泛泛管理法令现象,加强了政策和措施的针对性,更有利于法规颁布之后的实施。但是,这种监管模式的缺点是缺乏一个权威部门协调政府监管机构之间的关系。因此,对金融期货市场的监管在宏观上缺乏统一性,各部门产生各自为政的局面,每个品种的上市要受到不同部门管辖的限制。专业性与长远规划的缺乏,影响了交易所的活力,降低了市场效率,阻碍了市场的创新发展。[②] 各金融期货交易所受各省的管理也束缚了自我管理机制,削弱了自我管理体制。另外,日本期货市场管制比美国以及我国香港地区严厉得多,日本期货业自律组织和交易所在金融期货市场管理中的地位和作用非常有限,自律机制发挥不充分,制约了市场规模的扩大。[③] 随着金融期货市场的发展和完善,政府的行政管理有所放松,行业自律管理和交易所自我管理职能也在不断加强。

(三) 我国香港地区政府适度干预的监管模式是对金融自由化的合理修正

我国香港地区政府介入期货市场监管为市场初期的发展和繁荣奠定了良好的市场基础。针对香港地区投机资本充裕的特点,香港地区大力发展金融期货,走"金融化"之路,把香港地区期货市场提升为具有国际水平的衍生品市场,享受了"后发性利益"。香港地区信奉"金融自由化",一直强调"自我监管",只有出现非正常情况时,才间接调控市场。[④] 就股指期货市场而言,香港地区市场

---

① See Jerry W. Markham, A Comparative Analysis of Consolidated and Functional Regulation: Super Regulator: A Comparative Analysis of Securities and Derivation in the United Ststes, the United Kingdom and Japan, Brooklyn J. Int'L, 28, p. 394.

② 例如,鉴于日本监管主体多元化的体制,一家经纪公司要从事金融期货、农产品期货和工业品期货的交易,就要同时取得金融厅、农林水产省和经济产业省的许可,非常繁琐。

③ 参见李扣庆主编:《商品期货学》,上海三联书店 1996 年版,第 371 页。

④ 参见唐波主编:《期货法论》,世界图书出版社 1998 年版,第 211 页。

40%以上为个人投资者,[①]远高于其他成熟市场,而且套利交易比例偏低,这决定了香港地区政府的监管必然从宏观和微观双管齐下,集中于防止垄断及虚假交易,增强公平、有序的竞争机制,显示出香港地区监管机构成熟的监管艺术。当然,香港地区期货市场弱化政府管理职能的动态值得警惕,如香港地区1987年的“股灾”充分暴露出政府监管批准会员、经纪人资格的审慎不足问题,其过于“怀柔”的监管尺度受到金融风险的考验。[②]

(四)英国期货市场体现高度自律的特色

英国以自律为主的市场监管体系的形成,有其重要的历史渊源。作为市场经济起源国家,亚当·斯密和大卫·李嘉图等古典经济学家所极力倡导的自由竞争、自由放任的市场理念,使得自律自治、较少的政府干预的管理思想深入英国民心,为自律制度的成长和完善提供了土壤。在这种环境下,英国金融市场监管沿袭自我约束、自我管理和自我发展的自律机构和以自律管理为主的管理体制。

英国期货市场虽然起步较早,但发展较晚,远落后于美国。与其他国家通过强化立法加强监管相比,英国基本采取自律管理为主,尽量弱化国家干预色彩,行业协会和交易所的自我管理运行良好,政府监管不以直接干预为目的,不过是对期货市场进行适当扶持、调控和引导。只有市场出现不正常状况时,才启动政府干预手段。

与美、日等国相比,英国期货监管体制呈现高度自律性的特征:

1. 以行业的自我监管为主

金融服务局的主要职能不是对期货市场实施直接监管,而是帮助自律组织的指定专业机构健全和完善自律管理体制,通过强化自律管理组织的自律机制实现监管期货市场的目的。同时,允许包括证券期货协会在内的自律组织的规章与自己颁布的某些重要的规章不完全一致。这种监管体制的优点是使得对市场的监管更贴切于市场本身,这一点是美国专职型监管体制所无法比拟的;但由于缺乏全国性统一的期货法律规范,且由于没有国家强制力作后盾,显得有些软弱。因此,《金融服务及市场法案》之后,英国逐渐开始注重政府对期货市场的直接管理。

2. 同时监管证券和期货市场

美、日两国都将期货市场和证券市场的监管分开进行,由不同的管理机构

① 参见王沛英、王学军等:《对香港股指期货市场的考察与分析》,载《亚太经济》2004年第3期。

② 在股价暴跌前的过热阶段,恒生指数期货成交创4万手的记录,未平仓合约达到近3.8万手。这种情况使经纪公司放松了对客户的资格审查和监管,导致进行期货交易资本支付能力不足、出现无力兑现的情况,有些公司甚至以低佣金、低标准,放松资格审查和资信监督,终酿大危机。

进行监管,而英国则无论是政府监管还是行业监管,都将证券市场和期货市场的监管合二为一,这种监管体制有利于对证券和期货两个市场的统一管理,避免了美国那种证券主管机构和期货主管机构在管辖权上无休止的争斗,特别是对与证券相关的金融期货市场的管理,效果较好。由于证券与期货两种投资方式差异较大,将两个市场统一监管,有时监管效果并不十分理想。

3. 英国是自律监管模式的典型代表

行业协会有很大自主权,由于缺乏政府强制力作为保障,监管效力受到影响。自律组织往往将监管的重点放在市场的有效运作和保护会员利益上,对投资者的保护不够充分。作为监管者,自律组织并不是处于超脱的地位,各种利益关系使得自律监管的公正性受到了怀疑。期货市场存在对新法律、新体制的抵触情绪。这些因素客观上影响了监管的效力。

第四专题　票　据　法

论票据行为的抽象性

屠世超

现代票据立法普遍肯定票据行为的抽象性,票据关系与票据的基础关系相分离,已成为现代各国票据立法的通例。但我国票据法对票据行为的抽象性作了一定的限制,尤其是《票据法》第10条规定:"票据的签发、取得和转让,应当遵循诚实信用的原则,具有真实的交易关系和债权债务关系。票据的取得,必须给付对价,即应当给付票据双方当事人认可的相对应的代价。"对此,学界提出了诸多批评意见,认为把票据的基础关系拉扯进来,不顾票据行为的无因性,是立法的退步,不具有任何票据法理论上的意义。[①] 时至今天,通过对几年来《票据法》实施经验和实践中产生问题的总结,有必要对票据行为的抽象性问题作重新的审视,对我国票据法有关票据行为抽象性的限制性规定作重新的考察,以取得理论上的深化和正确指导实践中的操作。笔者认为,票据行为的抽象性应具有相对意义,而并非任何时候都是绝对的,同时,我国票据法对票据行为抽象性的限制性规定也只是表明了对票据签发、使用的一种态度,并未从根本上否定票据行为的抽象性。

一、票据行为抽象性的含义分析

票据行为的抽象性是指票据行为只需具备抽象的形式即可生效,而不问其实质。具体说,票据行为只要具备票据的书面事项,形式上满足法律所规定的各项要求,即为有效的票据行为,而不受实质关系的影响,不问其实质上是否合法和有效。[②] 票据行为的抽象性使票据行为实施后所生之票据关系与票据基础关系相分离,票据行为和票据关系的效力,一般不受票据基础关系的影响。或者说,票据行为的抽象性这一特性与票据关系和票据基础关系相互分离的特性互为表里。

票据是无因证券,即持票人主张票据权利时,不必明示其原因,只要票据具

---

① 参见谢怀栻:《评新公布的我国票据法》,载《法学研究》1995年第6期。

② 参见吴少平:《票据法全书》,新华出版社1994年版,第56页。

备法定要件，持票人就享有权利，至于该票据行为发生之原因或持票人如何取得票据，均在所不问，持票人不必明示，付款人或票据债务人也无权审查。因此，有学者认为，票据行为也具有无因的性质，它虽通常以买卖、借贷等实质关系为前提，但票据行为成立后，该项实质关系即使不存在或不合法，亦不影响票据行为的效力，且持票人不负证明给付原因的责任。[①] 认为票据行为具有无因性，只概括了票据关系和实施票据行为的原因即原因关系相分离的一面，而未能全面概括票据关系与票据的基础关系即原因关系、预约关系和资金关系相分离的特性。因此笔者认为，认定票据行为具有抽象性特征，而不仅仅具有无因性，应该在理论上更为科学。

票据行为的抽象性，票据关系和票据基础关系的分离，具体表现在以下几个方面：

1．*票据关系和原因关系相分离*

出票人之所以签发票据给收款人，一般是因为在出票人和收款人之间存在着买卖、借贷、赠与等原因关系，出票人为了结由此原因关系而产生的债权债务关系签发票据、清偿债务。但票据一经签发完成，即在出票人、付款人、收款人或其他持票人之间形成票据债权债务关系，此票据关系独立于原因关系而存在，并不因原因关系的无效、不合法或事后的解除而影响其效力，甚至原因关系自始即不存在也不影响票据关系的成立（当然在出票人和与其有直接债权债务关系的收款人之间可以原因关系进行抗辩）。因此，票据为无因证券，只要出票人签发的票据在形式上符合票据法的要求，出票行为就是有效的，票据也是有效的，持票人就享有票据权利，在行使票据权利时无须说明出票的原因，付款人或票据债务人也无权审查，票据关系脱离于原因关系而独立存在并发生效力。

同样地，背书人背书转让票据给被背书人，一般也是在双方当事人之间存在着某种原因关系，但背书行为一经实施完成，只要背书的内容和形式符合票据法的要求，即在背书人和被背书人及其他持票人之间形成票据关系，背书人向被背书人及其后手担保票据的真实性和有效性，担保票据必定能得到付款人的承兑或付款，否则可向其追索，由其支付票据金额。至于背书的原因，票据法并不考虑，不管背书的原因是什么，也不管背书的原因是否存在、是否合法，背书产生相应的效力，在各有关当事人之间即形成相应的票据关系，背书人承担相应的责任（当然，同样地，在有直接债权债务关系的背书人和被背书人之间可以原因关系进行抗辩），即因实施背书行为而产生的票据关系同样与原因关系相分离。

2．*票据关系和预约关系相分离*

出票人在签发票据时，就票据记载的事项如票据金额、到期日等，通常总与

① 参见国务院研究室财金贸易研究司：《〈中华人民共和国票据法〉实务全书》，企业管理出版社1995年版，第19页。

收款人事先有约定,按双方约定的内容作票据记载,签发票据,双方的约定即属于预约关系。但票据是文义证券,票据关系当事人权利义务的确定,严格以票据的文字记载为准,不得以票据文字记载之外的事项确定当事人间的权利义务,因此票据关系脱离于预约关系而独立存在,即使票据记载有误,违反了当事人事先的约定,也应以票据的文字记载为准确定各方的权利义务。出票人不得以票据记载有误,违反了事先约定的内容为由拒绝承担或减轻自己的票据责任(当然,有直接债权债务关系的当事人间可以进行抗辩)。持票人也不得以同样的理由要求增加或增强自己的票据权利。

对于空白授权票据,出票人出票时故意就有关的事项留有空白,未记载完整,并授权他人在有关事项确定后再行补充记载,出票人对被授权补记人有关补记权限等方面的限制或双方有关的约定即属于预约关系。空白授权票据经补记完整后,当事人间形成的票据关系即脱离于授权补记的预约关系,即使其补充记载的内容超越原授权的范围或不符合原约定,也不得以此为由对抗持票人(当然,对直接的被授权补记人或恶意及重大过失取得票据者可以抗辩),且票据的效力不受票据记载事项先后及记载人不同的影响。

背书人若非以转让票据权利为目的进行背书,即为将票据设定质押而进行质权背书或为委托他人取款而进行委任背书,则须在票据上记载"设定质押"、"委托取款"或类似含义的文字;否则,即使背书人与被背书人间有口头的约定或另外单独的书面约定,在票据法上,也认为背书是为转让票据和票据权利。背书人与被背书人间关于设定质押或委托取款的这种约定即属于预约关系,但背书行为独立发生效力,不受这种预约的影响,若被背书人违反约定而将票据再背书转让给善意的他人,则背书人不能对此善意的持票人进行抗辩。同理,若背书人在背书转让票据时,限制被背书人再转让该票据与他人,则应在票据上记载"禁止转让"或类似含义的文字;否则,若只有口头的或另外单独的书面约定而未在票据上作此记载,在被背书人违反此约定而将票据再背书转让给善意第三人的情况下,背书人则不得对此善意的持票人进行抗辩,票据关系的效力并不受"不得转让"的预约的影响。

3. 票据关系与资金关系相分离

出票人之所以可以签发票据委托付款人向收款人或其他持票人付款,是因为出票人与付款人之间存在着委托付款的协议,出票人事先在付款人处开立了账号,存入了足够的资金,可以委托付款人对其签发的票据付款,而付款人接受付款的委托,同意在出票人账号上资金余额的范围内或如果允许透支的话,在允许透支的额度内,对出票人签发的票据予以付款。但出票人与付款人资金关系的内容并不影响出票行为和票据的效力,若出票人签发的票据金额超出了在付款人处资金的余额或允许透支的额度,持票人在请求付款人付款时因此遭拒付,则自然可以向出票人追索。甚至出票人与付款人间资金关系的有无也并不影响出票行为和票据关系的效力，出票人谎称与某人存在委托付款的关系而以其为付款人签发票据给收款人，收款人或其他持票人遭拒付的，出票行为仍然有效，票据关系仍然存在，持票人可向出票人追索。当然在此情况下，若出票人有诈骗的故意，将可能因此承担刑事责任，持票人也可向公安机关报案请求追回被骗的财物。但在法律上，持票人应享有进行票据追索和要求返还不当得利的选择权。①

对远期汇票，付款人之所以接受持票人的承兑请求，予以承兑，同样是因为出票人与付款人间存在着资金关系，事先达成了承兑协议。但付款人一经承兑就承担汇票到期时无条件付款的绝对责任，并不因事后承兑协议的解除或被认定无效，或出票人违反承兑协议的行为而可以免责。可见，因承兑而在承兑人和持票人之间形成的票据关系同样脱离于出票人与承兑人之间的资金关系。

综上所述，票据行为依票据法规定的形式要件而独立发生效力，不受实施票据行为的基础关系的影响，票据行为实施后在当事人之间形成的票据权利义务关系与票据基础关系相分离，基础关系的存在与否、合法有效与否均不影响票据关系的效力。票据行为的抽象性使票据关系与基础关系相分离，也可以说，票据关系与基础关系相分离使得票据行为具有抽象性特征，两者互为表里。

二、票据行为抽象性的法律价值

一项法律制度或一项法律规定的确立，总反映了立法者一定的意图，体现了一定的价值判断，票据法赋予票据行为以抽象性，使票据行为独立发生效力，不依附于一定的基础关系，使票据关系与票据的基础关系相分离，其最终目的在于保护持票人的利益，维护交易安全，并在此基础上促进票据的使用和流通。

由于票据行为具有抽象性，依票据法规定的形式要件独立发生效力，只要票据行为的实施在形式上符合票据法的要求，记载了票据法要求记载的事项，该票据行为就是有效的，持票人就能够取得票据权利。尤其是对善意并支付了相当对价的持票人，他能够取得完全的票据权利，不因前手票据权利的瑕疵而受到影响。即使该票据由于原因关系或预约关系的问题，票据债务人可以对与其有直接债权债务关系的持票人的前手进行抗辩，但这种抗辩事由因票据的善意取得而切断，票据债务人不得以同样的事由对抗持票人，持票人的利益得到了有效的

---

① 但也有学者认为，这种没有资金关系的票据是无效的，持票人不能向出票人追索，只能请求追回被骗财物（参见张旭娟：《也谈对〈票据法〉第十条的一点意见》，载《中国法学》1997 年第 3 期）。笔者认为，这种做法不符合票据法原理，也不利于对持票人权利的全面保护。

保障,从而维护了交易的安全。[①] 换句话说,持票人在接受票据时,只需要注意票据和票据行为的形式是否符合票据法的要求,而无须审查票据的基础关系是否存在、是否有效,只要票据和票据行为的形式符合要求,就是可以信赖的,其信赖利益就能够得到法律的保护,就能够取得票据权利。

同时,由于票据行为具有抽象性,法律只特别关注票据行为的形式要件,而不关注票据行为的实质要件。只要票据行为在形式上符合要求便为有效,持票人的利益就能够得到法律的保护,从而促进了票据的使用和流通。

对收款人来说,只要出票行为符合票据法的要求,他就能取得票据权利,就能得到法律的保护,而不用关心和审查出票人与付款人之间是否存在真实的资金关系,票据的交付与现金的交付具有同等的效力,票据便乐于被其接受。相反,若出票人与付款人之间不存在真实的资金关系,收款人不但要遭付款人的拒付,甚至连票据本身也是无效的,则收款人承担了较大的商业风险,势必心存顾虑,不愿意接受票据而宁愿接受现金支付,或势必要劳神费力调查出票人与付款人之间是否存在真实的资金关系(但即使进行调查也不能完全避免这种风险),从而影响甚至阻碍了票据在现实交易中的使用。

对收款人之外的其他持票人而言,若票据行为、票据关系的效力要受基础关系的影响,一旦原因关系、预约关系或资金关系出现问题,就可能导致持票人无法实现票据权利或行使票据权利遭受困难,则同样在现实交易中心存顾虑,不愿接受票据进行支付和结算,或要花很大的成本对票据的基础关系进行调查,从而阻碍了票据的流通,也降低了交易的效率。

对付款人而言,若在接到持票人的承兑或付款请求时,不但要审查票据的形式是否符合要求、背书是否连续、自己与出票人间是否存在真实的委托付款关系以及票据金额是否在出票人存款余额或允许透支的金额之内,同时还要逐一审查每一票据行为的原因关系和预约关系,则不但不胜其烦,甚至根本无法做到,并且也大大降低了结算的效率。同时,若付款人未尽对基础关系的审查之责或审查未能发现问题而让其承担相应责任,在法律上也不现实,甚至最后的结果将导致银行和其他金融机构不敢开办票据结算业务,动摇了整个银行票据结算的基础。

综上所述,票据行为抽象性的法律价值在于保护持票人的利益,从而促进票据的使用和流通,票据的各种特征,如无因性、文义性、流通性等,从根本上说也是由票据行为的抽象性所决定的。票据的生命力在于流通,现代票据法律制度,是建立在票据流通的基础之上的,从一定意义上说,没有票据的流通,就不会产

---

① 由此也可知,在票据纠纷案件中,持票人并不应负"善意"的举证责任;相反,票据债务人以持票人存在恶意或重大过失为由进行抗辩,则应负举证责任。

生现代票据法律制度。反之,如果否认票据行为的抽象性,将票据关系与票据的基础关系联系在一起,票据行为或票据关系的效力取决于票据基础关系的存在和有效与否,则必然限制了票据的流通,有关当事人间的关系也完全可以由民法调整,而无须制定专门的票据法,票据法律制度也就没有存在的必要和价值,进而商法也不可能发达。因此,肯定和坚持票据行为的抽象性,是票据立法的必然选择,也是票据立法的基本原则。

三、票据行为抽象性和票据抗辩问题

票据法确立票据行为的抽象性,目的在于保护持票人的利益,并进而促进票据的转让和流通,但坚持票据行为的抽象性,过分强调对持票人利益的保护,又肯定会损害票据行为人的利益。票据行为人作为票据债务人,必须对自己的票据行为负责,必须向持票人承担相应的票据责任,从根本上讲,票据行为人与持票人存在着利益冲突。而法律的功能正是对存在利益冲突的当事人进行适当的利益平衡,法律不可能一味地保护持票人的利益而忽视票据行为人的利益,否则有欠公允。因此,票据行为的抽象性应具有相对的意义,票据法在坚持票据行为抽象性的同时,应赋予票据行为人在某些特定情形之下的抗辩权,以对抗持票人的请求,一定程度上校正票据行为抽象性可能导致的票据行为人和持票人之间的利益失衡,以及法律的刚性规定可能导致的现实生活中的某些不公现象。

从另一角度看,确立票据行为的抽象性目的在于促进票据的流通,但并不是单纯为了流通而流通,同时,必要的安全性是流通的保障,法律在保护持票人的利益、维护其交易安全的同时,也应兼顾票据行为人的利益,维护其使用票据进行交易的安全性。也就是说,维护交易安全,就票据使用的领域来说,应是对交易双方当事人交易安全的保障,而不仅仅是对交易对方当事人安全的保障;否则,票据行为人的安全得不到保障,同样将导致人们不敢签发和使用票据进行交易,甚至回到一手交钱一手交货的原始交易方式,现代信用交易和信用经济不可能得到发展和繁荣,更谈不上票据的流通问题。因此,为了促进票据的流通,票据法一方面要保护持票人的利益,维护其交易安全,以消除其接受票据的顾虑;另一方面,也要保护票据行为人的利益,保护其签发或使用票据进行交易的安全,不致因此遭受意外的不合理的损失,以消除其签发或使用票据的顾虑。保护票据行为人的利益和持票人的利益,对于促进票据的流通同样重要,维护交易安全和促进票据流通,保护持票人的交易安全和保护票据行为人的交易安全,应是辩证的统一。

为平衡票据行为人和持票人的利益,在保护持票人交易安全的同时保护票据行为人的交易安全,就需对持票人的权利加以必要的限制,而赋予票据行为人以相应的抗辩权,对抗持票人的请求,使票据行为人签发和使用票据进行交易的风险控制在可预见的合理的范围内。

依票据法一般理论,在具有直接债权债务关系的票据当事人之间,可依票据基础关系进行抗辩。例如,出票人对收款人、背书人对被背书人可以原因关系不存在、不合法、无效或原因关系已解除为由进行抗辩,也可以票据行为的内容违反预先的约定为由进行抗辩。在持票人是出票人与承兑人间承兑协议的保证人的情况下,当出票人在承兑人处账户资金余额不足支付票款时,承兑人也可以资金关系为由对抗持票人,或者当票据经过回头背书回到出票人之手,出票人向承兑人请求付款而出票人账户资金不足时,承兑人同样也可以资金关系对抗出票人。

在持票人与票据债务人无直接债权债务关系时,票据债务人也可以一定事由对抗持票人,如持票人违反诚信原则,明知其前手不享有票据权利或票据债务人对其前手存在着抗辩事由而恶意受让票据,或持票人受让票据存在着重大过失,或持票人无偿取得票据或未支付合理对价。在此种情况下,票据债务人之所以可以进行抗辩,是因为法律对这种持票人没有进行特别保护的必要;相反,法律应考虑票据债务人的利益,因此基于票据基础关系对持票人前手可实施的票据抗辩,对持票人同样也可适用,持票人所享有的票据权利不得优于前手,或者在前手不享有票据权利时,作为后手的持票人也不得享有票据权利。只有善意并支付了相当对价的持票人,其利益才应当受到法律的保护,票据债务人才不得以自己与出票人或持票人前手之间的抗辩事由对其进行抗辩。

由此可见,票据行为的抽象性只具有相对的意义,在某些特殊情况下,票据行为人作为票据债务人可以票据基础关系对持票人进行抗辩。此时,票据关系和票据基础关系并没有严格地分离,或者说,票据抗辩的规定,构成了对票据行为抽象性的限制,从而使票据行为人和持票人之间的利益关系得到适当的平衡。

四、对我国《票据法》第十条及相关条款的再认识

从法律的分类看,票据法属于商法,但由于我国是市场经济刚起步的国家,市场经济下的法律自然或多或少地体现了国家对市场经济和市场行为的指导、协调甚至必要的管理,《票据法》也是如此,最主要的体现为《票据法》第 10 条:“票据的签发、取得和转让,应当遵循诚实信用的原则,具有真实的交易关系和债权债务关系。票据的取得,必须给付对价,即应当给付票据双方当事人认可的相对应的代价。”除此之外,还有其他类似的规定,如第 21 条第 1 款规定:“汇票的出票人必须与付款人具有真实的委托付款关系,并且具有支付汇票金额的可靠资金来源。”第 83 条第 2 款规定:“开立支票存款账户和领用支票,应当有可

靠的资信,并存入一定的资金。"第 88 条第 1 款规定:"支票的出票人所签发的支票金额不得超过其付款时在付款人处实有的存款金额。"这些规定,无不体现了国家对票据的签发和使用行为的指导和管理。

关于票据关系与票据基础关系不相分离的规定,其实早在 1870 年的《法国商法典》中就已经得到了体现,迟至 1935 年法国在修订票据法时才承认票据行为的抽象性。我国《票据法》的上述规定,是由我国市场经济初创阶段的历史条件决定的。同时,票据行为作为一种民事法律行为,也应遵循所有民事法律行为必须共同遵循的基本原则即诚实信用原则。同时,这些规定还能在一定程度上防止不法分子利用票据实施诈骗等违法犯罪活动。例如,企业在没有真实交易关系的情况下签发汇票,通过银行贴现套取资金,以规避贷款规模的限制等。我国《票据法》的这些规定,并不意味着否认票据行为的抽象性,《票据法》在作出这些规定后并没有进一步规定违反这些条款的票据和票据行为无效,因此它只表明了立法者的一种态度和对票据签发、使用行为的要求,以指导实践,维持正常的票据使用秩序。

按照票据法理论,票据关系与票据基础关系既相互独立,又在特定情况下有所关联,票据基础关系制约票据关系,也即票据债务人在特定情况下可以票据基础关系对持票人进行抗辩。《票据法》第 10 条的规定也为票据行为人以基础关系对持票人进行抗辩提供了法律上的依据。联系《票据法》第 13 条第 2 款的规定,即"票据债务人可以对不履行约定义务的与自己有直接债权债务关系的持票人,进行抗辩",作这样的理解似乎也应是顺理成章的。

当然,对票据签发和使用的管理问题,似乎不应属于票据法调整和规范的范围,甚至不应属于法律调整的范围,而应由有关的金融主管部门制定相应的行政规章加以规定。票据法主要是调整票据当事人间的票据关系的,对票据签发和使用的管理不应成为票据法的任务。随着我国市场经济的逐步完善和立法技术的逐渐成熟,有关的这些规定在今后《票据法》修订时也可能会有所改变,但无论如何不能也不会否定票据行为的抽象性,也不能将《票据法》现行的这些规定看成对票据行为抽象性的否定。

中国大陆、台湾地区与日本三地的票据信用交易制度的研究

李伟群

一、引　　言

票据是以支付金钱为目的的一种有价证券。①在当今的票据交易中，几乎所有的票据都是由银行或者其他金融机构付款的。即持票人通常将票据交给往来银行（或称开户银行），接受委托的银行通过票据交换中心实现票据的支付结算。票据交换制度，对于银行来说具有两大优点：既可以省去大量的付款准备资金，又可以达到安全高效的结算目的。事实上，绝大部分票据都是通过票据交换进行结算的。所以，票据交换制度是票据制度中不可缺少的重要组成部分。②

票据作为有价证券，具有提示和回收两个特性。一方面，持票人在票据提示付款期间内应该进行有效的提示。另一方面，票据债务人在付款的同时，有权要求收回票据，由此，票据关系自然地归于消灭。但是，持票人进行了提示付款，付款请求却因为票据债务人没有资金或者其他原因遭到拒绝，票据没被债务人收回而重新退回到持票人手中。这种现象称为退票或拒付。③

票据经正当的提示付款后，如果因债务人没有资金而不能获得付款，毫无疑问，这不仅使票据取得者的利益受到损害，还会导致人们今后不愿意甚至拒绝接受票据。其结果，无疑会对票据的正常使用和普及造成不良的影响。因此，为了避免这种情况的发生，有必要建立对无资金拒绝付款的债务人进行严厉的处分制度，以维持票据交易活动中正常的信用秩序。

本文将着重对因没有资金的票据拒付者进行处分的制度（以下称为拒付处分制度）与票据的信用纯化之间存在何种关系进行研究，并选择以不同法律制

---

① 我国《票据法》第2条和我国台湾地区“票据法”第1条都有如下明确规定：本法所称的票据，是指汇票，本票和支票。但是，日本采用的是日内瓦统一票据法的模式，将票据法和支票法分别单列，用票据法规范本票和汇票，用支票法则规范支票。

② 参见〔日〕北泽正启：《票据交换》，载铃木竹雄、大隅健一郎主编：《票据法支票法讲座（4）》，有斐阁1965年版，第221页。

③ 参见〔日〕石井正司：《何谓拒付》，载《法学教室》1990年第122期。

度为背景的日本、我国台湾地区以及我国目前现有的拒付处分制度为对象进行全面的比较研究。

在日本,为了纯化票据信用,将信用不良者从票据的交易中排除出去,早在明治时期日本票据交换所就建立了拒付处分制度。这一制度至今已有一百多年的历史,并为国民所熟知,它在维护票据信用秩序中发挥着重要的作用。

我国台湾地区也有与日本内容相近的拒付处分制度。1953 年,在制定台湾省各县市票据交换所规则之际,拒付处分的条文内容就是参照了日本拒付处分的立法经验。即使在最近新制定的“票据信用管理新规定”的条文中,依然能够看到我国台湾地区受日本拒付处分制度影响的影子。

1953 年以后的三十余年里,对于因没有资金而实行拒付的支票出票人,一直沿用“台湾省各县市票据交换所规则”这一行政法规进行制裁。可是,这种制裁手段在实际运行过程中效果并不理想,台湾地区的拒付处分制度处于有名无实的尴尬境地。于是,1960 年,台湾地区的“票据法”开始导入自由刑的刑罚处分,旨在通过刑事处罚的威慑力阻止支票拒付的频频发生。但是,这样的刑事政策仍未有效遏止拒付支票情况的多发,反而使支票拒付次数急剧增加,愈演愈烈。为此,1986 年这一刑罚规定被彻底废除。①

经历了以上一系列的艰难和波折, 2001 年 7 月 1 日,我国台湾地区终于出台并实施了“票据信用管理新规定”。该规定的特点主要表现在以下两个方面:第一,将拒付处分规定修改得更趋合理、公正。第二,将信用情报变得更加充实,并实行向社会公开。

本文将通过对我国台湾地区“票据法”对刑罚规定的列入、运用一直到废止这一特殊过程的原因、社会背景进行深入的分析,探究其问题的所在。最后,对台湾地区的票据信用管理新制度及其积极意义进行客观的评价。

我国大陆也有票据清算中心。清算中心主要担负着票据的交换结算使命。票据清算中心的规则,与日本票据交换所的规则以及我国台湾地区票据信用管理的新规定相比较,其最大的区别在于我国没有停止银行交易处分这一内容。我国规定拒付处分是作为银行结算办法的一项内容。②我国的经济体制在由原来的计划经济向市场经济转轨过程中,市场经济所必需的票据信用纯化制度尚未孕育成熟,票据交易的信用纯化与拒付制度的关系之研究,仍处于粗浅阶段。鉴于这种现状,为了建立适合我国需要的信用纯化制度,有效维持信用交易的秩序,有必要借鉴日本的一整套理论研究成果和实务。

另外,我国台湾地区新建的一套票据信用管理制度,对于大陆来说,同样具

① 参见覃有土、李贵连:《票据法全书》,中国检察出版社 1994 年版,第 216 页。
② 参见赵新华:《票据法》,吉林出版社 1996 年版,第 296 页。

有许多值得学习和借鉴的内容。基于上述考虑,本文先介绍日本、我国台湾地区的拒付处分制度,归纳其异同点,然后分析我国拒付处分制度上存在的不足,探析我国从上述两地的拒付处分制度中可以得到的有益启示,并在此基础之上,从立法和政策的角度出发,提出笔者自己的看法。

二、日本的拒付处分制度

拒付处分的目的在于,通过对受到拒付的票据出票人或者承兑人给予经济上的制裁,确保票据结算的顺利进行,进而达到票据信用交易纯化之效果。这里所指的票据信用交易纯化,就是让每一个人都可以安心地接受票据。在对日本的拒付处分制度进行考察之前,先探究拒付处分与信用纯化之间存在的内在联系。

(一) 拒付处分与信用纯化的关系

这里以日本的拒付制度为对象,就拒付处分制度与票据交易中的信用纯化之间的内在联系进行考察。

首先,随着票据利用的日益普及和票据数量的快速增加,用高效、简易、集中的方式进行付款提示,完成票据结算的方法就十分必要,于是,票据交换所应运而生。票据经付款提示后,如果票据的全额获得支付,显然,拒付处分制度就没有存在的必要。但是,在便利的结算手段中,恶弊往往会伴之同行。例如,日本空头支票以及融通票据在明治时期就已经存在。[①] 票据拒付行为本身,既有害于票据的交易,也给票据的当事人带来不安,不言而喻,从制度上彻底根除拒付的出现是十分必要的。日本在明治二十七年(1894 年),东京银行集会所的加盟银行发起并建立了拒付处分制度。其内容是:要求票据交换的各加盟银行,依照票据交换所的规则,在一定的期限内,停止向拒付票据的债务人提供任何银行金融服务,并不得向其提供贷款。通过这一制度的贯彻和实施,达到了将信用不良者从商业社会中清除出去的目的。这样既能维持信用秩序,又大大提升了流通票据的质量。

另一方面,如果受到这种处分,受处分者不仅被取消与银行之间的业务往来,而且被禁止使用票据。这对企业或个人的信用面来讲,是一个致命的打击。所以,在日本,如果企业受到拒付处分,就意味着这个企业将会倒闭。因此,为了远离这一严厉的处分,企业通常会尽最大努力按期支付票据的全部金额。其结

① 参见〔日〕柴崎纯之介、井上俊雄:《银行实务综合讲座(6):票据交换》,金融财政事情研究会 1980 年版,第 156 页。

果,既可以确保票据付款得到实现,也大大促进了票据交易的正常发展。拒付处分,不是单纯地以处分为目的,而是通过实行处分,有效防止票据拒付的发生,提高票据的信用。

其次,为了确保票据付款能够实现,日本在以下三个层面对其给予有效的保障:[①]第一,体现在实体法上。确保票据的支付是票据法中的一个基本理念。这一理念反映在票据法中的很多条文上。例如,善意取得、人的抗辩的限制、追索、保证等规定就属于此类。第二,体现在诉讼法上。为了尽快解决票据纷争,在审判制度上特设票据诉讼制度,即在票据诉讼中,为了使诉讼程序更简便、高效,原则上提供证据的方法只限于书证。第三,体现在实务上。为了保证票据的信用交易能够简便、有效地进行,票据交换规则中设立了拒付处分制度。换言之,票据交换所,在一定的期限内,对那些没有正当理由不履行票据支付义务的债务人排除在正常的票据交易之外,以达到纯化票据信用,维护票据交易秩序的目的。

票据纠纷一旦发生,自然可以依照票据法和票据诉讼法的各项规定,最终得到解决。然而,票据交换所的拒付处分制度,就是针对将来可能会产生的这种纠纷,通过对票据使用者进行严格的甄别,尽量做到防患于未然。从实际效果看,通过排除信用不良者,既能维持良好的票据交易秩序,又能由此推动票据交易的正常发展。[②] 所以,从这个意义上说,拒付处分制度,对于票据交易的信用纯化机能以及票据流通机能的充分发挥,起到护航保驾的重要作用。

1. 拒付处分制度的历史

1876 年,随着日本票据贴现制度的出台,本票、汇票立即受到人们的重视和青睐,有力地推动了票据的利用和普及,各地先后成立了票据交换所。日本第一家票据交换所于 1879 年在当时的经济中心大阪市成立。相隔八年后的 1887 年,在东京成立了第二家票据交换所。1925 年,东京票据交换所成为独立的社团法人。1945 年 6 月,日本银行将票据交换业务归入其业务范畴,并负责对票据交换所的管理和运营,为此,社团法人东京票据交换所同月被宣布解散。但是,1946 年 1 月,社团法人东京银行协会,又从日本银行手中接管东京票据交换所,并负责所有业务和交换所的运营。[③]事实上,1887 年东京票据交换所成立之初,并没有对拒付票据的发行者进行处罚的任何措施。但是,票据的拒付在当时就时有发生。尤其是对于那些属于恶意的拒绝付款的信用不良者,如果没有严

---

① 参见〔日〕滨田道代:《商法》,岩波书店 2001 年版,第 283—288 页。

② 参见〔日〕服部荣三、彦坡信次郎:《新银行实务法律讲座——票据交换》,银行研修社 1972 年版,第 154 页。

③ 参见〔日〕柴崎纯之介、井上俊雄:《银行实务综合讲座(6):票据交换》,金融财政事情研究会 1980 年版,第 156 页;〔日〕北泽正启:《票据交换》,载铃木竹雄、大隅健一郎主编:《票据法支票法讲座(4)》,有斐阁 1965 年版,第 227 页。

厉的制裁制度，显然会阻碍甚至威胁票据的正常流通。为此，日本于 1894 年 11 月 1 日制定了第一部成文法规即《关于对票据拒付的处分的规约》。[①]该法规规定：对于没有资金或者资金不足的拒付票据的发票人，在自处分之日起，终身不得与银行之间进行金融交易。但是，付款银行认为受处分者在受到处分后，信用状况确实得到改善，信用水准恢复到正常情况的，可以解除处分。

1961 至 1965 年之间，拒付票据的发生数和金额均有明显增加的趋势。针对这种局面，当时的财务大臣在国会上提出："拒付风潮迅速蔓延，对于恶性的拒付，应该考虑对责任者科以刑罚。为此，建议对票据法，支票法进行修改。"此后，法务省、财务省根据这一提议组织了专家、学者进行讨论。讨论的结果可归纳为：第一，怎样对恶性拒付进行定义，没有一个标准，并且恶性拒付的事实也不易认定。第二，从法理上说，拒付行为的实质是票据债务人不履行债务的一种民事行为，而对于民事行为科以刑罚，在立法技术上甚至在法律体系上都存在着问题。第三，票据行为具有明显的无因特征，为了能够禁止融通票据、空头支票的流通而将资金关系、商品交易关系等原因关系纳入票据关系中，显然违背了票据关系不受原因关系影响这一基本原则。基于以上理由，票据的特别立法变得十分困难。[②]

在这种情况之下，与会者一致认为，取代法律制裁的更好办法应该是制定有效措施，建立积极预防拒付发生的制度。1965 年 1 月 19 日，日本全国银行协会理事会，最终决定采纳专家、学者的意见，即采用《强化停止交易处分》和《实行统一格式票据用纸》[③]双管齐下的对策，促进票据信用交易纯化。其中，强化停止交易处分的对策之要点，反映在以下几方面：首先，加强对拒付票据债务者处分的力度，将停止交易处分的执行程序变得更为严格。其次，为了给受处分者以重创，各金融机构对于处分者严格实行同一性判断，防止受处分者为了逃避处分而用改名换姓的办法再度混迹于票据交易行流中，以有效抵制票据诈欺行为的发生，彻底清除信用不良者。

综上，日本的拒付处分，不是依照实体法制定的，而是依照票据交换所的规则制定的一项制裁措施。而交换规则又是由各地的银行协会这种带有自治团体

---

① 参见〔日〕柴崎纯之介：《停止交易处分制度的变迁和现状》，载《金融法务事情》1982 年第 980 期。

② 参见〔日〕国领芳文：《统一票据用纸制度的解说》，金融财政事情研究会 1965 年版，第 19 页；〔日〕柴崎纯之介：《停止交易处分制度的变迁和现状》，载《金融法务事情》1982 年第 980 期，第 163 页。

③ 关于票据的用纸格式，到这次修改为止不存在强制性的规定，所以，不管是市场上出售的票据用纸，还是自己制作的票据用纸，只要所定的格式具备票据法规定的各个要件，都可以使用，但是这次修改后作了一些明确规定：首先由银行协会对票据用纸格式进行统一，由票据交换所制作后交付给各交易户。票据交换所对于使用不符合规定的票据提出交换的，以不适当票据为理由，可禁止其进行交换提示。参见〔日〕国领芳文：《统一票据用纸制度的解说》，金融财政事情研究会 1965 年版，第 26 页。

性质的组织制定的,所以该规则明显属于一种自律性的规则。因此,拒付处分制度只不过是一种私的制裁手段而已。

2. 拒付处分制度的目的和效果

(1) 制度的目的

票据制度自明治时代从西方传入日本以来,一直受到重视并得到稳定发展。然而,对于不能实现付款的票据债务人,禁止其与银行之间发生金融交易的这种所谓的日本拒付处分,则是欧美国家所没有的一种独特的制度。①追本溯源,日本明治时代所产生的拒付处分制度,并非出于保护社会利益的目的,而是银行为了保证它们之间票据交易的安全性而建立起来的一种制度。因此,从这个意义上讲,拒付处分可以喻为银行的一种自卫手段,通过将信用不良者从银行交易中剔除出去,间接地促进社会信用交易的纯化。②

(2) 拒付处分制度的效果

票据因一定的理由而拒付时,付款银行(票据的提回银行)以及票据的提出银行,必须向票据交换所提出拒付申报书。第一次拒付申报书被提出后,票据交换所将本票或者支票的出票人以及汇票的承兑人的姓名、住所登载于拒付通报单上发送给参加交换的各个加盟银行。遭拒付的出票人或者承兑人被登载在拒付通报单上,是实施拒付处分的第一阶段,即含有对出票人给予黄牌警告的意思。被登载在拒付通报单上的上述当事人,在最初的拒付票据提出交换之日后的六个月内,再次发生拒付并被提出拒付通知书时,则要受到该票据交换所的处分,此时,可称为拒付处分的第二阶段。当事人被票据交换所处以拒付处分的,自受到处分之日起两年内,该票据交换所的所有加盟银行,将按照票据交换所的规则,不得让受处分者在自己的银行开设账户,也不得对其进行贷款。也就是说,受处分者在两年内从票据交易的队伍中被淘汰出局。

如前所述,票据交换所规则要求:金融机关对受处分者的同一性必须按实质进行判断,这种拒付处分的根本目的在于从根本上铲除信用不良者。所以,即使受处分者用变换名称办法,以新的名义人到银行申请新设账户时,限于新名义人和受处分者为同一者,金融机关必须拒绝其提出的申请。③ 在实施处分期间,受处分者不能使用票据,也不能通过正常的渠道从银行取得所需的资金,这对于企业或者个人来说是一个致命的打击,这也是企业或者个人竭力避免受拒付处分

① 参见〔日〕柴崎纯之介:《停止交易处分制度的变迁和现状》,载《金融法务事情》1982 年第 980 期。

② 参见〔日〕高圭利一、前田庸、吉原省、柴崎纯之介:《票据交易制度的再研讨——其现状和问题点(第六回)》,载《金融法务事情》1982 年第 986 期。

③ 参见〔日〕佐藤良夫:《票据交换》,有斐阁 1959 年版,第 225 页;〔日〕竹内昭夫:《拒付票据》,载铃木竹雄、大隅健一郎主编:《票据法支票法讲座(5)》,有斐阁 1965 年版,第 26 页。

的重要原因。其结果激励票据的债务人在票据到期日按时付款,促进和增强票据的信用。

从明治时代到现在,拒付处分作为一项重要工作,一直由日本的票据交换所掌管和运营。拒付处分制度,也早为参与票据交易的当事人所熟悉,因此从某种意义上讲,这种制度已经成为票据拒付发生的预防对策。当然,经济不景气、经营不善、企业破产等原因也会造成票据拒付。不过,以这些原因产生的票据拒付,通常与拒付处分制度没有直接的关系。

通过以上分析可见,拒付处分,在排除拒付票据的发行者、达到维持正常的票据交易秩序这一点上所发挥的作用是不容置疑的。拒付处分制度是票据信用交易纯化对策中一个重要的核心部分,并继续发挥着重要的作用。[①]

三、我国台湾地区的拒付处分制度

(一) 拒付处分制度的沿革

从1895年到1945年的日本统治时代,我国台湾地区就有了票据制度。[②]我国台湾地区最早的票据交换是在被日本统治时代的1913年成立的台北票据交换所。在那个时候,票据交换所成立的势头十足,继台北以后,台南、高雄、台中以及基隆等主要城市都先后成立了票据交换所。[③]当时,我国台湾地区银行具体负责票据交换所的设立和运营。[④]我国台湾地区票据交换所成立当初,台湾地区全域银行同业公会就制定了对票据拒付者的处分办法。当时,同业公会的规章中就有“因资金不足引起拒付的时候,交换所应该将之记入拒付报告中,票据交换所了解到支票账户的利用者是信用不良者,就令所有的加盟银行禁止与其发生账户往来及贷款行为”[⑤]。这就是我国台湾地区拒付处分制度的开始。显然,这种拒付处分制度,不是以实体法为依据,而是基于银行同业公会这种私人团体制定的规章实行的。因此从这一点看,该处分应属于私的制裁范畴。

1949年,国民党撤离到台湾地区,于是,那些在战前就已经存在的由我国台湾地区银行为主导的金融机构和银行体系,均被国民党全盘接收,并进行了相应

① 参见〔日〕柴崎纯之介:《停止交易处分制度的变迁和现状》,载《金融法务事情》1982年第980期。

② 参见姚嘉文:《中国近代票据法发展史》,载《法学论集》1972年第2卷1号。

③ 参见许明夫:《如何正确使用票据》,2001年6月30日我国台湾地区民视台演讲稿,第3页。

④ 台湾银行是我国台湾地区规模最大的银行,并且在1961年7月1日“中央银行”恢复业务之前,担任台湾“中央银行”的角色。

⑤ “中央银行”业务局、“中华民国”银行总会、台北市票据交换所编:《票信管理新制之问与答》,1990年1月。

改组。[①] 若干年后,国民党同迁台湾地区的原金融机构也逐一复业。1953 年 2 月 19 日,“财政部”公布了“台湾省各县市票据交换所规章”。该规章第 35 条明确规定:“对于在 1 年内因存款不足发生拒付达 3 次的票据出票人,票据交换所应通知各加盟银行,在 2 年内禁止与其进行账户往来,也不得对其提供贷款。”由于票据交换所的规章属于一种行政性法规,具有公的性质,所以其拒付处分制度的性质也明显带有公的色彩。

1961 年 7 月 1 日,根据“中央银行复业方案”规定,我国台湾地区“中央银行”获得复业。随后“中央银行”按照“中央银行法”第 28 条以及“中央银行复业方案”第 5 条的规定,从台湾地区银行的手中接管了票据交换所的业务和设施,并对其实施管理。1965 年,“中央银行”将实施至今的“台湾省各县市票据交换所规章”改名为“台湾地区各县市票据交换所规章”;在拒付处分方面,维持原来第 35 条的基本内容,只是将停止交易处分时间由原来的 2 年延长至 4 年。1980 年 12 月,“中央银行”颁布了“中央银行票据交换业务管理办法”,“台湾地区各县市票据交换所规章”的全部内容被纳入该管理办法之中。[②]

(二) 支票拒付多发的原因

从上述我国台湾地区票据拒付制度的沿革可知,早在 1953 年,台湾地区就有拒付处分制度的存在。但是,实际上,拒付处分制度在台湾地区没能充分发挥其应有的作用。特别在预防拒付票据的发生、维持票据交易信用方面,该制度几乎不能发挥其功效,使 1950 年以后的支票拒付数激增,到 1959 年达到了高峰。我国台湾地区拒付处分制度的内容与日本并无二致,但是,为何我国台湾地区支票拒付会如此频频发生,且发生数居高不下?分析其原因,可列举以下三点:

第一,20 世纪 50 年代,我国台湾地区很快从原来的农业社会脱胎进入工业社会,商业发达伴之而来的企业间的交易也日益频繁。在企业交易过程中,特别值得一提的是支票的使用在当时迅速得到了普及。[③]但是,有关票据的一些法律知识在一般的民众之间尚未普及,如果发生拒付情况,将受到什么制裁等并无规定,所以,乱发票据的情况在当时非常普遍。[④]

第二,在我国台湾地区经济社会的构造中,依靠自生力量立业的中小企业所占比例极高。在竞争日益激烈的中小企业中,为了单纯追求利益而无视有关金融法规,超越自己实力而乱开支票,欺骗交易对方等案例也明显增多。这些恶意

---

① 参见日本长期信用银行外国部编:《台湾经济——去台湾投资融资的指南》1968 年版,第 41 页。
② 参见许明夫:《如何正确使用票据》,2001 年 6 月 30 日我国台湾地区民视台演讲稿,第 4 页。
③ 参见杨大器:《票据刑罚存废之检讨》,载《军法专刊》1983 年第 30 卷第 2 号。
④ 参见梁松雄:《票据犯罪之比较研究》,载《东海法学论丛》1987 年第 3 期。

的拒付支票数量急剧飙升,形成泛滥之势。[①]。另外,一般民众对拒付造成的危害性认识非常浅薄,往往认同拒付行为的存在。所以,从当时的实际情况看,对拒付处分实施社会制裁的客观环境根本没有形成。当时社会的认知水平以及道德判断标准的低下,对拒付支票现象泛滥起到推波助澜的作用,这是一个不争的事实。[②]

第三,涉及受处分者的同一性问题。拒付处分这种制裁手段,以彻底排除信用不良者为根本目的。因此,为了排除信用不良者,对于被处分者的同一性,以实质判断尤为重要。而在我国台湾地区,个人名字的更改则非常容易。只要本人向户籍管理部门提出改名申请,名字就可更改。这一点常常被滥用,使银行无法判断被处分者的同一性,因此要控制甚至拒绝其申请显然无法做到。从这一角度看,不能对被处分者进行实质性判断是一个致命的弱点,也使得票据的拒付处分制度变得形同虚设。

1. 票据法的刑罚重视和与之同来的各种问题

(1) 刑罚的重视

进入20世纪50年代,我国台湾地区的经济得到了很大的发展,而与此齐头并进的空头支票的泛滥也造成严重的社会问题。从1958年发生的拒付支票情况看,无论在数量上,还是在金额上,都创下了空前未有的高比例(参照表4-1)。

以票据交易正常化、有序化为目的而创设的拒付处分制度,不仅没能取得较好的效果,反而让空头支票变得更加横行无阻。在这种状态之下,1960年3月30日,我国台湾地区"立法院"决定对"票据法"实行部分修改,导入自由刑,对空头支票的出票人实行刑罚处置。"票据法"第141条规定:对空头支票的出票人,可以处以一年以下自由刑(有期徒刑、拘役);并且在第142条作出票据犯不适用刑法中的连续犯规定,确立一票一罚的原则。

此后,又分别在1973年、1977年对"票据法"进行了两次修改,继续加强对空头支票的出票人处罚的力度,强化惩罚效果。1973年5月28日,"票据法"又进行了修改,加重第141条第1至第3款的刑事处罚,将原来处刑的上限即有期徒刑一年改为两年。1977年7月22日,"票据法"又实行了修改。本次修改的重点在于,把原有的刑罚由原来的最高有期徒刑两年变为三年。笔者认为,这样不断地加重对空头支票的出票人处罚的做法,正是受到了我国传统的刑罚理论一贯强调峻法酷刑思想的影响。以下拟对"票据法"的刑罚规定所带来的一系列问题进行研究。

① 参见陶鸣义:《票据犯罪案件发生的一般原因》,载《法律世界》1975年第10期。

② 参见杨大器:《票据刑罚存废之检讨》,载《军法专刊》1983年第30卷第2号;陶鸣义:《票据犯罪案件发生的一般原因》,载《法律世界》1975年第10期。

表 4-1 我国台湾地区票据(包括支票)的交换数、拒付票据数以及二者之间的比例

年	台湾地区票据交换数		存款不足引起拒付票据数		百分比(%)	
	张数(张)	金额(亿元)	张数(张)	金额(亿元)	张数	金额
1958	10095240	626	95812	4.18	0.95	0.67
1959	11007683	806	82439	3.52	0.75	0.44
1960	12157020	1042	100666	5.44	0.83	0.52
1961	13302444	1233	102159	5.49	0.77	0.45
1962	14526046	1477	117261	6.29	0.81	0.43
1963	14033577	1725	117964	6.96	0.84	0.40
1964	14475785	2354	71824	4.18	0.50	0.18
1965	15607947	2537	81879	6.61	0.52	0.26
1966	17053302	2847	95246	7.96	0.56	0.28
1967	19019522	3634	86774	7.96	0.46	0.22
1968	21995096	4650	93865	9.39	0.43	0.20
1969	23852492	5542	141412	16.81	0.59	0.30
1970	25613562	6825	146945	18.63	0.57	0.27
1971	27499812	8850	141201	20.93	0.51	0.24
1972	28520233	9277	155731	29.53	0.55	0.32
1973	34734953	15556	117941	28.17	0.34	0.18
1974	36235614	19775	161833	61.92	0.45	0.31
1975	42017357	23600	326227	124.05	0.78	0.53
1976	48708964	28437	433720	202.41	0.89	0.71
1977 (1—3月)	12328551	7504	90547	41.62	0.73	0.55

本表以戴立宁《空头支票处刑之问题》、《台声》第 14 期的统计数据为基础,另加“中央银行业务局”1977 年 5 月 24 日《票据交换统计表》提供的数据制作而成。

(2) 票据法上刑罚规定的问题

如前所述,1960 年起,我国台湾地区“票据法”规定对拒付票据的出票人处以一年以下的有期徒刑,此后的 1973 年以及 1977 年又经历二次修改,处罚进一步加重,变为最高三年以下有期徒刑。我国传统的刑法思想历来就是:“治乱世,用重典”。我国台湾地区“票据法”第 141 条的几次修改,无不凸现了这一重罚主义的刑法思想。但是,自 1960 年初次导入刑事处罚后的 25 年的实际运行结果表明,强调依靠刑罚的威慑力阻止拒付支票发生的我国台湾地区“票据法”,根本未能起到抑制拒付支票多发的预期效果。

首先,1980 年以后,票据案件数猛增。1982 至 1985 年间,法院受理的票据案件数(如表 4-2 所示)每年递增。1982 年的票据案件数为 13.2 万件,是 1972 年的 1.6 倍。票据案件占刑事案件的比例也由 1972 年的 45.29% 上升到 1982 年的 69.19% 。[①]

① 对于票据犯罪的量刑,法院有固定的量刑标准。例如,票面金额在 5 万元以下者,仅处罚金;30 万元以下者,仅处罚金与拘役;30 万元以上始处有期徒刑。参见施文森:《票据法新论》,台湾三民书局 1997 年版,第 274 页。

表 4-2 我国台湾地方法院第一审票据案件的统计(比率四舍五入)

年	刑事案件总数	票据案件数	百分比(%)
1972	79593	36509	45.29
⋮	⋮	⋮	⋮
1982	190882	132069	69.19
1983	224093	160436	71.59
1984	227666	160079	70.31
1985	249357	176962	70.97

资料来源:1992 年"司法院"司法统计年报。

其次,1977 年由我国台湾地区"司法部行政局"进行的抽样调查结果(如表 4-3 所示)显示,出票人在开票时预见到该远期支票将来肯定会发生拒付而出于恶意开票的这类恶性票据事件只占总数的 2.5%。而拒付支票中的大多数出票人,在出票时都没有认识到自己开出的远期支票将来会造成拒付。换言之,他们不具备明知今后会形成拒付而照样出票的故意。从构成拒付原因比例的顺序看,"资金周转困难"占 70.6%,占比例数最高;其次是"出票时不知道今后能否实现付款",占 15.0%;"受到其他企业倒闭的牵连"占 11.3%,位居第三(如图 4-1 所示)。有必要说明的是,(1) 这里所谓的"资金周转困难",是指远期支票的出票人在出票时有明确的付款意思,而且从第三者的角度看出票人也有付款的能力和条件,只是以后由于经营不佳,资金回笼困难,或者管理不善等各种原因造成资金短缺而引发支票的拒付情况。(2) 这里所称的"出票时不知道今后能否实现付款",是指出票人在开具远期支票时,对该支票今后到期能否付款缺乏一定信心。从上述两种情况看,拒付支票的出票人都是在没有认识到将来肯定会发生拒付的情形下开具支票的,因此,他们在主观上都不具有故意,至多是一种过失而已。

表 4-3 构成支票拒付的原因(比率四舍五入)

原因	张数(张)	百分比(%)
资金周转困难	5884	70.6
出票时不知道今后能否支付	1251	15.0
受到相关企业倒闭的牵连	942	11.3
经济不景气	29	0.3
由于疏忽到期日资金没有打入账号内	27	0.3
其他原因	207	2.5

资料来源:戴立宁:《空头支票处刑之问题》、《台声》第 14 期、我国台湾地区"司法部行政局"研究报告《违反票据法之研究》第 63 页。

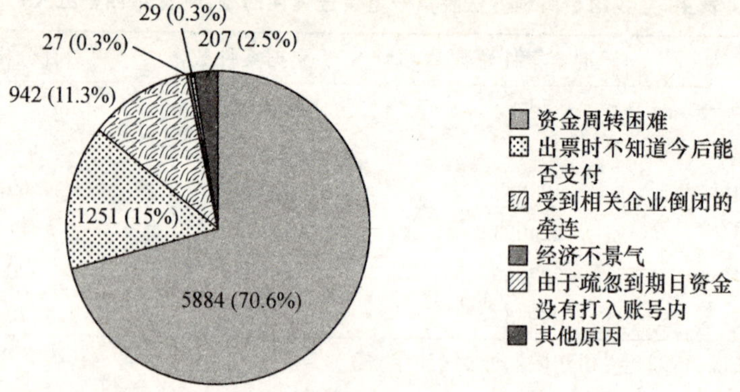

图 4-1

随着票据案件的增加,受到处刑的女性人数每年也有明显递增的倾向(如表4-4、图4-2、图4-3所示)。其主要原因是“人头支票”被广泛使用所致。[①]所谓的“人头支票”,就是用他人的名义在银行开设存款账号,领取支票本,然后将支票本归自己使用。所以,支票的实际使用人和被记载于该支票上的出票人完全不是同一人,这是“人头支票”的最大特征。然而,使用“人头支票”,通常是出于以下两种场合的需要:第一,受到处分者正处于停止使用支票期间,于是让妻子或者公司女职员在银行开设账号,领取支票本,再将支票和印章交给自己使用。第二,企业经营者为了逃避票据法上的刑事责任,以妻子或者公司女职员的名义在银行开设账号,领取支票本,再将支票和印章交给自己使用。

表4-4 我国台湾地区女性受刑者人数统计(比率四舍五入)

年	票据案件总人数	女性人数(人)	百分比(%)	年	票据案件总人数	女性人数(人)	百分比(%)
1960	401	24	5.98	1973	1317	154	11.70
1961	671	48	7.15	1974	1496	169	11.30
1962	975	80	8.21	1975	988	101	10.20
1963	1283	124	9.66	1976	1644	159	9.67
1964	1530	146	9.48	1977	1823	225	12.30
1965	1151	113	9.81	1978	2400	311	13.00
1966	1329	164	12.30	1979	2348	323	13.80
1967	1529	207	13.50	1980	1972	315	15.90
1968	959	85	8.86	1981	2413	288	11.90
1969	1033	119	11.50	1982	2978	386	12.90
1970	1677	213	12.70	1983	3729	470	12.60
1971	1830	243	13.30	1984	4286	477	11.10
1972	1357	163	12.00	1985	5234	521	9.95

资料来源:我国台湾地区“法务部”统计处。

① 参见苏秋镇:《请将票据法修正案迅速送立法院审议》,载《法学评论》1982年第1期。

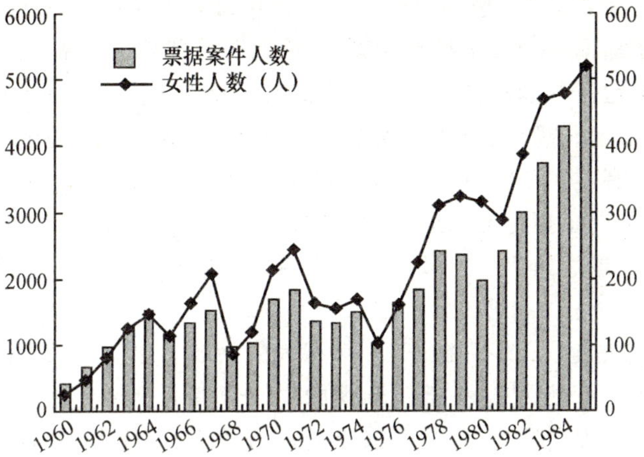

图 4-2

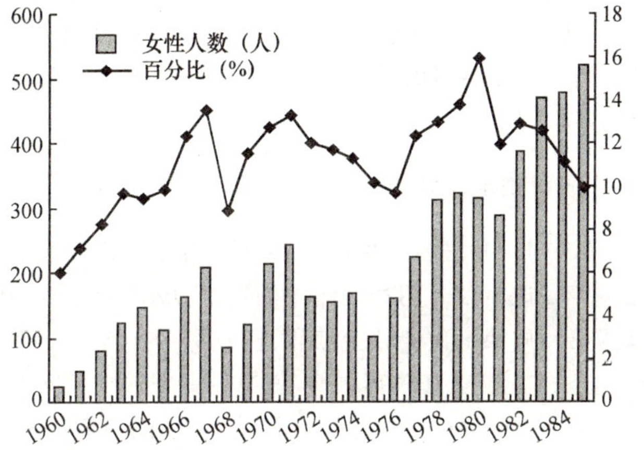

图 4-3

在上述两种情况下，因为实际的支票使用人是在名义人的同意之下使用支票，所以不构成伪造有价证券罪。同时，开具的“人头支票”一旦形成拒付，依照我国台湾地区“票据法”第 141 条的规定，在支票上记载的出票人即名义人将受到刑事处罚，而实际的出票人则逍遥法外，可以继续从事原来的经营活动。这就是“人头支票”泛滥的最大原因。

我国台湾地区的票据拒付案件在 1980 年以后急剧增加，特别在 1985 年达到顶峰。票据拒付案件的增加，对社会和生活各方面都造成了极为深刻的影响。首先，台湾的刑事犯罪的总数大幅度增加。从 1983 年到 1985 年，票据拒付案件竟占刑事案件总数的 70%。我国台湾地区警察机关的统计资料表明，到 1984

年为止，违反“票据法”而遭到通缉的人数飙升到十几万人。[①]以我国台湾地区的全人口以及土地面积为基础进行计算，台湾地区的刑事犯罪率已成为世界第一。这给我国台湾地区在国际社会中的形象带来了极为严重的负面效应。

其次，按照刑法理论，犯罪的成立，除了其行为符合犯罪的构成要件以外，还要求行为者具有主观要件这一要素。我国台湾地区“票据法”第141条第1款规定，一旦发生支票拒付的结果，不问出票人是出于故意还是过失，一概处以刑罚。这一规定，显然与责任主义这一近代的刑法基本原理相对立，因此难免会遭到各种批判。

此外，“人头支票”的存在也是一个很大的问题。作为名义上的出票人即受害人却要受到刑事处罚，这是极不合理的。经营者的妻子代替丈夫或者公司的女性职员代替经理受罚，这种替人顶罪受罚的做法，不仅有违刑罚原则，也与人道主义原则格格不入。

凡此种种均表明：票据案件的刑事处罚问题，已经引发了许多深刻的社会问题，并且还不断威胁着整个台湾地区社会安定的基础；“票据法”第141条的刑事责任的规定已到了非改不可的时候了。为此，立法、行政各部门都将这一问题提到了重要的议事日程上。

（二）票据法刑罚规定的废除

1984年12月19日，我国台湾地区“行政院”将废除票据法刑罚规定的修改案提交给“立法院”讨论审议。历尽一年半的讨论，1986年6月20日，该修改案最终在“立法院”第一届第七次会议上获得通过，并于1986年12月31日生效。“行政院”在向“立法院”提交修改案之前，就第141条的废除问题，招集学界、金融界以及工商企业界的代表进行讨论。在讨论会上，围绕着“票据法”中刑事责任的条文改废与否的问题，展开了针锋相对的辩论：[②]一种意见认为，必须保持第141条规定的存在（以下简称维持说）；另一种意见则认为，第141条刑罚规定必须废除（以下简称废止说）。

1. 学说上的争论

第一，维持说根据以下理由，主张“票据法”第141条规定应该保留：

（1）“票据法”第141条的规定，作为刑罚的一种重要手段，对于防止拒付支票的发生以及维护票据交易的秩序发挥着积极的作用；而且这种刑罚的规定非“票据法”所独有，在其他的法律如公司法、保险法、矿业法、森林法中也有同

---

① 参见《社论“废止支票退票刑责此其时也”》，载《法学评论》1984年第5期。

② 参见我国台湾地区“立法院司法委员会”编：《票据法修正草案参考资料专辑》1985年版，第145页以下。

样的规定。①

(2)"票据法"第 141 条通过对拒付支票的出票人科以刑罚,可以达到以下两个效果:其一,严厉的刑事处罚,可以对负有付款义务的出票人产生强大的压力,从而在事实上对出票人产生强制付款的效果。其二,通过对拒付支票的出票人进行刑事处罚,持票人可以安心地取得支票。②"从法理上而言,票据刑罚并不悖于刑罚本旨。虽刑罚未能收遏止拒付支票之预期效果,然一旦废除,出票人可以毫无顾忌地乱发支票,可以预见以后的拒付支票会到处横行,甚至泛滥,导致票据交易秩序的严重混乱和经济衰退。"③

(3)"由于滥发支票案件所占刑事案件之比例过高,致使台湾被联合国列为世界犯罪率最高地区之一,影响了台湾的国际形象。但是,废除票据刑罚足以使票据流通安全失去保障,影响经济发展,违背社会大众利益。所以,为联合国所列犯罪率之高低而废止票据刑罚,不仅有悖崇法务实之旨,也难免有因噎废食之嫌。"④

(4)"由于欧美国家使用支票已有相当长的时间,国民对签发支票已经养成自制自爱的风气。与此相对,台湾支票之正确使用尚未养成风气,也没形成欧美那种严厉的社会制裁机制。一方面,出票人对开具拒付支票不觉为耻,另一方面,社会上的一般人士对之也司空见惯,不觉其严重性。支票流通之安全,端赖刑罚规定维系之。因此,废止票据刑罚,拒付支票现象将会一发不可收拾,导致泛滥。"⑤

与此对立的废止说坚决主张必须废除第 141 条规定,其理由如下:

(1)犯罪以故意或过失为要件。对于过失犯,只有在法律有明确规定的场合,才负刑事责任。"票据法"第 141 条没有规定对因过失签发了拒付支票的出票人必须给予处罚。换言之,"票据法"第 141 条的处罚规定只能对故意签发拒付支票的出票人适用。⑥"'司法部行政局'的调查结果显示,在发生拒付支票中,85% 的出票人都不存在故意,所以根据'票据法'第 141 条规定,对这些绝大

---

① 参见杨大器:《票据刑罚存废之检讨》,载《军法专刊》1983 年第 30 卷第 2 号。

② 同上。

③ 同上。

④ 杨大器:《"票据法刑罚规定应否删除问题座谈会"上发表的观点》,载我国台湾地区"立法院司法委员会"编:《票据法修正草案参考资料专辑》,1985 年印行,第 151 页。

⑤ 王又曾:《"票据法刑罚规定应否删除问题座谈会"上发表的观点》,载我国台湾地区"立法院司法委员会"编:《票据法修正草案参考资料专辑》,1985 年印行,第 129 页;刘铁铮:《"票据法刑罚规定应否删除问题座谈会"上发表的观点》,载我国台湾地区"立法院司法委员会"编:《票据法修正草案参考资料专辑》,1985 年印行,第 136 页。

⑥ 参见刘兴善:《"票据法刑罚规定应否删除问题座谈会"上发表的观点》,载我国台湾地区"立法院司法委员会"编:《票据法修正草案参考资料专辑》,1985 年印行,第 141 页;戴立宁:《空头支票处刑之问题》,载《法声》1977 年第 14 期。

多数的过失者处以刑罚,显然缺乏法律依据,整个刑罚基础,均随之动摇。”①

(2) 票据法的刑罚规定的存在,与其说期待它在抑制拒付支票方面发挥作用,还不如说它正在从反面对拒付支票的泛滥起着推波助澜的作用。这是因为:一方面,过于依赖支票刑事制裁的受让人往往疏于对出票人信用状况的调查就轻易地受让支票。另一方面,出票人知道受让人一般不作调查就会轻易收下支票,便利用这一特点,签发超过自己实际支付能力的支票,造成拒付支票的泛滥。这样就出现了出票人这一方乱发支票,支票的受让人那一方轻率受票这种奇异的怪圈现象。② 另外,维系票据交易的有序进行,自应建立在信用基础之上,而非依赖刑罚手段,所以,废除“票据法”第 141 条的刑罚规定,可以改变支票受让人长期以来对刑罚过分依赖的状况,促使受让人接票的时候,谨慎考虑并加强对出票人信用以及偿付能力的调查。③ 此外,票据法的刑罚规定不仅妨碍了经济的发展,而且还会产生许多家庭问题和社会问题。④例如,由于“人头支票”的缘故,使无辜的女性遭到处罚。这些女性因拒付支票罹牢狱之灾,中断了正常的家庭生活,由此引发家庭分裂,夫妻离异的也不在少数。再如,出票人为了逃避处罚,离家出走或者逃往海外而成为被通缉对象的,已有成千上万。满街都是通缉犯,成为我国台湾地区独有的一道奇怪风景。又如,服刑者急速增加,监舍人犯为之爆满,环境欠佳,有违人道。

(3)“因为票据法有刑罚的规定,所以票据的案件数会如此之多。根据联合国的统计结果显示,台湾地区被定为世界上犯罪率最高的地区,使台湾地区的国际形象由此蒙受了严重的损害。”⑤

(4) 在商法领域,票据法的国际共通性最高。纵观世界各国的票据立法例,仅法国票据法有罚金规定。我国台湾地区的“票据法”在制定时,也应参照此法仅以罚金为限。为顺应世界潮流之趋势和顾及国内之现实,票据法中的刑罚规

---

① 戴立宁:《空头支票处刑之问题》,载《法声》1977 年第 14 期。

② 参见梁宇贤:《“票据法刑罚规定应否删除问题座谈会”上发表的观点》,载我国台湾地区“立法院司法委员会”编:《票据法修正草案参考资料专辑》,1985 年印行,第 164 页;谢生富:《从速修正票据法,去消退票刑责,重建取引安全》,载《法学评论》1983 年第 3 期。

③ 参见戴立宁:《空头支票处刑之问题》,载《法声》1977 年第 14 期;梁宇贤:《“票据法刑罚规定应否删除问题座谈会”上发表的观点》,载我国台湾地区“立法院司法委员会”编:《票据法修正草案参考资料专辑》,1985 年印行,第 164 页。

④ 参见张东亮:《“票据法刑罚规定应否删除问题座谈会”上发表的观点》,载我国台湾地区“立法院司法委员会”编:《票据法修正草案参考资料专辑》,1985 年印行,第 149 页;苏秋镇:《请将票据法修正案迅速送立法院审议》,载《法学评论》1982 年第 1 期。

⑤ 苏振辉:《“票据法刑罚规定应否删除问题座谈会”上发表的观点》,载我国台湾地区“立法院司法委员会”编:《票据法修正草案参考资料专辑》,1985 年印行,第 137 页;谢生富:《从速修正票据法,去消退票刑责,重建取引安全》,载《法学评论》1983 年第 3 期。

定应该废除。[①]

2. 要点的归纳

强调用峻法酷刑维持社会秩序、实现社会稳定是流传了数千年的我国典型的传统刑法思想。为了维持票据交易的秩序,从 1960 年到 1977 年,通过对我国台湾地区"票据法"第 141 条一系列的修改,不断地加重了对出票人进行处罚这一全过程,更突出地再现了我国传统的刑法思想。但是,单纯的科以重刑,也未必就能有效地维持社会秩序。我国台湾地区"票据法"第 141 条修改的失败结果,则强有力地证明了这一事实。

维持说从重视结果的观点出发,认为不论出票人是出于故意还是过失,只要发生了拒付结果,就要负刑事责任。票据交易应该适用刑事处罚。但是,将国家的公权力即刑事处罚规定介入到票据交易之中,一旦失败,其结果反而会使刑法失去应有的权威。从我国台湾地区"票据法"第 141 条的演变过程可以看到,即使对拒付支票的出票人处罚加重,也未能阻止拒付支票的增多,相反由此引发了许多社会问题。所以,维持信用交易的正常秩序,靠的不是刑罚手段,而是应该积极建立一套事前预防的对策。也就是说,票据的受让人通过必要的信用调查,对于那些有可能造成拒付信用不良的出票人,早在票据交易的入口阶段就拒绝与其进行票据交易,这才是至关重要的。

3. 刑罚规定废止后的概况

1986 年 12 月 31 日,"票据法"第 141 条的刑罚规定被正式废除。废除之后,给票据交换总数以及拒付票据(包括支票)的发生数到底带来怎样的影响和变化,在此有必要进行一些简单的分析和说明。

首先,从台湾地区的票据交换总数的变化看(如表 4-5 所示),交换的张数从 1987 年起连续 11 年呈上升势头,2000 年达到 1 亿 7501 万张。交换张数的增加,也必然带动交换总金额的上升。从表中的数据可知,交换总金额自 1987 年起连续 8 年呈攀升趋势,1997 年高达 54 兆 9573 亿元,随后连续 3 年显下降走势。

① 参见钱文颖:《"票据法刑罚规定应否删除问题座谈会"上发表的观点》,载我国台湾地区"立法院司法委员会"编:《票据法修正草案参考资料专辑》,1985 年印行,第 168 页;梁宇贤:《"票据法刑罚规定应否删除问题座谈会"上发表的观点》,载我国台湾地区"立法院司法委员会"编:《票据法修正草案参考资料专辑》,1985 年印行,第 163 页。

表 4-5　台湾地区票据(包括支票)的交换数、拒付票据数以及二者之间的比例

年	台湾地区票据交换数		存款不足引起拒付票据数		百分比(%)	
	张数(张)	金额(亿元)	张数(张)	金额(亿元)	张数	金额
1982	76501457	119155	454523	433	0.59	0.36
1983	78933795	126606	515462	559	0.65	0.44
1984	80795660	145562	541935	634	0.67	0.44
1987	89464918	171828	349595	379	0.39	0.22
1988	99178343	235577	355133	414	0.36	0.18
1989	107428781	354573	380772	593	0.35	0.17
1990	112578911	382432	475372	873	0.42	0.23
1991	123504105	387295	483438	839	0.39	0.22
1992	136788365	421258	586203	1195	0.43	0.28
1993	150017795	459767	815209	1789	0.54	0.39
1994	158827925	523321	890491	2173	0.56	0.42
1995	162230339	493281	1901820	2577	0.67	0.52
1996	16915400	511832	1084173	2259	0.64	0.44
1997	170955364	549573	910570	1742	0.53	0.32
1998	171958563	534921	899789	1899	0.52	0.36
1999	170228236	414888	882244	2020	0.52	0.49
2000	175018631	408350	829194	1958	0.47	0.48

以上数据,由台北票据交换所提供。遗憾的是,1978 年至 1981 年以及 1985、1986 年的数据空缺,未能获得。

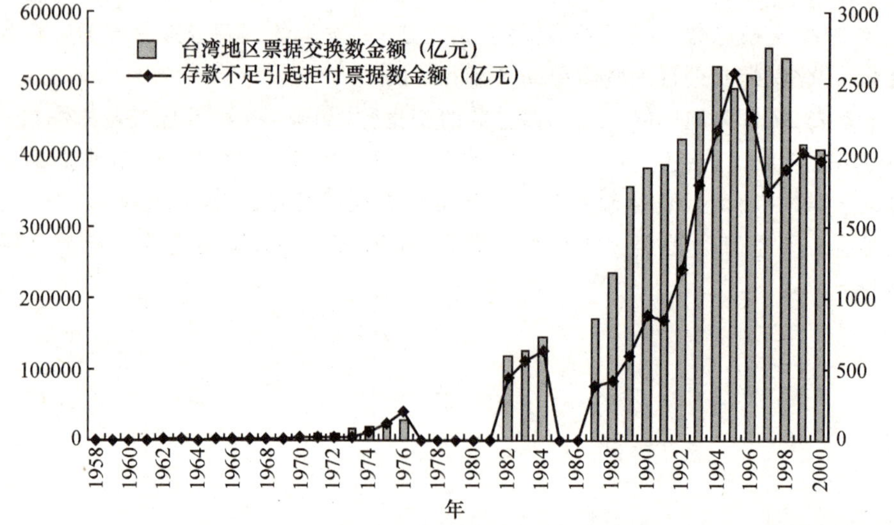

图　4-4

其次,从拒付票据的变化数看,1987 年发生的张数为 34 万 9595 张,与 1984 年的 54 万 1935 张相比,减少了 35.49%。同年的拒付票据数所占票据交换总数

的比例为 0.39%，与 1984 年的 0.67% 相比，减少幅度达 58%。另外，与 1982 年至 1984 年这一时间段相比，1987 年至 1994 年期间拒付票据数所占票据交换总数的比例，也持续一路走低。

此外，从拒付票据总金额的变化数看，1987 年发生的总金额为 379.78 亿元，与 1984 年的 634.86 亿元相比，减少了 40.17%。再从同年的拒付票据金额所占票据交换金额的比例看，1987 年为 0.22%，1984 年为 0.44%。二者相比，前者为后者的一半。不仅如此，与刑罚规定废除前的 1982 年至 1984 年这一时间段相比，1987 年至 1994 年期间的拒付票据金额所占票据交换金额的比例也呈连续走低的趋势。

综上，在拒付票据的发生数上，无论是拒付票据的张数，还是金额，都有大幅度的减少。毫无疑问，这是因为 1986 年废除了票据的刑罚规定才带来了这一系列的巨大变化。不过，自 1992 年到 2000 年期间的拒付票据的张数，以及 1990 年至 2000 年期间的拒付票据的金额均有上升迹象。

（三）拒付处分制度的合理化与信用情报的健全化

对于发生拒付票据的债务人，我国台湾地区虽然也拥有与日本相同内容的拒付处分制度，但该制度却没有能够发挥应有的作用。所以，从 1960 年以后，经过几次“票据法”的修改，希望通过对拒付支票的出票人进行刑事处分解决拒付支票泛滥的问题。但是，从结果看，这一刑罚规定不但不能抑制拒付支票的多发，反而在很多方面与社会现实发生矛盾和冲突。到了 20 世纪 80 年代初期，拒付支票的发生数不断地以破记录般的速度快速递增，严重影响了经济的发展和社会的稳定。于是，在 1986 年终于废除了票据的刑罚规定。

为了能够构筑一套处理拒付票据问题的有效对策，我国台湾地区立法界、学界以及实务界在大量参照欧美先进做法的基础上，又结合我国台湾地区自身的特点提出了各种提案，并对各种提案的可行性和合理性进行了充分的讨论和论证。经历了长达十年的事前准备和充分酝酿，这部名为“票据信用管理新规定”的法规，终于在 2000 年 12 月 22 日公布出台，并于 2001 年 7 月 1 日正式实施。随着这一新规定的公布和实施，我国台湾地区的票据信用纯化制度由此步入了一个崭新的历史阶段。

“票据信用管理新规定”的主要内容由拒付处分制度的合理化和信用情报的公开化这两个方面构成。

1. 拒付处分制度的合理化

“票据信用管理新规定”明确规定，账号开户人与金融机关二者之间是一种合同关系，开户人享有哪些权利以及承担哪些义务都必须在合同中明确规定。具体地说，在这一新制度中，账号开户人在申请开设账号之际，在与银行签订账户交易合同的同时,还必须附带签订一份补充合同(副合同)。对于拒付引起退票以及拒付处分等有关问题,将按照补充合同的相关规定进行处理。

2. 信用情报的公开化

票据信用管理新制度中,最为突出的一点就是在健全信用情报管理方面下足了功夫。其特点主要集中反映在以下两个方面:首先,修正后的"'中央银行'票据交换业务管理办法"第43条规定:票据交换所应于每星期五将应予拒绝往来的支票存款户的资料,在各交换所公告,同日并应登载于经中央银行核定之日报上。其次,我国台湾地区"票据交换所受理金融业者大额票据信用资料查询须知"第5条还规定了查询方法:一般公众可以通过网络、语音电话以及书面三种方式中的任何一种进行查询。①

因此,票据受让人在进行票据交易的时候,只要自己注意相应的调查,就可以防止拒付票据的发生。为了防止今后可能发生拒付,对于在流通过程中转让到自己手上的票据,应该通过票据交换所的照会中心对该票据的出票人的信用展开调查,根据结果判断是否应该接受票据。这样,拒付票据在未发生之前就可以防止,真正达到防患于未然的目的。

3. 票据信用管理新制度的评价

对于票据信用管理新制度,笔者认为,具有以下积极意义:

第一,构建这一新制度,是以维护和促进商品经济发展、保护票据交易安全、确保支付得以实现等原则为根本目的,并通过拒付处分制度的合理化和信用情报的公开化等手段,推动票据交易信用纯化,保证票据交易的正常进行。新的票据信用管理制度,已经并正在为实现这一目的,发挥着积极的作用。

第二,新的票据信用管理规定中的拒付处分制度,是立足于当事人自愿意思的基础之上的。原来拒付处分制度是以实体法,即"'中央银行'票据交换业务管理办法"第40条为依据,对拒付票据的发票人进行处分的。以这种行政命令的方式,对票据当事人的权利作出限制,以达到维护票据交易秩序的目的。可是,这种做法本身是否妥当,存在疑问。

"票据信用管理新规定"明确规定,当开立账户的申请人与银行签订账户交易合同的时候,按照契约自由的原则,必须附带签订一份有关停止交易处分(拒绝往来)为内容的补充合同。这就意味着将来一旦发生拒付结果,该银行以及票据交换所,可在出票人自己认可并同意的前提下,按照所签合同的内容对其作出处罚。所以,出票人对于被停止银行交易所蒙受的利益损失,也只能自认其

① 网络查询是直接以网际网路连接票据交换所的网站办理。语音查询是通过拨打票据交换所指定的专线电话办理。书面查询则应该向票据交换所或经票据交换所同意透过电脑网路提供票据信用资料的连线单位申请办理。

账,别无他法。

笔者认为,与原来行政规定相比较,新的票据信用管理规定最大的特点就在于,它是立足于契约自由的原则之上,对拒付票据的出票人,用这种新的制裁方式进行处分。这一改动,从根本上改变了长期以来惯用行政命令对票据交易进行干扰的定向思维。仅此一点,意义深远,颇值称道。

第三,"票据信用管理新规定"坚持博取百家之长、洋为中用的原则,在与国际接轨方面也跨出了重要的一步。首先,它规定,拒付处分的期限一律定为三年。按照原来的"票据交换业务管理办法"第40条3款的规定,有两次以上拒付处分者或者拒付处分期间内因资金不足发生拒付没能清偿赎回的拒付记录在一年内有三次者,将被永久性地剥夺票据交易的权利。受过两次拒付处分者,就被永久性地排除在银行交易之外,对拒付票据的出票人来说,这种处罚过于苛严。而"票据信用管理新规定"参照日本的做法,修改了这一不合理的规定。其次,要预防拒付票据的发生,做到防患于未然,重要的是不与信用不良者进行票据交易。票据受让人在取得票据时,有必要对出票人的信用进行全面的调查。当然,要实现这一点,提高信用情报的公开度,提供便利的信用查询方法成为一种客观的必要。在欧美等国,信用情报机关的存在,对维持信用交易的秩序发挥着重要的作用。与此对应,我国台湾地区在新的票据信用管理制度中也借鉴了这一点,在票据交换所内成立了停止交易处分者照会中心,将信用情报公开,以便于公众查询。这样,不良票据就失去了滋生的土壤,从而真正达到防止拒付票据发生的目的。

如上所述,为了能够避开与信用不良者进行票据交易,我国台湾地区的新票据信用管理制度,保留了日本式的停止交易处分的制裁措施,并吸纳了日本制度中合理的部分;与此同时,又充分地参考了欧美等国的信用情报机关的照会制度;为了缩短与这些先进国家之间的距离,更好地融入国际潮流,新票据信用管理制度采取了兼容并蓄、为我所用的立场,这一做法,主动积极,可圈可点。

四、我国的拒付处分制度

(一)拒付处分制度的沿革

我国票据交换制度的历史,可以追溯到清朝末年。那时,私人钱庄业已经相当发达,其中尤以上海的私人钱庄业最为发达。[①]钱庄之间代收票据,也进行票据金额的清算。随着票据交换业务的发展,票据交换的金额也不断增加。为了

① 参见中国人民银行编:《上海钱庄资料》,上海人民出版社1960年版,第12页。

实现安全高效的票据结算，在固定的某一地点进行集中交换和清算成为一种客观的需要。上海的钱业公会顺应形势发展的需要，于1890年成立了汇划总会，办理票据交换和集中清算。这是我国初期的票据交换机构，也可称为我国最早的票据交换所的雏形。

此后，由于上海银行业务日益发达，票据流通日渐增多，为求自身发展，上海银行业联合准备委员会在参照美国票据交换所的样式后，于1933年1月10日成立了我国第一家票据交换所——上海票据交换所。抗战胜利以后，国民党政府于1945年11月，将银、钱两业票据交换所合并，成立了统一的上海票据交换所。随后，武汉、重庆、广州、天津各大城市也相继成立了票据交换所。[①]虽然我国早在1933年就成立了票据交换所，但当时对于拒付票据的发票人并没有任何制裁措施。1935年12月1日，上海市银、钱以及信托商业同业公会发布了《上海市银行公会等公告限制往来户开发空透支票》公告。该公告明确规定："往来户开发支票超过存款或透支限额，经付款行庄退票者，应由付款行庄在原支票上加盖'存款不足'或'透支过头'之戳记，并书面警告。倘经警告无效，仍迭有退票发现连续退票达3次以上退票行庄认为该户系出于故意者，立即停止其往来，同时将户名姓名、住址等报告公会分函各委员查照。"这是我国最早的拒付处分制度。同业公会的公告是银行团体的一种自律公约，在法律上明显带有私的性质，属于私的制裁范畴。

1949年新中国成立后，中国人民银行成立了新的票据交换所。国家加强了对现金的管理，实行信用集中于银行，严格限制甚至取消商业信用等方针。银行的结算则通过托收承付方式进行。1953年，我国按照苏联的银行体制模式对银行体制进行全面改革，即银行国有化。这样，人民银行集现金管理、贷款、结算于一身，本来具有信用、结算、汇款以及支付功能的票据因此失去了存在的基础，当然，票据交换所也就不复存在。

1978年12月，我国实行经济改革开放政策。作为经济改革的重要一环——银行体制改革也势在必行。1986年4月，中国人民银行、工商银行以及农业银行联合举办了"全国银行同一城市的票据结算经验交流"会议。会议强调了票据交换所的建立和运行对于加速资金的周转、促进商品的流通所具有的重要作用。不久，票据交换所就在我国各城市和经济发达的县城迅速成立。[②]

目前，我国的票据交换所，仅以票据清算为主要工作。它与日本的票据交换规则以及我国台湾地区"票据信用管理新规定"相比较，最大的不同点就是，我国的票据交换所的规则中没有停止银行交易处分这方面的规定。所以，一旦发

---

① 参见赵新华：《票据法》，吉林出版社1996年版，第287页。

② 参见覃有土、李贵连：《票据法全书》，中国检察出版社1994年版，第315页。

生票据拒付(退票),我国通常是通过中国人民银行制定的行政法规进行处罚。这种行政处罚制度按时期可划分为以下两个阶段:

第一阶段,是在《票据法》颁布之前。1990 年 4 月 7 日,中国人民银行制定了《违反银行结算制度的处罚规定》,其中规定:"商业承兑汇票到期,付款人不能支付票款,银行按票面金额对其处以 5% 但不低于 50 元的罚款","存款人签发空头支票或印章与预留印鉴不符支票,银行按票面金额对其处以 5% 但不低于 50 元的罚款。对屡次签发的,应根据情节给予警告、通报批评、直至停止其向收款人签发支票"。

第二阶段,是在《票据法》颁布之后。为了与《票据法》保持同步,中国人民银行根据《票据法》以及《票据法实施细则》等法律和法规的有关规定,于 1997 年 9 月 19 日制定了《支付结算办法》。对于空头支票方面的处罚,该办法较《违反银行结算制度的处罚规定》更为严厉,其第 125 条规定:出票人签发空头支票、印章与预留印鉴不符支票,使用支付密码地区支付密码错误的支票,银行应予以退票,并按票面金额处以 5% 但不低于 1000 元的罚款;持票人有权要求出票人赔偿支票金额 2% 的赔偿金;对屡次签发的,银行应停止其签发支票。

此外,为了维持票据交易的安全有效,该办法第 256 条还明确规定了实行统一票据格式制度,并具体规定银行汇票、商业汇票由中国人民银行总行统一格式,交由指定地点印刷。由此可见,我国的纯化信用的对策是由"强化行政处罚力度"和"采用统一票据制度"两大部分构成。由于中国人民银行是我国的中央银行,是国务院下属的一个部门,因此由中国人民银行制定的规定、细则、办法等,具有行政规范的特点,在法律上具有公的性质,属于公的制裁范畴。所以,我国大陆的拒付处分制度,有别于日本和我国台湾地区的拒付处分制度。

(二) 三角债的问题

在推行经济改革开放的过程中,我国的很多企业之间出现了一种特有的不良债务链,即三角债现象。特别是进入 20 世纪 90 年代以后,经济生活中的三角债,作为一个极其深刻的社会问题,已经严重地困扰着我国经济活动的正常开展。三角债绝对不是单纯的债务不履行的行为,它通常表现为债务者甲在负有债务的同时,往往对另一债务人乙来说又拥有债权的这种相互牵连、错综复杂的债务链关系。

造成三角债的原因很多,如银行信用借贷问题、结算制度问题、企业管理体制问题等。[①]具体而言,如国家宏观经济调控导致银根收紧,造成企业资金困难;银行结算纪律不严格,发生压款、拖欠现象,使得企业无法及时清算;企业不能顺

---

① 参见王家福、〔日〕加藤雅信:《现代中国法入门》,日本劲草书房 1995 年版,第 115 页。

应市场经济体制发展的要求，造成经营亏损、入不敷出。笔者认为，除了以上所列诸原因以外，票据交易过程中没有建立一套完善有效的信用纯化制度，也是三角债蔓延的一个主要原因：

首先，有些企业认为，只要对自己有利，即使已经约定的付款义务，也可以寻找各种借口拒绝付款。

其次，个别企业即使有付款资金，也会以其他企业拖欠自己的货款为由，宁愿向对方支付利息，也不愿履行自己的付款义务。社会上甚至出现了"拖欠有理，拖欠有利"的不良风气，破坏了社会的信用，危害极其深远。[①] 一部分银行等金融机关，实行地方保护主义，对于本地区企业没有正当理由作出的拒付，不能公正客观地进行判断，反而一味支持本地区企业的拒付，向付款申请人作出退票处理。这样就使得本已严重的相互拖欠问题，更趋于恶化。[②]

最后，我国债务者的债务履行意识相对薄弱，使得这种不安已经影响和波及到在我国的一些外资企业。这些外资企业交了货却往往按期收不到货款，于是他们把这种现象戏称为"迷宫般的流通"，对此表现出极大的困惑和不满。[③]

对于三角债的问题，早在 1990 年国务院就在全国范围内展开了一场全面的清理活动。中国人民银行在 1991 年至 1992 年间共投入 555 亿元，解决了将近 2200 亿元的连锁债务。可是，随着经济发展过热，三角债问题再度出现，根据中国人民银行实施的调查统计报告可知，到 1996 年末，仍有 1271 家大中型企业陷于债务拖欠之中，拖欠的金额高达 1533 亿元。[④]由此可见，三角债的问题依然十分严峻，情势未可乐观。

（三）"三角债"与拒付处分制度之间的关系

我国的金融专业人士分析认为："我国在发展市场经济的过程中，因商业信用体系发育不良而孕育了巨额的三角债，已经严重阻绕了国民经济的正常运行。三角债表现为：无期限、无条件、无责任的债务拖欠。它的存在，扭曲了商业信用的本来面目。"[⑤]笔者赞同上述观点。笔者认为，要从源头上解决这些问题，改变这种现状，就必须建立一套如日本以及我国台湾地区那样的严格有效的债务清偿制度。也就是说，从改善我国结算体制的角度着眼，从普及票据、提高票据信用纯化这一方面着手。

---

① 参见钱心葵：《论建立票据法律制度对规范商业信用、建立正常结算秩序的作用》，载覃有土、李贵连编：《票据法全书》，中国检察出版社 1994 年版，第 241 页。

② 参见戴相龙编：《中国金融读本》，日本中央经济社 1999 年版，第 211 页。

③ 参见〔日〕铃置高史：《外资企业投资的障壁》，载《日本经济报》2002 年 6 月 19 日。

④ 参见戴相龙编：《中国金融读本》，日本中央经济社 1999 年版，第 208 页。

⑤ 钱心葵：《论建立票据法律制度对规范商业信用、建立正常结算秩序的作用》，载覃有土、李贵连编：《票据法全书》，中国检察出版社 1994 年版，第 239 页。

首先,应该在全国范围内大力提倡用票据结算债务。我国《票据法》实施至今,票据在相当程度上得到了普及,但是在一些边远地区,人们还不太习惯使用票据,尤其是对票据的各种经济机能以及特性还不十分了解。因此,银行要对企业和个人进行必要的指导,更要积极鼓励和劝导他们在经济活动中运用票据进行结算,使票据成为企业结算的主要手段。

其次,票据的普及,并不意味着我国的票据信用就会自然得到提升和改善,因此必须在提高票据的"质"的层面上狠下工夫。如何提高票据信用程度,改善债务质量,即票据交易中的信用纯化与拒付处分之关系,是本文的中心议题。很显然,票据一旦遭到不当拒付后,如果对发票人不予以任何处分,放任自流,势必会损害票据信用的健康发展。因此,必须制定一套严格有效的制度。依靠这一制度,将不良信用者一一排除在信用交易的范围之外,使票据交易走上一条正规、健康的发展轨道,真正实现纯化票据信用,促进票据信用发达这一最终目的的实现。

为了维护我国的票据交易秩序,在大力提倡普及票据的同时,有必要适时引进在日本沿用了一百多年,目前依然行之有效的拒付处分制度。该制度的最大特点就在于:一方面,在规定的一段时间里,通过剥夺那些不当拒付债务人的票据使用权利,限制其贷款资格以及停止对其提供任何金融服务等方法,将信用不良者清除在票据交易的行列之外;另一方面,因为这种严厉的制裁措施犹如一种无形的压力,时时提醒着每一个票据的债务者必须自觉履行支付义务,全力维护票据的信用,进而达到提高票据支付的确定性,使交换票据全部成为"优质票据",减少甚至消灭不当拒付票据行为的发生。

由此可见,拒付处分制度,不单纯有减少拒付票据的发生、维护票据信用的效果,而且还因为它能对所有的票据债务人造成巨大的支付压力,事实上具有迫使付款人到期支付的强制性效果。因此,从最终的结果看,它能使票据确实获得支付。这恰恰是彻底解决三角债所需要的制度。

毋庸讳言,我国的三角债不是一个单纯的债务不履行的问题,它的产生有着深刻复杂的社会、经济、文化等多重因素。笔者认为,随着票据利用的深入和普及,再辅之一套切实有效的拒付处分制度,就一定能在票据结算这一领域内率先实现无拖欠、无拒付的目标。持之以恒若干年之后,全国范围内基本上都会实现票据结算,到那时候,我国特有的三角债问题的最终解决也就为期不远了。

(四)从日本法和我国台湾地区法中得到的启示

随着经济体制改革的不断深入,我国目前已经基本完成了从计划经济向市场经济转轨的过程。但是不得不承认,在我国大陆,与市场经济相适应的票据的信用纯化这套体制尚未形成，与日本和我国台湾地区相比，拒付处分制度方面的研究起步较晚，甚至只能说目前尚在初始阶段。但是，市场经济中的一些规律和原理是共通的，它不受国体、政体和地区的限制。因此，在现代国际社会中，先进国家已经完善的结算制度和与之配套的维持信用秩序的拒付处分制度，以及与拒付处分制度相关的成熟的法律理论，对于健全和完善我国票据结算制度，提供了许多值得参考的经验和借鉴的内容。

1. 从日本法中得到的启示

日本的拒付处分制度，通过不断地修改和完善，发展至今，已经相当成熟。该制度用私的制裁形式维持信用交易，发挥社会公益作用。我国目前尚未建立拒付处分制度，对于空头支票也仅限于罚款，效果不甚理想。在日本，拒付处分制度对于拒付票据的失信行为进行十分严厉的制裁，其结果迫使票据债务人能够自觉履行债务。笔者认为，我国在设计拒付处分制度时，可以参考日本在这方面的先进经验。

2. 从我国台湾地区立法中得到的启示

我国台湾地区的拒付处分制度的发展和演变过程，对于大陆来说具有以下多方面的启示：

(1) 自古以来，我国在立法上一直奉行"重刑轻民"的原则，这一观念，根深蒂固，延续至今。然而，运用国家的公权力即刑法的威慑力解决票据中的债务履行问题，其结果只能是适得其反。因为它不仅不能达到维护正常的票据交易秩序的目的，反而会削弱甚至失去法的威严。这一点，从我国台湾地区"票据法"第141条经多次更改最后归于失败的结果上可以得到证明。

(2) 在我国大陆，票据信用交易仍作为行政部门规制的对象，一旦出现拒付情况，将按行政法规进行处罚。可是问题在于，政府在票据领域里介入过多，反而会阻碍票据市场的健康发展。所以，笔者主张，政府的行政行为不应触及票据交易市场。这一点，我国台湾地区的票据信用管理规定跨出了历史性的一步，即将有关拒付处分的内容从原来的行政规定中剥离出来，将拒付处分的条文纳入支票存款约定书的补充条款中。显然，这样的双方约定内容，与原来行政规定的性质完全不同，它是建立在签约自由的原则基础之上的。这一极具灵活性的政策，对于我国今后拒付处分制度的完善具有很好的启示作用。

(3) 毫无疑问，拒付处分制度对于维护信用交易秩序发挥着积极的作用，如果再进一步充实和提高信用情报机构的机能，使拒付处分和信用情报公开两种制度并存，将使信用交易的机制更趋合理和完美。

(五) 就拒付问题的两点立法建议

如上所述，三角债问题是我国特有的一个社会问题。然而，对拒付问题处理不严,也是我国滋生三角债的原因之一。我国的《票据法》实施已有多年,但在拒付问题方面还缺乏一套行之有效的措施。当然,三角债的问题,绝不是靠国家发布行政命令,强行介入就能够得以解决的。解决这个问题的关键在于,进一步完善我国的结算体制,建立一套有效的拒付处分制度。具体的步骤为:

第一,立法部门要尽快制定一套促使企业之间的商业信用行为规范化的法规,根据这些法规确立正常的票据结算秩序。以消灭不当的拒付现象,促使人们自觉履行票据的义务为终极目标的拒付处分制度,其功效在此自不必多言。笔者认为,尽快制定一套适合我国国情的切实有效的拒付处分制度,乃是当务之急。

第二,提高银行结算效率,强化结算纪律。对于银行任意拖欠付款、延迟结算、无理退票、编织理由拒绝付款,以及利用商业汇票套取现金的现象要进行严肃处理,绝不姑息。

结　　语

随着市场经济的发展,近年来我国信用交易发展的势头十分迅猛。在进行信用交易的开始阶段,一方应该主动积极收集和调查对方的信用状况,努力收集对方的各种信用情报,根据所得情报判断应否与之进行信用交易。当然,若要取得被查一方的信用情报,客观上要求信用情报机构建立一套相对完善、便捷的向社会公开的情报查询制度。基于此,我国台湾地区新的票据信用管理制度将信用情报公开的内容归入其中,这种做法不仅值得称道,而且对大陆也很有参考价值。

1999 年 7 月,我国在上海成立了第一家个人信用情报中心。这是为了顺应我国信贷消费飞速发展的需要而建立的以专门处理个人信用信息的数据并向社会提供信用情报服务的一家专业性资信机构。该资信公司的成立,意味着长期以来我国没有公开情报查询制度的时代已经结束。它的诞生,是我国社会信用情报发展史上具有划时代意义的一件大事。

但是,我国信用情报机构毕竟还处于刚起步的阶段,许多方面还在摸索和试验过程中,所以,情报机构的功能比较单一,信用信息的面也十分狭窄。例如,上述资信公司,只限于个人信用情报的提供,至于企业法人,机关、事业、社会团体法人以及其他组织等更为广泛、更为重要的信用情报的提供,目前还难以胜任。笔者认为,目前,在我国各地建立和扶植一批高效、便捷,并且服务产品能够涵盖社会各个领域的信用情报专业机构已显得十分必要。

第五专题　海　商　法

试论我国船舶油污损害赔偿制度的构建

蒋　虹

船舶油污损害,系指船舶在正常营运中或发生事故时,逸出或排放油类货物、燃料油或其他油类物质,如废油、油类混合物,在运油船舶以外,因污染而产生的财产损害或人身伤亡,包括事故发生后为防止或减轻此种损害而采取合理措施的费用以及由于采取此种措施而造成的进一步损害。[①] 随着全球经济的发展,各国对各种油类产品的需求激增。同时,各类船舶在海上交通运输中大量使用,这导致大量油类产品因操作性或事故性的原因而流失进海洋。船舶导致的油类污染对海洋环境造成越来越多的危害。自 1967 年至 1996 年,世界上万吨以上的船舶溢油事故就发生了 54 起,这些事故在造成巨大经济损失的同时,也直接推动了有关船舶油污的国际立法以及各国(特别是美国)的国内立法运动。从 20 世纪 60 年代起,不断有相关国际公约出台,对船舶油污发生后的赔偿问题已经形成比较完善的体系。很多国家要么按照国际公约如英国、日本,要么自行立法如美国等,纷纷制定了专门的船舶油污立法。

我国目前正处在经济的快速发展期,需要进口大量原油,而石油运输主要通过船舶实现。随着海上石油运输量的增加,我国沿海也时有船舶油污事件发生。作为一个拥有漫长海岸线的航运大国,我国面临的船舶油污形势比较严峻。大量的溢油事故造成的油污损失得不到充分赔偿,直接导致我国清污水平差,油污损害比较严重。同时,我国的情况又有自己的特点。与国际社会相比,我国调整船舶油污的立法并不完善,至今尚无专门的法律调整船舶油污损害赔偿,也不存在完善的油污损害赔偿机制。因此,研究有关船舶油污损害赔偿的国际立法以及代表国家的国内立法对完善我国船舶油污立法有着重要的借鉴意义。本文在总结这些相关立法经验的基础上,结合我国的实际情况,对我国船舶油污损害赔偿制度的构建提出自己的设想。

---

① 参见司玉琢等编著:《新编海商法学》,大连海事大学出版社 1999 年版,第 409 页。

一、建立我国船舶油污损害赔偿制度的现实意义

（一）我国船舶油污事故的特点及赔偿现状

1. 船舶溢油污染事故的多发性

据有关统计资料显示，我国沿海地区仅1976年至1999年的24年中，共发生船舶溢油事故2257起，按照国际海事组织（IMO）MARPOL 73/78附则1的1991年修订案规定的标准："溢油量50吨及其以上为重大污染事故"，其中发生重大溢油事故51起，平均每年超过了2起。尤其值得注意的是，近十几年来，我国重大污染事故显著增长。自1994年以来，重大溢油事故每年增加至5—7起。随着溢油事故发生的次数越来越多，频率越来越高，造成的油污损害也越来越大。

事故频发的原因是：

（1）油运量增加加大了油污事故发生的概率

我国以往未发生万吨以上的船舶油污事故，主要是因为我国以前石油吞吐量较小。我国自1993年从石油出口国转为石油进口国以来，每年石油进口量迅速增长1000万吨左右。随着我国经济建设的不断发展，未来石油的需求将会越来越大，石油进口依存度从1995年的6.6%增加到2000年的25%，预计到2010年将为30%，2020年将达到50%以上。2000年的石油年进口量已经达到8831万吨，且在2000—2010年的石油需求增长率还可能升至4.3%—5.4%。根据有关部门的预测，21世纪，我国将成为仅次于美国的世界第二大原油消费国，主要能源需求将达到全球10%以上，成为国际能源的重要战略买家。由于我国进口原油80%需从海上运输，因此石油将成为未来港口吞吐量的重要增长点之一。我国一些港口如大连、宁波、秦皇岛、茂名等，纷纷在建和拟建大型石油码头以迎接这个挑战。

（2）油船大型化使油污事故一旦发生，损害增大

油轮大型化是国际趋势。就我国而言，目前沿海港口的大型油轮越来越多，我国交通部直属企业油船平均吨位已从1985年的1.5万载重吨发展到1995年的1.8万载重吨。目前，我国已建和在建的5万吨以上的泊位已达14个。油运量大幅度增加和油轮大型化将会使我国水域今后发生船舶油污事故的概率增加，且一旦发生事故，危害会大大增加。根据专家预测，我国海域未来将成为船舶溢油事故的多发区和重灾区。

（3）船舶老化和技术状况差增加了油污事故发生的可能性

近二十年来，我国航运事业迅速发展，航运企业已达6000多家。一方面，大

型油轮越来越多;另一方面,国内现有油船的状况不容乐观,船舶老化状况相当严重,老龄船和超龄船的比例超过了40%。根据对目前正在营运的交通部直属企业的141艘油船的统计资料进行分析,2000吨以上的油船平均船龄为12.6年,15年船龄以上的占69.2%。这些企业的安全管理和船员素质相对来说还是比较高的,发生油污事故的几率也比较小。但是,我国从事航运业的个体船舶数量已占到船舶总量的60%,这些船舶的船员整体素质还不是很高。根据1988—2000年水上交通事故的统计,地方及乡镇船舶发生的事故占事故总量的比例高达96%。① 这些都大大增加了我国发生船舶油污事故的可能性。

另外,MARPOL 73/78公约实施以来,许多发达国家只允许双壳底油船进入港口水域,导致许多老旧油船涌向不发达国家以及从事油轮营运要求不高的国家。我国至今还允许单壳油船从事营运,同时还是世界二手船买卖的重要市场。因此,到我国的老旧油船必然会增加,从而增加了我国发生船舶油污事故的隐患。

2. 船舶溢油污染事故的严重危害性

船舶溢油污染具有流动性、无国界性等特点。海水的流动性、船舶的移动性决定了进入海洋的船舶溢油污染物不可能局限在或固定在某一点而静止不动,一次污染甚至可能波及多个国家。比如,在举世闻名的Torrey Canyon号油污事件中,原油不仅污染了英国东南海岸许多地方,厚厚的油带还随风扩散至法国北岸以及荷兰西南部海岸,致使这三国当地沿岸海滨饭店、海滨浴场关门,旅游业业绩急剧下降,遭受了严重打击。另外,它们对海洋生态系统的破坏是非常严重的。在这次事件中,死亡的海鸟数量达到了25000只,大量海兽因体毛丧失防水保温能力、阻塞呼吸系统而死亡。所以,毫不夸张地说,船舶油污事件的发生,不仅涉及物质财富的损失,更对海洋生物资源、海滨环境乃至居民的健康产生了严重危害。

(1) 导致物质财产的巨大直接损失②

船舶油污造成的物质财富的直接损失与防止和减轻油污损害所花费的直接费用相当惊人。根据联合国的有关统计,每年因人类活动而流失进入海洋的石油达到1000多万吨,约占世界石油年产量的0.5%,单以昂贵的油价计算,直接损失的油货自身价值便很高。清污费又是一项庞大开支,如在Torrey Canyon号油污事件中,仅清污费和受害人的损失两项合计大约3000万美元,使用了约10万吨清洁剂,花费了800万美元。又如,在“东方大使”号油污事件③中,清污费

① 参见司玉琢主编:《国际海事立法趋势及对策研究》,法律出版社2002年版,第220页。

② 参见张湘兰等:《海商法论》,武汉大学出版社1996年版,第200页。

③ 1983年11月25日,巴拿马籍“东方大使”号油轮在青岛港黄岛油码头满载原油43934吨出港时,触礁搁浅。该次事故共流出原油约3000吨,污染青岛港、胶州湾及其附近海岸线达230公里。

和受害人的损失达到了1775万元人民币。

(2) 破坏海洋生物资源和生态平衡

船舶油污中的污染物进入大海,将对海洋生物资源造成直接或间接的危害,致使海洋生物死亡,或使海洋生物丧失和改变某些肢体器官的功能以及繁殖能力。

(3) 损害优美环境

海岸地区一般是旅游度假、休闲疗养的胜地,环境优美,如果附近海域发生严重的船舶油污事件,泄漏的原油会在海面上形成厚厚的油带,油带随风漂流,极易漂到海岸附近,使优美的海岸出现影响美观的泡沫、浮污以及恶心的气味,甚至使有些海域海水变色,破坏了优美的自然景观,使其失去旅游观光价值。例如,1999年3月发生在珠江口的"闽燃供2"号油轮与"东海209"号油轮的碰撞事故,造成"闽燃供2"号油轮溢出重油580多吨,使珠海市养殖场、风景旅游区、红树林等环境资源遭受严重损害,受污染的海域面积达到300多平方公里。[①]

(4) 危害人体健康

船舶油污对受污染地区的居民身体健康会造成严重的危害。这一危害性表现在:受污染海域的水质下降,病菌大量繁殖,海洋生物无法生存;海洋动物死亡后腐烂发臭,使海面上出现怪味、恶臭味;有些鱼类沾染上油臭味,人类若食用了这些鱼,会造成疾病,严重危害身体健康。在Amoco Cadiz号油污事件[②]后,为保护当地居民身体健康,法国当地政府花费巨大,为居民提供大量的医疗援助服务。

3. 我国船舶溢油污损害赔偿的现状

就其他国家的立法状况看,其油污受害者之所以能获得相对充分的赔偿,是因为它们要么加入有关国际公约,要么有明确的国内立法。目前,国际上就船舶油污损害赔偿建立了两套相对独立和完整的赔偿制度:一套是以《1969年国际油污损害民事责任公约》(以下简称《69民事责任公约》或1969 CLC)和《1971年设立国际油污损害赔偿基金国际公约》(以下简称《71基金公约》或1971 FUND)及其相关议定书为基础建立起来的油污损害赔偿制度,属于国际法。许多国家据此构建了自己的国内制度。另一套是美国以《1990年油污法》(以下简称OPA90)和《油污责任信托基金》为基础建立的赔偿制度,是美国的国内法。

我国至今缺少相应的油污事故赔偿机制。我国虽先后加入1969 CLC和1992 CLC,但一直没加入1971 FUND和1992 FUND(1992 FUND仅适用于我国

① 参见广州海事法院(1999)广海法事字第150号民事判决书,第3页。

② 1978年3月16日,Amoco Cadiz号油轮在前往西欧途中遭遇风暴,油轮舵机失灵后失去控制,搁浅在法国海岸,原油不断泄漏,严重污染法国当地400多公里海岸及沿海水域。最后,法国政府派遣军用直升机向油轮残骸投掷炸药加速漏油,以尽量减轻油污范围。

香港地区),且 CLC 的效力范围在我国存在争议,无涉外因素的船舶油污损害赔偿法律适用处于混乱状态。我国尚无专门的船舶油污损害赔偿法,相关规定散见在不同的法律和行政法规中,且都为原则性规定。相比较其他国家,由于我国尚未建立起一套船东、货主共同承担船舶溢油损害赔偿的运行机制,导致船舶污染得不到应有的赔偿,有时甚至得不到赔偿,总体的赔偿水平较低。例如,在"闽燃供 2"号油轮与"东海 209"号油轮的碰撞事故中,广州海事法院一审判决"闽燃供 2"号油轮应当赔偿经济损失 1060 万元,但是该船的船东责任限制仅仅为 60 万元,所支付的赔偿只是象征性的。这种赔偿不充分的情况相当多见。从我国目前的船舶油污损害赔偿情况看,其不足之处具体体现在以下几方面:

(1) 沿海油污事故赔偿水平低

我国船舶油污损害赔偿处于较低水平。在赔偿主体方面,1992 CLC 和我国《海商法》等法律制度只能提供单一赔偿主体:民事责任主体。因我国没加入国际油污赔偿基金,也未建立国内油污赔偿基金,不存在石油行业对赔偿责任的分担机制,这样在船舶所有人无力承担全部或部分赔偿的情况下,就只能由受害人承担。另外,我国对沿海发生的中小型油污事故很多还采取行政罚款为主的处理方式,使得很多油污事故的受害者没有得到赔偿。同时,很多小的事故的油污受害者根本不会想到去提出索赔要求。在赔偿范围方面,1992 CLC 对"污染损害"的规定是原则性的,没有对"损害"加以界定。国际油污赔偿基金在赔偿实践中积累了大量经验,制定了索赔指南,对索赔加以指导。但是,由于我国未加入 1971 FUND 和 1992 FUND,因此不能直接利用基金索赔标准。我国现有的法律法规又没有船舶油污损害赔偿范围的规定,除了清污费用赔偿,经济损失和自然资源损害赔偿均处于较低水平。根据统计资料,我国发生的中外油污事故合计每起平均赔偿 407.4 万元人民币,每吨平均 0.26 万元人民币。1971 FUND 已经处理的 55 起事故,一共赔偿 8340.27 万英镑,平均每起赔偿 151.6 万英镑,约是我国的 4.8 倍;平均每吨赔偿 2612 英镑,约是我国的 13 倍。

(2) 清污经费不足,清污水平差

我国发生船舶油污事故以后,即使对事故进行清污处理,其水平也很低。根据《海洋环境保护法》的规定,船舶发生污染事故后,组织清污是海事部门的责任,但由于清污费用没有稳定的来源,常常使海事部门处于尴尬的境地。例如,在"德航 298"号油轮与"宝赛思"号发生碰撞事故后,海事部门全力组织清污,花费清污费近 700 万元。"德航 298"号船东破产无力赔付,仅由"宝赛思"号依据碰撞责任承担了 35% 的清污费,与清污单位的支出相差很大,引起了清污公司的极大不满。在市场经济条件下,清污公司都是自负盈亏的独立法人单位,海事部门很难用行政命令的方式组织清污,这导致了多起溢油事故发生后只能眼睁睁地任凭油污流入海洋。同先进国家相比,我国在清污费用方面的投入还不到其1/10。同时,由于我国没有建立合理的赔偿机制,导致了资金匮乏,海上清污能力低,清污设备严重不足,几乎没有一条能适应于恶劣海况下在开敞水域作业的大型溢油回收处理船舶;在发生油污事故时,更多的是依靠人海战术,依靠抛稻草和吸油毡等简单的清污方式。其实,美国之所以签署 OPA90,一个重要原因就是 Exxon Valdez 号油污事件①造成的清污费用和损害额远远超出了公约所能提供的赔偿额。该法在赔偿范围和责任限额方面比公约标准更高。

(3) 我国油轮的承受风险能力低,赔付率低

从统计资料看,我国发生的船舶油污损害事故中,由于外轮引起的都得到了赔偿,而国轮引起的却难以得到充分有效的赔偿。其原因主要在于,我国是1992 CLC 的成员国,2000 总吨以上的国际航线船舶要参加强制保险,而2000 总吨以上的国内航线船舶只持有《油污民事责任信用证书》,不要求强制保险。同时,由于我国船舶所有人保险意识淡薄,大部分船舶没有投保责任险,使民事责任人的赔偿责任风险得不到分散。因此,后两种类型的船舶一旦发生油污事故,船东经常无法独自承担巨额的索赔。

(二) 建立我国船舶油污损害赔偿法律机制的必要性

1. 我国的立法和司法现状决定了该制度建立的必要性

我国目前没有一部专门的完整的船舶油污损害赔偿法律。从我国的国内立法看,油污损害赔偿的法律适用主要由《民法通则》、《环境保护法》、《水污染防治法》、《海洋环境保护法》、《海商法》、《防止船舶污染海域管理条例》等法律法规中的部分规定共同构成。我国现行的调整船舶油污民事赔偿问题方面的立法总体来说比较粗糙,仅仅是在国内不同的法律和行政法规中有一些零星的、原则性的关于油污民事责任的规定,不成体系,可操作性差,可执行性很弱。

(1)《民法通则》的有关规定

《民法通则》第124条规定:"违反国家保护环境防止污染的规定,污染环境造成他人损害的,应当依法承担民事责任。"这只是针对环境污染的原则性规定,据此只能得出这样的结论:"船舶油污违反国家保护环境防止污染的规定,污染了海洋环境,造成他人损害,是一种侵权行为,船舶所有人应依法承担民事责任。"可是,对于如何承担油污损害民事赔偿责任、责任限制是否适用于油污责任、如何适用责任限额、具体金额为多少等问题,还是没有相应的法律可以遵循。

---

① 1989年3月23日,美国超级油轮 Exxon Valdez 号在阿拉斯加沿海岛屿搁浅,泄漏27万桶原油,污染了1609海里的海岸线。这一事故在造成巨大经济损失的同时,也直接推动了有关船舶油污的国际立法以及各国(特别是美国)国内立法运动。

《民法通则》将环境污染归为特殊侵权行为，归责原则适用严格责任原则，而非一般的过错责任原则。据此，可以确定我国同国际社会一样对船东实行船舶油污严格责任制，只是目前我国没有专门的船舶油污的民事立法，未对此作出明文规定。笔者建议，我国在制定油污立法时，应首先将严格责任原则以法条形式明确下来。

(2)《海商法》的有关规定

《海商法》没有对油污损害作出专门的规定，仅在第十一章"海事赔偿责任限制"中提及有关油污损害赔偿问题。其中，第208条第2款规定："中华人民共和国参加的国际油污损害赔偿民事责任公约规定的油污损害的赔偿请求"不适用于第十一章的规定。根据该条规定，国际航线的船舶适用国际油污损害民事责任公约规定的责任限额。但是，国内航线的船舶是适用国际公约规定的责任限额，还是适用《海商法》第十一章规定的责任限额，却不得而知，这直接导致司法界在处理国内航线船舶油污案件时适用法律的混乱。

(3)《海洋环境保护法》的有关规定

《海洋环境保护法》于1982年制定，经1999年修订。该法第66条规定："国家完善并实施船舶油污损害民事赔偿责任制度；按照船舶油污损害赔偿责任由船东和货主共同承担风险的原则，建立船舶油污保险、油污损害赔偿基金制度。实施船舶油污保险、油污损害赔偿基金制度的具体办法由国务院规定。"该条虽然提及油污损害由船东和货主共同承担的原则、船舶油污保险和船舶油污损害赔偿基金制度的设立问题，但是具体办法尚在酝酿之中。

(4)《防止船舶污染条例》的有关规定

《防止船舶污染条例》，即《防止船舶污染海域管理条例》第40条规定："凡由船舶造成海洋污染，受到污染损害的单位和个人，需要进行民事责任索赔的，按《中华人民共和国海洋环境保护法》(修订前——笔者注)第四十二条规定的处理程序处理。赔偿责任和赔偿金额纠纷，可由港务监督调解处理，当事人对处理不服的，可以向人民法院起诉；也可以直接向人民法院起诉。涉外案件还可以按仲裁程序解决。"

综上，我国的国内立法要么是原则性的规定，要么是程序性的规定，而且都是一些概括性较强而操作性不强的规定。就加入的国际公约看，我国是《69民事责任公约》和《69民事责任公约》1992年议定书的缔约国，但未参加《71基金公约》和《71基金公约》1992年议定书。对于溢油污染，特别是海上船舶溢油污染，我国没有构成一个完整的能给污染受害人适当和充分赔偿的制度框架。虽然《海洋环境保护法》已经确定国家将完善并实施船舶油污损害赔偿责任制度，按照船舶油污损害赔偿责任由船舶所有人和货主共同承担风险的原则，建立船舶油污保险、油污损害赔偿基金制度，但是这只是一个总纲性规定，我国仍然没有建立相应的赔偿基金。当发生大型的严重污染事故时,如果污染损害大于责任限制金额,污染责任人可以申请责任限制,而一旦污染责任人责任限制成功,污染受害人的合法利益将不能得到适当和充分的赔偿。

另外,这种立法状况还导致我国出现船舶油污案件适用法律的混乱。如在"闽燃供2"号油轮油污一案中,申请人和异议人主张适用不同的法律规定,各方的动机在于所主张的法律规定对己方有利,即责任方希望承担最小限度的责任,受害方希望获得最大限度的赔偿。该案申请人和异议人的利益冲突鲜明地反映了船舶油污损害各方的利益冲突。[①] 甚至同一性质的案件在我国不同的海事法院出现了大相径庭的判决结果。所以,我国的船舶油污损害赔偿立法急需制定和完善。

2. 这是保护海洋生态环境、实施可持续发展的必然要求

近几年,我国海洋经济以每年约20%的速度增长,沿海人工养殖业发展迅速。海洋溢油可能直接损害捕捞或养殖海洋生物。人工养殖的海洋生物,如海水养殖场的鱼、虾,最容易受到溢油威胁。历史统计数据表明,每当某一沿海地区发生较大规模的溢油事故,就会有大量的关于水产养殖的死亡以及海洋渔业减产的报告。这对于依赖于渔业和养殖业的人来说是灾难性的打击,损失惨重。

另外,受假日经济的拉动,滨海旅游业也成为一个新兴的朝阳产业。溢油事故使海岸的旅游避暑胜地受到污染,影响人们游泳、划船、钓鱼、跳水等娱乐活动,旅馆、饭店经营者和以旅游贸易谋生者也会受到影响。尤其是在旅游季节到来之前或旅游旺季之中,不易挥发的油液及其残余物滞留在海滩上,将使整个海滨旅游地区遭受沉重的经济打击。

总而言之,海洋溢油对于生态环境和人类的经济生活的影响是多方面的,造成的损失是巨大的,因而如何尽可能地防止海洋船舶油污,建立船舶油污损害赔偿机制,已经成为国际环境保护和各国立法研究的重点。"可持续发展"作为解决环境与发展问题的重要理论已为越来越多的国际船舶油污损害赔偿法律文件所确认。"可持续发展"就是既要满足现代人的需求,同时又不损害后代人满足需求的能力;既要保证适度的经济增长与结构优化,又要保持资源的永续利用与环境优化,从而做到环境与经济相协调,实现持续共进、有序发展。正是基于保护环境的理念,国际公约得以在赔偿主体、赔偿范围、责任限额等方面不断发展。美国油污法更是渗透了这个理念,它对于事先防范船舶油污,事后公平分担油污损害赔偿责任,最大限度地保护海洋环境,无疑具有重要作用。

我国在大力进行经济建设的同时,也不能忘了生态环境保护这项基本国策,要完善有利于保护生态环境的法律和政策,加快形成可持续发展的体制机制。

① 参见徐国平:《船舶油污损害赔偿法律制度研究》,北京大学出版社2006年版,第157页。

这与我们现在提倡的“科学发展观”也是完全吻合的,因为“科学发展观”就是必须坚持全面协调可持续的发展。因此,如何借鉴现有国际公约及其他国家的立法,建立适合我国国情的船舶油污损害赔偿制度就显得非常必要。《海洋环境保护法》的规定为我国建立油污损害赔偿机制奠定了法律基础。在这种形势下,更促使我国要将船舶油污损害赔偿工作提到一个新的高度,尽快建立完善符合我国国情的船舶油污损害赔偿制度。

二、国际公约及美国国内立法的趋势特点给我们的启示

我国现行的调整船舶油污民事赔偿问题方面的立法总体来说比较粗糙,可执行性很弱。从加入的国际公约看,我国只是加入了 1992 CLC,并没有加入与之相配套的基金公约;从国内立法看,我国也没有调整船舶油污损害民事赔偿的专门立法,仅仅是在不同的法律和行政法规中有一些零星的、原则性的关于油污民事责任的规定,不成体系,可操作性差。那么,相关国际公约及国内立法到底可以给我们提供怎样的借鉴?本部分将予以探讨。

(一)适用范围明确化

综观船舶油污损害赔偿国际公约及美国 OPA90 的内容,它们首先要明确的是适用的“船舶”、“石油”、“地理范围”的各自含义。例如,1969 CLC 所适用的“船舶”是指实际载运散装油类货物的任何类型的海运船舶和海上船艇。[①] 同时,1969 CLC 第 11 条第 1 款规定,公约不适用于军舰或其他为国家所有或经营的、在当时仅用于政府的非商业性服务的船舶。1971 FUND 作了相同规定。1969 CLC 的 1976 年议定书对“船舶”的界定没作任何修改。1969 CLC 的 1984 年议定书及 1992 CLC、1992 FUND 扩大了船舶的范围,且二者规定相同,即船舶是指为运输散装油类货物而建造或改建的任何类型的海船和海上运输工具,但是一艘能够运输油类和其他货物的船舶,仅在其实际运载散装油类货物时,以及在此种运输之后的任何航行(已证明船上没有此种散装油类运输的残余物者除外)期间,才应视为船舶。根据此规定,压载航行的油轮溢出的用于压载航行的含油污水造成的污染,以及运输散装油类货物和其他货物的兼用船舶或多用途船载运的油类货物、残余物或者燃油溢出或排放造成的油污损害,都在公约的调整范围内。这两种情况在 1969 CLC、1971 FUND 下是不受公约调整的。内河船、内湖船、军舰或其他为国家所有或经营的、在当时仅用于政府的非商业性服务的船舶仍被排除在公约的适用范围之外。同时,有关国际公约对造成污染的

① 参见 1969 CLC 第 1 条第 1 款。

“油类”、“地理范围”都有明确规定。比如,1992 CLC、1992 FUND 所适用的石油都包括了从船舶货舱和燃料舱溢出的持久性茎类矿物油。船舶溢出或排放的油类只有是公约规定的“油类”、“地理范围”时,才能适用相关公约予以解决。又如,美国油污法几乎调整所有的油船、货船、客船和其他各种船舶导致的任何形态的油污,并且它的“地理范围”规定也很有现实意义。OPA90 规定的“油类”是指任何种类或任何形态的油,包括但不限于石油、燃油、油泥、油渣以及除疏浚物之外的与废物相混合的油,[①]它不仅包括持久性石油,还包括非持久性石油。OPA90 所适用的“地理范围”包括美国可航水域、邻近岸线和专属经济区。参议院报告对此进一步明确:“法案适用于《联邦水污染控制法》第 311 条所适用的所有水域和资源,包括美国内陆水域、外大陆架和近海 200 英里海域的有生命和无生命资源。”相对于公约的规定, 美国 OPA90 所适用的地理范围更具有针对性, 因为多数油污损害发生在可航水域和邻近岸线, 船舶油污损害更是如此。

反观我国现有立法对此的规定,则存在一定问题。比如,我国立法在对“船舶”的界定上,对产生油污损害的船舶未作详细界定。在这种情况下,我们只能笼统适用《海商法》第 3 条的“船舶”定义。既然我国参加了 1992 CLC,那么在制定专门的船舶油污民事立法时,对产生油污损害的“船舶”界定应该参照 1992 CLC,将 1992 CLC 对“船舶”的规定移植到我国的国内立法中来,但又要有差别。因为 1992 CLC 是国际公约,只调整从事海上运输的船舶,并不适用于内河船和内湖船,而我国制定专门的船舶油污民事立法不但要调整海船,也要调整内河船和内湖船。又如,我国现有立法对“油类”的界定:《防止船舶污染条例》第 52 条第 3 款和《海洋环境保护法》第 95 条对“油类”作出相同的定义,指任何类型的油及其炼制品。笔者认为,应对连同适用的“地理范围”予以明确规定。

(二) 归责原则客观化

在国际海商事法律中,归责原则大体上有过错责任原则、无过错责任原则、过失免责原则、公平原则等。每一归责原则都有各自不同的适用对象和范围。船舶油污损害属典型的海事侵权,其表现形式一般分为两类,即船舶正常营运中排放油类物质所致的损害,以及碰撞、触碰等海事事故造成的泄油损害。由于船舶油污损害远远大于一般的侵权损害,出于对船舶油污事件严重性的深刻认识、对海洋环境保护的优位考虑以及对船舶油污受害者的法律保护与救济,船舶油污损害赔偿公约在选择归责原则时,只是在 1969 CLC 的制定过程中面对过错责任、无过错责任的选择,最后接受了无过错责任原则。之后的公约无一例外地采

---

① 参见 OPA90 第 1001 节第 23 款。

用了无过错责任原则。到美国《1990年油污法》与《2001年燃油公约》[①]制定时，无过错责任原则已经深入人心。这是归责原则客观化的一种主要形式，即不以加害人的过错为构成要件的民事责任，不但受害人无须证实被告的过错，而且加害人即便能够证明自己没有过错，也不能免去承担民事责任。

（三）赔偿主体两重化

就国际公约而言，为了保证油污受害人尽可能获得充分和合理的赔偿，《69民事责任公约》和《71基金公约》建立了较为完整的两层赔偿机制。[②] 首先由船舶所有人或船舶所有人的油污保险人根据污染损害的情况对受害方进行赔偿。当油污造成的损失超过根据《69民事责任公约》船舶所有人可以享受的责任限制或者根据《69民事责任公约》不产生损害赔偿责任，即适用《69民事责任公约》油污受害人不能获得赔偿或者充分的赔偿时，根据《71基金公约》，油污受害人将从油污基金中获得适当赔偿。可见，这个两层赔偿机制的主体构成是：第一重赔偿主体由民事责任主体及其保险人或保证人构成。为了保证油污受害人在遭受油污损害时，不会因为船舶所有人是单船公司或者财务等原因而不能获得实际赔偿，《69民事责任公约》建立了油轮强制保险的制度，强制运载2000吨以上散装油类的船舶投保油污损害保险或取得其他的财务保证，并且受害人有权直接针对保险人或保证人提起索赔诉讼。第二重赔偿主体为国际油污赔偿基金，它来源于对石油行业征收的摊款或税款。总之，《69民事责任公约》和《71基金公约》建立了由海运业和货油业共同分担溢油污染损害赔偿的制度。

美国油污法也建立了这样的赔偿主体机制。OPA90将民事责任人确定为造成污染的船舶一方，但具体人却与民事责任公约不同。它对船舶污染海洋的责任人规定得极为广泛，为任何船舶所有人、船舶经营人或光船承租人，[③]包括个人、公司、合伙或联营。船舶所有人和光船承租人易于认定，而经营人则不易认定。在美国海岸警卫队出版的有关《联邦水污染控制法》的"补充规则"中，可以找到比较精确的关于"经营人"的定义："经营船舶或对经营船舶负责的任何人，包括但不限于船舶所有人、光船承租人或其他合同主体；船舶的建造人、修理人、刮擦人或出售人也包括在经营人的范围之内。"从这个角度看，OPA90是将

---

① 《2001年燃油公约》全称是《2001年国际燃油污染损害民事责任公约》。因《69民事责任公约》和《71基金公约》不适用船舶燃料舱燃油溢出所造成的油污损害，且船舶大型化带来的这种损害又日益严重，加之燃油只涉及船舶一方，因而赔偿主体只涉及作为民事责任人的船舶所有人及其责任保险人，为此专门制定此公约。参见宋春风：《2001年关于燃油污染损害民事责任国际公约》，载《海商法研究》2001年第2辑。

② 参见张湘兰、徐国平：《试论船舶油污损害赔偿义务主体》，载《武汉大学学报》（哲学社会科学版）2004年第5期，第386—391页。

③ 参见OPA90第1001节第32款。

油污责任方的范围大大扩展了。OPA90将船舶所有人、船舶经营人和光船承租人作为连带民事责任人,与民事责任公约仅将船舶所有人作为民事责任人相比较,更能促使船舶经营人和光船承租人防范油污风险。可以说,这一规定充分发挥了侵权法的损害预防功能,促使实际控制船舶的船舶经营人或光船承租人防止和减少油污损害。关于保险,则不仅要求油轮强制保险,还包括非油轮和石油设施。关于基金,它的来源除对石油企业的税收外,还包括政府拨款及其他筹资渠道。在基金的使用上,除优先保证清污费用的使用和对污染损害提供补充赔偿外,还用于对自然资源的评估和恢复、制订应急计划以及进行溢油应急的研究和科研开发。

这样的赔偿主体除了民事责任主体之外,还把损害责任转移、分散,使赔偿责任社会化。赔偿主体多元化的好处是不言而喻的:一方面,通过责任保险的方式,使加害人的责任风险得到转移,不致因大量损害赔偿而陷入经济困境或破产,同时受害人的损害弥补也获得了保障。另一方面,通过建立国际或国内油污赔偿基金的方式,使货物方也加入到民事责任主体中来。另外,赔偿基金与民事责任主体及其责任保险人并非并行的赔偿主体,赔偿基金是继第一重赔偿主体——民事责任主体及其保险人之后的第二重赔偿主体。这两方面都显示出赔偿主体多元化巨大的损害转移和损害分散功能,较好地平衡了船方、货方和受害方的利益。同时,这种赔偿主体的多元化,从诉讼程序层面上解决了受害人因单一民事主体索赔难的问题,符合确保受害人利益的立法初衷。

相比较国际公约与美国立法,我国目前的赔偿主体则比较单一化。这样,一旦发生油污损害,航运业无疑会不胜负担。就船舶油污强制保险制度而言,鉴于1992 CLC规定的财务能力证明只适用国际航线运载2000吨及以上散装货油的船舶,其他船舶除了国内立法有特别规定外,投保油污责任险完全本着自愿的原则。实践中,因船舶方油污责任保险意识淡漠,保险市场油污责任保险服务还不完善,加之我国目前立法中没有广泛建立这个制度,造成了我国不适用1992 CLC强制保险规定的船舶,大多没取得油污责任保险。我国沿海实际情况是小船多、老旧船舶多,这些船舶一旦发生油污事故,如果没有责任保险人作为赔偿主体,赔付能力就很差。[①] 同时,我国既没加入国际油污损害赔偿基金,也没建立国内油污损害赔偿基金,不存在石油行业对赔偿责任的分担机制,油污损害赔偿只能由航运业独自承担。

(四)赔偿范围扩大化

综观船舶油污损害赔偿国际公约与美国法,船舶油污损害赔偿主要包括对

① 参见刘红:《尽快建立并实施我国船舶油污损害赔偿机制》,载《中国海商法协会通讯》2003年第1期。

财产损害、清污费用、纯经济损失和自然资源损害的赔偿。这也是船舶油污损害赔偿专门立法的重要缘由。传统法律制度仅对财产损害规定了完善的赔偿制度，对清污费用、纯经济损失和自然资源损害的赔偿则由船舶油污损害赔偿法加以规范，并且这个过程是随着经济的发展与环保理念的提升而不断发展的。船舶油污损害赔偿法建立之初，对纯经济损失和环境损害的赔偿存在障碍。随着环境保护理念的不断加强、船舶油污损害赔偿法的不断完善，这些障碍逐渐被跨越，赔偿范围日趋扩大。

就赔偿范围而言，对清污费用的赔偿在船舶油污损害赔偿中占据了最大份额，船舶油污损害赔偿法的建立为清污费用的赔偿提供了法律依据。清污费用的多少取决于污染范围和程度，以及清污措施是否彻底。随着清污技术和设备的完善和改进，清污措施越来越彻底，清污所支出的费用越来越高，船舶油污损害赔偿法对清污费用的赔偿范围也在不断扩大。船舶油污损害民事责任公约和美国油污法所规定的清污费用均包括清污费用、防污费用、清污和防污措施所造成的进一步损害或损失。

另外一个不容忽视的问题是，船舶油污会造成环境损害或潜在的环境损害危险，使得受害者遭受利润或收入损失。这类损失中只有少数与财产权损害相关，大多属于纯经济损失。受害者主要分布在渔业、旅游业及其相关产业，还有少量与港口和航运相关。对于这些纯经济损失是否赔偿、赔偿范围如何确定这两个基本问题，都需要船舶油污损害赔偿法律制度加以解决。对此，船舶油污损害民事责任公约前后也经历了变化：从《69 民事责任公约》和《71 基金公约》对“污染损害”的定义没有关于纯经济损失赔偿的规定，到《92 民事责任公约》和《92 基金公约》间接承认了对环境损害所造成的利润损失的赔偿，即“对环境损害的赔偿，除这种损害所造成的利润损失外，应限于已实际采取或行将采取的合理恢复措施的费用”[①]。根据《71 基金公约》和《92 基金公约》分别设立的两个国际油污赔偿基金面对数额巨大的纯经济损失索赔，认识到纯经济损失赔偿的社会需求，在其赔偿实践中专门编写了《索赔手册》，制定了纯经济损失的赔偿标准及其他“可接受的索赔”，这为各国解决油污损害赔偿问题提供了重要的参考依据。美国 OPA90 的经济损失赔偿条款改变了美国海事普通法中的 Robins 规则[②]，将纯经济损失纳入油污损害赔偿范围，实现了对传统海事侵权法中纯经济损失基本不赔原则的根本性突破。可见，油污损害赔偿问题经历了一个从不承认到逐步承认并扩大纯经济损失赔偿范围的过程。

---

① 1992 CLC, Art. VI. 1.

② 原来明确排除对纯经济损失的赔偿，对经济损失的赔偿仅限于对财产权的物理损害所产生的经济损失，唯一例外是商业渔民因污染遭受的纯经济损失赔偿。

对自然资源损害是否应予赔偿的问题，公约前后也经历了变化：从开始没有涉及，到《92民事责任公约》对“污染损害”的定义明确包括“环境损害”。鉴于环境损害的赔偿存在估算困难等实际障碍，所以“限于实际采取和将要采取的恢复措施所支出的合理费用”就很有必要。2002年，工作组对环境损害索赔的认可标准进行了研究，并制定了恢复措施费用的合理性标准。

美国的油污损害赔偿机制与国际公约相比，赔偿范围更宽。它涉及的清污费用及油污损害的范围非常广泛，几乎包括了所有可以想象的损失。索赔的主体不仅可以是财产的受托管理人和所有人、租用该财产的人，还可以是和财产所有权没有任何关系的其他人，只要这些人是以这些被损害的自然资源的用途维持生计。这完全打破了1927年Robins Dry dock一案所确定的赔偿范围，即只赔偿与其财产有关的经济损失。这样，任何索赔人都有权基于对自然资源的损害、破坏或灭失提出由此造成利润损失或降低收益的能力的损害赔偿。对自然资源的损害和使用这些自然资源造成的损失，所获赔偿只能用于受损自然资源的恢复、修复、替代和获取相等物。所以，在这个问题上，回顾责任公约与基金公约的发展以及美国油污法的规定，可以看到环境法的进步、环境保护意识的不断加强。

（五）赔偿责任限制化

由于油污事件有其特殊性，它所造成的损害范围和损害程度是不确定的，有可能非常巨大。责任限制制度的存在使得赔偿责任事先被限定在特定的数额以内，航运业据以明确投资和经营风险，保险业据以确定保险金额，石油业据以确定赔偿基金的资金规模以及缴款义务人所应负担的摊款或税款数额。船舶油污损害赔偿法律制度作为海事损害赔偿制度，保留了海事责任限制制度。赔偿责任限制制度将民事责任人的赔偿责任、保险人的保险金额、油污损害赔偿基金的补充赔偿责任事先限定在一定数额之内，使各方可以明确各自的责任限度。如果没有赔偿责任限制，由于船舶油污损害的多发性、严重性和不确定性会给船东和货主带来过重的经济负担，将致使航运业、石油业无法运营下去。从1969 CLC和1971 FUND及随后的三组议定书的有关规定可以发现：一方面，海上船舶油污损害赔偿的责任限额水平不断提高；另一方面，船舶所有人及其保证人对每一事故无论在单位赔偿额还是最高赔偿额上均有大幅度的提高，国际油污损害赔偿基金所赔偿的总额也不断上升。

美国一直从其本国的油污损害现实出发，竭力促成公约提高赔偿数额，在意识到公约所规定的赔偿额不足以赔偿其国内油污损害时，才着手制定了本国油污法。在赔偿责任限额问题上，美国OPA90对油船和非油船造成的污染损害赔偿分别规定了不同的责任限额，且油船的责任限额比1969 CLC的规定大幅度提高，较之原有的国际公约有了巨大的突破。特别需要注意的是，美国油污法下援引责任限制的条件是极为苛刻的，且还允许各州立法，有些州甚至有无责任限额的规定。因此，美国的油污损害赔偿机制与国际公约相比，赔偿范围更宽，责任限制更高，赔偿更为充分。因为严格的立法与执法措施，1990 年之后，美国海域溢油次数和溢油量大幅下降。所以，OPA90 在预防污染方面是卓有成效的。它促使经营美国航线的船东纷纷为自己的风险研究对策，一方面，在技术上采取各项措施预防事故的发生，同时也作好准备，以便在事故发生后以最快、最有效和最经济的方法处理油污，减轻损害；另一方面，采取措施改变企业结构以分散资产，避免因一次重大油污事故造成巨大的损害赔偿而赔掉全部资产或大部分资产。在美国海域发生油污事故，就意味着船东面临巨额的油污索赔，后果将是灾难性的。①

由此可见，为了遏止油污事故产生的日益严重的污染和损害，损害赔偿限额不断得到提高，同时也要认识到对于大型油污事件的受害人来说，损害总是不能获得完全充分的赔偿的。所以，最好是船东采取各种防范措施，如提高船舶的技术含量，提高船员的素质，尽量避免油污事故的发生。

总的来说，船舶油污损害赔偿公约和美国油污法是针对发生油污后如何保证受害人获得赔偿而制定的。表面上看，它们似乎不存在预防污染的功能。但是，实际上，笔者认为，它们所规定的越来越大的赔偿范围和越来越高的赔偿限额，以及无过错责任原则等，已具有了促使船东为避免承担责任而积极预防油污的功能。其实，公约体系本身的发展也是与环境保护理念的不断加强相一致的。预防原则②又是环境法非常重要的原则。关于这一点，美国油污法是个很好的例子。它并非预防油污的国内法，但是规定了极高的赔偿限额和极易丧失的免责条件，有的州甚至规定了对油污损害承担无限赔偿责任，使许多油轮船东望而生畏，不敢再继续经营美国航线，而大浪淘沙后所留下来的都是颇具经济实力和技术实力的船公司的油船，这为制止美国海域船舶油污事件的发生起到了很好的预防作用。从民事责任公约、基金公约的历次议定书的规定看，逐步加重船东的赔偿责任，不断扩大油污损害赔偿的范围，使油污受害者尽可能获得比较充分的赔偿，已成为国际社会始终不渝的追求和不可逆转的国际立法趋势，船东唯有通过提高船舶技术含量和船员预防油污的水平，才能避免油污事件的发生，使自己得以生存下来。这是值得我国借鉴的。我国建立船舶油污损害赔偿制度，不仅是针对发生油污后保证受害人获得赔偿，同时也应促使船东不断提高预防油

---

① 参见韩永光：《美国油污法对油污损害赔偿的新发展》，载《海南金融》1998 年第 10 期，第 45 页。

② 该原则可分为损害预防原则和风险预防原则。其中，损害预防原则是指国家应尽早地在环境损害发生之前，在其管辖范围内或控制下采取措施以限制、制止或控制可能引起环境损害的活动或行为。参见戚道孟主编：《国际环境法》，中国方正出版社 2004 年版，第 77 页。

污的能力。这样,那些经常发生事故的小船、老旧船舶就会被淘汰,船舶的技术含量和船员预防油污的水平就会得以提高。

三、我国船舶油污损害赔偿法律制度的框架

目前,世界上通行的船舶油污损害赔偿机制共有三种:一是加入国际公约,按照国际船舶油污损害赔偿机制运转,大多数国家如此,发达国家除美国外,基本上都参加了公约;二是本国立法建立油污损害赔偿机制,典型的是美国;三是建立国际、国内两套基金同时运转的油污损害赔偿机制,如加拿大,既参加国际公约,同时又建立国内油污损害赔偿基金,两套机制相辅相成。[①] 这三种赔偿机制中,以第三种机制提供的赔偿最完备,但是以我国目前的国情还无法建立这样的赔偿机制。笔者前文详细分析了国际公约和美国油污法的赔偿机制及特点,期望对我国建立相关制度提供借鉴。

前述国际公约和美国油污法对船舶油污损害赔偿提供了两重主体,并且不断提高赔偿水平,以实现对油污损害尽可能充分的弥补。我国先后加入 1969 CLC 和 1992 CLC,但一直没加入 1971 FUND 和 1992 FUND。这样,在赔偿主体方面,1992 CLC 和我国《海商法》等法律制度只能提供单一赔偿主体:民事责任主体。除了对国际航线载运 2000 吨以上石油的船舶强制予以责任保险外,由于我国船舶所有人保险意识淡薄,大部分船舶没有投保责任险,民事责任人的赔偿责任风险得不到分散。另外,我国既没加入国际油污损害赔偿基金,也没建立国内油污损害赔偿基金,不存在石油行业对赔偿责任的分担机制,油污损害赔偿由航运业独自承担,这导致很多情况下受害人无法得到充分赔偿。所以,我们现在对已参加的国际公约,要明确的是其在我国的适用范围是否受到限制;而对于基金公约,则应明确是否应加入、何时加入的问题。从长远看,我国加入 1992 FUND 是今后发展的必然趋势。因为加入 1992 FUND,基金公约与责任公约就一起组成了较为完善的赔偿机制,并且通过实践,基金本身有成熟的油污索赔经验,它可以提供较高的赔偿水平。根据我国目前油船吨位及以往油污事故赔偿的实际情况,民事责任公约的限额已经足够,而与 1992 FUND 所提供的赔偿水平相比则差距很大,如果现在加入该公约,对该公约赔偿机制的利用水平必然不高,而我国石油业却要承担沉重的摊款义务。因此,为实现既能对船舶油污损害提供较充分的赔偿,又能避免石油行业负担过重的目标,我国可以先行建立国内油污损害赔偿基金,待我国油污损害赔偿水平与 1992 FUND 一致时,再加入该公约。所以,当务之急是必须加快建立健全我国国内的船舶油污损害赔偿机制。

---

① 参见刘红等:《国际船舶油污损害赔偿机制评述》,载《交通环保》1999 年第 4 期,第 27—29 页。

具体而言,我国船舶油污损害赔偿立法体例可采用在《海商法》或《海洋环境保护法》中设立专章的方式,也可单独制定《船舶污染损害赔偿法》。但是,考虑到实际情况的紧迫性及完善立法的必要性,加之《海商法》或《海洋环境保护法》的修改还会涉及其他方面,因此比较妥当的做法是:可先行由国务院出台专门的《船舶油污损害赔偿条例》,待时机成熟,可将船舶污染引起的损害赔偿"一网打尽"。

通过前文讨论,并结合国际立法的发展趋势,笔者就我国建立完整的船舶油污损害赔偿责任制度提出以下构想:

(一)明确法规的适用范围

我国《船舶油污损害赔偿条例》首先应对一些基本概念加以定义,以明确适用范围。立法可规定:油污损害赔偿案件具有涉外因素且属于 CLC 公约调整范围的,适用 CLC 公约的规定;不具涉外因素或不属于 CLC 公约调整范围的,适用本条例。这样可以解决无涉外因素船舶油污损害的法律适用在司法实践上极不统一的问题。[①] 同时,立法应进一步就以下问题作出规定:

1. 对"船舶"的界定

我国《海商法》和《海洋环境保护法》没有对与油污相关的船舶作特别规定。《防止船舶污染海域管理条例》第 4 条规定:"在中华人民共和国管辖海域、海港内的一切船舶,不得违反《中华人民共和国海洋环境保护法》和本条例的规定排放油类、油性混合物、废弃物和其他有毒害物质。"该条例第 52 条第 2 款规定,船舶是"指一切类型的机动和非机动船只,但不包括海上石油勘探开发作业中的固定式和移动式平台",但将军用船舶排除在外。笔者认为,我国《船舶油污损害赔偿条例》可借鉴该定义,但其适用的船舶仅限于商业船舶,军用船舶和政府公务船舶应排除在外。

2. 对"油类"的界定

我国《船舶油污损害赔偿条例》对"油类"作界定时,可包括油类货物、燃料油或其他油类物质,如废油、油类混合物,注意应该将非持久性油类包括在内。从我国船舶油污情况看,虽然非持久性油类造成的污染损害没有持久性油类那么严重,但也不容忽视。因为非持久性油类漏泄也会造成污染损害,并产生清污费用,如果仅调整持久性油类的漏泄问题,立法还是不完整。另外,从国际公约角度看,2001 年的《燃油公约》也已经对非持久性油类的污染作出了调整。随着环境保护的日益重要,对非持久性油类造成的污染进行调整是油污立法的应有

① 司法实践中,我国法院对于无涉外因素的船舶油污损害有适用 1969 CLC 的,有适用《民法通则》的,有适用《海洋环境保护法》的,还有适用《海商法》的。学理上也存在争议。

之义。

3. 对“地理范围”的界定

我国《船舶油污损害赔偿条例》对适用的“地理范围”应界定为：发生在我国领海和与海相通的可航水域、临近岸线和专属经济区的污染损害，以及为防止油污损害的发生，在任何地点采取的预防措施。

（二）建立两重赔偿主体

我国船舶油污损害赔偿立法应建立两重赔偿主体的机制，赔偿风险由海上石油运输各方共同分担。

1. 明确民事责任主体和责任原则

我国可参考民事责任公约和美国油污立法的既有模式，将油污损害赔偿的民事责任主体确定为船舶一方。具体可借鉴美国油污法的规定，将船舶所有人、光船承租人、船舶经理人和经营人作为民事责任主体。民事责任主体在无过错责任基础上对油污损害承担连带责任。因为将船舶所有人、船舶经营人和光船承租人作为连带民事责任人，与民事责任公约仅将船舶所有人作为民事责任人相比较，更能促使船舶经营人和光船承租人防范油污风险。可以说，这一规定充分发挥了侵权法的损害预防功能，能促使实际控制船舶的船舶经营人或光船承租人防止和减少油污损害。

侵权法的核心是归责原则。由于船舶油污损害远远大于一般侵权损害，且造成的环境污染相当大，因而当代多数国家对它都实行无过错责任原则，以强化责任主体的责任，促使责任主体积极采取措施，防止环境污染。因此，对此问题，我国应和1992 CLC保持一致，采用无过错责任制。我国船舶油污损害赔偿的民事责任主体制度应在无过错责任基础上确定民事责任主体，并明确民事责任主体的抗辩事由。

2. 建立强制责任保险制度

鉴于单一赔偿主体对损害赔偿的不足，为保障民事责任人赔偿责任的履行，我国《船舶油污损害赔偿条例》有必要建立强制责任保险制度。从民事责任公约和美国油污法的规定及执行情况看，强制保证大多采用保险形式，民事责任公约要求的强制保险基本由保赔协会提供，美国则是在保赔协会基础上由商业保险人提供。关于我国船舶油污责任保证的形式，也应要求船舶取得并保有财务能力证书，以实施强制保险制度。我国已有一些地方法规和规章提出了强制保险要求。1999年11月，《深圳经济特区防治海域污染条例》颁布，规定凡进出深圳港的7000吨级以上的油轮必须投保油污责任险，这是我国地方法规中率先实行强制保险的范例。上海海事局在2000年2月下发了《关于对上海港供油船舶进行整顿的通知》，规定船舶只有参加油污责任保险后才能领取上海港供油作业许可证。[①] 1999 年 7 月 1 日起施行的海事局关于《船舶载运散装油类安全与预防污染监督管理办法》第 6 条规定了从事沿海运输不论吨位大小都应进行保险或取得其他财务保证。

就实践而言，笔者认为，这项制度的建立，一是需要航运公司的支持，航运公司要认识到参加油污保险并享受一定的责任限制是对船东的一种保护。二是需要保险公司的行动。我国开展船舶油污保险业务的保险公司主要是中国人民财产保险股份有限公司（以下简称"人保财险公司"）和中国船东互保协会。以前很多保险公司认为油污险风险大，赔偿不规范，不敢开展这项保险。现在有不少保险公司都对油污保险表现出积极的态度，如太平洋保险公司、平安保险公司、华泰保险公司等都在关注油污保险市场。保险公司有了承保的积极性，我国实施船舶油污保险就更有基础。

具体而言，实施强制责任保险制度有以下几个问题需明确：

其一，适用范围。在制定我国强制保险（财务保证）适用的船舶范围时，除了从事国际航线的载运 2000 总吨以上散装持久性油类的船舶应当按照 1992 CLC 办理外，对于从事国际航线的载运 2000 总吨以下散装货油的船舶，不论吨位大小都应当要强制保险（财务保证）。根据有关部门统计，我国沿海 1000 总吨以下的油船占沿海油船总数量的 71%，其中半数是 500 总吨以下的油船。内河小油船更多，其中 40% 是 200 总吨以下的。因此，沿海油船进行强制保险（财务保证）最低限度可以规定为不超过 500 总吨的船舶统一规定一个保险限额；内河船舶油船的最低限度可以规定为不超过 200 总吨的船舶统一规定一个保险限额。另外，尽管我国尚未加入 2001 年《燃油公约》，但是毕竟加入该公约是发展趋势，所以在我国法律中应先规定对于船舶燃油污染的强制保险，这是立法超前性的表现。

其二，保险金额。保险金额应根据船舶的不同情况作相应的规定，如国际航线的油轮采用 1992 CLC 的规定，而沿海的油船则采用国内法的规定。保险金额设置上应做到与民事责任最大限额一致，每一船舶的船舶所有人、光船承租人、船舶经营人只需取得和保有一份财务能力证书。

其三，保险费。保险费由保险公司根据赔偿情况自行规定，每年作适当调整。保险费分出若干档次，对管理不善的或技术状况差的公司可适当提高保费。

其四，保险险别。可以设立油船油污险、货船燃油油污险等险别。

其五，保险责任。即发生在我国内海、领海、专属经济区及我国管辖的一切其他海域载有任何类型的油及其炼制品满载或空载的油船或货轮，因污染环境所引起的损害，包括预防措施及清除与复原费用、财产损失、纯经济损失等。

---

① 参见中国人民财产保险股份有限公司《沿海内河船舶保险油污责任附加险条款》第 3 条。

另外,从我国目前提供船舶油污责任保险的人保财险公司和中国船东互保协会的保险条款看,它们排除了对保险人的直接索赔。《海事诉讼特别程序法》第97条第1款和《保险法》第49条则规定,受害人有权直接对保险人提出索赔。所以,我们应赋予索赔者向油污责任保险人或其他保证人直接索赔的权利,保险人或其他保证人享有与民事责任人相同的抗辩权。

3. 建立油污赔偿基金制度

我国《船舶油污损害赔偿条例》应设立油污赔偿基金,实现对油污损害的第二重赔偿。参考国际油污赔偿基金和美国油污基金的运行模式、组织机构、资金来源、赔偿对象等,笔者认为,我国油污赔偿基金宜采用美国信托基金的形式,由交通部和海事局负责建立船舶油污基金管理中心,作为托管机构对赔偿基金进行管理和处分。中心作为独立的法人,附设于国家海事局,以受托人身份对油污赔偿基金进行管理。此外,可以设立油污基金理事会作为非常设决策机构,由石油货主代表、财政部、交通部、海事局、国家环保总局等部门的专家组成,每年至少召开一次会议,由基金管理中心负责召集。理事会的职责是:决定摊款额,对中心的管理进行评估,行使信托监察职能等。

油污损害赔偿基金的资金来源,根据我国实际情况可由国家投资作为基本资金,并把向水上石油货物接收者征收的摊款、对污染船舶的行政罚款、基金收益等作为基金的日常来源。其中,石油货物摊款是最主要的资金来源。鉴于我国石油货主有限的摊款能力,基金的资金规模应维持在合适的水平,可根据基金的最大赔偿限额、油污事件的发生频率和损害大小、石油货主接受的石油货物数量,确定一个基本的年度摊款数额,如果发生大型油污事件,再另行收取大型事件摊款。

油污基金应主要对下列情况提供补充赔偿:(1)船舶油污损害超过船东责任限制时;(2)按照船舶免责条款船舶所有人不承担责任时;(3)船东所有人在财务上不能履行其全部义务时;(4)找不到肇事船舶时;(5)由于船舶溢油造成水域污染,政府和有关部门采取合理措施清除和减少污染而支出费用时;(6)船舶溢油后造成对第三者的污染损害和重大船舶溢油污染事故中垫付了清污费用时。

在以下情况下,油污基金不承担赔偿义务[①]:(1)经证实,油污损害是因战争、敌对行为、内战或武装暴动而造成,或由军舰或政府公务船舶溢出或排放的油类所造成;(2)如果基金证明油污损害全部或部分由于受害人的故意或过失造成,则基金可以全部或部分免除对受害人的赔偿责任。

① 笔者参考了国际油污赔偿基金和美国溢油责任信托基金的抗辩事由。

(三)明确界定赔偿范围

目前,我国法律对船舶油污损害的赔偿范围等具体内容并没有直接规定,实践中对油污损害赔偿范围存在争议,如关于船舶油污造成的中长期损失是否在赔偿范围之内的问题并没有明确的规定,导致各地、各部门立法和实践的不统一。例如,在《防止船舶污染海域管理条例》的规定(第 7 条、第 12 条和第四章)中,赔偿责任范围包括清污费用、污染直接产生的灭失或损害、预防措施的费用、采取预防措施造成的进一步灭失或损害的费用,但是其中都不包括中长期损失。我国农业部颁布的《水域污染事故渔业损失计算方法规定》规定:天然渔业资源损失额的计算,由渔政监督管理机构根据当地的资源情况而定,但不应低于直接经济损失中水产品损失额的 3 倍。此规定明确地将油污造成的中长期损失纳入损害赔偿范围。另外,对于油污污染导致渔业资源损害的赔偿范围也是实际索赔中争议较大的部分,各方面对天然渔业资源损害是否属于赔偿范围有不同意见,因此迫切需要立法对油污损害赔偿范围作出具体规定。另外,由于有关法律规定均是原则性的,怎么去执行,按什么程序执行,应该执行到什么程度,都没有具体的实施细则,因此迫切需要立法对油污损害赔偿范围作出具体规定,并制定相应的实施细则。

我国参加的 1992 CLC 和 2001 年《燃油公约》对油污损害赔偿范围的规定基本一致。笔者认为,我国立法在明确油污损害赔偿范围时,可以 1992 CLC 为蓝本,即油污损害包括三个方面:油污直接造成的灭失或损害,采取预防措施的费用,采取预防措施造成的进一步灭失或损害。同时,可模仿国际油污赔偿基金的《索赔手册》制定“索赔指南”,明确在船舶油污案件中何种损失可索赔、何种损失不能索赔,对可索赔的请求、赔偿的准则等作出指导性规定,并根据情况的变化及时作出修改。制定“索赔指南”时,可遵循如下几个原则:其一,确定油污损害赔偿范围时,不妨参考大多数国家法律认为可以受偿的请求范围,同时适当考虑国际油污赔偿基金确立的标准;其二,使用的术语要考虑在不同法律传统国家都能被理解和接受;其三,既要使请求事项具有很强的明确性,又要保留请求事项的足够灵活性。此外,针对油污损害赔偿中预防措施的合理性的标准,可参考国际海事委员会制定的《CMI 油污损害指南》,要求措施费用与要避免或减少的损失相适应。

(四)明确责任限制

这也是油污损害民事责任制度非常重要的一个方面。我国已加入 1992 CLC,但是 1992 CLC 规定的限额对于从事沿海运输的国内油船来说显然是过高了。根据我国目前航运业和石油货主的承受能力和油污损害索赔水平,建议油污制度采取较1992 CLC低的配额及摊款，分步实施，逐步到位，最终达到国际公约规定的标准和限额。

针对我国目前航运业的实际情况，有必要在国内立法中制定较1992 CLC低的油污责任限额，因为我国航运企业的现状是小船多、老旧船舶多。如果按照1992 CLC规定的责任限制保险，有可能使许多油船不能营运，势必造成运力紧张，影响航运市场的正常秩序。所以，针对我国国情，应根据不同航区、不同油类的船舶分别规定责任限额，区分规定国际航区、沿海航区和内河航区的船舶在载运散装持久性油类和非持久性油类时不同的责任限额。对航行于国际航线的载运散装持久性油类的船舶的责任限额，应和1992 CLC的规定保持一致；对航行于国际航线载运散装非持久性油类的船舶的责任限额，根据我国的实际情况另外制定。沿海航区、内河航区的船舶油污责任限额要根据沿海航区、内河航区船舶所有人的承受能力制定，尽可能在给予油污受害人赔偿的同时，也要保护航运企业的发展。①

关于责任限制权利的丧失，本文建议采用1992 CLC的相关规定，即由于责任人的故意或明知可能造成损失而轻率地作为或不作为造成的，责任人无权享受责任限制。

结　　语

为了保证油污受害方得到较为合理充分的赔偿，同时也促使船东不断提高预防油污的能力，并最大限度地保护海洋环境，我国有必要建立完善的船舶油污损害赔偿制度。

笔者认为，构建我国船舶油污损害赔偿制度，可借鉴CLC公约、FUND公约及美国油污法等的规定，今后一段时期，应当加快立法步伐，尽快制定船舶油污损害赔偿的专门法。同时，一定要根据我国的实际情况，立法既要考虑到作为赔偿主体的航运业、保险业、石油业各自的承担能力，合理分配它们的赔偿责任，又要在赔偿主体与受害方之间进行利益衡量；既要保证对油污损害受害方的补偿，又要考虑到环境损害的问题。随着经济的发展，清污水平、环境意识等不断提高，船舶油污损害赔偿水平、损害赔偿的限额也会不断提高。应当意识到，船舶油污损害赔偿专门法的建立，只是我国船舶油污损害赔偿法律制度迈出的第一步。随着我国进口原油量的增多，海上石油运输油污损害的风险会加大，我国在条件成熟时应尽量与国际公约接轨。

---

① 参见徐国平：《船舶油污损害赔偿法律制度研究》，北京大学出版社2006年版，第177—180页。

第六专题　银行法、信托法及其他

我国信托业若干基本问题探讨
——以金融功能、风险监管与信托业法为中心

贾希凌

我国信托制度的正式建立，始自2000年实施的《证券投资基金法》和2001年实施的《信托法》（两"信托法典"）的颁行。信托公司在法制保障下，开启以"信托计划"[①]为投资工具（载体）的新信托时代。信托产品虽然是新生事物，但它在法律、政策和实践互动下，已经向我国社会展示了巨大的发展潜力。2007年1月，中国银行业监督管理委员会（以下简称"银监会"）总结过去积累的监管经验，继续坚持信托本原性功能的监管理念，清理整合历年颁布的多项监管规定，发布"新两规"[②]。因应现实需要，各界呼吁，应制定统一的信托业法，因为这是信托实践定分止争的关键，是完善信托制度的一个重要方面。

在我国经济日益融入全球化以及金融业混业经营的背景下，信托公司（信托业）若干中宏观问题（信托业发展趋势、功能定位、风险控制、主业转型以及制度完善等）值得关注。本文总结信托业的金融功能，试图分析我国信托风险问题与应对措施，提出现阶段信托公司的产品转型的构想，认为有必要制定信托业法，以完善我国信托基本法律体系。

---

① 本文中，"信托计划"主要是指集合资金信托计划。在实践中，对信托计划的形式有两种理解：一种观点认为，信托计划是信托文件的一部分，信托文件包括信托计划、信托合同与风险申明书；另一种观点认为，信托计划是一种法律结构安排，并不指某一个特定的信托文件，由信托计划说明书、信托合同、风险申明书共同组成信托文件。对信托计划的本质也有两种不同理解：一是将信托计划看成一个信托基金，不同委托人加入信托计划基金，在信托计划基金成立之前不成立信托关系，信托计划基金成立后某个委托人退出信托计划基金也不影响整个信托的有效性；另一种观点认为，信托计划是不同信托的集合，由于信托管理运用方法相同而由受托人管理，在信托计划成立之前已经分别成立了信托关系。

② "新两规"指2007年1月中国银监会发布的《信托公司管理办法》与《信托公司集合资金信托计划管理办法》，自2007年3月1日起施行。

一、信托业发展历程、现状与趋势

(一)改革开放以来信托业曲折发展历程

适应改革开放的要求,1979年,中国国际信托投资公司成立,成为在社会主义新中国设立的第一家信托公司。这既是为了满足企业盈余资金的运用需求,也适应了在银行信用之外发展其他金融渠道的需要。此后,各部委、银行、地方政府设立了大量信托投资公司,1982年达620家,1988年达745家,并出现了大量问题。[①] 经1982、1985、1988年三次清理整顿,到1991年,信托公司减少至376家。[②] 经1993—1996年的精简工作,到1996年底,信托公司为244家。[③] 1999—2001年,进行了第五次整顿。截至2003年底,全国已获重新登记、领取金融许可证的信托投资公司共有59家。[④] 根据2007年信托"新两规",银监会鼓励信托公司"压缩固有业务,突出信托主业",并要求信托公司在申请换发新的金融许可证和进入过渡期之间作出选择。[⑤] 截至2007年底,获得中国银监会批准"重新登记"、换发新金融牌照的信托公司已有26家,[⑥]这些公司致力于建立自己的业务品牌、市场形象和核心竞争力。

我国信托业经历了曲折的发展历程,其成因极其复杂,可以归结为文化传统、市场体系、法制基础、功能定位、发展方向、监管政策、内控治理以及理论教育等方面互相作用的结果,为完善信托行业积累了大量经验教训。2001年"一法两规"(《信托法》、《信托投资公司管理办法》和《信托投资公司资金信托管理暂行办法》)颁布实施后,我国信托业的发展历史掀开了新的一页。

(二)经营现状

自信托公司2001年重新登记以来,信托业经营状况明显好转,信托财产快速增长,信托公司已成为继银行、保险、证券、基金之后又一个重要的金融公司。2003年,信托公司管理的信托财产为1635亿元。[⑦] 2006年,整个行业的信托财

---

① 参见徐孟洲主编:《信托法学》,中国金融出版社2004年版,第42—43页。

② 同上书,第43页。

③ 参见邢成主编:《信托经理人培训教程》,中国经济出版社2004年版,第19页。

④ 参见中国人民大学信托与基金研究所:《中国信托业发展报告(1979—2003)》,中国经济出版社2004年版,第23页。

⑤ 此举被称做是对信托公司的"第六次整顿"。参见胡芳:《"第六次整顿"欲令信托公司重生?》,载《国际金融报》2007年6月7日。

⑥ 资料来源:http://www.cnstock.com/tzlc_new/2008-01/25/content_2973080.htm,2008年1月5日访问。

⑦ 参见中国人民大学信托与基金研究所:《中国信托业发展报告(1979—2003)》,中国经济出版社2004年版,第23页。

产规模约有3000亿元。2007年发展异常迅速，截至8月底，正常经营的54家信托公司的信托财产已达6000多亿元。[①]

信托产品是信托公司在经营范围内为委托人提供的金融服务，是信托市场中交易的金融商品。[②] 从发行信托产品的数量及规模看，从2002年7月到2003年12月31日，总共有42家信托公司发行了236只信托产品，总规模为280亿元。[③] 2004年发行集合信托产品396个，募集资金共计379亿元。[④] 2005年发行集合信托产品458个，募集资金共计489.9亿元。[⑤] 2006年发行集合信托产品545个，募集资金共计594亿元。[⑥] 2007年发行集合信托产品628个，发行规模1054.4亿元。[⑦]

我国信托业在《信托法》等法律法规保障和监管政策的调整下，当前正处于从"融资平台"真正转变为"受人之托，代人理财"的专业化、投资性信托公司的转轨过渡期。"新两规"的实施，正式揭开了行业调整的序幕。2007年7月，银监会对信托监管法规进行了一次系统梳理，信托公司方面有十几件规范性文件被废止或不再适用。[⑧]

---

① 参见张达：《我国信托财产规模达6000亿》，载《证券时报》2007年9月1日。

② 参见邢成主编：《信托经理人培训教程》，中国经济出版社2004年版，第42页。

③ 参见中国人民大学信托与基金研究所《中国信托业发展报告(1979—2003)》，中国经济出版社2004年版，第206页

④ 参见中国人民大学信托与基金研究所：《中国信托业发展报告(2004)》，中国经济出版社2005年版，第9页。

⑤ 参见中国人民大学信托与基金研究所：《中国信托业发展报告(2005)》，中国经济出版社2006年版，第16页。

⑥ 参见《2006年信托发行规模逼近600亿》，http://money. business. sohu. com/20070118/n247681369. shtml。

⑦ 参见《2007年集合信托发行规模超千亿》，http://trend. intrust. fivip. com/080117/1427,0189720,00. html。

⑧ 根据中国银监会2007年7月3日发布的《关于制定、修改、废止、不适用部分规章和规范性文件的公告》，废止的信托规章有：《关于进一步加强信托投资公司监管的通知》(银监发〔2004〕46号)、《关于信托投资公司集合资金信托业务信息披露有关问题的通知》(银监发〔2004〕90号)、《关于进一步规范集合资金信托业务有关问题的通知》(银监发〔2004〕91号)、《关于信托投资公司人民币银行结算账户开立和使用有关问题的通知》(银监办发〔2004〕16号)、《关于严禁信托投资公司信托业务承诺保底的通知》(银监通〔2004〕88号)、《关于停止信托投资公司办理卖出国债回购业务有关问题的通知》(银监发〔2005〕9号)、《关于信托投资公司担任特定目的的信托受托机构资格有关事项的通知》(银监办发〔2005〕236号)、《关于加强信托投资公司部分业务风险提示的通知》(银监办通〔2005〕212号)、《关于加强信托投资公司集合资金信托业务项下财产托管和信息披露等有关问题的通知》(银监发〔2006〕53号)、《关于进一步加强信托投资公司证券业务合规监管的通知》(银监办发〔2006〕97号)；不适用的信托规章有：《中国人民银行关于加强对信托投资机构委托存贷款业务管理的通知》(银发〔1988〕285号)、《金融信托投资公司委托贷款业务规定》(银发〔1993〕49号)、《中国人民银行关于清理规范信托投资公司业务问题的通知》(银发〔2002〕128号)等。

（三）信托业发展趋势

1. 信托公司将继续发挥制度性优势，信托的综合金融功能逐渐突出

信托是一种以资产为核心、以信用为基础、以权力主体与利益主体相分离为特点的现代财产管理制度，是一种财产转移及管理的巧妙设计，具有风险隔离、权益重置的功能以及高度灵活性的运作空间，适应性很强，并由此可以派生出多样化的社会功能，可以创造出多种多样的管理方式和信托产品。① 在我国现有直接金融不发达的国情下，信托公司应发挥特有功能。信托公司在财富管理、房地产投融资、资产证券化、基础设施融资、企业年金管理、股权并购、信贷资产流动化、不良金融资产管理以及规范私募基金等中宏观领域具有投资、融资、财产管理、风险管理的综合金融功能。

2. 探索主营业务模式和长效风险监管模式，继续推进市场化监管，信托行业将更加规范

从主营业务模式看，我国信托业原有资金信托业务属于“项目融资模式”，即根据用资人对某项目的融资需求、债务清偿能力、提供的担保情况等条件，设计信托产品。其产品缺陷主要是单个信托计划资金的规模小，难以投资大型项目，规模效益不明显。同时，因流通机制匮乏，无法实现市场化经营，投资者的投资风险不能通过转让受益权而释放。信托风险具有明显的外部性特征，某个“信托计划”不能按照计划兑付清算不但会严重影响受托公司的信誉，而且可能导致整个信托行业受到损害。② 针对信托风险的特点，信托行业在监管部门的引领和指导下，一方面应探索主营业务模式，另一方面还要探索长效风险监管模式。如何处理加强监管与放松监管之间的关系，推进市场化监管，对将来信托业影响巨大。信息披露、资产质量、资本规模、内控机制都将成为各地信托公司加快发展时优先考虑的问题。

3. 信托公司与金融同业之间的合作不断加强

信托公司开始全力推进“银信”、“信保”、“信证”、“信信”的合作，寻求强强联合，探索相互合作共赢的运作模式。银信准资产证券化的开展、银信对接理财产品的推广以及各类结构化证券信托理财产品的层出不穷都显示了信托与各金融机构合作共赢的巨大发展潜力。

基于利益分享和功能互补的需要，信托公司与金融同业之间的合作将不断

---

① 参见王连洲：《中国信托制度发展的困境与出路》，载《法学》2005 年第 1 期；《中国信托业的发展和法律规制》，载《法学》2005 年第 1 期。

② “项目融资非常残酷，要求有很高的信用和抗风险能力。信托公司做了 100 个信托计划，即使 99 个都成功了，有一个失败了，声誉也会受到严重的影响。”刘津宇：《周小明博士：中国信托业需要二次定位——访中国人民大学信托与基金研究所所长周小明博士》，载《经济导刊》2005 年 1 月 11 日。

增强,结盟的目标是国内商业银行、证券公司和保险公司以及外资金融机构。信托公司和商业银行的业务合作重点是信贷资产转让、信贷资产证券化、并购融资、信托理财产品的销售和信托财产托管;信托公司与证券公司的业务合作重点是公司债的分销、资产支持证券和并购融资业务;信托公司与保险公司的业务合作重点是保险资金间接投资基础设施。

"银信"合作最为普遍。银行与信托公司的合作主要有三种形式:一是银行作为保管人,代信托公司保管信托计划。这是按照《信托公司集合资金信托计划管理办法》的要求而开展的业务,由第三人代为监管信托公司的行为,有利于更好地实现信托财产的独立性,更好地保护委托人和受益人的权益。二是银行作为信托公司的代理人,代销信托公司发行的信托计划。三是银行发行与信托计划挂钩的理财产品,代投资者将资金投资于信托计划。①

除了产品合作外,商业银行、保险公司等金融机构经过批准后,设立或者收购信托公司。这种股权联盟的案例将越来越多。从理论上看,股权联盟包括两种模式:一是模仿日本信托银行的部门防火墙(信托业务部模式),在银行内设经营信托业务的"信托部";二是设置机构防火墙(信托子公司模式),由银行并购现有信托公司或者新设立信托公司。第一种模式需突破商业银行法限制。第二种模式对现有金融分业模式的冲击小,而且银行已有投资设立基金管理公司的类似经验可资借鉴,已被批准的交通银行收购湖北国际信托公司并变更其为银行下属的控股子公司即属第二种模式。

4. 体现核心竞争优势的信托产品将来发展强劲,业务领域集中,信托产品将出现专业化、规模化和标准化发展趋势

信托公司将继续开展规模化、标准化发展的核心业务,包括资产证券化特定目的受托业务、房地产资产证券化特定目的的受托业务、企业年金受托管理业务、保险公司基础设施投资特定目的受托业务、结构化证券投资资金受托业务。

基础设施和房地产领域仍是信托公司重点涉入的领域。随着证券行业的复苏,证券类信托计划也有了一定的发展。在个人业务领域,财富管理类信托将成为信托公司信托产品发展的方向。资产证券化业务、企业年金业务、产业投资基金业务以及私募股权(私人股本权益投资)将是信托公司竞争的重要业务领域。

公路、电厂、水厂等基础设施收费权以及企业应收账款、资产租赁、信贷资产等基础资产证券化产品的开发和推广应成为信托公司业务发展的一个战略重点。从我国信贷资产证券化的试点情况看,在我国目前的法律环境和金融制度下,信托公司在信贷资产证券化信托操作中具有相当的灵活性。随着资产证券化规模和品种的不断扩大,信托公司在资产证券化业务中发挥的作用不断扩大,

---

① 参见雷艳坤:《银信合作:机遇和挑战并存》,载《金融时报》2007 年 9 月 24 日。

有利于持续培育信托公司的创新能力。

类似于房地产信托投资基金和开放式证券投资基金的产品将有较大发展空间。银行通过向个人发行理财产品,购买信托计划。在这种银信合作产品结构中,信托公司担当金融批发商的角色,同时发挥了银行作为机构投资者的制衡优势,双方优势互补,扩大了产品规模,该类产品将有较大的业务发展机会。

不同的信托公司将根据自身不同的特点选择核心业务,集中力量往专业化、规模化和标准化的资产受托与管理业务方向发展。一些标准化的信托业务将迅速被一些国内具有品牌优势、技能优势、人才优势、资金优势以及内控严密、经营规范的大型信托公司垄断,形成垄断竞争的局面。

二、信托业制度优势、金融功能与业务转型

信托公司凭借特有的制度优势,在金融市场竞争日益激烈的客观条件下,相继推出了一系列具有创新意义的金融产品,拓宽了金融与产业之间的连接渠道,完善了市场经济体系,丰富了地方政府融资手段,推进了间接金融向直接金融转化,增加了企业融资方式,对信贷资产证券化、企业资产证券化、房地产基金、产业投资基金、企业年金等在我国金融创新历史上具有里程碑意义的产品起到了巨大的催化作用。

在我国既有的法律制度供给的约束条件下,信托为金融、社会、经济的投资、理财、融资以及公益事业提供了新的制度保障,信托公司以谨慎、诚实、信用的受托人身份参与市场经济活动,也获得了自身长足发展的机会。

(一)信托制度的独特优势

1. 破产隔离

信托具有的破产隔离功能在金融创新中广为应用。资产证券化采取特定目的信托模式,使证券化资产(即信托财产)实现了真正独立,达到资产证券化风险隔离和真实销售的要求。“特别载体也可以设计为一个不会成为破产目标的实体,例如,如果发起人是一家银行,对特别载体的要求就可能更宽松,因为此时破产不是一个风险。另一种实体就是信托……”[①]我国《信托法》为信托财产与发起机构及受托人之间的破产隔离提供了法律依据。

信托产品可通过其风险隔离的制度设计提供一种特殊的信用提升方式。风险隔离无论是表现为有限度的受托人责任,还是直接表现为对受益人权益的保

① 〔美〕斯蒂文·L. 西瓦兹:《结构金融——资产证券化原理指南》,李传全等译,清华大学出版社2003年版,第38—39页。

障，最终都将通过风险规避、消减保护受益人利益。

从信托原理看，破产隔离的法律功能来源于信托所特有的类似人格化的有限责任。虽然信托财产在法律上不具有独立人格，但却在运作上显示出拟人化的倾向，独立承受信托财产相关损益，与具有独立法律人格者几近相同。这种独立性导致的人格化倾向明显地体现在信托财产的有限责任中。信托法律关系涉及委托人、受托人和受益人三方主体，而他们相互之间以及他们向各自债权人对因信托事务所生义务和责任的承担，都以信托财产为界，承担有限责任。信托法的功能在于建立了一套有关信托财产独立性及其当事人的有限责任制度，使信托财产与委托人、受托人、受益人的财产相分离而存在，成为一项目的财产并具有一定的人格特征。[①]

信托有限责任不但体现为信托内部的有限责任，也体现为一定条件下的外部关系中的有限责任。[②] 信托内部关系中的有限责任主要表现为受托人对受益人承担有限责任，即除非受托人因违反信托本旨或不适当的管理处分行为致信托财产毁损灭失时应以固有财产赔偿损害或恢复原状外，受托人信托利益的支付义务仅以信托财产为限。[③] 这与受托人的分别管理义务具有逻辑上的一致性。在信托外部关系中，对于因处理信托事务所生的债务，如合同之债或侵权之债，委托人、受托人和受益人均以信托财产为限对第三人承担有限清偿责任。[④] 当然，在英美法系中，受托人承担的这种责任原则上是无限个人责任，但实质上受托人可以限制个人责任，使其取得与承担有限责任一样的经济后果。受托人通过与第三人约定只以信托财产为限负责，或者依照法律规定从信托财产获得补偿，或者根据约定向受益人求偿，从而修正了无限个人责任的原则。[⑤]

2. 信托财产独立性

信托财产与属于受托人的固有财产相区别，不得归入受托人的固有财产或者成为固有财产的一部分，受托人对信托财产应单独管理、单独核算，信托财产通常不得被强制执行。这使信托财产成为一种独立运作的财产，仅服务于信托

---

① See Donovan W. M. Waters, The Institution of the Trust in Civil and Common Law, Collected Courses of the Hague Academy of Institutional Law, Martinus Nijhoff Publishers, 1995, p. 430. 转引自阳平：《论信托财产的法律特性》，载《河南省政法管理干部学院学报》2005 年第 2 期。

② 参见阳平：《论信托财产的法律特性》，载《河南省政法管理干部学院学报》2005 年第 2 期。

③ 我国《信托法》第 34 条规定："受托人以信托财产为限向受益人承担支付信托利益的义务。"

④ 我国《信托法》第 37 条规定："受托人因处理信托事务所支出的费用、对第三人所负债务，以信托财产承担。受托人以其固有财产先行支付的，对信托财产享有优先受偿的权利。受托人违背管理职责或者处理信托事务不当对第三人所负债务或者自己所受到的损失，以其固有财产承担。"

⑤ 周小明：《信托制度比较法研究》，法律出版社 1996 年版，第 166—167 页。关于受托人对第三人的个人无限责任及其限制，还可参见张天民：《失去平衡法的信托——信托观念的扩张与中国信托法的机遇和挑战》，中信出版社 2004 年版，第 266—267 页；何宝玉：《信托法原理研究》，中国政法大学出版社 2005 年版，第 247—248 页。

目的。设计者在构造信托产品的过程中,尤其要注意利用和突出信托财产的独立性特征。

在集合资金信托和证券投资基金等集合信托里,不同委托人交付的财产混合为整体的信托基金,与信托基金的独立性并不矛盾。现代信托财产则多为证券、金钱等种类物。“在个体信托财产于整体信托基金中丧失独立性的同时,另一方向上,整体的信托基金更加具有独立化的人格。如果说早期信托财产独立性的意义在于保护个体信托财产的安全,现代信托则必须在整体信托基金独立性的前提下,才能保证个体信托财产的收益。”①

3. 信托财产的多元化

信托财产的多元化是信托制度功能优越性的具体表现之一,它赋予了信托制度巨大的弹性空间。信托公司经营对象范围的广泛性和多样性,同时决定了信托经营方式的多样性、灵活性和较强的适应性,也就意味着信托产品的价值形式中必然要包含内容较多的非货币化形式和服务性因素。

信托财产的多元化,使得当事人对财产的管理和运用达到一种综合化、自由化境界。有学者认为:“无论委托人、受托人还是受益人在信托关系中的法律地位,都可以根据信托目的进行自由设计,其既可以表现为典型、有名的物权和债权,也可以表现为现行法未作规定的某种无名物权和债权,甚至还可以表现为债权和物权的混合体,或既非物权也非债权的其他权利。由此,物债二分的樊篱被打破,当事人对财产利用关系的自由安排得到了近乎最大限度的承认和尊重。”②

4. 信托财产所有权和受益权分离

信托财产所有权的分离是信托财产独立的基石。信托财产的名义所有人是作为受托人的信托公司,而实际获得信托财产相关利益的是信托财产的受益人。财产权利的两重性决定了信托名义下的权利转让更为灵活和便捷,也决定了信托可作为职工持股的最佳方式和资产证券化的变通渠道。两权分离与收益权分割的优点在于,“有资力者可享受利益,而有能力者可充分运用具资力者之资产创造财富进而使整个社会蒙利”③。

5. 受益权分割

信托受益权可以分割为本金受益权与收益受益权,并可以约定先后次序。

---

① 张天民:《失去平衡法的信托——信托观念的扩张与中国信托法的机遇和挑战》,中信出版社2004年版,第248—249页。

② 郑瑞琨:《信托法与物权法定原则的冲突及其解决》,载《政法论坛》2007年第4期。

③ 方嘉麟:《信托法之理论与实务》,中国政法大学出版社2004年版,第237页。

受益权的可分割性为受益权的证券化提供了创新空间。[①] 信托产品特殊的经济关系表现为由特定的信托合约所重构的权利义务关系，通过信托制度理念与金融工程技术结合形成不同的风险收益组合产品，可以满足市场中日益多元化、个性化的金融需求。资产支持证券可以分层，实现内部增级，使信托产品适合不同风险与收益的组合，扩大了投资者群体范围。

（二）信托业的金融功能分析

信托是带有直接金融色彩的多边信用中介。[②] 信托行业立足于投资、融资、财产管理、财务咨询、信用中介、融资租赁、信用见证、资信调查、产权购并策划等金融服务领域，提供全方位的信托服务，真正成为"受人之托，代人理财"、发挥财产管理和中长期投融资功能的非银行金融机构。

信托公司的经营范围和投融资领域极为宽泛，涵盖了资本市场、货币市场和实业投资市场三大市场，并拥有直接投资和公众融资两大手段，可运用物权、股权和债权多种方式。在商事领域，"以共同基金、退休基金和资产证券化为代表的商业信托法在全球的迅猛发展，改变了传统上对信托应用领域的狭隘认识，商业信托中受托人的权力得到了极大的扩张。信托以其灵活的弹性设计，在大规模的财产管理方面提供了其他制度无法替代的功能，资金雄厚和信誉卓著的机构受托人凭借较低的信用风险和破产风险赢得了广大投资人的青睐"[③]。

信托行业功能主要体现为：

1．丰富基础设施投融资品种

在城市化的过程中，最大的挑战来自于基础设施的建设，而基础设施的建设离不开强大的金融支持。通过信托计划募集资金投资于基础设施，可以打通过分集中在银行的储蓄资金的供给和长期的资金需求之间的通道，特别是打通民间资本大规模进入基础设施投资的渠道。基础设施投资信托，是通过金融市场进行融资，本身是对金融市场发展的促进。大力发展直接融资市场，应使企业融资更多地通过市场进行。

从国内第一个集合资金信托计划发行以来，市政基础设施投资一直是信托投资的热点。市政基础设施投资的最大特点就是安全性高、收益稳定。信托介入市政基础设施最大的优势在于改以往的间接金融模式为直接金融模式，搭建

---

① "又观诸晚近信托的发展，信托更被利用为资产证券化的导管体，而具有导管功能。——此外，为将委托人所拥有的信托受益权加以分割，以便于转让，则每以受益证券或受益凭证的方式表彰受益权，故亦可达到将资产证券化的目的。"王志诚、赖源河：《现代信托法论》，中国政法大学出版社 2002 年版，第 35 页。

② "信托信用是一种融通长期资金的直接信用形式，是委托人向社会的经济主体直接授信。"赵奎、朱崇利主编：《金融信托理论与实务》，经济科学出版社 2003 年版，第 59 页。

③ 江平：《信托制度在中国的应用前景》，载《法学》2005 年第 1 期。

民间资金进入市政基础设施的桥梁，真正实现“取之于民，用之于民”。因此，应鼓励信托投资公司设立真正意义上的市政基础设施投资基金，构建“资金池”，进行多元化投资。

基础设施投资信托几乎涉及所有领域，包括发电、防洪、道路交通、市政工程、供水、供暖、天然气、桥梁、污水处理、水务设施、城市改造、管网工程等。地方财政以及其他收入的现金流有限，政府迫切需要通过合理的金融工具杠杆的撬动和引导作用，把民间资金尽快引入市政建设领域。

作为信托公司最具优势的基础设施信托业务，近几年来一直稳居前列，其风险可控，收益稳定，市场信誉良好。可以预见，信托资金在该领域的投资规模将在相当时期内保持稳定和领先地位。

2. 促进金融结构平衡

英美等发达国家的金融体系，尤其是它们所拥有的流动性极高的资本市场被许多发展中国家看做本国金融体系发展的样板和目标。在我国，金融机构结构较单一，金融结构不平衡，信贷融资仍是企业融资的主要形式，这不利于我国金融业的稳定与安全。资金在货币市场、资本市场、产业市场之间的流动不畅，还影响了资金的使用效率和资源的有效配置。

推进直接金融工具的多元化和金融市场的分层化，是构建直接金融体系的必由之路。随着社会财富的逐步积累及其支配主体多样化，以及居民个人金融资产的快速增长，客观上急需构架一个能在三个市场之间使资金顺畅通行的桥梁和纽带，信托公司是可供选择的良好载体。信托公司通过运用多种金融工具，可以把居民储蓄转为更长期的金融资产，增加投资渠道，分散银行风险。信托公司在金融市场中扮演着“轻骑兵”角色，对资产经营、资产流动起着不可或缺的作用，自身也面临着新的发展契机。

3. 推动资产证券化产品问世

资产支持证券作为20世纪80年代以来国际上重大的金融创新成果，已经成为国际金融业非常成熟的融资工具，资产证券化也是现代融资制度发展的总体趋势之一。探索并积极实施资产证券化，加快货币市场和资本市场的连接与融合，对于推进资本市场发展、拓宽金融调控空间、扩大投资者选择范围、促进信托经营模式转变都具有非常重要的现实意义。

资产证券化能够丰富资本市场产品，扩大资本市场规模；有利于增强全社会的资本流动性，提高整个经济体系的运行效率；可以提高整个国民金融资产结构中证券资产的比例，有利于对信用风险在市场投资主体中进行有效的分散，从而改变金融风险过度集中于商业银行的历史特征，避免金融风险的集中和累积，有效防范金融危机的爆发。资产证券化给信托公司也带来巨大的市场机遇和一个能够长期稳定盈利的业务模式，有利于培育信托公司的业务创新能力，同时使信托业逐渐获得与之对称的行业地位,真正成为四大金融支柱之一。

随着信托固有的独特制度优势的发掘和资产融资理念的不断深化,国内外成熟的具有较高科技含量的金融工具设计理念将逐步引入信托产品创新中。资产证券化信托属于资产融资的高级形态,体现出财产管理的核心能力和信托创新品牌的影响力,将成为信托业利润增长的亮点。

信托制度的融资功能和破产隔离制度满足资产证券化要求。信托是一种具有长期规划性质、富有弹性空间且能充分保障受益人的机制,在信托框架下,可以采取多种交易模式,发行不同信托受益凭证,让风险偏好程度不同的投资者购买。历史上第一个特殊目的载体的设计,就是美国律师利用联邦税收准则中关于信托的规定完成的。[①]

4. 管理企业年金

企业年金制度顺应了人口老龄化阶段养老保障需求急剧膨胀的发展趋势,并能够充分调动企业、个人以及社会各方面的积极性,从而适应减轻政府财政负担、建设社会保障体系的基本要求。

信托公司在企业年金管理中的角色和功能主要表现为受托人。受托人的基本功能是在保证企业年金基金的独立性和完整性的同时,按照企业年金信托契约运行企业年金计划和管理企业年金基金。受托人要对企业年金计划运行和基金管理承担全部责任。受托人在履行受托责任时,可以将部分或大部分工作委托给相应的专业机构运作,而他仍然是最终责任承担者。

信托在企业年金业务中的优势,主要体现为保障年金资产的独立性和安全性、投资渠道的广泛性、年金资金管理的长期性和透明性、年金资金管理的流动性和灵活性、年金资产的专用性。这些优势与信托制度的特性息息相关。

5. 设立不动产投资信托

通过不动产投资信托(REITs)[②],信托公司将社会分散的资金聚集起来形成规模化的巨额资金,同时将那些流动性较差的房地产资产转化为更具流动性的证券,降低了金融交易活动中的不确定性和信息不对称程度,减少了金融交易中的成本,增强了金融中介在储蓄投资过程中的媒介作用,促进了储蓄向投资的转化,提高了储蓄投资水平和资金利用效率。

信托公司透过 REITs,利用资金和技能优势为金融市场提供了具有不同风险收益特征的、多样化的房地产投资组合产品。房地产信托投资基金为适应资金供求双方的需要,不断开发出新的信托产品,在使投资信托本身的信托资产多

① 参见何小锋等:《资产证券化:中国的模式》,北京大学出版社 2002 年版,第 221 页。

② 有学者认为,以不动产为投向的集合资金信托应当纳入不动产信托。参见吴弘等:《不动产信托与证券化法律研究》,上海交通大学出版社 2005 年版,第 23—24 页。

样化的同时,也促使资本市场、货币市场、保险市场的金融工具多样化。

6. 参与产业投资基金设立与运作

发展产业投资基金,有利于促进高科技成果产业化,推动高新技术产业发展,从而促进经济增长方式的转变;有利于逐步提高直接融资的比重,拓宽企业融资渠道,促使其融资格局多元化,提高社会资金的配置效率和运作效率,促进直接融资与间接融资的合理、均衡发展。

信托可以作为受托人发起设立产业投资基金。契约型投资基金是在严格遵循信托法理基础上运营的,基金投资者的利益切实受到法律保护。

7. 设立私募股权投资基金

私募股权投资基金(PE Fund,简称“私募股权基金”)在国内方兴未艾。[①]我国经济的快速成长和日益开放为国内企业带来了巨大的成长空间,企业的股东也有机会获得丰厚的投资收益。私募股权基金通过向特定对象募集资金,对目标企业进行股权投资,分享企业价值增长后的高额回报,为投资人提供分享我国经济成长硕果的渠道,丰富我国的金融产品市场。同时,私募股权基金通过专家理财和专业投资团队,对各类企业进行鉴别和价值发现,为有优秀管理团队和良好发展前景的企业提供金融支持,为中小企业融资开辟新渠道,是我国多层次资本市场的有利补充,将对我国经济的持续发展产生巨大的推动作用,有利于我国发展成为创新型国家。

监管部门注意到发展私募股权投资对我国的重大意义,结合信托行业的转型和创新,积极推动信托公司以设立创新类股权投资集合资金信托计划的方式开展 PE 投资业务,促进我国私募基金的发展。[②] 2008 年 3 月,银监会下发《信托公司私人股权投资信托业务操作指引》(征求意见稿),对信托公司 PE 业务作出首次规范,在政策上给予信托公司 PE 业务支持。在银监会的明确鼓励和支持下,许多信托公司纷纷推进该项业务。[③] 信托公司除了宏观层面上对国家经济发展的作用外,还为信托公司从原有业务转型回归信托本业提供了方向性指导。

私募股权投资业务是信托本业。从国际惯例看,信托机构的主业是资产管理、资产证券化和公募类投资基金,资金的使用方式以主动投资为主。私募股权

---

① 目前,在我国可以通过以下方式设立私募股权基金:以有限合伙企业形式设立私募股权基金;在产业投资基金管理制度框架内,以产业投资基金形式设立;根据《创业投资企业暂行管理办法》,设立创业投资企业;在信托法规框架内,设立股权投资集合资金信托计划;创新类券商股权直接投资试点。

② 王春霞、霍侃:《银监会立法征求意见,信托型 PE 规范上路》,载《第一财经日报》2008 年 2 月 29 日。

③ “信托 PE 随即出现燎原之势:中信信托于 2007 年 4 月份率先推出了‘中信锦绣一号’后,湖南信托也推出‘创业投资一号’,深圳国投、北京国投等信托公司纷纷推出自己的 PE 信托计划。”尚志新、王南、曲瑞雪:《争食 PE 暴潜规则:金融分业监管造就信托难言之隐》,载《中国经济时报》2008 年 4 月 4 日。

投资是典型的资产管理业务，服务于高端客户，能够为投资人带来高回报。信托公司开展私募股权业务，为行业的存在和发展找到了可持续发展的符合信托行业特点的产品模式和良性发展的路径，能够大幅度提高自身综合素质和收益水平。

事实上，探索我国私募股权市场发展模式的核心问题是如何构建一种现实而有效的私募股权投资的组织模式。有学者认为，设计私募股权投资信托具体的组织模式时，也可在我国信托法律制度的基础上充分吸收有限合伙制这一发达国家私募股权投资组织模式的最新成果，采用“信托 + 有限合伙”的组织形式，以信托契约制为基础、充分吸收有限合伙制组织优势的私募股权投资信托是一种最佳模式。①

信托公司以集合资金信托计划或者单一信托的方式开展私募股权投资，实际上属于信托公司已有业务。信托公司是受托人，也可以兼任资金管理人。信托计划的信托受益权可以区分成优先级别和次级级别，为投资人提供了不同风险与收益组合的投资选择。但是，信托持股通过证券市场实现退出还是一个问题。

8．运用保险资金

由于风险低且收益较稳定，投资于基础设施被很多保险公司视为减少利差损的最好资金运用途径。2006 年 3 月，中国保监会发布《保险资金间接投资基础设施项目试点管理办法》，实行间接方式投资，保险机构通过购买专业机构设立的投资计划（如信托计划），将投资管理交由专业机构运作，以防范经验不足引发的风险。这是一种双赢的制度安排，既有助于提高保险资金的运用范围，分散投资风险，提高收益水平，也有助于信托功能的发挥和信托业创新能力的提高。通过设立信托，保险资金可以在受托人的管理下直接参与各项基础设施与产业企业的投资，借助信托公司直接进入到产业市场；通过中长期贷款或者股权投资方式，享受稳定的利息和分红收入、资本增值等。

保险公司借助信托进入基础设施建设，对信托公司最大的意义是解决信托计划的规模问题，突出信托长期投资的功能。信托财产在法律上的独立性还能够满足保险公司和高层监管部门对保险资金的低风险要求，具有财产保全的功能。

9．创新证券投资产品

信托公司可以发起成立或者收购证券投资基金管理公司。基金管理公司尤其是规范操作的基金管理公司，是全面股改后股票市场中最大的受益者之一。

---

① 参见李建华、张立文：《私募股权投资信托与中国私募股权市场的发展》，载《世界经济》2007 年第 8 期。

许多基金管理公司是由信托公司控股发起的,如嘉实基金的第一大股东是中诚信托,博时基金的第一大股东原来是金信信托等,它们一直是信托公司最优良的资产。

除了通过基金管理公司参与公募证券投资信托外,信托公司发挥自身优势,通过受益权分割、分级等,设计出包括结构化证券投资信托在内的系列私募证券投资信托产品,在市场上获得了良好信誉。

证券投资基金本是标准化和规模化的信托产品,也是信托发育的高级形式。信托投资公司可以运用信托制度,创造各种集合资金投资信托,投资于上市证券、资产证券化产品、上市信托产品、银行理财计划、票据等流动性较好、安全性较高的金融产品。该品种的投资规模放开后,可以把资本市场与资金市场密切联系起来,规模化优势相当明显,发展前景也极其乐观。

(三)信托产品未来转型方向分析

我国信托公司正在努力寻找营利模式,旨在突破资金规模受限的资金信托业务的局限,将贷款信托为主的模式转化为投资信托为主的模式。

我国信托公司主业转型,着眼于信托制度的基本功能,着手于信托的业务产品。开发产品,实现信托的功能,离不开国家对金融机构的布局安排。同时,集合资金信托业务模式的改革也必须回归信托功能,在产品结构安排上闯出一条新路。这条新路应有两条“轨道”:一是富有个性化特点、体现信托灵活性的个性化信托产品;二是具有规模化特征、体现基金结构性特征的标准化信托产品。

1. 转型方向的构想

信托公司当前开展的业务包括单一信托与集合信托,可能涉及募集资金事项,例如资金信托;也可能只是单纯管理而不涉及资金募集,例如员工持股信托计划。个性化的信托主要是单一信托,也包括部分集合信托,如私募股权投资信托计划。这类信托产品的受托人需要根据信托文件规定,执行委托人发送投资指令,管理和处分信托财产,自身独立性较差。集合信托包括大部分集合资金信托计划和财产权信托受益权集合投资计划,这种信托受托人的自由裁量权较大,主要由受托人自己决定投资管理事宜与实施信托财产处分行为。现有信托业务有以下四个未来转型的方向:

(1) 账户型集合管理计划

该类计划的内涵是,受托人通过信托文件集合众多投资人的资金,直接通过特定账户汇集资金用于投资。此类投资一般要求稳健投资,资产应具有较高的流动性,同时对信托受益权流动性要求也比较高。管理集合账户需要丰富的账户管理经验,将来可能主要由银行下辖信托公司开发一种信托产品。这种产品的特点是集中了现金账户管理、投资策划和风险锁定等多种金融功能,并以流动性以及资产之间的迅捷转换见长,服务于高端客户。可以预见,随着金融全球化和我国外汇体制的改革,银行将在全球范围内开展本外币一体化的集合管理账户业务。集合管理账户与金融市场的成熟度,尤其与证券市场、衍生金融、外汇市场的发展状况密切相关。金融市场越发展,各种挂钩型集合管理账户越发达。在这方面,银行与信托的合作空间相当广阔。

(2) 管理型信托计划

该类产品包括企业年金计划、员工持股信托计划、管理层激励计划以及家庭财产(或遗产)管理计划。这类业务满足企业员工福利安排、分享企业成长增值机会、缓和资本与人力资源之间的紧张关系、解决代理人难题、提升管理水平、利于引进战略投资人、财富传承与节税等多方需要,因此具有广阔的成长空间。但是,信托事务的管理比较被动,且盈利空间也比较有限。这类业务尽管不能直接使信托公司获得太多利润,但无须向社会募集资金,风险比较小。更重要的是,信托公司通过开展管理型信托业务,可以开拓和稳定"黄金"客户,为拓展其他金融服务创造条件。管理型信托计划与社会保障体制改革和产权改革进程紧密相关。值得注意的是,我国开征赠与税和遗产继承税只是时间早晚的问题,国民私有财产的增加和民营企业的急剧发展则为开展遗产信托创造了条件,所以遗产信托在我国同样有着广阔的发展前景。①

(3) 投资型公募信托基金

该类产品采用信托基金模式,将财产管理、保管和受托的职能区分开,并由不同的机构担任财产管理人、托管人和受托人。从集合资金信托到证券投资基金、企业年金计划,受托人的不同角色应由不同机构担任,这是信托发展过程中受托人职能分化和细化的必然结果,体现了营业信托中机构制衡、各取所长的原则。

该类产品具体包括:实业投资信托基金(基础设施投资基金、公司并购基金、产业投资基金等)、证券投资信托计划和资产证券化投资信托基金(租赁债权投资基金、信贷资产证券化基金和企业应收款证券化基金等)。

投资型公募信托基金的特点是:以股权投资为主要运用方式,兼顾买卖(回购)、租赁、贷款等,以"投资管理人—受托人—托管人—监察人"为结构性受托人群体;发售电子化基金凭证,公开募集基金,成立信托基金池;以机构投资人和大额——自然人为投资者群体;以大型基础设施、支柱产业、科技产业、不动产为投资领域;以行业专业投资为特点,集中资金的规模优势投资于行业中的领头公司、优势项目;以项目筛选、组合投资作为分散风险的方式。

---

① 参见张军建、陈光:《建构我国遗产信托制度的思考》,载《中南大学学报》(社会科学版)2004 年第 6 期。

为了满足投资者回避风险的需要，该类产品应采用多种方式满足投资型公募信托基金流动性的要求。解决流动性的方式包括上市交易、银行间市场、赎回等。不解决流动性难题，投资型公募信托基金难以做大做强，其金融工具的功能也难以充分发挥。

投资型公募信托基金采用公开发行信托单位的方式筹集资金，构筑资金池，对符合基金规定条件的投资对象进行大规模投资和融资。与现行的集合资金信托计划相比，它具有公开发行、资金规模优势和成本优势等特点。投资型公募信托基金可将企业的租赁债权、企业应收款以及高速公路收费权等权利以证券化方式向社会投资者公开募集资金。

在法律结构方面，投资型公募信托基金分解受托人的职能，体现了机构制衡、强强联合的特点。受托人可聘请投资管理人，解决当前信托公司在具体投资行业缺乏投资经验和技巧的难题；聘请银行担当保管受托人，专司基金财产保管责任；同时还可以聘请律师或者会计师担任独立监察人，解决受益人大会“搭便车”问题。信托公司担任“总受托人”，是负责投资、管理、融资的总设计人、总协调人、总决策人和总责任人。

投资型公募信托基金以中长期股权投资为目标，主要采用股权投资的方式，对项目运作不采用被动融资方式，而是主动投资，立足于控制住所投资项目的风险。富有专业经验的投资管理人有责任对项目的选择采取严格的管理和控制。这种投资理念和风险控制思路，与当前信托投资以债权融资为主的集合资金信托计划相比，具有显著区别。

可见，投资型公募信托基金综合了资金规模优势、机构制衡优势以及项目控制优势，追求在风险可控制的基础上以最小的单位成本获得最大的单位投资利益。当然，开展投资型公募信托基金必须将信托产品定位于私募的局限，监管部门应提供证券化公开发行的一级市场和电子化交易、托管的二级流通市场。

（4）合作型私募股权投资信托

如果信托公司单纯依靠项目债权融资赚取微薄的融资差价收益，同时又没有相应的风险管理经验和手段，那么一旦某个项目失败，必然导致整个信托公司的正常经营受到极大的影响。当前，个别信托公司和私募基金管理机构或者证券公司联合起来，共同开发创业投资型非上市股权投资信托，目的在于通过提高单个项目的绝对收益率，摊薄信托公司经营的平均风险。该类产品主要投资于拟上市公司股权（VC 企业或者 PRE-IPO 企业）以及上市公司的定向增发和非流通股大宗交易的协议转让等，一般属于个性化信托产品。私募基金管理机构或者证券公司在该类产品中担任投资管理人，一般为擅长投资于某行业领域的专业机构。该类产品虽然处于摸索阶段，但前景广阔，因为它最能体现私募基金经理人挖掘、捕捉和转化投资机会的能力，也最能体现信托公司的投资管理优势以及信托权利转化组合方面的高度灵活性。

私募股权投资是典型的资产管理业务,服务于高端客户,能够为投资人带来高回报。信托公司开展私募股权业务,为行业的生存和发展找到了可持续发展的符合信托行业特点的产品模式和良性发展的一条路径,提高了自身综合素质和收益水平。私募基金管理机构可能是投资管理公司,也可能是(有限)合伙型投资企业。同时,信托公司与私募基金管理机构或者证券公司还可以根据项目运作需要设立合伙式私募股权基金、信托式私募股权基金等投资产品,并通过上市等方式实现退出,使债务融资、私募股权投资、MBO 等综合功能发挥得淋漓尽致,从而打开信托、公司、合伙、证券之间的制度性阻隔,使制度之间优势互补,发生共振效应。

私募基金管理机构的"加盟",有利于解决信托公司面临的人才经验不足和风险分散等难题。例如,私募基金经理人大多来自证券公司和基金管理公司,具有丰富的证券分析和行业分析经验,能在很大程度上弥补信托公司人才不足的劣势。在私募股权信托中,如果信托公司与证券公司结成合作联盟,信托公司通过私募股权信托计划,培养上市资源,实际上是证券公司的零售商。当然,即使是零售商,信托公司因为掌握了上游的资源,也可以获得较多的定价权利。

2. 转型关系

我国信托公司业务转型是一个综合系统工程,其目标是创造金融企业价值链上的竞争优势。任何一个金融企业都可以价值链为分析的架构,思考如何在每一个金融企业价值活动上,寻找降低成本或创造差异的策略作为;同时进一步分析资金供给方、资金需求方在价值链之间的联结关系,寻找可能的发展机会和多赢的结构化产品。信托业务产品设计应思考信托机构的角色定位以及金融机构在金融产品中的法律地位。

我国信托公司产品转型,需要处理好以下几个方面的转型关系:

(1) 分业与混业的关系

按照我国法律规定,信托公司与银行、证券、保险仍应当分业经营,但是在实践中尤其是在资产管理市场上,出现了若干准信托业务,在实质上开始了混业经营的进程,由此带来的一个需要认真对待的问题是:国家立法部门和金融监管部门应就银行、证券在运用信托制度方面确立一个基本的政策导向,以解决法律规定与实际情况不合拍甚至矛盾的现象。信托制度的垄断性与公用性之间的界限需要研究。同样地,信托受益权在证券化过程中也需要借助信托凭证(证券)的发行、交易、托管等流通平台,以最低的社会成本解决信托产品的流通问题。国家立法部门和金融监管部门也应就证券交易平台的垄断性与公用性之间的界限达成共识。这就需要加强不同监管机构之间的双向度监管协调。

金融监管部门也应当具有开放的心态和协调监管的理念,对资产管理市场实施功能性监管，加快各个金融机构之间的业务合作，提供金融系统的整体效能。例如，证券化、凭证化的信托产品可以到证交所上市交易，证券公司开发的专项资产证券化计划也可以到银行间证券市场交易。又如，可以考虑将受益权证券化的信托产品经国务院批准划归证监会监管，而对证券公司与证券投资基金开发的专户信托理财则可交由银监会监管。但是，在私募股权信托投资的退出渠道上，分业监管显然已经造成了若干令人困惑的“问题”。①

就组织结构的革新而言，“在未来一段时间内，金融控股公司（集团）或许将成为我国金融业综合经营的主导组织形式，信托公司依靠实力强大的金融控股公司（集团）生存并发展壮大的可能性最大”②。具代表性的信托公司与控股股东的关系如表 6-1 所示：

表 6-1 代表性信托公司与控股股东的关系

类型	控股股东名称	信托公司简称
全国性	中信集团	中信信托
金融控股集团	平安保险集团	平安信托
地方性	金融控股集团	上国投
	上海国际集团	
大型实业集团	上海宝钢集团	华宝信托
	中海油	中海信托
银行	交通银行	交银国信

（2）固守与转型的关系

在开展集合资金信托计划的过程中，信托公司已经形成了一些投资、融资的经验，监管部门也摸索出比较可行的监管套路。这类业务是信托公司的发展起点，需要固守，不应全盘否定。同时，也有一些信托公司需要考虑转型问题，在经营理念、组织结构、业务模式和产品系列等方面积极向投资型公募信托基金领域加大投入，尝试各类新型信托业务，实现信托产品结构优化和升级换代。

（3）监管与市场的关系

我国信托公司转型主要依靠信托公司贴近市场、遵循信托原理进行自主创新，市场是信托转型的原发动力和检验标准。在转型过程中，监管部门应发挥引

① 针对信托持股的股份公司的上市审批问题，有信托公司在向证监会咨询时得到的答复是：“如果是私募股权投资，将来企业上市时会有障碍，如果申报材料的股东里名单里出现信托公司，证监会则不予批准。”人们的苦恼在于：“证监会不会明文规定‘信托不能参与 IPO 项目’，也不会明说‘信托参与了就不给通过’，我们想去理论却拿不出证据，有苦难言。”参见尚志新、王南、曲瑞雪：《争食 PE 暴潜规则：金融分业监管造就信托难言之隐》，载《中国经济时报》2008 年 4 月 4 日。

② 赵蓉彬：《2006 年信托业市场回顾与展望》，http://www.trustsz.com/news/trust/2006/12/30/trust-9-49-15-2288.shtml。

导和支持作用，关注和管住大的风险，抓原则性、方向性和标准性的政策方针，放开不科学的监管规则的羁绊。无论投资型公募信托基金、账户型集合管理、管理型信托计划还是合作型私募股权投资，只要信托公司经过经济、法律、技术可行性论证，具有可行的经营方案，就要对其采取支持的态度。只要信托公司的创新工作不违反法律和行政法规的强制性规定，就应允许信托公司具有充分的创新空间。

(4) 标准化与个性化的关系

个性化信托产品与标准化产品都有其生存、适用的空间。信托公司可以根据自身发展规划的市场需要以及客户资源，灵活侧重产品的类型。监管机构对个性化的产品应放松管制，对标准化的产品则应加强风险监管。因为一般来说，标准化的信托产品，例如投资型公募信托基金，投资门槛比较低，可能会有一些自然人购买该类产品，他们的判断、识别风险能力比较弱，容易受到投资引诱，因而需要强化信息披露以及外部管制，弥补弱势投资人的能力缺陷。标准化信托产品容易转化为证券化、凭证化和电子化的产品，并与衍生金融产品"接壤"，技术含量较高，风险因素多，应科学地加强监管。

三、信托业风险与应对措施

(一) 压抑性监管政策带来的风险

1. 信托计划规模的限制

信托计划规模的限制是一个老生常谈的问题。早在2001年《信托投资公司资金信托管理暂行办法》中即有集合资金信托计划的200份、5万元的规定。2007年《信托公司集合资金信托计划管理办法》将自然人限缩为50人，对机构投资者则放开人数限制，实务中人数一般却不会太多。这些限制性监管措施尽管可以把风险控制在一定的规模范围内，但是信托计划的资金规模较小，无法做到组合、分散投资，风险高度集中，一旦项目有问题，回旋的余地有限，甚至满盘皆输。

限制信托计划规模，客观上对信托业起抑制作用，不容轻视，具体表现为：

(1) 相当多的信托产品偏重项目融资模式，信托资金无法进行组合投资

由于规模限制，许多信托计划募集资金比较有限，只能投资于一个比较确定的项目。因此，项目的成败直接决定了整个信托计划的成败。如果投资的项目出现了风险，回旋的余地有限，则会造成信托计划整体出现风险，形成风险集中。规模限制使得信托产品缺乏风险分散和缓冲机制，现代投资学分散投资、组合投资的原理难以应用到信托投资领域。

“不把所有的鸡蛋放在一个篮子里”已成为现代金融投资界的一条真理。但是，由于规模限制，信托资金只能放在一个事先就编好的“篮子”里。因为为了保证募集的资金能够在比较确定的资金收益率之下运用出去，信托公司不得不先找到确定资金规模的用资项目。

(2) 以用资人利益而不是受益人利益为最大化

在项目融资模式下，信托公司一般先找项目，然后根据项目融资的需求和项目方能够支付的融资成本设计信托产品。这种产品不得不先考虑用资人的利益。用资人希望用最低成本、最快速度、最低保障措施获取所需要的资金。同时，由于信托计划的集资规模有限，而优质的项目在市场上并不缺乏资金支持，信托公司为了获取业务机会，不得不降低风险控制标准，无形中增加了信托投资风险。

(3) 规避型创新盛行

信托公司的许多创新业务是围绕躲避规模限制的“规避型创新”，而不是集中力量去开发能够增加收益和回避市场风险的产品，这表明规模限制问题对信托业创新造成了较大的政策性障碍。根据中国人民银行《关于信托投资公司资金信托业务有关问题的通知》(银发[2002]314 号)强调资金信托计划不得突破200 份的限制，实践中随即出现了以财产权信托、受益权转让的方式或者用企业工会作为名义委托人等方式规避该规定的信托产品。为加强监管的严密性，银监会随后将财产权信托受益权转让方式的业务按照资金信托业务的监管原则进行监管。信托合同的份数应以委托人和支付对价取得受益权的受益人人数之和计算。信托公司和监管部门在突破与封堵之间反复交锋，各方均增加了成本。

针对个别信托投资公司以办理代定资金信托业务的名义违规经营，给信托当事人造成巨大损失，扰乱信托市场的情况，银监会下发了《关于对信托投资公司单一代定资金信托业务风险提示的通知》，要求信托公司不得刻意模糊信托财产运用方式，滥用受托人权利，违反信托目的以信托资金偿还自己的债务或置换到期未清算的信托财产，为自己或一部分受益人利益损害另一部分受益人利益。该通知要求信托公司不得将若干个单一代定资金信托以集合方式管理运用，且未对每个信托项目单独开户、分别核算。监管部门之所以提示单一代定资金信托业务风险，是因为该业务与混业经营趋势下银行、信托、证券公司的合作模式所具有的潜在风险密切相关。① 该模式下，证券市场的风险将透过信托产

---

① 该模式概况是：信托公司向银行发行单一信托产品，银行通过自己的销售渠道向社会发售理财计划募集资金。但是，银行不具备投资能力，往往会聘请证券公司或者基金公司进行资产管理，控制信托资金的实际运用。信托公司发行的单一类产品因为不需要上报管理部门备案，更不需要对社会公开产品信息，因此数量及规模非常难以了解，投资界称这种产品比私募还隐蔽。但是，银行在成为信托公司单一信托产品的委托人之后，会向社会公开发售理财产品，而且这些理财产品往往会标识出是同某个信托公司合作。参见曹元：《集合理财产品发行缓慢，银信券模式无奈中赶集》，载《21 世纪经济报道》2008 年 4 月 12 日。

品向银行聚集，最终导致信托市场与银行理财市场的风险产生连带效应。

(4) 影响受益权流动机制的建立

流动性激发金融资产产生免疫力，也是金融资产的生命力。只有权利流动起来，投资者才能获得用脚投票的选择权，从而对受托人的经营绩效和市场信誉形成总体的市场评价，使资源的市场化配置机制得到体现。

流动性不仅依赖于金融资产的性质，而且依赖于参与交易的人数。流动性又与市场是否活跃高度相关。信托受益权有效流通的前提是有足够数量的受益权，如果受益人持有的受益权过于集中，就无法形成买方和卖方都比较充分参与的市场，较难形成价格发现机制。为了防止在转让过程中突破规模限制，信托合同规定不能分割转让受益权，于此情形之下，即使卖方下决心全部出售受益权，也常常难以找到合适的买家。

(5) 不能有效实现信托的金融功能

我国发展信托业的内在动机就是提高资源配置效率，建立货币市场和资本市场的联系纽带，拓宽融资渠道，真正将信托公司建设成为中长期融资市场的渠道。信托连接实业、证券与资金市场，但如果受益人太少、资金规模有限，则连接三个市场的管道过于窄小，无法发挥应有的金融功能。企业年金、职工持股信托、证券投资信托、资产证券化产品、房地产信托基金等规模较大的产品都不应有规模限制，否则会导致金融市场不活跃，缺乏价格发现与资源有效配置的功能。

2. 简单比照银行、证券公司、上市公司监管信托公司的副作用

金融机构的风险管理、内部控制、资产负债、治理模式、股东权与行政监管权确有相同的一面，但也有许多不同的属性。它们的风险特征、风险形成机制和主要环节、风险表现形式及法律后果也不完全相同。通过简单地沿袭、模仿对银行、证券公司、上市公司的监管原则和手段监管信托业，忽略信托业务的法律特性和风险特性，很可能陷于控制风险的手段本身又变成了新的风险的源头的被动境地。例如，对委托人自愿决定的信托贷款，简单地套用贷款通则和利率管制规定，加大了信托业务的风险，也抑制了信托公司的展业空间。

信托业监管体系需要针对信托行业和信托制度的特点设计，包括监管理念、原则、指标、重点环节和方法等，应该进行比较彻底的监管创新，否则极有可能导致产生两种不恰当的监管思路：一种是夸大信托制度的消极功能，把信托管死，不利于保护信托制度激活金融创新等前述诸多积极作用，浪费制度资源；另一种是无视信托的自身特点，不进行必要的监管，任其自发发展和四处膨胀，可能导致信托制度滥用和误用，风险无法有效节制，社会成本过高，政府无力承受。

（二）信托配套制度短缺的风险

信托法的配套制度短缺，不但严重阻碍了信托业务的发展，而且是风险产生的重要根源。信托业不可能独立存在于真空地带，它必须置身于现代金融、经济、法律、社会系统之中，才能彰显它的制度优势和活力。信托业除了自身的制度建设外，还需要与其他制度对接，即利用其他制度的铺垫或支撑和配合，它才能够调整人们的利益关系。为了弥补漏洞，化解信托制度不配套所导致的风险，应按照信托原理和国际通行的惯例制定相应的制度规则和操作规程，从制度建设方面逐步落实信托法。

1. 信托财产登记制度

尽管信托法对信托财产登记有原则规定，但是因缺少信托登记规则，亦无登记机构履行登记职责，信托登记不能落实，致使金融信托产品面临法律风险。

（1）替代性登记

我国《信托法》第10条规定："设立信托，对于信托财产，有关法律、行政法规规定应当办理登记手续的，应当依法办理信托登记。未依照前款规定办理信托登记的，应当补办登记手续；不补办的，该信托不产生效力。"但是，信托实践中，常发生以下情况：有价证券、股权、债权、知识产权、房地产、船舶车辆等信托财产登记制度迟迟不到位，有关登记部门以没有登记规则为由拒绝办理信托登记手续，导致信托公司推出的一些信托产品先天不足，信托的效力、信托财产是否对抗第三人等信托的根本属性难以得到国家法律的明确认可。这种不利的窘况迫使信托公司作出选择：或者不实施任何登记行为，仅在信托文件中规定信托登记事宜；或者在信托文件中规定信托登记事宜，但又签订信托财产买卖（转让）合同，以此进行"过户登记"，目的是代替"信托登记"；或者用质押、抵押登记等"替代性登记"措施并配以公证手段，权当"信托登记"。

尽管在2006年开始的信贷资产证券化试点工作中，建设部发布《关于个人住房抵押贷款证券化涉及的抵押权变更登记有关问题的试行通知》，就个人住房抵押贷款证券化涉及的抵押权变更登记的条件、程序和时限等问题作了相关规定，但是其法律效力仍有待探讨。因此，必须尽快建立信托财产公示制度，统一信托财产公示的运作规则。

以上替代性措施将产生诸多法律瑕疵。尽管信托合同发生效力，但因信托财产未进行信托登记，因此不产生物权的对抗效力。转让或者质押、抵押登记则更加难以分辨当事人的真实意思，转让或者质押、抵押的行为属于"虚伪表示"，不产生物权效力，对信托效力的认定并无帮助。

实践中，一些信托公司开展的以应收账款等现金流作为信托财产的信托业务面临一定的法律风险和信用风险。例如，某委托人将其物业若干年的出租收入设立信托,并以此向其他投资人转让受益权而获得信托融资。但是,同时或之后,该委托人又以此向其他方融资,并对该物业租金形成的应收账款办理了质押登记。[①] 显然,已办理质押登记的效力高于未办理登记的信托。当质权实现时,信托将无法从租金收入受偿。

笔者认为,我国信托业内需要进行信托财产登记的信托处于效力待定状态,是不完整的信托关系。在这种风险"敞口"之下,信托业的发展步履维艰。监管部门应促使或协调有关行政机关出台信托登记的操作规则,让当事人抓紧补办信托登记手续,以利于信托业健康和规范发展。

(2) 信托登记的立法缺陷

从《信托法》第10条看,信托财产登记的效力主要包括识别效力和对抗效力。所谓识别效力,是指使得第三人能够识别某财产属于信托财产,从而区别于该财产的受托人的固有财产。所谓对抗效力,是指受托人的债权人不得因为受托人固有财产的负债而对信托财产进行强制执行,其他信托的债权人也不得执行该信托的信托财产。

《信托法》第10条仅仅规定了信托成立时需要进行信托登记,未规定在信托财产的管理、运用中的登记事宜。例如,信托实务多以资金设立信托,从信托登记的目的看,在受托人以资金购买了应当登记的信托财产时,也须对属于信托财产的状况进行登记。为弥补以上缺陷,有关政府部门应该制定覆盖信托设立、变更、终止、运用、管理等各个环节的信托财产登记。

(3) 完善信托登记制度的途径

由于信托当事人权利内容具有极强的多样性,建立全面的物权登记公示制度和系统是不现实的。如果勉强建立,"由此登记制度的作用、登记公示的范围乃至登记机构工作规则的设计就很难避免重新检讨"[②]。为了最节省交易成本,应当在现行的财产登记机关中补充信托登记规则和增加信托登记流程。针对不同的信托财产应设置不同的信托公示规则,并与原有的物权公示规则(如所有权转移、设置抵押权等)保持协调。目前,我国财产登记既存在权属登记,也包括变更登记,对于已经明确有登记部门的财产的信托登记,建议仍由该机构进行信托财产登记。这样既能减少社会成本,也能较好地衔接。因《物权法》规定了不动产的统一登记制度,不动产信托登记可随着统一登记机构的建立而一同转入该机构登记。为此,信托财产登记目前较为紧迫的任务是抓住《物权法》细则的制定,把信托财产的登记一并纳入。

---

① 为履行《物权法》第228条赋予的办理应收账款质押登记的职责,中国人民银行2007年10月1日颁布了《应收账款质押登记办法》,由中国人民银行征信中心建设的应收账款质押登记公示系统办理应收账款质押登记业务。

② 郑瑞琨:《信托法与物权法定原则的冲突及其解决》,载《政法论坛》2007年第4期。

为解决信托实践的迫切需求，可以借鉴上海市登记中心的实践经验，由银监会通过发布信托登记规章等方式在全国范围内推广信托登记，这也可为信托登记制度与物权法登记制度的统一积累更广泛的立法经验。

2. 信托行为相关税收制度

信托行为，无论是信托的设立行为，还是信托终止后的信托财产归属行为，均为财产转移行为。对这种财产转移行为，如果没有专门的信托税制，往往要被重复征税。但是，其中有些财产转移行为实际上不具有实质经济意义，不应课税。因此，信托制度与现行的税收制度之间存在冲突。

信托税收制度的缺失，妨碍了信托业务的顺利开展。缺少信托税制，给信托当事人带来极大的不安全感和不确定性，也使得信托的节税功能处于模糊状态。从信托税制的原理看，投资者通过信托进行投资（或管理信托财产）的税负，不应高于投资者直接进行投资所应承受的税负。但是，现在的税制不能实现这一点。尤其是境外投资者和国内大型企业集团苦于信托税制的模糊，不得不舍弃对信托优势制度的使用。

3. 信托受益权的流动性不足

(1) 建立流通机制的必要性

从一般意义上说，二级市场发挥两种功能：其一，二级市场能够使得为筹措现金而发行信托计划变得较为容易。换言之，二级市场使信托受益权更具有流动性，这些工具的流动性提高后，自身便更加受人欢迎，进而又促进了信托计划在一级市场的销售。其二，二级市场决定了发行人在一级市场销售的受益权的价格。在一级市场上的信托计划投资人通常会参照类似信托计划受益权在二级市场上的价格，二级市场上价格越高，信托计划在一级市场上出售信托受益权的价格也就越高，能筹措的资金就越大。

信托产品的投资范围可能是房产、实业等资产流动性较差的领域，这些领域更加需要长期资金。一方面，信托财产本身的流动性较差，投资者短期退出需求与实业长期投资需求之间存在矛盾。通过变现信托财产提供流动性，并不现实。另一方面，采用“短融长投”的运作模式本身就存在期限错配的风险。信托产品缺乏流通机制，导致信托公司推出的信托产品短期较短，期限基本是 1—3 年。信托业大多开展短期融资业务，而在短期融资业务上显然无法与银行竞争，结果只能发挥“拾遗补缺”的作用。信托业并未发挥出大额和长期的投融资优势。

信托产品流通机制的缺乏，在一定程度上也限制了投资者的进入，影响了信托市场的发展规模。信托产品缺乏二级流通市场，对长期资金需求缺乏吸引力。信托产品不能在证券交易所或二级交易市场交易，缺乏风险转移、释放的机制，投资者没办法“用脚投票”。与其他金融市场相比，信托市场的风险释放机制还没有形成。流通平台属于公共物品，为提高交易效率、保障交易安全、节约交易成本，笔者建议政府提供信托受益权的流通平台。

(2) 流通机制的选择

根据信托业的发展实践，结合我国金融市场已用和可能利用的交易平台，信托产品可选择的流通机制主要有以下几种：

① 柜台交易

这是指信托公司柜台交易和银行柜台交易的结合。为便于投资者办理交易手续，信托公司可以委托商业银行代办交易手续，利用商业银行遍布全国的分支机构的优势。

② 定期申购和赎回（半封闭、半开放）

在信托产品具备规模效应的前提下，信托产品设计定期申购和赎回机制。信托公司根据投资者的申请定期赎回信托受益权，投资者也可以定期申购信托受益权，信托产品为半封闭、半开放模式。但是，此种模式要求信托财产具有较强的流动性，信托财产随时可以变现，以满足投资者的赎回申请。

③ 做市商模式

这是指建立一个基金用于购买受益人的信托受益权。受益人在持有信托受益权满一定期限以后，每半年（具体时间可以调整）有一次要求信托公司赎回的权利，赎回的价格按照信托受益权净值确定。该基金可以将购买的信托受益权按照信托受益权净值再次转让给其他投资者。但是，该做市商如果为信托公司或者信托公司关联机构，则应注意防范信托公司依靠操纵基金净值的方式牟利；如果是其他机构，我国目前是否有合格的机构并愿意参与该项业务尚不确定。

④ 全国银行间债券交易市场

信托产品流通机制的最有效解决途径是依托现有的交易平台。全国银行间交易市场对交易主体有限制，自然人投资者无法直接进行交易，所以以全国银行间交易市场作为信托产品的流通平台面临主体受限的障碍。但是，如果允许自然人通过代理或信托方式再委托信托公司等金融机构在银行间证券市场再转让（间接方式流通），则信托受益权转让平台问题也可以迎刃而解。

⑤ 证券交易所

证券公司发行的专项资产管理计划份额的流通模式，就是依托了证券交易所的大宗交易系统，简单有效地解决了计划份额的流通难题。可以借鉴之，在交易所开辟信托凭证交易特殊板块。

信托产品要发挥规模效应，必须在流通机制方面取得实质性突破。比较以上几种流通机制，投资于流动性金融资产的开放式信托产品可以采用回赎的模式；而对封闭式信托产品来说，上市交易才是流通的最优选择。其他流通方式可以作为回赎和上市交易的补充。值得注意的是，若选择到证券交易所挂牌交易，受制于证券监管机关的不同以及《证券法》的约束，如果没有国务院的认可则无可操作性。如果把受益凭证认可为《证券法》所规范的"证券",则根据分业监管要求,该等上市受益证券应受证监会监管。

4. 其他配套制度

其他信托配套制度,如公募集合资金信托管理制度、房地产信托基金管理制度、企业资产证券化信托制度、风险投资基金信托制度、产业投资基金信托制度、信托业务风险控制制度、机构信托管理条例、受托人谨慎投资行为指引、受托人分类管理制度等,也需要有计划地予以健全和完善,及时出台相关管理办法。

(三)受托人的职业道德风险

信托关系是最高级别的信赖关系,受托人控制财产的程度比其他任何委托代理都高,对受益人的忠诚义务是受托人的最根本的义务:受托人必须绝对地仅为受益人的利益而管理信托。[①] "忠诚义务是要根除诱惑,而不是抵制诱惑。"[②]同时也要看到,各国对信托忠实义务有逐渐缓和的趋势。有学者提出,应当将信托法中有关忠实义务的规定在性质上解释为任意性规则(default rule),允许当事人以合意改变法律对忠实义务的要求。[③] 可见,信托关系中受托人对委托人负有的忠实义务的标准并不是强制性的,其所能提供的保护程度取决于"当事人所希望将他们吸收进入交易的程度"[④]。我国监管规章中对信托关联交易的规定相当严格,甚至比《信托法》的规定更严厉,如《信托法》允许进行关联交易,而在集合资金业务规则中则不允许有关联交易。[⑤] 笔者认为,此等监管设计并非违背信托规范任意性,而是信托审慎监管的要求,也是为了从较高起点上培养受托人的职业道德素养,在现阶段具有一定合理性。

受托人的职业道德水平是信托业得以生存和拓展的一个前提条件。应重视信托业两类道德风险:一是挪用信托财产的风险,二是受益人利益最大化原则未

---

① See Jesse Dukeminier & Stanley M. Johanson, Wills, Trusts, and Estates, New York: Aspen Publishers, 2005, p.903.

② 唐义虎:《信托财产权利研究》,中国政法大学出版社 2005 年版,第 76 页。

③ See John H. Langbeinn, The Secret Life of the Trust, The Trust as an Instrument of Commerce, 107 Yale L. J (1997), p.186. 转引自沈四宝:《商事信托制度的现代发展》,载《甘肃政法学院学报》2005 年第 4 期。

④ Ibid.

⑤ 《信托公司集合资金信托计划管理办法》第 27 条规定:"信托公司管理信托计划,应当遵守以下规定:(一)不得向他人提供担保;(二)向他人提供贷款不得超过其管理的所有信托计划实收余额的 30%;(三)不得将信托资金直接或间接运用于信托公司的股东及其关联人,但信托资金全部来源于股东或其关联人的除外;(四)不得以固有财产与信托财产进行交易;(五)不得将不同信托财产进行相互交易;(六)不得将同一公司管理的不同信托计划投资于同一项目。"《信托法》第 28 条规定:"受托人不得将其固有财产与信托财产进行交易或者将不同委托人的信托财产进行相互交易,但信托文件另有规定或者经委托人或者受益人同意,并以公平的市场价格进行交易的除外。受托人违反前款规定,造成信托财产损失的,应当承担赔偿责任。"

能充分实现导致的风险。

1. 挪用信托财产的风险

挪用信托财产有三种基本形式:一是把信托财产挪用给固有财产;二是把不同信托财产的用途混淆;三是把信托财产挪用给大股东或其他关系人。挪用行为可能是将信托财产用于其他投资,也可能是用于担保。挪用的大部分是资金形态的信托财产,也有挪用其他形式的信托财产的,如将国债、证券非法用于回购,套取资金后进行挪用。

信托业发生挪用信托财产主要是为了填补历史积累的旧债,为控股股东或关系人融资或者挪用于证券市场等进行高风险投机。

为防范挪用信托财产的风险,对有些信托公司或信托产品,信托财产与固有财产、不同信托财产之间应建立严密和严格的"防火墙"制度。笔者建议将这部分受托人的权利义务进行拆分,尤其是将信托财产交由第三人托管。将受托人几项重大职责如保管、运用、记账和分配由原来一体承担的情况进行细分,如托管人托管信托财产,受托人进行投资决策和管理,账户管理人对账户进行记账,处理账户问题,分配信托利益,不同主体相互间形成制衡的机制。

但是,制衡机制本身就意味着在享受安全的同时,必须支付额外的成本和承受效率损失。受托人集权模式也并非一无是处。对现代金融市场的机会捕捉能力往往决定了投资成败,所以集资金管理、决策、运用、分配于一身,就没有了在分权模式下信息和指令传递以及协调监督的成本,提高了交易效率,但对受托人的技能标准和道德标准要求较高。

2. 受益人利益最大化原则未能充分实现导致的风险

股东利益最大化与受益人利益最大化在信托业务具体管理运作中存在多处冲突,这是公司法与信托法在法人受托业务中的冲突。

来源于信托财产的收入有两部分:一是受益人的收入,二是受托人的收入。受托人的收入又分为两部分:名义收入和风险收入。名义收入就是信托报酬。有的风险收入也是以信托报酬收取的。风险收入主要表现为:

(1) 信托财产与固有财产同时投资一个项目或企业,固有财产获得较高收益,信托财产只取得事先约定好的固定的较低的收益。

(2) 超过承诺给信托受益人的预期收益比例的部分全部归为信托报酬。如果严格执行信托财产独立性原则,受益人自己承担了投资损失,这种分配机制最容易刺激信托公司为了获得超额回报而冒险。损失的是别人的财产,而一旦经营成功,大获其利的却是受托人。这是一种比较典型的来自受托人道德瑕疵的风险。

(3) 以财务咨询的方式获得额外利益。有的信托公司以信托牌照和能够提供融资作为利器,给将来或曾经的用资人(信托财产的实际使用人)提供咨询、策划等,预收或补交咨询策划费。信托公司收取了咨询策划费即应为用资人的最大利益服务,而咨询的项目应与信托投融资的项目完全一致。此等情况下,信托公司究竟是使用资人的利益最大化还是使受益人的利益最大化,抑或是使自己的利益最大化?毫无疑问,内中很可能存在利益冲突。

笔者认为,以上做法违背了受益人利益最大化的原则,导致风险与收益不对应,权利与义务失衡。既然是风险收入,就要由获利者承担相应的风险;如果信托公司获得了这部分收益,但又要求信托财产承担相应的风险,则违背了信托制度的基本原则以及民事活动的公平原则。为了充分实现受益人利益最大化的原则,除了信托报酬外,应限制或禁止受托人取得其他风险性收入。这是受托人承担的信赖义务的必然要求。[①] 如果受托人擅自或者秘密利用受托人地位获得这些收入,法院应责令归入信托财产。[②]

(四)受托人的技能风险

受托人包括受托人的高级管理人和信托经理能否向委托人提供专家级的财产管理业绩,这是信托业能否得以生存和拓展的另一个条件。鉴于受托人的技能风险是信托行业的另一个基本风险,必须尽快摸索受托人的专业技能标准,从源头防范信托财产管理和运用中受托人能力不济引发的风险。

1. 交易第三人的风险

信托资金运用过程的风险一部分是交易第三人的信用风险。资金运用前,信托财产使用人向信托公司提供虚假的融资方案与资信材料、虚假担保等,骗取信托财产。资金运用时,信托财产使用人或控制人为了自身利益的最大化,未严格按合同约定使用,或投向其他风险较高的项目,造成信托财产贬损。信托清算时,信托财产使用人或控制人不按合同约定,未向信托公司及时、足额返还信托利益,或担保人不承担担保责任等,也会使信托财产蒙受损失。

2. 被投资行业的市场风险

信托资金投资的行业相对集中在房地产市场、证券市场、产业市场和城市基础设施等。许多行业对受托人专业技能要求极高,如果不是这方面的专家,其投资决策、经营管理和风险识别与控制等都存在困难。房地产和证券市场属于风险比较大的行业。目前,这些领域的投资占整个信托行业投资的比例过大,行业

---

① 信赖义务要求负有信赖义务的人,非经授权,不得利用其所处的地位牟利,也不得把自己置于可能存在自我利益和信托利益发生冲突的地位上。如处于这样的情况下,则应首先考虑其义务,而非其利益。同理,在存在不同的受益人的情况下,非经授权,受托人应当公平对待不同的某(群)受益人。参见〔英〕D. J. 海顿:《信托法》,周翼、王昊译,法律出版社 2004 年版,第 37 页。

② 对于违反信赖义务中忠实义务的行为,法院会要求负有信赖义务的人对违反该义务导致的所有损失承担责任,包括土地或股票的普遍性贬值所引起的损失。参见〔英〕D. J. 海顿:《信托法》,周翼、王昊译,法律出版社 2004 年版,第 37 页。

集中投资的风险应该引起足够重视。以传统眼光看，城市基础设施投资的风险不大，但是要考虑到我国地方政府的负债结构，尤其是隐性负债较高，其债务清偿能力受到各种偶然因素的影响，如政府换届、地方政府财政超预算等，也应引起重视。

3．风险的控制技能比较欠缺

由于种种条件限制（包括监管机构的抑制性监管理念），信托公司对财产管理、资金运用风险的控制技能和控制设施比较匮乏，表现为：

（1）信托公司不可以设立分支机构，对投资于异地的项目不能像银行一样运用整体、系统的监控机制，尤其是对于集团客户在外地设立的子公司的经营管理状况不能做到实时监控。

（2）信托公司与用资人之间常常是一种单笔投融资关系，缺乏交易的连续性，在账户监督方面无法对结算、现金流、账户等实行实时监控，容易发生信息不对称；核实和分析公司的利润、财务状况的难度比较大，单纯靠报表进行分析具有很大的局限性。这也是信托公司重视第二还款来源而对第一还款来源不够重视的重要原因。

（3）信托公司能够向用资人提供的资金量因受筹资规模的限制，往往不能满足用资人的全部需要，与银行相比处于次要的地位。另外，银行的监督水平相对较高，监督措施齐全，使得许多信托公司乐于"搭便车"，认为银行会代替实施监督，从而降低了主动监督的积极性。

（4）信托公司发挥自身的优势，进行阶段性的股权融资，在被投资公司经营状况良好的情况下，其股权价值较高，有一定的保障。① 但是，在公司发生经营风险的时候，这种阶段性股权融资的保障措施的弱点就显露无遗。此时，控股股东提供的担保或回购义务一旦不能落实，这种股权投资与其他金融机构贷款相比，就处于后序偿还地位。同时，阶段性股权融资中受托人管理职责常常不到位，对企业管理消极对待，听命于用资人，过分夸大"平台"效应，被误解为"甩手掌柜"。因此，阶段性股权融资承担了过多的风险，其风险不容忽视。

（5）在风险管理方面，信托公司尚未建立起一套行之有效的风险管理机制，这本身就是巨大的风险。

4．对策

（1）提高信托从业人员的技能素质，高级管理人和信托经理应有法定技能标准，并定期验收、检测、考评、跟踪其经营、管理尤其是风险管理的核心技能；

（2）行业协会对集中投资的行业提供业务操作和风险管理的指导性意见；

---

① 所谓"阶段性股权融资"，是指信托公司募集社会资金后购买或增资于目标公司股权，目标公司的股东承诺在一定期限后以确定的价格（融资成本加一定溢价）回购该股权，属于财务性投资。

(3) 信托公司建立风险管理信息系统,建立风险识别、汇总、分析、评估、预警、报告、处理的管理机制。

为解决固有财产流动性差所带来的风险,应要求信托公司对固有财产保持一定比例的流动性,在偿付的高峰期来临前,应使流动性资产保持较高比例。此外,通过系统论证,可否允许信托公司为了克服兑付风险而适当负债。

(五) 受托人法人治理结构不健全、内控制度不完善造成的风险

信托公司治理是一种复杂的多边委托—代理关系,“委托人的差异化意味着要求代理人执行异质的任务,还包括信托财产委托者委托的任务,甚至可能包括代理人以自己意愿从事的活动,且各项任务之间可能存在着利益冲突”①。

有的大股东把信托公司当成了自己的融资平台,挪用信托财产或不正当关联交易成为特别需要防范的风险。从德隆事件暴露的情况看,控股股东在其所控股的不同金融机构之间挪用客户的资金、资产的情况,炒作自己控股的上市公司股票,其程度是触目惊心的。在资金被统一使用和任意调度的集团资金管理模式之下,信托公司所吸收的信托资金被当成存款,并按照存款模式随意调用,信托文件所规定的用途对信托公司失去了约束力。这个案例启发我们,要高度重视控股股东(实际控制人)因融资而挪用信托财产的风险。如果不坚持信托法的信托财产独立性原则以及设计强有力的约束和惩罚机制,大股东直接或间接控制下的信托公司难以独善其身。这是公司法的股东控制文化与信托法的信托财产独立文化的重大冲突。

信托内控制度是指防止违规操作,建立对信托业务事先防范、事中检查、事后监督的全程监督机制,对信托经理进行内部稽查。

从信托公司“防火墙”制度看,现在某些信托公司的内控制度很难协调固有财产和信托财产“两路人马、一套将帅”的矛盾,信托公司内设的信托管理部门和托管部门的独立性难以体现。股东会或大股东与监管机构的意见不一致,往往导致高级管理人员左右为难。信托经理所属部门根植于整个公司的架构,他们在人事、稽核、财务、会计、工资、升降、奖惩等方面实际上很难区分开,这是重要的风险来源。信托财产的投资管理委员会与固有财产的投资管理委员会在人员上往往是重合的,甚至投资决策的会议同时召开,委员的身份合一,从决策机制上不能保证相互独立性,下设部门更缺乏运作独立性。为落实信托公司承担

① 复杂的多边委托—代理关系意味着信息不对称的复杂性,主要表现在多个委托人和代理人之间,而且层次相当复杂,信托经理与信托财产委托者、股东与信托投资公司经营者、信托财产高管人员与公司高管人员、信托财产高管人员与信托经理、固有财产管理者与公司高管人员、监管者与信托投资公司之间都存在不同程度的信息不对称问题。参见周明:《中国信托市场运行机制——基于合约视角的分析》,中国经济出版社 2007 年版,第 221 页。

信托财产和固有财产分别管理的义务，可以考虑信托公司下设特殊目的公司（SPC）专门经营信托业务。此种结构下的信托公司仅经营固有财产业务。另一种方案是禁止或限制信托公司经营固有财产业务。“新两规”实际上在沿着第二种方案的方向迈进。

在理论上，信托经理具有独立性，应当按照信托法、信托文件的要求独立判断和运用管理信托财产。实际上，信托经理的独立性程度很低，信托公司的很多高级管理人兼任高级信托经理，这种身份合一的状况往往导致相互缺乏独立性。低级别的信托经理也只有听命于信托公司的高级管理人。同时，对信托经理的外部市场约束尚未形成。公司内控制度的不完善可能会导致信托投资决策的风险加大。为加强信托经理的责任，应设立信托经理的专业化执业选拔和业绩档案管理制度，保证信托经理一定程度的从业独立性和流动性，建立信托经理一定程度的责任自负机制。另外，应由监管机构直接管理信托经理的资格和档案，制定信托经理的执业规范，信托经理有举报的权利；行业协会应促进建立信托经理的职业化和市场化选择机制。

四、制定信托业法，完善信托制度

（一）信托业监管政策变革

1. 基本情况

2004年，金新信托等个别信托公司因各种原因先后出现风险，被监管部门停业整顿，从而引发了对整个信托行业的反思和调整。信托行业在历经2005年监管机关对于信托公司的大规模检查、2006年先后推出了创新试点等新的监管政策与监管思路后，进入了一个政策敏感期和业务的调整期。但是，“新两规”的出台，预示着信托业监管政策和监管思路也日趋稳定，信托业将迎来又一次新的发展机遇。

“新两规”的颁布实施，目的是推动信托公司从“融资平台”真正转变为“受人之托，代人理财”的专业化机构，促进信托公司根据市场需要和自身实际进行业务调整和创新，力争在三至五年内，使信托公司发展成为风险可控、守法合规、创新不断、具有核心竞争力的专业化金融机构。银监会积极鼓励信托公司加强核心竞争力，实现信托资源的优化配置，推动行业的持续健康发展和安全运行。

“新两规”强调“压缩固有业务，突出信托主业”，规定信托公司不得开展除同业拆入业务以外的其他负债业务，固有财产原则上不得进行实业投资，从而从制度上割断信托业务与固有业务之间的利益输送纽带。“新两规”给信托公司营利模式和业务结构带来巨大影响。对获准换发新的金融许可证的信托公司，银监会鼓励其在业务创新、组织管理等方面主动提出试点方案，按照审批程序，大力支持其开展私人股权投资信托、资产证券化、受托境外理财、房地产投资信托等创新类业务。

根据过渡性措施，到2010年1月1日前，银监会将遵循“成熟一家审批一家”的原则，重新审批信托公司的金融许可。达到新《信托公司管理办法》规定标准的信托公司，经提前申请，并由银监会及其派出机构验收合格后，可提前结束过渡期。在过渡期内，达不到新《信托公司管理办法》规定标准的信托公司，将受到诸多业务限制。

对于个别规范困难的公司，银监会将鼓励采取收购或者兼并的方式完成公司重组；或采取信托业务按照有关办法进行托管，固有业务进行清理、分立、剥离和转制等方式，推动该类公司的转型。对于在过渡期结束前仍达不到“新两规”要求标准的，银监会将依据有关法律法规责令其停业规范，若在停业期内仍不能达标的，将依据有关规定对其实施市场退出。

2. 信托“新两规”要义

（1）重整信托公司业务，压缩并限制其固有业务，规范并发展其信托业务。对信托公司原固有业务，一方面采取压缩的办法，即取消原有的一部分固有业务，如规定除中国银监会另有规定外，明确禁止信托公司进行实业投资；另一方面对保留的固有业务进行严格的限制。

在规范信托业务方面，与修订前的《信托投资公司管理办法》相比，修订后的《信托公司管理办法》将信托公司对信托财产进行管理、运用的方式中的同业拆放调整为存放同业，明确规定信托公司不得以卖出回购方式管理、运用信托财产；此外，还取消了信托公司可以经营代理财产的管理、运用和处分的业务规定，对向他人提供贷款规定不得超过其管理的所有信托计划实收余额的30%。

在对信托业务进行规范的同时，“新两规”还发展了原有的信托业务，具体表现为：增加了信托公司可以采取买入返售的方式对信托财产进行管理、运用的规定；把原规定中的债券承销业务拓展为证券承销业务，这意味着信托公司在得到国务院有关部门批准后，将不但可以承销国债、政策性银行债券、企业债券等债券，还可以承销股票、短期融资券、资产支持证券等，信托公司业务的范围得到了扩大；将信托公司的信用见证、资信调查及经济咨询业务调整为办理居间、咨询、资信调查等业务，同样扩大了信托公司业务的范围；增加了信托公司可以经营保管箱业务、进行有价证券信托业务的规定。

（2）取消集合资金信托合同不得超过200份、每份金额不低于人民币5万元的限制。修订后的《信托公司管理办法》在取消原《信托投资公司管理办法》关于集合资金信托合同不得超过200份、每份合同的金额不低于人民币5万元的限制的规定的同时，引入委托人应为合格投资者的概念，规定单笔集合资金信托计划的投资起点金额为100万元,并要求单个信托计划的自然人不得超过50人,合格的机构投资者数量则不受限制。

(3)限制信托公司与股东的关联交易。修订后的《信托公司管理办法》规定,信托公司在从事固有业务时不得向关联方融出资金或转移财产;不得为关联方提供担保;不得以股东持有的本公司股权作为质押进行融资。信托公司开展关联交易,应以公平的市场价格进行,逐笔向中国银监会事前报告,并按照有关规定进行信息披露。上述规定有利于防止信托公司向关联方或变相向关联方输送利益,提高信托公司的抗风险能力。

(二)有关制定信托业法的过程回顾

《信托法》第4条规定:"受托人采取信托机构形式从事信托活动,其组织和管理由国务院制定具体办法。"从此授权立法条款看,我国信托业法立足于行政法规的层面。《信托法》已于2001年颁布实施,至今信托机构管理条例仍处于探索中。

《信托法》颁布前,信托公司以《信托公司管理暂行办法》(1999年)作为基本规范,但是当时清理整顿未结束,信托公司尚未开始办理真正的、本原性的信托业务,此前所从事的也主要是银行和证券公司的传统业务。此外,随着《证券投资基金法》的颁布实施,证券投资信托基金业务被彻底从信托公司的业务范围内排除出去,专属于基金管理公司。

基于信托市场管理现状以及金融分业的法律和政策,国务院办公厅于2001年12月29日下发了关于《信托法》适用的通知①。其基本精神,一是确认信托公司和基金管理公司的营业信托机构的地位,二是考虑着手起草营业信托机构管理条例。自2001年7月18日《信托投资公司资金信托管理暂行办法》施行后,集合资金信托计划如雨后之春笋,迅速激起了我国金融创新的热潮。同年,商业银行推出多方委托贷款计划,开启了其他机构亦步亦趋地复制信托产品的"创新"之路。此时,恰逢银监会接受委托起草营业信托条例的任务,召集信托专家组成起草组。起草组最初考虑以《证券投资基金管理公司管理办法》为蓝本,上升为条例,期望以此确立信托公司在信托业的唯一的至少是主体的地位,也借机"掐断"其他机构乱搞准信托、灰色信托的"苗头"。由于种种原因,这一进程被搁置下来。可以肯定的是,试图通过制定信托机构管理条例规定信托公司的"专营权",以排斥其他机构"染指"信托市场,并不能获得"立法相关者"如国务院法制局、证监会等部门以及银行、证券公司、基金管理公司等金融机构的

① 《国务院办公厅关于〈中华人民共和国信托法〉公布执行后有关问题的通知》(国办发[2001]101号)。

认可。

笔者认为，信托业法应该与其生成的环境相适应，在没有营业信托实践的真空境界，无法拟订出一部符合现实需求、法律逻辑的条例。同样地，信托公司在没有充分展示其功能魅力前，试图通过部门性立法划分资产管理市场的思路缺乏现实基础。①

如何界定信托机构的范围，是限于信托公司、基金管理公司还是将银行、证券公司纳入其中，以及是否允许其他金融机构设立专门从事信托业务的子公司还是直接赋予其信托业务资格，是关系金融全局的立法政策。

（三）有关制定信托业法的环境分析

制定信托业法的环境，一是指狭义信托业的环境，即信托公司从事的信托投资的小环境；二是指广义信托业的环境，即金融机构从事的资产管理业务的大环境。

1. 国内信托公司面临竞争日益激烈的市场环境

目前，国内信托公司面临竞争日益激烈的市场环境。其一，金融全球化浪潮和 WTO 对外资金融机构的全面准入已在眼前，国内金融机构进行综合经营，银行、证券、保险等机构在资产管理或直接融资领域的业务创新极其活跃。其二，资本市场管制的放松、利率市场化改革的快速推进，既为信托公司的发展提供了机遇，也挤压了生存空间。其三，部分国内信托公司发展战略不清晰，没有形成可持续的长期发展盈利模式，也削弱了自身的竞争优势。其四，当前我国信托公司的产品缺陷，例如单个信托计划资金的规模小，难于投资大型项目，也无法进行组合投融资，以及流通机制匮乏等，也降低了信托产品的竞争能力。

2. 资产管理的市场环境出现激烈竞争的局面

在信托业为了行业定位、行业主业盈利模式、长效风险管理机制等反复探讨的时候，在过去几年里，随着国民财富迅速积累、经济快速发展和金融创新热潮的涤荡，资产管理市场已经发生了惊人的变化。伴随混业经营的发展步伐，资产管理的市场环境出现激烈竞争的局面。

未来我国金融机构业务转型向混业经营方向迈进已是市场竞争的必然选择。国内金融监管部门应顺应市场的变化，引导金融机构开展混业经营尝试。

（1）证券公司

证监会尽量拓宽证券公司的业务范围，直接主导国内创新类券商开展集合

---

① 今天的信托业在某种程度上还有解放前信托业的一些影子。有学者考察近代上海信托业，认为上海信托业的最大特点是在经营中始终不以信托业务为主业，原因是当时信托需求不充分，供求失衡，信托机构很大程度上成为游资牟利的载体。参见何旭艳：《上海信托业研究（1921—1949 年）》，上海世纪出版集团 2007 年版，第 254—258 页。

类资产管理计划和企业资产证券化业务。券商从事准信托业务,与商业银行、基金管理公司、信托公司展开竞争。证券公司直接投资业务的大力推进与信托公司固有业务限制实业投资恰好形成鲜明对比。

(2) 商业银行

商业银行根据《商业银行法》所进行的委托贷款业务本质上是信托业务,尤其是集合资金委托贷款业务,与信托公司的集合资金贷款信托业务几乎没有什么差异。[①] 委托贷款业务包含了信托构造的基本要素,实际上是一种信托业务,属于资金信托。[②] 银监会极力鼓励商业银行开展创新型中间业务,集合理财业务和短期融资券承销业务,使银行分别进入了资产管理和投资银行业务领域。同时,商业银行也在构建金融控股的经营模式,政策法规已经允许部分银行设立或收购基金管理公司和信托公司,此后也很可能允许其收购证券公司。

(3) 保险公司

在保监会的大力推动下,国内各大保险公司(如平安保险)逐步形成保险金融控股集团的模式。保险公司通过设立的资产管理公司,可以直接从事基础设施股权或债权投资,并试图直接担任保险资产受托人的角色。保险资金长期稳定的特征特别适合基础设施项目的长期、低风险、低收益的融资特点,这将直接冲击信托公司在基础设施行业的股权性融资的优势地位。此外,保险公司推出的投资连接险其实也可归类为信托保险相结合的产品。[③]

(4) 基金管理公司

基金管理公司的基金专户理财将与信托公司的单一资金信托业务构成直接竞争态势。产业投资基金(以渤海基金为代表)将以信托、公司、有限合伙等作为制度基础,倚其特有优势,将对信托公司还没来得及开拓的产业基金业务构成挑战。

通过上述分析,笔者认为,在信托机构多元化、信托市场多层次、信托产品多样化的资产管理市场快速发展阶段,信托公司应认识到:混业经营是大趋势,信托公司成长为支柱行业的时间机会越来越小;金融全球化是大趋势,信托公司的竞争环境是"腹背受敌",日益恶劣;信托制度被越来越多的机构运用是大趋势,

---

① 参见吴弘、杨鹏飞、贾希凌:《信托违法犯罪的防范与处罚》,中国检察出版社 2001 年版,第 99 页;周明:《中国信托市场运行机制——基于合约视角的分析》,中国经济出版社 2007 年版,第 235 页。

② 参见吴弘、杨鹏飞、贾希凌:《信托违法犯罪的防范与处罚》,中国检察出版社 2001 年版,第 99 页。有学者认为,委托贷款"从性质上看,虽名为'委托',但实际上与日本法上的特定金钱信托相同,属于比较典型的信托业务"。参见周小明:《信托制度比较法研究》,法律出版社 1996 年第版,第 215 页。

③ 有学者认为,投资连接险的法律性质应当定位为"保险 + 信托"。其中,保险保障部分为保险法律关系,投资账户部分为信托法律关系。投资连接险合同实际上由一项传统保险合同和一项信托合同构成。参见李理:《投资连结保险:法律属性及与现行保险法的冲突》,载《河北法学》2005 年第 4 期。

信托专营权将很难永久持续；监管协调是大趋势，但监管机构之间的“监管者竞争”[①]还要持续一段时间。

信托制度逐步扩大应用空间，正成为资产管理市场主要的、通用的制度选择。现在社会上讨论的“大信托时代已经来临”等话题，就是制度变迁的先兆。信托是一种制度，和公司、委托一代理等一样，属于一种制度性“公共物品”。随着市场经济的发展，尤其是资产管理金融理财市场的竞争加剧，社会上出现了对信托制度进行拓展运用的客观要求和趋势。

信托事，天下事也，非“一行”（银行业）“一家”（信托公司）之事也。[②] 信托原理在我国银行、证券和保险业得到广泛运用，预示着我国“大信托时代”已经到来。2005 年 9 月 29 日，银监会颁布《商业银行个人理财管理办法》，这是商业银行借鉴信托原理开展资产管理业务的规范依据。2006 年 3 月 6 日审议通过的《保险资金间接投资基础设施项目试点管理办法》则规定了信保合作的产品架构。该办法所称“保险资金间接投资基础设施项目”，是指委托人将其保险资金委托给受托人，由受托人按委托人意愿以自己的名义设立投资计划，投资基础设施项目，为受益人利益或者特定目的，进行管理或者处分的行为。2006 年 9 月 5 日中国证券业协会颁布的《关于发布〈融资融券合同必备条款〉和〈融资融券交易风险揭示书必备条款〉的通知》更明确规定，合同应约定融资融券特定的财产信托关系。

（四）有关制定信托业法的必要性探讨

考察制定信托业法的必要性，有必要跳出信托公司的局限。商业银行的人民币理财、证券公司集合理财计划等产品应建立在信托制度基础上，还是应建立在委托制度基础上？哪些金融产品应该用信托制度而不是其他制度规范？哪些金融机构可以经营开发金融信托产品？这些问题不仅仅是信托业有序竞争的问题，还涉及整个金融信托业的战略定位，涉及国家金融体制的构建以及国家金融功能、国家金融效率等若干重大问题。

1. 制定信托业法是完善信托制度体系的要求

当前，由《证券投资基金法》、证监会颁布的基金规章以及银监会颁布的信托公司营业信托的信托规章，共同构成了我国较松散的信托业法规集群（尚不能称为有机的“信托业法规系统”）。对证券投资基金的监管，至少从法制体系上看比较完整，形成了《信托法》—《证券投资基金法》—证券投资基金规章的规

① 这泛指监管机构利用规章制订权为其监管的机构争取政策优惠的活动。在监管部门收取监管费后，监管者竞争现象似乎具有伦理性合理因素。但是，实际上，监管者竞争是以限制经营机构之间的竞争为代价的。

② 参见秦炜：《大信托时代向我们走近（上）》，载《证券日报》2006 年 8 月 14 日。

范系统。与之相比，对信托公司、银行、证券公司等所从事的信托业务、资产管理业务的监管则还缺乏具有承上启下作用的支柱性的信托业法律。借助该法，监管部门往上可细化《信托法》在信托公司营业信托领域的具体要求，向下则可贯彻信托监管思路，统领信托管制的规章。

我国信托制度体系应以信托法为基本民事性信托法，信托业法为基本的经济管理性信托法，以资产证券化法、证券投资基金法、房地产投资基金法、创业（产业）投资基金法、企业年金法等特别营业信托法为支撑，辅以监管政策性规章和行业性指导规范。①

信托法与信托业法的宗旨不同，功能也不可相互替代。一方面，信托法是传统法，而信托业法是现代法。各国信托法遵守信托的传统内核，即使信托法被纳入大陆民法体系存有多种理论与实践的"排斥"，大陆法传统下的信托法也沿袭信托传统内容。信托业法虽然反映世界金融发展潮流，但主要与各国金融管理要求相适应，体现金融与经济的地域性牵连关系，并且养老金信托、资产证券化信托、房地产投资信托等与中宏观经济关系密切相关，监管部门自然倍加重视。另一方面，信托法统管民事、营业与公益信托的关系，因此重在对共性问题的规范和方向性引导。信托业法则仅以营业信托为对象，重在对各个产品的个性化规制和具体性监管，综合了组织法（准入与退出）、行为法（产品创新、发行与交易等营业规则）、管理法（风险控制）的各方面要求，是一部经济管理法规。

信托法与信托业法的法律功能虽然不可相互替代，但可以相互支持、相互补充。尤其考虑到信托法在营业信托领域的特殊性，以及随着我国各界对信托本质认识的逐渐深入，制定更加符合国际信托立法惯例的信托业法，至少可以对信托法立法中的模糊或者不够周延之处起到弥补作用，具有很强的现实意义。

例如，信托成立的要件是否应该以委托人转移信托财产的所有权为必要，学界对此争论颇多，实践中也有争议。在理论上，有两种不同观点：有学者认为，"关于确认信托财产所有权由委托人享有的规定为我国信托法的创造性规定，是因为英美信托法与日本信托法中的相应规定均确认信托财产所有权由受托人享有；可见我国信托法的这一规定在内容上具有明显新意"②。此观点肯定现行立法条款的先进性。更多的学者则认为，信托财产作为信托的核心，其转让是信托的第一要素。由于英美法系国家信托财产权的双重所有权结构与我国的所有权理念格格不入，因此导致我国信托法采取了回避信托财产权归属的立法模式。依我国《信托法》第2条的规定，委托人在设立信托时只是将其财产权"委托给"受托人，并不是"移转给"受托人。因此，信托设立后，信托财产的所有权归属就

---

① 参见周小明：《财产权的革新——信托法论》，贵州人民出版社1995年版，第201—202页。

② 张淳：《条款增补：我国信托法中的重要创造性规定的完善》，载《河北法学》2005年第12期。

成了信托法律关系中悬而未决的问题。[①] 没有财产权的转移，则不能称之为“信托”，其结果只能是混同于一般民法下的委托代理、间接代理和寄托等。[②] 此观点认为现行立法存在缺陷。在实务中，信托财产权的归属问题已经对信托产品（例如资产证券化）的设计产生消极影响。我国信托法对信托财产权归属的漠视态度，极易导致SPT设计上的性质模糊。由于《信托法》未规定财产的移转是信托成立和生效的要件，因此信托财产的转移也不是SPT关系成立和生效的要件。按此推论，在SPT中，发起人无须将资产移转于受托人。这样，资产还在发起人的资产负债表上，风险没有转移。在发起人破产时，信托财产因未独立，“资产池”内的资产仍属于破产财产，这就无法发挥信托的“破产隔离”功能。[③] 特定目的信托的设立，须贯彻区分原则，区分信托合同与信托关系，同时必须以信托合同有效成立且拟证券化的资产发生信托移转为条件。[④] 监管部门已经注意到所有权移转与真实出售问题，专门发文要求确保“真实出售”，强调“经济实质”。[⑤] 毕竟，仅仅“委托给”的承诺，不能达到“移转给”的实际效果。

2. 制定信托业法是防范信托业系统性风险的必要举措

在信托公司探索信托主营业务模式、信托业定位之际，以资产管理、委托—代理形式出现的“准信托”产品次第问世，如何认定这些产品的法律性质，是制定信托业法要回答的一个重要的前提性问题。如果允许银行、证券公司等金融机构经营信托业务，按照依法监管的原则，首先必须对确立分业经营、分业监管的金融体制的几部大法进行修改。否则，金融创新活动不断突破原来的法律规定，会导致金融市场的无序竞争。

资产管理市场的无序竞争与没有制定统一的信托业法有一定关系。信托制度是一种可贵的金融资源，具有稀缺性。在信托公司处于压制性监管的时候，整个市场的资源却始终处于流动状态，总是流向能够满足需求的地方。其他监管机构以种种方式允许下属金融机构利用信托制度性资源开展大量“准信托业务”，已对信托公司的信托产品产生了强烈的替代效应。

---

① 参见陈雪萍：《论我国商事信托之制度创新》，载《法商研究》2006年第3期。

② 参见〔日〕中野正俊、张军建、姜雪莲译：《中国信托法具体修改建议》，载《河南省政法干部管理学院学报》2006年第6期。

③ 参见陈雪萍：《论我国商事信托之制度创新》，载《法商研究》2006年第3期。

④ 参见伍治良：《论特定目的信托的性质及设立原则——兼评“建元2005-1个人住房抵押贷款证券化方案”之缺陷》，载《法商研究》2006年第5期。

⑤ 中国银监会办公厅《关于进一步加强信贷资产证券化业务管理工作的通知》（银监办发〔2008〕23号），要求“确保‘真实出售’，控制信贷风险。一是发起行要切实落实证券化资产的‘出表’要求，做到真实出售，降低银行信贷风险；二是发起行要准确区分和评估交易转移的风险和仍然保留的风险，对保留的风险必须进行有效的监测和控制”。“强调‘经济实质’，严格资本计提。参与证券化业务的相关银行要严格遵循资本监管的有关要求，对于风险的衡量应依据交易的‘经济实质’，而不仅仅是‘法律形式’，准确判断资产证券化是否实现了风险的有效转移，对于因证券发起、信用增级、投资以及贷款服务等形成的证券化风险暴露都要计提资本，确保资本充足和审慎经营。”

在缺乏信托业法支撑的情况下，银行和证券公司所开发的“准信托”产品不能由信托监管部门进行统一监管。一旦信托制度如因被滥用和误用发生变形，引发较大风险，整个信托制度的“制度性信誉”将受到严重影响，信托公司必然受到连带的致命挤压。

银行人民币理财产品是“准信托”产品的典型代表，其暴露出的风险问题已经引起关注。部分银行到期收益率为零的理财产品引起了投资者的不满，“零收益”事件频出，银行系理财产品出现信用危机。① 人们甚至开始质疑：银行理财是不是银行对投资者设下的“赌局”？② 理财产品连续曝出零收益事件，不但引发了客户和市场的诸多质疑，而且已引起监管部门的高度重视。监管部门调查后认定部分商业银行理财产品有“六宗罪”。③ 作为对调查的政策回应，银监会 2008 年 4 月 3 日发布《关于进一步规范商业银行个人理财业务有关问题的通知》（银监办发[2008]47 号），从细化政策和部署检查两方面进一步加强对商业银行个人理财业务的监管，如对风险揭示提出了比较具体的要求。④

信托制度是资产管理业务的基本支撑。⑤ 把当前众多金融机构开展集合理财产品统一到信托轨道上来，可以满足投资安全和投资效率的双重需要，保护投资者的合法权益，维护金融秩序。⑥如果将上述关系界定为信托关系，则可以当然地发挥信托制度中的受托人信赖义务（Fiduciary Duty）机制，妥当平衡当事人之间的利益关系和责任关系。有学者认为，广义的忠诚和注意义务标准发挥着信赖义务一般的填补空白的作用，可以作为对受托人行为加以事实和环境监测的最终手段。信托受益人有权获得有关其信托管理和信托利益的信息，受托人须经常履行合理的说明义务，这是一种预防性规则。就忠诚义务的预防性规则而言，信托法的信赖义务可以说是积极监控的替代工具。就谨慎义务而言，受益

---

① 参见熊焱：《“零收益”事件频出，银行系理财产品遭遇信用危机》，载《北京晚报》2008 年 2 月 25 日。

② 参见张胜男：《“零收益”事件愈演愈烈，银行理财是投资者的赌局？》，载《证券日报》2008 年 2 月 26 日。

③ 参见夏晨：《银监会：调查银行理财“六宗罪”》，载《21 世纪经济报道》2008 年 4 月 9 日；王兴：《银监会：理财产品有六宗罪》，载《重庆晨报》2008 年 4 月 17 日。所谓“六宗罪”，包括：产品设计管理机制不健全；未有效开展客户评估；产品宣传中风险揭示不足；未能建立完整的事前、事中、事后信息披露机制；销售人员管理存在漏洞；投诉处理机制不完善。

④ 《关于进一步规范商业银行个人理财业务有关问题的通知》要求“商业银行理财产品的宣传和介绍材料中应全面反映产品的重要特性和与产品有关的重要事实，在首页最醒目位置揭示风险，说明最不利的投资情形和投资结果，对于无法在宣传和介绍材料中提供科学、准确的测算依据和测算方式的理财产品，不得在宣传和介绍材料中出现‘预期收益率’或‘最高收益率’字样。商业银行理财产品的宣传和介绍材料中如含有对某项业务或产品以往业绩的描述或未来业绩的预测，应指明所引用的期间和信息的来源，并提示以往业绩和未来业绩的预测并不是产品最终业绩的可靠依据，不得将以往业绩和未来业绩的预测作为业务宣传的最重要内容。”

⑤ 参见金立新：《信托制度：资产管理业务的基本支撑》，载《金融时报》2006 年 5 月 22 日。

⑥ 参见徐伟、贾希凌：《刍议集合理财产品的法律规制》，载《商业时代》2006 年第 13 期。

人实际上能通过受托人对信托事务的披露加以考察，这主要是因为信托资产的分散投资和风险、回报的结果可以作为受托人是否谨慎的评价标准。因此，信托法规定了受托人常规的强制性披露义务。这种披露义务提高了受益人监控受托人管理信托的能力。① 因信赖义务的缺失，理财机构权力不能受到有效的制约，这正是当前银行理财发生各种问题的一个法律根源。

实务界分析人民币理财产品，总结出以下几个特点：法律结构具有不确定性，交易标的具有虚拟性，合约内容具有概括性。法律结构的模糊是问题的首要症结，“不少理财产品对于银行与客户之间的关系定位不准确、不清晰，也就是说银行与客户之间到底是委托关系还是买卖关系具有一定的不确定性。从深层次的法律关系看，这种模糊性可能带来两个问题：一是当银行破产时，理财产品认购人（客户）的权利如何实现，是否应该纳入破产债权的范畴；二是银行接受客户的资金后，这些资金的所有权是归属银行还是客户也将涉及资金的运用是否合法合规的问题，因为银行自有资金的投向是受到诸多法律法规限制的”②。金融市场上交易的任何金融产品或者金融工具都是体现一定权利义务和责任关系的合约。明确金融产品和金融服务的法律关系是金融活动有序展开的基础。债权类产品和委托信托类产品法律关系不清以及社会公众对债权类产品和委托信托类产品区分不清导致产生了很多风险。这种情形极易误导社会投资人和有利害关系的第三人，难免造成大规模的交易混乱和交易风险。对同一类产品应该统一立法，为当事人的权利义务和责任风险进行明确划分和适当分配，目的是创造公平的竞争环境，防范风险。

当前法定营业信托被限制为信托公司与基金管理公司所从事的信托业务。如果以此为由否认社会上已经存在的以委托名义出现的“变相信托产品”，可能人为制造制度性风险，使大量交易行为处于非法与合法之间的灰色地带，容易引发新的交易安全问题，银行、证券公司等金融机构开发的准信托业务将面临政策性风险和法律风险。因此，另外一种思路，也可以继续论证，即“应将原有的信托公司的含义从狭义的专营或主要经营信托业务的机构转变为任何经营信托业务的机构，包括专营和兼营的信托机构，这样就可以将从事信托产品经营的商业银行、证券公司、资产管理公司等机构纳入信托公司的范畴，进行统一的规范，有统一的从业要求、经营规则和监督管理”③。

但是，统一监管的前提是承认集合理财产品背后的法律关系具有一致的信

---

① 参见陈雪萍：《我国商业信托投资者利益保护机制之重构——以金新信托乳品信托计划案为视角》，载《法学》2007 年第 8 期。

② 李景欣、刘楠：《银行个人理财产品的法律分析》，载《法商研究》2007 年第 5 期。

③ 沈吉利：《营业信托与信托公司主体法律地位之思考》，载顾功耘、罗培新主编：《经济法前沿问题(2007)》，北京大学出版社 2007 年版，第 115 页。

托性质。信托业法首先要解决名为委托产品、实为信托产品的名实不符问题,用基本法律调整金融理财市场愈演愈烈的混业甚至混乱经营状况。“这种状况既打乱了国家原本从信托公司开始试验‘真正信托’的战略部署,又割裂了信托业市场,同时恶性竞争的‘马太效应’逼迫一些机构从事高风险投资而增大金融系统风险。”[①]对金融资产管理市场进行统一立法和统一监管,不仅节约立法成本、监管成本、交易成本,提升金融效率,而且有利于保障金融秩序和金融安全。

3. 制定信托业法有利于充分挖掘信托制度性功能,有效配置金融资源

制定一部科学合理的信托业法,正如信托公司重视信托业定位一样,首先要考虑信托业法的定位。制定信托业法的功能定位应该有不同的层次。在直接层面上,固然有个别金融机构利用信托制度公用性与垄断性关系,有定纷止争之效。但是,作为国家立法机构,要跳出行业利益争执的狭小空间,站在更高的层次上,思考如何有效配置金融资源,既要着眼于国内外金融机构在我国金融领域的激烈竞争的现实与直接融资不发达、金融风险过度集中在银行体系内的金融结构失衡的缺陷,同时又要展望金融混业经营的趋势。也就是说,要通过现实中把握各种矛盾冲突以及利益争执的激荡,按照社会经济发展需要,奠定前瞻性金融基础设施,透彻把握金融信托的功能,既要“铺路搭桥”,又要避免像某些市政建设一样搞重复开挖填埋的“拉链工程”。

我国社会经济发展对信托制度有巨大的需求。信托产品具有平衡金融结构、增加直接金融通道的功能,能够扩大投资理财渠道,提供市政基础建设资金,丰富银行资产负债管理工具,扩展金融机构合作空间。但是,信托业法对信托制度功能的发挥并没有提供充分的保障,即制度供给不能满足制度需求。

为了有效配置金融资源,对金融资产领域出现的一系列金融信托产品,必须以法律进行统一规范。为保护投资者的合法权益,维护金融秩序,金融资产管理需要以信托法作为规范金融资产管理活动、安排交易结构的法律基础,为借助信托法原理成长起来的资产证券化金融时代作好制度准备,为关系到实体经济效率、金融效率、金融稳定与社会稳定大局的产业投资基金、企业年金、社保基金、房地产信托基金、风险投资基金、公益信托基金的顺利运作提供优势制度保障。

4. 制定信托业法是建立和实施功能性监管的制度基础

与我国当前以机构为区分标准的分业监管模式不同,功能性监管是适应金融混业经营需要,以产品为核心的监管模式。只要在性质上属于同一类金融产品,就应该由一个机构实施统一监管。

制定信托业法是改变资产管理产品的监管割据,防范乱设“起跑线”,并有力地配合混业经营进程的重要举措。为塑造金融资产管理市场的良性竞争环境

① 李勇:《以信托业法调整理财市场》,载《金融时报》2006年7月5日。

和秩序,应制定适用于整个信托市场的制度规则。[①] 金融监管机构各自划分领地且又需要协调监管,金融机构之间既互相竞争又展开密切合作,如何合理使用信托制度,呼吁统一的信托业法一统"江湖"。

完善的信托制度是信托之树长青的土壤。为了对广义的信托产品实施有效的功能性监管,应制定统一的信托业法,并在信托管理上按照功能性监管的要求,由"信托业监管局"或类似机构统一监管所有营业信托活动。

① 参见李勇:《以信托业法调整理财市场》,载《金融时报》2006 年 7 月 5 日。

美国猎杀贷款的法律规制与启示

岑雅衍

美国次级贷危机已经对全球经济造成了严重的影响，次级贷营销和发放环节中存在的诱导性、不公平的行为——猎杀贷款（Predatory Lending）是危机发生的一个重要原因，对猎杀贷款及法律规制的研究成为美国法学界近阶段的一个热点。虽然猎杀贷款的存在与美国相对宽松的利率政策、层出不穷的贷款产品创新和次级贷证券化息息相关，而我国目前还没有这样的金融土壤，猎杀贷款目前还没有大量出现，但随着我国金融管制的放开、利率的放开和金融创新的推进，极有可能也会有类似情况出现，而且在个人贷款和信用卡领域已经有个别现象需要引起监管者关注。为此，有必要通过对美国猎杀贷款现象及法律规制的研究完善我国对于此类现象的法律监管。

一、美国的猎杀贷款和贷款欺诈

美国住房和城市发展部（Department of House and Urban Development，简称HUD）曾对次级贷市场中的猎杀贷款和贷款欺诈进行过研究，指出这个市场中存在的严重问题，以及这些问题对次级贷市场发展的负面影响。所谓猎杀贷款，通常是指贷款人或其他贷款经纪机构，利用借款人对贷款和合同条款的无知，诱导他们签订不合理或不适合他们的借款合同，进行不当借款。猎杀贷款通常出现在次级贷市场，借款人以房产担保借款获得房产或进行消费，而仅靠他们本身的收入是无法偿还贷款的，他们对金融了解不多，在掌握更多的信息和优势地位的贷款机构面前更容易被诱惑性引导。

次级贷市场的猎杀贷款主要有以下几种表现：

（1）诱导不必要的借款。即使用花言巧语引诱借款人进行没有必要的借款。例如，美国的住房修葺商（home improvement contractor）劝说一位老妇人修葺她本来没有必要修葺的住房，通过次级贷获得资金。

（2）循环贷款（flipping）。贷款机构诱导借款人进行循环贷款和循环融资，并从中收取越来越高的利率和费用,[①]包括提前偿还补偿费(prepayment penalties),将借款人捆绑在贷款上。

(3)仅用来抵押资产,不指望借款人收入而发放贷款(equity-stripping)。次级贷借款人信用评分普遍很低,收入不高或不稳定,贷款机构对这些借款人的收入要求也很低,有时还可以"零首付、零文件"贷款。例如,年老的借款人每月固定收入都无法偿还每月贷款本息,这样的贷款结果是高违约率,借款人违约后则会被剥夺抵押房产的赎回权。

(4)不合理的贷款结构"套牢"借款人。诱导借款人使用"气球贷"进行再融资。"气球贷"的特点是前期利率低,后期利率浮动、增高。当借款人后期无法偿还大额本息时,被迫再进行借款,以低利率获得新资金,归还老贷款。如果提前偿还老贷款,又要付出高额的提前偿还补偿费。

(5)捆绑销售,收费奇高。虽然次级贷利率超过优质贷是可以理解的,但有时次级贷费用远远高出合理范围,因为贷款机构将一些产品捆绑销售给借款人,如房产保险、贷款经纪、住房修葺商营销费等。贷款机构有时仅仅说明这是一项收费,而并未以每年百分之几等比较浅显的方式告知借款人;有时根本没有对借款人进行事前提醒,而将一大堆文件交借款人签字。然而,借款人没有得到事前提示,也没有与贷款机构进行谈判的余地,最后只能被动接受。

由此可见,猎杀贷款行为人明知借款人日后可能无法偿还,通过诱导和误导借款人进行对其不利的贷款,使自己获得高收益。其手段有三:一是诱导和误导,有的甚至可以称为欺诈;二是设计复杂结构,减轻借款人前期还贷压力,提高对借款人的诱惑性;三是收费多、金额高,而事前不尽告知义务。猎杀贷款受害者一般都是老人、少数裔、低收入人群和低教育人群,他们对金融知识缺乏足够的了解,特别是对设计复杂的次级贷,而且无法通过正常渠道获得融资。进行猎杀贷款的机构主要是贷款机构、住房修葺商、抵押经纪商。

二、美国猎杀贷款的法律规制

美国宪法签署之日起,就开始对贷款合同的利率条款作出规范。但是,猎杀贷款往往超出利率范围,涉及合同的各个方面,包括缔约前的行为,对猎杀贷款的法律规范的历史还不久。目前,美国对猎杀贷款主要从联邦和州两个层次进行法律规制。

---

① 根据 HUD,有的借款人每次再融资需要缴纳 5000 美元,有的甚至是贷款金额的 10%。

(一)联邦立法

美国治理猎杀放贷的联邦法规主要有三个:《诚实贷款法》(the Truth in Lending Act,简称 TILA)、《家庭住房权益保护法》(the Home Ownership and Equity Protection Act,简称 HOEPA)和《不动产缔约程序法》(the Real Estate Settlement Procedures Act,简称 RESPA)。

《诚实贷款法》要求贷款机构向借款人披露融资费用、年费用率、所有支付金额(贷款本息和费用总和)、贷款金额。融资费用要求以一个总金额说明贷款利息和其他贷款费用如首期费用、折扣点以及个人住房抵押保险费用。年费用率就是将融资费用除以贷款金额,以每年多少百分比表示,以便让借款人更清楚地了解费用。《诚实贷款法》还明确规定,借款人有权在(1)合同签订或;(2)真实的重要信息被披露或;(3)得知有抵押取消权之日起三天内提出抵押取消。如果金融机构违反《诚实贷款法》,借款人可以得到损害融资费用两倍的赔偿(但最多不超过2000美金、不低于200美金)以及合理的律师费用。

《家庭住房权益保护法》是美国通过的第一部反猎杀贷款的联邦立法。如果一笔借款的年费用率超过同期国债收益10个百分点,或者费用超过借款金额的8%或一定金额(根据每年情况确定)以上,借款人就可以得到《家庭住房权益保护法》的保护。由于这一标准太高,该法适用范围很小,只有5%的次级贷受该法管辖。1994年《家庭住房权益保护法》并不简单禁止高利率,它对收取高额利率或高额融资费用的金融机构提出了更高的信息披露要求,禁止一些不合理的合同条款,给予受侵害的借款人损害赔偿。(1)信息披露:除了《诚实贷款法》的规定外,《家庭住房权益保护法》要求金融机构在合同签订前三个工作日内向借款人作完整的说明:即使借款人已经填写申请表,但也并无法定义务一定签订借款合同;合同签订后借款人的房产就会被设立抵押;以百分比表示的费用率和每月还贷金额(包括气球贷);如果为浮动利率,每月将增加的利率情况等。(2)不合理条款的禁止。在下列情况下,贷款机构不能要求借款人支付提前还贷补偿费:① 借款人每月还款金额超过了每月总收入的50%;② 借款人还款资金来源于再融资;③ 抵押到期之日起五年后不得再收取补偿费;④ 其他法律禁止收取提前还贷补偿费。如果次级贷涉及住房修葺建筑商,贷款机构不得直接向其支付费用,必须以借贷双方的名义通过支票支付,以免贷款机构和住房修葺建筑商联手损害借款人利益。

《不动产缔约程序法》主要对费用收取披露进行规范:(1)要求贷款机构和抵押经纪人在借款人申请借款之日起三个工作日内给予贷款费用的合理估算,有关说明必须清晰,使用政府统一格式,对每项收费性质进行说明。(2)合同签订日还应提供有关费用的准确说明,包括折扣点、代理人费用、经纪人费用和其他杂项费用。(3) 允许借款人自己决定保险机构等其他中介服务机构,禁止增加借款人不必要负担的任何回扣或收费。(4) 违反该法的贷款机构和经纪人须被处以非法所得三倍的罚款。

(二) 州立法

在联邦立法前,美国各州的立法很少有相关内容。从内容上看,主要集中在提前清偿违约金、气球贷方面;在法律渊源上,有的涵盖在消费者权益保护法律内,有的出现在贷款利率相关规定中。

进入 20 世纪 90 年代,随着猎杀贷款在次级贷市场的大量出现,美国各州也开始进行针对性立法。第一个阶段是到 1999 年前,各州立法的主要特点是以美国第一部关于猎杀贷款的立法《家庭住房权益保护法》之前的旧法律为基础和模板。在此阶段,科罗拉多州、路易斯安那州、田纳西州主要限制提前清偿违约金和气球贷;纽约州、马萨诸塞州则从金融机构监管角度限制猎杀贷款行为,对抵押经纪人准入进行监管;还有一些州从贷款信息披露和贷款银行向金融中介支付费用方面进行规范。第二个阶段是从 1999 年开始至今。1999 年,北卡罗莱纳州以《家庭住房权益保护法》为模板,通过了一部法规,被称为"mini-HOEPA"。与《家庭住房权益保护法》相比,该州的立法降低了适用的贷款标准,因此适用面更广泛。受其影响,很多州也通过各自的"mini-HOEPA"。截至 2007 年 1 月 1 日,已经有 29 个州加入了这支队伍。这些法规适用的贷款品种不同,限制的行为不同,对猎杀贷款的金融机构的处罚程序也并不一致。在法律效力上,各州 1999 年后制定的法规效力高于以往的法规,如马里兰州现共有六个相关法律,其中"mini-HOEPA"效力最高。到目前为止,只有六个州还没有猎杀贷款的相关法律。

三、美国法律规制中存在的问题

虽然美国已经有了众多的反猎杀贷款法规,但这次危机还是暴露出一些问题:除了《家庭住房权益保护法》以外,其他现有的反猎杀贷款的法律规定多针对一般贷款,并不针对次级贷,因此对次级贷中大量存在的猎杀贷款行为不能进行有效制约;而《家庭住房权益保护法》的适用面不广,大量的次级贷猎杀贷款无法受到制约。

首先,现有法律中对贷款信息披露义务人的规定不适应次级贷及次级贷证券化产品的实际情况。例如,《诚实贷款法》将猎杀贷款的义务人——贷款人(Creditor)定义为签订贷款合同并发放贷款的人。从猎杀贷款角度而言,这是一个狭义的定义。次级贷不同于优质贷的一个方面是大量适用贷款中介——抵押经纪人或贷款经纪人。这些中介在贷款营销中直接与客户接触,客户通过他们了解贷款的具体情况,而实际发放贷款的金融机构与客户接触不多。狭义的定义遗漏了抵押经纪人和贷款经纪人的法律义务。同理,优质贷的交易一般是借贷双方直接进行,而次级贷的交易涉及很多角色,特别是次级贷被证券化后,有借款人、经纪人、贷款发放人、出售人、承销商、信托商、被信托人、服务商等,现有法律以借贷双方参与模式进行规范,对这些金融中介往往没有规定,存在很大的漏洞。

其次,现有法律的一些规定也不适合次级贷情况。仍以《诚实贷款法》为例,该法主要是针对优质贷制定的。由于优质贷的贷款机构在信息披露上不存在问题(优质贷结构简单、利率统一),该法只规定贷款信息披露的统一格式,以便借款人在不同的贷款人之间进行比较,而对内容的规定不详细。次级贷不同,不同的借款人适用不同的利率和结构,贷款合同本身就十分复杂,而贷款机构为吸引贷款,往往不能正确解释,避重就轻,甚至对一些费用不予解释。另外,《诚实贷款法》要求贷款机构在申请之日起三日内向借款人提供信息披露,这也是针对优质贷的。优质贷借款人申请贷款不需要费用,而次级贷借款人申请贷款需要缴纳一笔不小的费用(主要用于其信用评分),即使贷款不成功,该费用也不退。因此,这条规定实际上增加了借款人得到贷款信息的成本。

再次,由于《家庭住房权益保护法》适用面不广,大量的次级贷猎杀贷款无法受到制约。该法主要规范的是高收费的贷款,年费用率超过同期国债收益10个百分点,或者费用超过借款金额的8%以上的标准相对太高,一般的次级贷借款人难以得到保护。

最后,法律执行成本高,难以有效保护普通借款人利益。对普通借款人而言,发现猎杀贷款、与贷款人协商、诉讼和执行的成本太高,一些律师提起猎杀贷款的诉讼,但很多被复杂的法律程序带来的费用阻断。与一般贷款不同,次级贷的结构复杂,特别是涉及证券化后,过多的交易链条和复杂的结构使消费者不能及时发现信息披露的义务人,准确界定其职责,给诉讼增加了程序、费用和难度。

四、我国猎杀贷款的现状与借鉴

目前,我国还鲜有猎杀贷款的行为,因为贷款利率规定还相当严格;贷款产品创新还相对原始,贷款机构简单;金融中介的发育还不丰富,贷款经纪人、抵押经纪人还没有出现,贷款全部采用银行直销模式。然而,应该看到,随着金融创新和利率管制放开,猎杀贷款的土壤将逐渐形成。即使在现阶段,我们也可以看到:一是国家对利率逐渐放开,不再硬性规定贷款利率,允许金融机构在基准利率上下浮动;二是金融创新日益发展,证券化产品已经出现,越来越多的证券化产品指日可待；三是气球贷、双月还等新的贷款品种不断出现；四是随着金融开放和竞争加剧，与房产中介合作扩大按揭贷款也成为市场趋势，除了住房抵押贷款市场外，甚至信用卡市场的激烈竞争也要求商业银行与其他金融中介合作；六是个人金融消费中的合同投诉和诉讼时有发生，特别是在个人理财业务领域，对合同订立前的营销解释到合同格式条款，都有过纠纷。因此，在现阶段研究猎杀贷款，提前进行法律规制是十分必要的。

我国目前没有专门针对猎杀贷款的法律，相关的法律也十分缺乏。通过本次次级贷危机，我们可以在这些方面借鉴美国的经验和教训，改进对贷款和其他金融产品销售和信息披露的法律法规，给消费者一个良好的消费环境，提供有效的法律保护。

首先，对金融产品营销和缔约中的义务进行专门立法。目前，我国的相关规定主要在《消费者权益保护法》、《合同法》、《商业银行法》，以及证监会、银监会、中国人民银行对金融机构的一些规范性文件中，大多数并不针对金融领域，有的针对某一类产品（如理财产品），内容也不集中，因而需要立法部门或监管部门专门针对金融产品营销和缔约义务加强规范。笔者建议建立两个层面的法律规范：第一个层面是一部专门针对金融产品销售的综合性法规；第二个层面是包括贷款、理财产品、保险、基金等各类产品的特殊规范。

其次，制定综合性法规。针对所有金融产品的金融共性，对其销售进行规范，有助于从整体层面建立我国对金融消费者的保护网络。这是因为：一方面，金融产品层出不穷，如果没有综合性法规，对创新产品的购买者就会出现保护缺位；另一方面，当有些内容没有在单项法规中体现时，综合性法规的立法原则和精神可以被司法者引用，有利于保护消费者。综合性法规的内容因超出目前中国人民银行、银监会、证监会、保监会任何一个机构的监管范围，有必要由国务院制定，或由“一行三会”联合制定。从适用范围看，综合性法规适用于金融机构所有产品的销售，包括但不限于银行贷款、理财产品、保险销售、证券基金等。从内容看，综合性法规的主要内容包括：(1) 金融产品、金融机构、金融中介和金融消费者的定义；(2) 金融产品营销、缔约和服务中的原则——充分的信息披露、了解你的客户（推荐合适的产品）、反欺诈和反误导的金融产品消费者保护；(3) 金融机构与各类金融中介（包括房产中介、汽车销售商和以后可能出现的经纪商）的合作原则；(4) 金融机构的义务，包括在产品营销宣传、缔约和缔约后服务的披露义务，重点是产品适用对象、费用收取及说明；(5) 各类金融中介的活动原则和对消费者的义务等等。

再次，制定单项产品法规。针对个人住房抵押贷款、保险销售、各类金融机构开发的理财产品、专户理财等，相关监管机构应专门制定规章，以规范产品销售和服务。该类规章的制定者可为“一行三会”的任何一个监管机构；从适用上看,局限于一类产品;从内容上看,可根据不同产品特性,比综合性法规更细化、更有针对性。

最后,应借鉴美国的经验和教训,完善相关金融消费者权益保护的内容。

我国目前法律涉及的内容比较局限,主要包括格式合同解释、合同的信息披露义务以及“了解你的客户”原则,对于金融机构与中介合作方面的费用支付、中介机构的信息披露义务等缺乏细致规定,因此有必要增加相关内容:

(1) 费用收取。在产品销售方面,应将相关费用及时告知消费者,告知应以书面形式,并用百分比进行表示(对于无法直接以百分比进行表示的,应换算成百分比),以增加直观性。对于不同消费者收取的不同费用,应将收费原则和标准罗列,并最晚于合同缔结时明确。

(2) 金融机构与各类中介合作的规范。金融机构一要在审核合作对象的资信、销售能力外,要求其按照法律法规正确营销,不误导、不欺诈消费者;二要在合作过程中对合作对象的履约情况进行检查,对于违法的中介应终止合作关系。例如,金融机构未尽审核和检查之责,应对该合作对象侵害消费者权益的结果承担连带责任。

(3) 明确各类中介对消费者的义务。金融中介要依法营销和提供中介服务,履行信息披露义务,不误导、不欺诈消费者,否则应承担民事责任,并受到监管者的监管处罚。

(4) 对于现有的信息披露和“了解你的客户”原则,要求金融机构根据客户的情况和需求合理推荐金融产品,在法规中对该原则的内容和时间要求加以细化,使法律规定和监管规章具有可操作性和可诉讼性。

试论我国电子缔约之规制

——以美国《统一商法典》修正为视角

沙文韬

随着电子商务的发展，电子合同相关法律问题也日益凸显，而电子合同要解决的核心问题是电子缔约问题。因为不论从实体角度还是从程序角度看，电子缔约规则在电子合同立法过程中都起着举足轻重的作用；电子合同本质上还是合同，只是其订立方式是特殊的电子手段而已。

笔者认为，我国对电子缔约的规制尚处于起步阶段，应适当借鉴美国《统一商法典》（以下简称"UCC"）买卖篇2003年修正的相关规定。尽管UCC在本质上只是一个国家的一部示范法，本身还需求助于普通法填补空白，①其立法范围的限制决定其不可能对很多细节问题作出规定，但是其买卖篇2003年修正借鉴了联合国和各国规定以及本国相关立法甚至判例解说，统一规制了电子合同的一系列特殊问题，②其修正方式和内容对我国电子缔约规制均具有参考意义。

UCC买卖篇2003年修正的重点是电子合同规制，③尤其是电子缔约中意思表示的效力认定规则。④ 具体而言，该修正统一规定了电子记录的证据效力，在实质上拓宽了意思表示的形式；合理纳入了电子代理人两大缔约规则和规范电子签名这两点理清了意思表示的主体问题；电子信息的确认收讫规则则涉及了

---

① See Fred H. Miller, Kimberly J. Cilke, The ABCs of the UCC, Section of Business Law American Bar Association, 1997, p.7.

② 分析UCC买卖篇2003年修正的具体条文，笔者发现，该修正对电子商务的规定与UETA和E-SIGN的规定有着千丝万缕的联系。首先，该修正有很多是UETA规定的重复。例如，第2-211条第1款和第2款对电子记录和签名法律效力的规定就是完全借鉴自UETA第7条a项和b项。其次，买卖篇修正在某些方面对UETA用语稍作修改后加以吸收，如第2-212条（以UETA第9条为基础）和第2-213条（以UETA第15条f项为基础）。另外，有部分条文是对UETA规定进行删略后援用的，如第2-213条第1款是以UETA第15条e项为基础的，尽管买卖篇2003年修正删除了UETA对"接收"的定义。UETA和E-SIGN规定又是与联合国和各国的规定相一致的，这也体现了电子商务全球一体化的内在要求，值得我国相关立法借鉴。

③ 该修正统一解决了电子缔约过程中的特殊法律问题，合理规范了当事人借助电子手段实现意思表示合致的一系列过程。参见高富平主编：《电子合同与电子签名法研究报告》，北京大学出版社2005年版。

④ 意思表示指"将企图发生一定私法上效果的意思，表示于外部的行为"。参见王泽鉴：《民法总则》，中国政法大学出版社2001年版，第335页。

意思表示的内容问题。此外,买卖篇修正还结合在线特殊规则对意思表示当事人提供了特殊的交易保护,为我国确立电子缔约法律规则提供了合理的借鉴。可以说,UCC 买卖篇此次修正对我国电子缔约规制的启发不仅涉及传统合同立法的电子化,更涉及电子合同相关立法的合理化。我国《电子签名法》的出台,为我国《合同法》的全面修订提供了契机,而 UCC 买卖篇的最新修正又为我国《合同法》的修订指明了方向。

对于传统合同立法的电子化,笔者主要针对我国《合同法》的修订提出自己的见解。对于电子合同立法的合理化,笔者将从电子缔约规制的角度分析《签名法》的缺陷及其完善。本文将结合我国电子缔约规制进一步剖析 UCC 买卖篇 2003 年修正及其影响,旨在探究电子缔约的一般法律规则。笔者将以电子缔约意思表示的主体、内容和表现形式为主线,对电子记录的效力、电子代理人、电子签名、电子信息确认收讫等问题展开分析。

一、电子缔约规制的主要问题和理论误区

笔者认为,电子缔约是双方当事人借助电子手段实现意思表示合致的过程,电子缔约法律规则的主要问题为意思表示的效力认定。我国台湾地区学者王泽鉴认为,契约因双方当事人互相意思表示一致而成立。缔约的方式有三:依要约和承诺;依一方要约与他方意思实现;依要约交错(本文称"交叉要约")。① 按照 UCC 买卖篇 2003 年修正第 2-204 条修正②,缔约方式为:(1) 要约和承诺;(2) 行为认可;(3) 电子代理人之间的交互作用和电子代理人与人之间的交互行为。该规定直接肯定了通过电子代理人缔结的合同的效力。事实上,缔约是双方为意思表示并达成一致的过程,不管以何种方式缔约,其规制核心都是意思表示的效力认定问题。要认定电子缔约中意思表示的效力,就要分析意思表示的形式、主体和内容等问题。③

---

① 参见王泽鉴:《债法原理》(一),中国政法大学出版社 2001 年版,第 155 页。

② 第 2-204 条共四款,规定的是订立合同的一般原则:(1) 货物买卖合同可以足以表明当事人已达成协议的任何方式而订立,包括要约和承诺,双方当事人对合同存在予以认可的行为,以及电子代理人之间的交互作用和电子代理人与人之间的交互行为。(2) 构成买卖合同之协议,即使其订立时间未能确定,仍然可以得到确认。(3) 即使买卖合同中缺少某些条款,但只要双方当事人确有订立合同的意思,并且存在合理确定该条款的方法,合同不因缺乏确定性而无效。(4) 除非第 2-211 条至 2-213 条另有规定,适用下列规则:a. 合同可以通过双方当事人的电子代理人进行交互作用而订立,即使没有任何人注意或者审查电子代理人的作用或最终条款和协议。b. 合同可以通过电子代理人和人(代表自己或其他人)的交互作用而订立。满足下列条件的合同即告成立:其一,人在自由意志的状态下采取行动或作出陈述;其二,人有理由相信该行动或陈述将:i. 促使电子代理人完成交易或履行约定;或者 ii. 表示接受要约,即使电子代理人不能回应人的其他表述或行为。

③ 至于因意思表示未能合致而可能产生的责任问题,在电子缔约环境下没有特殊之处,本文不予论述。

具体而言,电子缔约法律规制要解决的问题有:(1)电子记录是否可以认定为缔约人意思表示的形式?(2)通过电子代理人进行的意思表示是否有效并归属于缔约人?(3)电子签名可否确认缔约人的意思表示?(4)电子形式的意思表示于何时被接收?(5)电子形式的意思表示合致是否需要特殊保护?

对于电子缔约法律规则的探索,我国学界仍存在一定误区。例如,关于电子缔约中的意思表示问题,主流观点(下文简称"交叉要约说")认为,在线交易中不存在要约和承诺问题。在网络环境下,买卖双方向公众公开竞价自动交易系统发出的要约属于附开放条件的交叉要约,没有必要找出谁是承诺人,因为承诺本身就包含在了要约之中,或者交易双方均可视为承诺人。①

我国台湾地区学者杨桢认为,交叉要约指的是双方当事人就同一内容各自向对方发出要约的情形,②如甲方向乙方发出出卖某一产品的要约,乙方向甲方发出买入该产品的要约,且要约内容中有关价格、数量等要素的条款完全一致。由于交叉要约双方都有关于建立、变更、消灭一定民事法律关系的意思表示,且双方效果意思完全一致,两个要约的结合与要约和承诺的结合在实质上并无不同,合同便因此而告成立,双方均无须向对方的要约作出承诺。该合同成立的时间,应是后一个要约到达对方的时间。显然,交叉要约发生在非对话人之间,这也是学界通说认为通过电子代理人(Electronic Agent)进行要约或承诺是交叉要约的主要原因。

笔者认为,交叉要约说不利于合理界定电子合同当事人的权利义务,而且从交叉要约理论的完善性角度看也是值得商榷的。因为交叉要约是发生在双方当事人都没有事先进行意思表示交流的前提下的,而电子缔约是通过交互式方式进行的。具体而言,电子合同中的受要约方是在要约方发出要约之后,才通过电子代理人进行意思表示的。尽管该要约和接受要约的间隔期限比传统的期限短得多,而且当事人也没有进行面对面的交流,但是电子要约和承诺在本质上不同于当事人各自向对方发出的要约。所以,不能简单地认为电子缔约中的要约和承诺是同时作出的,否则,就无法确认电子缔约过程中意思表示的时间,电子缔约规制也无从谈起。总之,我们只有先解决理论研究的障碍,才有可能合理借鉴他国经验,进而确立我国的电子缔约法律规则。

二、电子缔约规制的中心环节

我国电子缔约研究存在薄弱环节,但这并不是说电子缔约研究仅仅是一个

① 参见张楚:《电子商务法初论》,中国政法大学出版社 2000 年版,第 273 页。

② 交叉要约理论相关资料可参见杨桢:《英美法契约论》,北京大学出版社 1997 年版。

要约和承诺的问题。一旦合同经由电子手段缔结，就可能碰到与缔约相关的所有问题，包括电子缔约的一般规则和特殊规则。对于电子缔约的一般规则，笔者认为可以等同于合同的缔结规则，因为电子合同只是传统合同的一种特殊形式，它首先得遵守传统合同的法律规定。对于电子缔约的特殊规则，我们需要在以下环节借鉴 UCC 买卖篇 2003 年修正：

（一）电子记录的效力问题

对缔约采取书面的形式要求，已有悠久的历史。自从有记载的商业活动以来，商人们就以不同的书面形式确认彼此间的贸易往来。古罗马法关于债的发生一节中就有文字契约形式的记载。随着电子交易的迅捷发展和合同自由原则的普遍确立，近现代各国法律关于合同的形式要求日益宽松和灵活，只对极少数合同要求采用法定的形式。我国《合同法》第 10 条也规定："当事人订立合同，有书面形式、口头形式和其他形式。法律、行政法规规定采用书面形式的，应当采用书面形式。"这是符合世界潮流的，因为在大陆法系和英美法系中，对于合同生效的形式要件一般采取"不要式主义"，只有在法律法规强制规定合同应当具有"书面形式"方得以生效时，才须采用书面形式。①但是，传统法律又是以纸质记载为基础的，如何赋予电子记录同等法律效力，成为电子缔约立法首先需要解决的问题。

UCC 买卖篇 2003 年修正统一将书面记载改为记录形式，创设了电子记录等同于书面记载的统一解决方案。当然，这并不表示原先使用书面形式的场合必须一律使用电子记录，合同双方完全可以自愿协商的形式决定合同的具体形式。因为电子记录的使用只是对合同形式的丰富和补充，不存在法律适用的抵触和替代问题。笔者认为，UCC 买卖篇将所有"书面"这一形式要求改成"记录"，并以电子记录表示一切使用电子手段进行的记载方法，这样的规定是比较科学的。具体理由如下：

1. "记录"更能准确表达书面记载的内涵

受技术发展水平和司法实践的限制，传统意义上的书面记载仅指纸质记载。为了解决数据电文的法律执行力，联合国国际贸易法委员会《电子商务示范法》创设了"功能等同原则"，借助书面形式规则、签名规则和原件规则这三个要素确立了电子记录的证据规则。笔者认为，功能等同原则实质上仍然是寻找数据电文（电子记录）达到传统纸面记载功效的具体条件或方法。引入功能等同原则的前提是《电子商务示范法》承认数据电文不同于传统纸面（书面）记载，否则

---

① 参见卓小苏：《法律行为与科学技术的进步》，http://www.chinaeclaw.com/readarticle.asp?id=1057，2008 年 2 月 29 日访问。

就没有必要寻求数据电文等同于传统纸面记载效力的方法了。所以说,尽管功能等同原则在一定程度上解决了电子记录的法律效力问题。但是,从根本上看,这只是一种间接而低效的权宜之计,难以长期适应发展迅猛的电子商务实践。

相反,UCC 买卖篇 2003 年修正则直接在条文中规定了“记录”的法律效力,这就合理避免了功能等同原则的适用困惑,从根本上解决了电子记录的效力问题。因为记录本身就包括了纸面形式及其他各种记载手段,即凡是以内容证明某种事实的可识读信息均可纳入记录的范畴。事实上,电子记录和传统纸面记载的不同之处仅在于记录的手段差异,二者的结果或效果是完全等同的,均为以内容证明某种事实和意思表示的记载信息。所以说,使用“记录”这一概念,既能够区分传统纸质记载(狭义的书面形式)和新型电子记录,同时又可以直接统一两种记录的法律效力。笔者认为,书面形式往往与纸面文字记载联系在一起,而记录则是中性的,这和法律用语的科学性和严谨性是相吻合的;记录完全可以涵盖书面记载所表达的真正内涵——记载的内容,因此采用记录形式的规定比原书面记载的要求更加适于表达书证的内涵,对于法律的适用和执行都是十分有利的。

2. “电子记录”比“数据电文”更科学

尽管电子记录和数据电文的含义相差不大,而且后者的外延还相对较大,但是从法律规定的角度看,使用“电子记录”这一概念更为合理、更为科学。因为无论是商业来往函件还是企业内部文件,都是对过去的意思表示(承诺、决定等)和事实的记载,所以不论这些信息以何种载体表现,均可以称为“记录”。这样,在采用纸质记载的情形下,该信息就是书面记录;在采取电子形式的情况下,该信息就是电子记录。另外,真正意义上的电子记录一般仅限于以电子形式产生、交流、储存并再现的记录。但是,“数据电文”这一概念在外延上包括了传统传真、电报、电传等形式,适用于法律后将无法把纸质记录和电子记录轻易区别开来。因为尽管传真、电报等手段也是电子形式的表现,但是其表现方式是纸质记载,一直都被视为纸面记录或书面形式,传统法律也完全适用于此类电子形式,而且这一做法在实践中的争议不大,没有必要再另行立法。[①]所以说,采用“电子记录”这一概念比沿用“数据电文”更为科学和有效,该规定也体现了 UCC 高超的立法技术,值得各国电子合同相关立法加以借鉴。

(二) 电子代理人(自动信息系统)问题

电子代理人的大量出现使电子缔约过程可以在无人控制的情况下自动完

① 参见高富平、俞迪飞:《电子记录等同于纸面证据的解决方案——兼论〈电子签名法〉的局限性》,载《法学》2004 年第 11 期。

成,极大地提高了交易的效率和吸引力。早在 1996 年联合国国际贸易法委员会制定《电子商务示范法》时,尚不存在"电子代理人"的概念,这一概念最早出现在美国法学会拟定的《统一计算机信息交易法》(UCITA)中。[①]美国统一州法全国委员会在制定《统一电子交易法》(UATA)时,原来使用的是"电子设施"(Electronic Device)一词,但由于 UCITA 采纳了"电子代理人"一词,并已得到国际上的认可,于是也采用了这一概念。按照美国《统一电子交易法》(UETA)的定义,电子"代理人"是指不需要人的行为或审核,而能独立地发出、响应电子记录,以及部分或全部地履行合同的计算机程序。[②]该定义全面而合理,为《全球和全国商务电子签名法》(E-SIGN)第 106 条第 3 款所采纳。[③]此外,1999 年联合国国际贸易法委员会在《统一电子签名规则》中也使用了"电子代理人"一词。由此,"电子代理人"逐渐成为法学界通用的术语,其规范也成为规范电子缔约所必不可少的内容。鉴于此, UCC 买卖篇 2003 年修正也吸纳了 UETA 对电子代理人的相关规定。

值得一提的是,《国际合同使用电子通信公约》将"电子代理人"定义为"自动信息系统"(Automated Message System),避免了"代理人"这一模糊用语。[④]该公约已在各国展开广泛讨论。我国也在 2005 年 3 月 30 日对该公约展开了专家研讨,以探讨该公约对我国的影响和加入该公约的利弊,并对某些条款提出保留和声明建议。

笔者认为,不管称谓如何,电子代理人(自动信息系统)都是一种计算机程序,称其为"代理人"只是一种形象的比喻。正如电子自动售货机一样,电子代理人只是一种自动设施,而不是现实意义上甚或法律上的人。为了使电子代理人的行为与人的行为具有同样的效果和作用,法律要确定的问题是:电子代理人的行为是否具有效力?其行为结果又该归属于谁?因为在自动撮合交易中,电

---

① 该法第 102 条规定:"所谓电子代理人,指的是不需要个人加以干预就能独立地用来启动某个行为,对电子记录或履行作出回应的计算机程序、电子手段或者其他自动化手段。"参见齐爱民、万暄、张素华:《电子合同的民法原理》,武汉大学出版社 2002 年版,第 167 页。

② 美国《统一电子交易法》第 2 条第 6 款规定:"'电子代理'系指非经人的行为或审核,全部或部分独立地启动一项行为或回复电子记录、电子履行的计算机程序、电子手段或其他自动化手段。"(原文:"Electronic agent" means a computer program or an electronic or other automated means used independently to initiate an action or respond to electronic records or performances in whole or in part, without review or action by an individual.)

③ 该条款译文可参见阚凯力、张楚:《外国电子商务法》,北京邮电大学出版社 2000 年版,第 11 页。(原文:ELECTRONIC AGENT—The term "electronic agent" means a computer program or an electronic or other automated means used independently to initiate an action or respond to electronic records or performances in whole or in part without review or action by an individual at the time of the action or response.)

④ 《国际合同使用电子通讯公约》(Draft Convention on the Use of Electronic Communications in International Contracts)第 4 条规定:"Automated message system" means a computer program or an electronic or other automated means used to initiate an action or respond to data messages or performances in whole or in part, without review or intervention by a person each time an action is initiated or a response is generated by the system。

子代理人虽充当居间人的角色,但由于它只是一种自动化的工具,只能根据预设的逻辑程序作出相应的反应而不具备任何意志,不可能存在只为某一方谋利益或为自己谋利益的情况。所以,法律需要确立电子代理人代理交易双方缔约的理论依据,赋予电子代理人缔约能力,并规定其行为的归属原则。

显然,UCC 买卖篇 2003 年修正是肯定电子代理人的缔约能力的,即当事人可以通过电子代理人订立合同——无论是人机交互行为,还是机机交互行为;而且该修正也确立了电子代理人行为之法律后果的归属,合理解决了与电子代理人相关的缔约问题。总体而言,此修正对电子代理人的规定,既是对电子交易实践的反映,也是对业已成熟的电子缔约法律规范的吸收。[①] 目前,各国对电子代理人的通告规则基本一致。UCC 引入这些成熟的规则,成为世界上第一部肯定电子代理人参与缔约这一方式的商法典,统一解决了电子代理人的两大缔约障碍问题。

(三)电子签名问题

在传统纸面证据体系中,纸面记录、签名和原件是有效书证的三个要件。其中,手书签名(或盖章)能够认定意思表示,表示当事人对所涉内容的认可和承担责任的意愿。在电子环境下,由于无法实现手书签名,因此必须确认使某人承认特定电子记录内容并对此承担法律责任的技术手段,这便是电子签名所要解决的问题。

笔者认为,电子签名的归属只是记录归属的一种方式。正如将纸质(书面)记载和电子记录统一为"记录"一样,UCC 买卖篇 2003 年修正直接对"签名"进行了广义的界定,而不分别定义"电子签名"或"书面签名"。此种规定抹去了电子签名的神秘性或特殊性,使人们能够从签名本身对电子签名进行把握,因为该规定所指的"签名"已经包含了电子签名方式。买卖篇这种高屋建瓴的立法方式不仅是为了贯彻技术中立原则,更是为了减少法律对电子签名的不当依赖。正如买卖篇修正正式评论所声明的那样,电子签名并非确认或验证发信人的唯一方式,法律确定了电子签名的效力,但这并不是说电子记录只有通过电子签名才能认定归属。

电子记录的归属性在现实中还可以通过其他许多事实加以认定。买卖篇修正指出,在电子环境下,某些信息看似没有归属,但特定的电子记录在事实上肯定是对应于特定人的,如安全程序就有助于确定电子代理人行为或者电子记录的归属问题。另外,即使有了电子签名法,不使用电子签名的电子交易也将大量存在,因为人们习惯使用用户名(user name)和密码(pin 或 password)识别网络

---

① 上述规定基本上来源于 UETA 第 14 条和第 9 条。

用户或发件人。用户名和密码虽非真正意义上的签名,但是可以起到防止抵赖的作用,或者将某电子记录归属于特定主体。只是在用户未实行实名制或登记资料不实的情形下,这种作用将大打折扣。[①] 这要求法律不得不考虑人们不使用电子签名时如何贯彻功能等同原则的问题。笔者认为,对于签名的效力及其归属问题,UCC 买卖篇此次修正的着眼点是十分超前的,我国也应当正确理解并逐步完善《电子签名法》。

(四) 电子信息确认收讫问题

我国对于电子合同要约生效和承诺生效均采用送达主义,这种规则符合电子通信技术特别是网络通信技术的内在要求。但是,采用送达主义有一大缺陷,即信息没有收到的风险一律由发送人承担。当事人发出数据电文(要约或承诺)后,通讯手段的限制会带来诸多不确定因素,如不能立即判定其是否到达、何时到达,这导致发信人承担的风险相对过高。

对于网络交易中的不确定性,当事人可以通过“确认收讫”加以避免。确认收讫是指在接收人收到发送的信息时,由其本人或指定的代理人或通过自动交易系统向发送人发出表明其已收到的通知。该规则有助于发信人通过对方发回的信息证实信息是否到达以及传递中有无错误和缺漏等问题。在电子交易中,迅捷的通信方式为当事人提供了立即判定的能力,当事人可以很好地利用确认收讫制度解决发信后的不确定性问题。因此,就发送人而言,确认收讫有利于降低其交易风险,这在商业上和法律上都具有重大的价值。

鉴于此,UCC 买卖篇 2003 年修正明确区分承诺和确认收讫。那么,确认收讫是否表明接收人同意原发信息的具体内容,或者说对收到要约发出“确认收讫”回信是否意味着承诺?根据买卖篇修正,除非当事人有特别约定或法律明确规定,确认收讫仅仅表明接收人收到电子信息,而接收本身并不证明发送内容和收到内容相一致,不能说明接收内容的法律效力,也不能证明电子通信是否被阅读或者打开。因为确认收讫中一般没有表明同意要约的内容。实际上,确认收讫是一个功能性回执,是由接收方的接收电脑在收到要约方的信息时自动发出的,这一点与挂号信的回执具有同等的作用。正如挂号信回执不代表收信人同意信件内容一样,确认收讫也不用以确认相关电子信息的实质内容,不直接导致合同的成立。笔者认为,UCC 买卖篇修正和诸多同类立法保持了一致,[②]以商法典的形式确立了确认收讫规则,是统一有效的处理方式。

---

① 参见高富平、俞迪飞:《电子记录等同于纸面证据的解决方案——兼论〈电子签名法〉的局限性》,载《法学》2004 年第 11 期。

② 对此,美国、新加坡和韩国等国都合理吸收了联合国《电子商务示范法》的规定。

值得一提的是,确认收讫并不是合同订立的必经程序。在合同订立过程中是否需要设立确认收讫这一环节,应由当事人自己决定。确认收讫一方面能减少风险,另一方面也增加了商业成本,法律应赋予市场主体自由选择的权利,而且在未明确确认收讫的法律效力之前更应如此。

三、借鉴 UCC 修正模式,合理纳入电子缔约规范

就电子形式的合同而言,我国《合同法》已经确立了合同成立的时间和地点等基本规范。但是,较之于电子缔约的多样化,《合同法》的原则性规范则显得非常不足和粗糙,必须进行相应的修订。考察各国关于电子缔约的立法,尤其是在借鉴 UCC 买卖篇 2003 年修正后,笔者认为,我国《合同法》修订需要做到三点:首先,严格确认电子形式的法律效力;其次,明确赋予电子交易主体缔约能力;最后,统一规定电子交易当事人意思表示的时间。结合具体条文和电子缔约的特殊问题,我们可以从电子记录的高度把握电子形式的效力问题,把缔约能力认定问题融入到电子代理人(自动信息系统)规制原则中加以解决,从信息的接收和生效原则以及确认收讫规则这两方面确认电子缔约人的意思表示时间,并统一确立信息交流中的电子错误规则。

(一) 电子记录概念

我国《合同法》被认为是世界上首先确认电子合同效力的合同法。[①] 但是,《合同法》对电子缔约的规范仅仅是简单规定数据电文具有书面形式的效力,并没有统一采用"记录"或者"电子记录"的概念。

笔者认为,我国《合同法》规定数据电文属于书面形式,在比较低的层面上解决了电子记录的法律效力问题。之所以说这一规定层次比较低,是因为其着眼点还是局部的,必须借助于功能等同原则才能使电子记录在法律上等同于书面记载。UCC 买卖篇 2003 年修正则高屋建瓴地创设了电子记录等同于书面记载的统一解决方案,采用"记录"的概念,统一包括了书面形式和电子形式的记录,避免了适用功能等同原则的尴尬。但是,这是否说明我国应当照搬 UCC 买卖篇 2003 年修正,将"书面"统一改为"记录"?

UCC 买卖篇 2003 年修正的示范规定确实是科学的,但是要将其借鉴到我国立法中却是不易操作的,笔者不主张在目前将《合同法》中的书面要求全面改

① 《合同法》第 11 条明确确认了数据电文是订立合同的书面形式之一,第 16 条和第 34 条同时规定了通过 EDI 订立的合同成立的时间和地点的特殊规则,这些规定为确认电子合同效力提供了基本的法律依据。

成记录形式。一方面,我国所有法律都是以书面形式为基础的,要是《合同法》将书面要求改为记录形式,那么其他所有的法律都应当作相应的调整,这在目前是不实际的;另一方面,《签名法》借鉴了功能等同原则,配合了《合同法》规定书面形式包括数据电文的做法,我国的立法体系还是比较合理的。

但是,"电子记录"比"数据电文"更科学,我国《合同法》采用"数据电文"的说法过于宽泛,应当以"电子记录"取代之。我国率先在《合同法》中引进"数据电文"的概念,规定数据电文是书面形式的一种,然后再出台《签名法》以确立数据电文的效力规则。在某种程度上,这种立法手段与美国 UCC 买卖篇直接将书面要求改为记录形式的做法有异曲同工之妙。然而,由于我们在制订《合同法》时还没有深入研究电子化对合同所带来的影响,有关数据电文的特殊规则本身存在不合理的规定,也没有渗透至整个合同法领域。笔者认为,"数据电文"这一概念在外延上包括了传真、电报、电传等形式,而这些电子手段的表现方式是纸质记载,传统法律已完全将其视为纸面记录或书面形式,进行了合理的调整,没有必要再另行立法,否则,反而容易导致概念的混淆和法律适用的冲突。对此,《电子签名法》等法律也应当保持一致。[①]

值得一提的是,电子交易往往是通过电子代理人所为,《合同法》还需确立电子代理人行为的归属原则。也就是说,电子缔约实践也要求《合同法》统一解决电子记录的归属性问题。

(二)电子代理人(自动信息系统)规则

电子代理人是电子合同区别于传统合同的关键点,UCC 买卖篇 2003 年修正对其进行了统一定义,世界各国的相关立法也作出了相同或相似的规定。从全球范围看,电子代理人要解决的核心法律问题有二[②]:第一,电子代理人的缔约能力,即为何电子代理人能代理交易双方签订合同,其理论依据何在;第二,电子代理人行为的归属,即其行为结果归属于谁。

我国还没有在法律法规中明确规定电子代理人的内涵和外延,据中国经贸新词词典解释:"电子代理人是指在没有人检查的情况下,独立采取某种措施对某个电子信息作出反应的某个计算机程序、电子的或其他的自动手段。"[③]显然,该定义借鉴了国外的规定。但是,仅仅有学理解释是远远不够的,要解决电子代

---

① 参见高富平、俞迪飞:《电子记录等同于纸面证据的解决方案——兼论〈电子签名法〉的局限性》,载《法学》2004 年第 11 期。

② 参见俞迪飞:《电子合同缔结法律问题研究》,载高富平主编:《电子合同和电子签名法律研究报告》,北京大学出版社 2005 年版。

③ 资料来源:http://www.tdctrade.com/correspondence/dictionary/htmlpage/13000447.htm,2008 年 2 月 29 日访问。

理人给合同缔结带来的新问题,还必须出台有针对性的具体法律规定。笔者认为,要解决电子代理人给合同缔结带来的两个新问题,必须修正《合同法》,出台有针对性的法律规定。

第一,应当赋予电子代理人(自动信息系统)缔约能力。

电子代理人并不是具有法律人格的主体,而是一种能够执行人的意思的、智能化的自动交易工具。如何使该自动设施具备执行当事人意思表示的能力,是电子代理人制度首先需要解决的问题。

笔者认为,UCC 买卖篇率先在现代商法中确立了电子代理人的基本规则,认为当事人可以通过电子代理人表达其意志,在能够确定双方达成协议的情形下,即使没有人的行为也可成立合同。这一规定解决了电子代理人的第一个法律障碍,可以为我国《合同法》的修订提供参考。值得一提的是,在具体借鉴 UCC 买卖篇的修正规定时,我们尤其要注意买卖篇第 2-204 条第 4 款规定的两种具体规则,该规则对于人机(计算机程序)交互作用的规定是兼具灵活性和操作性的。①

第二,电子代理人的行为应当归属于人。

在电子环境下,尽管没有人参与,也可以订立合同,但是电子代理人本身不能承担责任,其行为的后果肯定需要特定的人承担,因为电子代理人本身只是一种智能化交易系统,几乎完全是按照"被代理人"(即同意使用电子代理人的人)的意思行事,毫无独立意思或思维能力。鉴于此,我国《合同法》同样需要规定电子代理人行为的归属,以便从根本上解决电子记录或签名的归属问题。

考虑到我国已于 2006 年加入《国际合同使用电子通信公约》,笔者建议,我国《合同法》修订应当统一采用"自动信息系统"这一概念,保持内国法用语和公约用语的统一,以便从立法的层面上保障司法的顺畅。

根据笔者对 UCC 买卖篇 2003 年修正的理解,电子代理人行为基本上归属于对该自动信息系统的运作拥有最后支配权的人,往往是自动程序的使用人,而不是电子代理人程序的设计者或者所有人,除非此人同时也是程序的使用人。事实上,电子代理人程序的设计者或者所有人没有缔约的意向,不是为了缔约目的而利用该程序,电子代理人程序只是他们提供的服务或者个人财产。电子代理人的行为不应根据代理法归属于设计程序的一方。因此,我国《合同法》还应增加有关电子代理人行为归属的规定。在这一点上,我们可以借鉴 UCC 买卖篇

---

① 这两个规则是:(1) 合同可以通过双方当事人的电子代理人进行交互作用而订立,即使没有任何人注意或者审查电子代理人的作用或最终条款和协议。(2) 合同可以通过电子代理人和人(代表自己或其他人)的交互作用而订立。满足下列条件的合同即告成立:其一,人在自由意志的状态下采取行动或作出陈述;其二,人有理由相信该行动或陈述将:i. 促使电子代理人完成交易或履行约定;或者 ii. 表示接受要约,即使电子代理人不能回应人的其他表述或行为。

的原则性规定。当然,在《合同法》的基础上,我们还可以出台相应的司法解释、行政法规或者完善《签名法》,以确立电子代理人支配者确认的具体规则。

值得一提的是,在自动撮合交易中,电子缔约往往是通过人机交流和机机交流达成的,这就会产生又一个问题:电子合同的双方当事人是如何进行要约、承诺的?换言之,要约承诺是否存在于通过电子代理人进行的交易中?对于这个问题,目前多数学者采用中国政法大学教授张楚的观点:买卖双方向公众公开竞价自动交易系统发出的要约,应属于附开放条款的交叉要约,其中主要是买卖要约,但同时又有委托代理的成分。[①]也有学者提出:在作为第三方为交易双方提供平台服务的个人在线拍卖网站亿贝—易趣网上,借助易趣提供的平台开展拍卖的拍卖方和竞价方均为要约和承诺方,要约和承诺的界限很难界定,一般认为是要约和承诺同时作出。[②]

正如上文所言,笔者认为,主张要约和承诺同时作出的交叉要约说对实践没有任何意义,我们不能硬套一种理论去制造一种模糊理论,甚或限制商业实践的发展。事实上,现有合同法理论完全能够为电子代理人进行承诺和要约提供合理的解释,[③]我们也可以像 UCC 买卖篇 2003 年修正一样,直接规定电子缔约可以通过电子代理人之间的交互作用与电子代理人(自动信息系统)和人之间的交互行为进行。

(三)信息的接收和生效规则

我国《合同法》第 16 条第 2 款明确规定了采取数据电文形式的要约和承诺到达(或生效)的时间:"采用数据电文形式订立合同,收件人指定特定系统接收数据电文的,该数据电文进入该特定系统的时间,视为到达时间;未指定特定系统的,该数据电文进入收件人的任何系统的首次时间,视为到达时间。"

我国《电子签名法》第 11 条也规定了数据电文的发送时间和接收时间:"数据电文进入发件人控制之外的某个信息系统的时间,视为该数据电文的发送时间。收件人指定特定系统接收数据电文的,数据电文进入该特定系统的时间,视为该数据电文的接收时间;未指定特定系统的,数据电文进入收件人的任何系统的首次时间,视为该数据电文的接收时间。当事人对数据电文的发送时间、接收时间另有约定的,从其约定。"

据此,我们可以根据送达主义判断电子合同的成立时间,但美中不足的是:

---

① 参见张楚:《电子商务法》,中国人民大学出版社 2001 年版,第 213 页。

② 参见赵占领:《电子代理人之法律研究》,http://www.pp369.com/by/zflw/jjflw/449.htm,2007 年 10 月 6 日访问。

③ 要约和承诺的具体认定,需要结合不同的交易方式,详细论述参见俞迪飞:《电子合同缔结法律问题研究》,载高富平主编:《电子合同和电子签名法律研究报告》,北京大学出版社 2005 年版。

我国《合同法》和《电子签名法》都没有明确规定数据电文在未进入收件人指定的特定系统情况下的到达时间，尽管《电子签名法》特意增加了约定条款对此加以涵盖。笔者认为，信息的接收和生效规定直接与缔约人的意思表示相关，应当进行明确而统一的立法。

对于这一特定问题，UCC 买卖篇没有特别的规定，因为各国基本上都已采纳联合国的规定，美国也不例外。1996 年联合国国际贸易法委员会《电子商务示范法》第 15 条第 2 款就明确规定：除非发端人与收件人另有协议，数据电文的收到时间按下述办法确定："（a）如收件人为接收数据电文而指定了某一信息系统：（一）以数据电文进入该指定信息系统的时间为收到时间；或（二）如数据电文发给了收件人的一个信息系统但不是指定的信息系统，则以收件人检索到该数据电文的时间为收到时间；（b）如收件人并未指定某一信息系统，则以数据电文进入收件人的任一信息系统的时间为收到时间。"①

笔者认为，《电子商务示范法》的规定囊括了确认数据电文收到与否的全部情形，对于数据电文未进入收件人指定的特定系统的情况，认定收件人检索到该数据电文的时间为收到时间，这一做法既平衡了当事人之间的权利义务，又具有较强的操作性，值得我国立法加以借鉴。事实上，我国《合同法》和《电子签名法》的规定本身是不完整的，把原则性问题留给当事人约定，这一做法容易导致法律适用的困惑，也和国际通行立法相背离，不利于电子商务的有序发展。对此，笔者建议，《合同法》第 16 条增补相应的内容，明确规定数据电文未进入收件人指定的特定系统情况下的到达时间。

此外，采用送达主义同时也存在缺陷，即当事人发出数据电文（要约或承诺）后，由于受到通信手段的限制，有许多不确定因素，发信人不能立即判定其是否到达、何时到达。对于这种不确定性，当事人可以通过"确认收讫"加以避免。

（四）确认收讫规则

我国《合同法》没有规定确认收讫制度。若电子交易双方欲采用确认收讫方式以消除电子缔约过程中的不确定性，则只能通过约定的方式实现。《电子签名法》第 10 条明确确立了确认收讫："法律、行政法规规定或者当事人约定数据电文需要确认收讫的，应当确认收讫。发件人收到收件人的收讫确认时，数据电文视为已经收到。"显然，这一规定适用于电子合同的订立，尤其有利于证明电子缔约人的意思表示。但是，该法只是笼统地规定，法律、行政法规规定或者当事人约定数据电文需要确认收讫的，应当运用确认收讫规则证实数据电文的

---

① 参见上海市信息化办公室编译：《国内外信息化政策法规选编》（国外电子商务部分），中国法制出版社 2001 年版，第 9—10 页。

收到。单靠当事人约定，不足以使该规则发挥应有的作用。此外，《电子签名法》适用范围有限，还需要与《合同法》和其他法律进行衔接。所以，我国有必要使确认收讫这一规则制度化，调整立法并在司法上积极跟进。

对于我国立法的调整，可以借鉴 UCC 买卖篇 2003 年修正，在《合同法》等传统法律中适当纳入确认收讫的规定，统一规范在线交易活动。因为《签名法》对确认收讫的规定难以运用于所有的在线交易行为，更何况该规定本身操作性不强。笔者认为，我国《合同法》不宜采用广义的确认收讫概念[①]，而应将确认收讫和承诺行为相区分，因为电子缔约人对其意思表示的认诺可以通过传统合同立法和电子代理人等特殊制度加以确认。

对于我国《合同法》修订纳入确认收讫规则，笔者建议参考联合国国际贸易法委员会《电子商务示范法》最初确立的应用原则：(1) 确认收讫可以用任何方式或行为进行；(2) 发送人要求以确认收讫为条件的，在收到确认之前，视信息未发送；(3) 发送人未要求以确认收讫为条件，并在合理期限内未收到确认的，可通知接收人并指定期限，在上述期限内仍未收到的，视信息未发送；(4) 发送人收到确认的，表明信息已由收件人收到，但不表明收到的内容与发出的内容一致；(5) 确认收讫的法律后果由当事人或各国自己决定。[②]事实上，有不少国家吸纳或部分采纳了《电子商务示范法》的规定，如新加坡 1998 年《电子商务法》对于确认收讫的原则规定就与《电子商务示范法》完全一致，韩国《电子商务基本法》则创造性地采纳了《电子商务示范法》的原则。[③]笔者认为，我国可以在《电子签名法》或相关行政法规中适当借鉴上述原则，并在《合同法》中予以统一援引，以扩大其适用范围。

---

① 联合国国际贸易法委员会《电子商务示范法颁布指南》认为，确认收讫有时用来包括各种各样的程序，从简单的确认收到一项数据电文到具体表明同意某一特定数据电文的内容。参见上海市信息化办公室编译：《国内外信息化政策法规选编》（国外电子商务部分），中国法制出版社 2001 年版，第 45 页。

② 参见联合国国际贸易法委员会 1996 年《电子商务示范法》第 14 条。

③ 韩国《电子商务基本法》第 12 条第 3 款规定："如果发件人要求收件人确认收讫但未声明以确认收讫为条件，那么，发件人可以撤销发出的电子信息，除非在合理时间内，或在发件人规定的时间内，或在发件人和收件人协商一致的时间内发件人收到了确认通知。"参见上海市信息化办公室编译：《国内外信息化政策法规选编》（国外电子商务部分），中国法制出版社 2001 年版，第 272 页。